Annelie Knapp-Potthoff
Karlfried Knapp

Fremdsprachenlernen und - lehren

Eine Einführung in die Didaktik der Fremdsprachen vom Standpunkt der Zweitsprachenerwerbsforschung

Verlag W. Kohlhammer
Stuttgart Berlin Köln Mainz

CIP-Kurztitelaufnahme der Deutschen Bibliothek

Knapp-Potthoff, Annelie:
Fremdsprachenlernen und -lehren : e. Einf. in d. Didaktik d. Fremdsprachen vom Standpunkt d. Zweitsprachenerwerbsforschung / Annelie Knapp-Potthoff ; Karlfried Knapp. –
Stuttgart ; Berlin ; Köln ; Mainz : Kohlhammer, 1982.
ISBN 3-17-007243-9
NE: Knapp, Karlfried:

Alle Rechte vorbehalten
© 1982 Verlag W. Kohlhammer GmbH
Stuttgart Berlin Köln Mainz
Verlagsort: Stuttgart
Umschlag: hace
Gesamtherstellung:
W. Kohlhammer Druckerei GmbH + Co. Stuttgart
Printed in Germany

Inhaltsverzeichnis

Zur Einleitung

Teil I: Zweitsprachenerwerb

1.	Zweitsprachenerwerb als Forschungsgegenstand ...	17
1.1	Erstsprachenerwerb – Zweitsprachenerwerb – Fremdsprachenlernen	17
1.2	Sprachbeherrschung	22
1.3	Zur Entwicklung einer Zweitsprachenerwerbsforschung	26
2.	Methoden der Zweitsprachenerwerbsforschung	33
2.1	Fehler als Untersuchungsgegenstand	34
2.2	Datenerhebungsverfahren	40
3.	Lernersprache	50
3.1	Lernersprache als Sprachsystem	50
3.2	Einige Besonderheiten von Lernersprache hinsichtlich Eigenständigkeit, Sprachgemeinschaft und Variabilität	53
3.3	Beschreibungsverfahren	59
3.4	Lernerwissen und Lernerverhalten: ein neuer Begriff von Lernersprache	63
4.	Erklärungen des Zweitsprachenerwerbs	69
4.1	Erklärungsgegenstände und Erklärungen	70
4.2	Zweitsprachenerwerb als prädeterminierte Entwicklung	73
4.2.1	*Die L2 = L1-Hypothese*	76
4.2.2	*Die Erwerbssequenzhypothese*	79
4.2.2.1	Morphemstudien	81
4.2.2.2	Syntaxstudien	86

4.2.3	Zur Erklärungskraft der Erwerbssequenzhypothese	94
4.3	Zweitsprachenerwerb als variabler Prozeß	101
4.3.1	Faktoren für Teilerklärungen der Erwerbs-Variation	101
4.3.1.1	Sprachliche Variablen	102
4.3.1.2	Individuenvariablen	108
4.3.1.3	Soziale Variablen	117
4.3.2	Integrierte Modelle zur Erklärung des Erwerbs	119
4.4	Zweitsprachenerwerb als Lerneraktivität	129
4.4.1	Prozesse und Strategien beim Zweitsprachenerwerb	130
4.4.2	Lernprozesse und Lernstrategien	135
4.4.3	Kommunikationsstrategien	140
4.4.4	Weitere Forschungsperspektiven	145
4.5	Zusammenfassung	147

Teil II: Fremdsprachenunterricht

5.	Lehren als Steuerung des Spracherwerbs	150
5.1	Zur Thematik des II. Teils	150
5.2	Lernen und Lehren	152

6.	Ziele	157
6.1	Lernziele im Fremdsprachenunterricht	157
6.2	Lernziel »Kommunikationsfähigkeit«	159
6.3	Erwerbseffekte einstellungsbezogener Lernziele	167
6.4	Lernziel »Weiterlernen«	168

7.	Lernmaterial und Lehrverfahren	172
7.1	Lernmaterial	172
7.2	Lehrverfahren	179

8.	Unterrichtsinteraktion	189
8.1	Die Zweitsprache als Interaktionsmedium und Lerngegenstand	190
8.2	Zur Lehrerzentriertheit fremdsprachenunterrichtlicher Interaktion	192

8.3	Zur Lernmaterialzentriertheit fremdsprachenunterrichtlicher Interaktion	195
8.4	Feedback im Fremdsprachenunterricht	196
8.5	Entscheidungsdimensionen für die Steuerung des fremdsprachlichen Input	204
9.	Testverfahren	206
9.1	Tests als Datenerhebungsverfahren	206
9.2	Testfunktionen	210

Anmerkungen 215

Glossar 234

Literaturverzeichnis 236

Sachregister 252

Für Daniel Frederik, der lange genug gewartet hat.

Vorwort

Die Konzeption dieses Buches ist von uns gemeinsam entwickelt worden. Gemeinsam verantwortlich sind wir auch für die Einleitung, Abschn. 4.4 und 4.5 sowie Kap. 5 und 7. Die übrigen Teile des Buches wurden gemeinsam diskutiert, jedoch in Einzelzuständigkeit verfaßt. Karlfried Knapp schrieb die Kap. 1 und 6 sowie das übrige Kap. 4, Annelie Knapp-Potthoff schrieb die Kap. 2, 3, 8 und 9.

Ganz herzlich danken wir *Gabi Kasper* und *Lienhard Legenhausen* für wertvolle Anregungen und Kritik sowie *Rainer Holtei* für seine Mühe, die Bibliographie in eine lesbare Form zu bringen. Daß alle verbliebenen Mängel auf unser Konto gehen, versteht sich von selbst.

Annelie Knapp-Potthoff
Karlfried Knapp

Zur Einleitung

Die Frage, wie man in der Schule eine fremde Sprache am erfolgreichsten lehrt, ist wohl so alt wie der Fremdsprachenunterricht selbst. Die Diskussion um optimale Antworten ist eine inzwischen schon Jahrhunderte andauernde Debatte, die allerdings in den letzten Jahrzehnten in der *Fremdsprachendidaktik*, d. h. in jenem Bereich menschlicher Tätigkeiten, der sich mit der Analyse und Planung von Unterricht befaßt, besonders intensiv geführt wird. Dennoch wird ihr bisheriger Ertrag von vielen als unbefriedigend eingeschätzt. Zu dieser Einschätzung kann man vor allem dann gelangen, wenn man bedenkt, daß ein großer Teil der Weltbevölkerung zwei oder mehr Sprachen, ohne jemals Unterricht in diesen Sprachen genossen zu haben, in einer Weise beherrscht, neben der sich die Kenntnisse und Fertigkeiten, die die meisten Schüler durch Fremdsprachenunterricht erreichen, allen bisherigen fachdidaktischen Anstrengungen zum Trotz immer noch recht bescheiden ausnehmen. Nun wird den meisten Lesern sicherlich sogleich eine Reihe von möglichen Gründen dafür in den Sinn kommen, weshalb jemand, der unter quasi natürlichen Bedingungen eine zweite Sprache erlernt, von vornherein jemandem gegenüber im Vorteil sein könnte, dem nur die Möglichkeit offensteht, eine zweite Sprache durch irgendeine Form von Unterricht zu erlernen. Wahrscheinlich werden manch einem aber auch Beispiele von Menschen einfallen, die trotz langjährigem Aufenthalt in einem Land, in dem eine andere Sprache als ihre Muttersprache gesprochen wird, diese andere Sprache nur sehr unvollkommen beherrschen. Welches auch immer die Ursachen für den letztgenannten Fall sein mögen (einige mögliche Ursachen werden wir in diesem Buch thematisieren) – unbestreitbar ist, daß Menschen die Fähigkeit haben, mehr als eine Sprache zu erlernen. Was macht nun Fremdsprachenunterricht mit dieser und aus dieser Fähigkeit, wenn er zu oftmals so unbefriedigenden Ergebnissen führt? Hat sich die bisherige Fremdsprachendidaktik – bei allem Bemühen um Verbesserung von Lehrverfahren – ernsthaft genug gefragt, was solche Verfahren überhaupt bewirken? Weiß man (hat man überhaupt danach gefragt?), welchen Einfluß sie auf den *Lern*prozeß haben? Beschleunigen sie ihn, strukturieren sie den Lernprozeß völlig neu, beeinflussen sie ihn fast gar nicht, hemmen sie evtl. sogar einen eigentlich natürlich ablaufenden Prozeß? Wir wollen Leistungen der Fremdsprachendidaktik hier durchaus nicht in Abrede stellen, doch hat sie sich unseres Erachtens selbst um die Möglichkeit zur Beantwortung dieser zentralen Fragen gebracht, da es ihr an einem übergeordneten Bezugsrahmen, an empirischer Absicherung ihrer Vorschläge und an ausreichender Berücksichtigung der *Lern*komponente innerhalb des Sprachlehr- und -lernkontextes mangelt. Diese drei Punkte wollen wir im folgenden kurz erläutern:

1. Im Gegensatz zu anderen wissenschaftlichen Disziplinen wurde bisher und wird z. T. auch noch heute in der Fremdsprachendidaktik die Lösung von Problemen weder innerhalb eines übergeordneten Bezugsrahmens, in den die verschiedenen möglichen Fragestellungen integriert werden können, noch kontinuierlich und längerfristig angegangen. Statt dessen waren die meisten Vorschläge zur Verbesserung des Fremdsprachenunterrichts bisher – und sind es zu einem großen Teil auch noch heute – voraussetzungslos, indem sie in pointierter Entgegensetzung zu unmittelbar vorausgegangenen Ansätzen früher akkumuliertes Wissen verwarfen bzw. vernachlässigten, oft indem sie ohne Reflexion der besonderen Rahmenbedingungen des Fremdsprachenunterrichts »didaktisch vereinfachte« Übertragungen von theoretischen Annahmen, methodischen Prinzipien und Verfahren aus jeweils gerade für den Fremdsprachenunterricht als relevant angesehenen Bezugswissenschaften, wie Linguistik, Psychologie, Pädagogik u. ä., propagierten. Daß solche Vorschläge mit der Absicht einer sofortigen Praxiswirksamkeit vorgebracht werden, ist angesichts des Handlungsdrucks, in dem sich Lehrer täglich befinden, durchaus verständlich. Die Suche nach sofort anwendbaren Rezepten ist sogar legitim, wenn dabei anerkannt wird, daß es auch im Bereich der Fremdsprachendidaktik einer langfristig perspektivierten, übergreifenden Grundlagenforschung bedarf, die zwar nicht unmittelbar in praktische Handlungsanweisungen umsetzbar sein muß, tendenziell jedoch erst einen solchen letztlich immer unreflektierten Dezisionismus überwinden kann.

2. In vielen fremdsprachendidaktischen Arbeiten wird die Überlegenheit von neueren Vorschlägen gegenüber früheren überwiegend nur behauptet, nicht jedoch tatsächlich empirisch und intersubjektiv nachvollziehbar aufgewiesen. Soweit der Wert dieser Vorschläge aus positiven praktischen Erfahrungen hergeleitet wird, ist deshalb gewöhnlich nicht klar, ob, wieweit und unter welchen Bedingungen man diese Erfahrungen verallgemeinern kann, ob also z. B. ein anderer als derjenige, der eine bestimmte Methode propagiert, damit in einer anderen Klasse dieselben Ergebnisse erzielt. Sicherlich ist eine empirische Überprüfung der Effekte bestimmter unterrichtlicher Maßnahmen oft aufwendig und schwierig, weil im Unterricht stets eine Vielzahl von individuellen und situationellen Variablen zusammenwirken, die kaum alle vollständig zu kontrollieren sind. Dennoch kann man daraus nicht folgern, daß eine objektive Analyse der Brauchbarkeit von unterrichtspraktischen Vorschlägen nicht möglich oder gar nicht notwendig sei: Ohne eine solche Prüfung bleiben alle Vorschläge letztlich beliebig.

3. Viele Arbeiten aus dem Bereich der Fremdsprachendidaktik erwecken den Eindruck, als sei die Schule der einzige Ort, an dem Sprache gelernt wird, als geschehe Sprachenlernen ausschließlich mit Hilfe von Lehrverfahren. Wir sind – mit anderen – der Meinung, daß man es sich nicht leisten kann, so zu tun, als habe das, was im Fremdsprachenunterricht geschieht, keinen Bezug zu dem, was Kinder tun, wenn sie ihre Muttersprache erlernen, oder Menschen, die eine zweite Sprache unter natürlichen, nicht-schulischen Bedingungen erwerben. Wir wollen damit keine prinzipielle Gleichsetzung von schulischem und nicht-schulischem Spracherwerb implizieren. Solange aber keine Evidenz für das Gegenteil besteht, läßt sich der Gedanke zumindest ähnlich ablaufender Lernprozesse nicht von vornherein verwerfen. Die Vernachlässigung nicht-schulischer Formen des Spracherwerbs durch die Fremdsprachendidaktik ist z. T. dadurch erklärlich, daß es in anderen Schulfächern kaum Parallelen für die Situation gibt, daß außerhalb der Schule so viel perfektere Vorbilder für erfolgreiches Lernen existieren, als sie die Schule hervorbringt. Die mangelnde Orientierung der Fremdsprachendidaktik auf Spracherwerbsprozesse hängt sicherlich auch damit zusammen, daß man die Besonderheit von *Sprachen*lernen als Erlernen einer ganz speziellen Art komplexen, regelgeleiteten Handelns und die nur unzureichende Charakterisierung dieses Vorgangs und seines Resultats mit Hilfe allgemeiner lernpsychologischer Begriffe nicht genügend bedacht hat.

Im Laufe der beiden letzten Jahrzehnte hat sich nun eine – in sich allerdings noch recht heterogene – Forschungsrichtung etabliert, die Spracherwerb unter verschiedenen Bedingungen untersucht und Ansätze zu einer Theorie des Spracherwerbs erarbeitet hat. Das Schwergewicht dieser Forschungen lag zunächst auf dem Erwerb der Muttersprache, später rückte zunehmend der Zweitspracherwerb in den Mittelpunkt des Interesses, so daß man heute von einer Zweitspracherwerbsforschung sprechen kann. Während Wissenschaftler, die sich diesem Forschungsgebiet zuordnen würden, vor allem die beim *Lernen* stattfindenden Prozesse des Zweitspracherwerbs untersuchen und sich dabei sowohl mit solchen Lernern beschäftigen, die eine zweite Sprache unter natürlichen Bedingungen erwerben, als auch mit solchen, deren Spracherwerb im Fremdsprachenunterricht stattfindet, ist eine weitere Forschungsrichtung, die sich in den letzten Jahren unter dem Namen *Sprachlehr- und -lernforschung* konstituiert hat, auf die wissenschaftliche Erforschung der Wechselbeziehungen zwischen *Zweitsprachenlernen* und *Zweitsprachenlehren* unter den speziellen Bedingungen schulischen Unterrichts ausgerichtet. Eine eindeutige Zuordnung einzelner Arbeiten zu einer dieser theoretisch trennbaren Forschungsrichtungen ist allerdings nicht immer möglich. Wir meinen, daß es ein Gewinn für fremdsprachendidaktische Überlegungen wäre, wenn sie mehr als bisher diese Forschungen, und zwar vor allem auch diejenigen,

die sich nicht spezifisch auf Spracherwerb im Kontext der Schule beziehen, zur Kenntnis nähmen. Mit diesem Buch wollen wir daher versuchen, Probleme der Fremdsprachendidaktik auf dem Hintergrund von Ergebnissen und Methoden der Spracherwerbs-, besonders der Zweitsprachenerwerbsforschung, zu behandeln. Im ersten Teil (»Zweitsprachenerwerb«) wollen wir uns dabei mit Erkenntnissen und Verfahren dieser Forschung auseinandersetzen, ohne schon auf eine Beeinflussung des Spracherwerbs durch Lehrverfahren einzugehen. Dies geschieht dann im zweiten Teil (»Fremdsprachenunterricht«), und zwar unter ständigem Rückbezug auf die im ersten Teil behandelten Fragestellungen und Forschungsergebnisse. In diesem Teil werden wir dann auch stärker auf Arbeiten aus dem Bereich der Sprachlehr- und -lernforschung eingehen. Dabei ist das Buch nicht auf den Erwerb einer bestimmten Einzelsprache hin ausgelegt, also keine Didaktik z. B. des Englischen oder des Französischen; vielmehr sollen einzelsprachunabhängig grundlegende und im Prinzip für beliebige Sprachen gültige Fragen des Spracherwerbs und seiner Steuerung behandelt werden. Diese Konzeption entspricht unserer Überzeugung, daß es für einen zukünftigen Fremdsprachenlehrer nicht ausreicht, sich auf seinen späteren Beruf anhand von Kompendienliteratur und einzelnen konkreten Vorschlägen zur Unterrichtsgestaltung vorzubereiten. Vielmehr sollte er – wie wir meinen – in die Lage versetzt werden, Vorgänge beim Spracherwerb und Faktoren, die ihn beeinflussen, in ihrer wechselseitigen Abhängigkeit zu durchschauen – soweit die Forschungslage dies zuläßt. Das ist unserer Meinung nach eine wesentliche Grundlage dafür, sich als Fremdsprachenlehrer kritisch mit der Fülle von angebotenen Lernmaterialien und didaktischen Handlungsempfehlungen auseinandersetzen zu können, zu begründetem didaktischen Handeln in der Lage zu sein und sich diese Handlungsfähigkeit auch unter wechselnden schulischen Lehr- und Lernbedingungen zu bewahren.
Es ist darum Ziel dieses Buches, den Leser durch eine Einführung in die charakteristischen Fragestellungen, methodischen Vorgehensweisen und wichtigsten Ergebnisse der Zweitsprachenerwerbsforschung in die Lage zu versetzen, unterrichtspraktische Vorschläge unter spracherwerblichen Gesichtspunkten zu beurteilen, aber auch Aussagen dieser Forschung zu verstehen und einzuschätzen. Wir hoffen, damit auch dazu anzuregen, sich selbst direkt in der Literatur zu dieser Forschung weiterzubilden und entsprechend den jeweiligen Möglichkeiten sogar eigene Untersuchungen zum Zweitsprachenerwerb zu unternehmen. Angesichts der gegenwärtigen Konkurrenz von Ansätzen kann es hier nicht darum gehen, eine fest umrissene Menge an positivem Wissen zu vermitteln, das man einem Kanon gleich nach Hause tragen könnte. Im Vordergrund steht deshalb die Intention, Problemverständnis zu wecken, nicht jedoch der Anspruch, die Zweitsprachenerwerbsforschung vollständig zu dokumentieren. Wir haben uns allerdings bemüht, alle

in der gegenwärtigen Zweitsprachenerwerbsforschung relevanten Themen aufzugreifen. Wegen der umfangreichen Aktivitäten auf diesem Gebiet und der Heterogenität der Forschungslage hat es sich im Verlauf der Arbeit an diesem Buch ergeben, daß der erste Teil den Charakter eines Forschungsberichts angenommen hat, obwohl er nicht als solcher beabsichtigt war.

Für den zweiten Teil des Buches gilt in noch stärkerem Maße der Verzicht auf einen Vollständigkeitsanspruch. Wir behandeln dort nicht *alle* bei der Planung und Durchführung von Unterricht zu berücksichtigenden Faktoren, sondern konzentrieren uns auf solche, für die unserer Meinung nach zweitsprachenerwerbliche Erkenntnisse fruchtbar gemacht werden können.

Inzwischen dürfte auch klargeworden sein, daß man nach Rezepten für die Unterrichtsgestaltung in diesem Buch vergeblich suchen wird. Abgesehen davon, daß wir glauben, daß ein Fremdsprachenlehrer anderes als »Rezepte« für autonomes, kreatives unterrichtliches Handeln benötigt (s. o.), spricht zweierlei dagegen, hier rezeptologische Handlungsanweisungen für die Praxis zu geben:

1. Erfolgreicher Unterricht ist das Resultat des Zusammenwirkens vieler Variabler. Wenn auch den Spracherwerbsprozessen, die man beim Lernen vermuten kann, eine zentrale Bedeutung zukommt, wäre jeder Vorschlag von *allein* mit einzelnen Ergebnissen der Zweitsprachenerwerbsforschung begründeten didaktischen Maßnahmen einseitig und unreflektiert. Den Bezugsrahmen, innerhalb dessen Handlungsanweisungen begründet werden könnten, mit der notwendigen Gründlichkeit darzustellen, ist auf dem hier verfügbaren Raum aber nicht möglich.

2. Die Zweitsprachenerwerbsforschung hat den Charakter einer Grundlagenforschung für die Fremdsprachendidaktik. D. h. die hier verfolgten Fragestellungen sind längerfristig angelegt, und beim gegenwärtigen Kenntnisstand sind schnelle »Didaktisierungen« ihrer Ergebnisse nicht angebracht. Der Ertrag der bisherigen Forschung ist primär darin zu sehen, lange als selbstverständlich vertretene Annahmen über das Lernen fremder Sprachen zu problematisieren. Das sich daraus ergebende bewußte Eingeständnis der Begrenztheit des Wissens, aufgrund dessen didaktische Entscheidungen getroffen werden, muß für den einzelnen Lehrer notwendig zu einem permanenten selbstkritischen Überdenken seines unterrichtlichen Handelns führen. Das ist zwar unbequem, aber langfristig sicher besser als das blinde Vertrauen auf vorschnelle Rezepte.

Um den Zugang zum Kenntnisstand und zur Problemlage der Zweitsprachenerwerbsforschung zu erleichtern, soll das Buch grundsätzlich ohne linguistische, pädagogische, psychologische oder statistische Vorkenntnisse lesbar sein. Es enthält deshalb ein Glossar, in dem wir einige Erläuterungen von Fachtermini geben, die zum Verständnis einzelner Untersuchungen und Zusammenhänge notwendig sind. Um den Lesern ein vertiefendes, eigenes Studium der angesprochenen Problemkreise zu ermöglichen, geben wir umfangreiche bibliographische Hinweise.

Teil I

Zweitsprachenerwerb

1. Zweitsprachenerwerb als Forschungsgegenstand

Mit Erstsprachenerwerb, natürlichem Zweitsprachenerwerb und Fremdsprachenlernen werden im ersten Abschnitt dieses Kapitels verschiedene Typen der Aneignung von Sprachen eingeführt. Ein Vergleich ihrer Ähnlichkeiten und Unterschiede sowie eine Diskussion der Unterscheidungen »Lernen« vs. »Erwerben« und »Zweitsprache« vs. »Fremdsprache« gibt eine erste Antwort auf die Frage, warum die Fremdsprachendidaktik die Forschung zum Zweitsprachenerwerb bei der Planung und Analyse von Unterricht berücksichtigen sollte. Da sowohl natürlicher Zweitsprachenerwerb als auch Fremdsprachenerlernen durch Unterricht zur Beherrschung einer weiteren Sprache führen sollen und da man lange die Tatsache, daß ein Lerner beim Zweitsprachenerwerb bereits mindestens eine Sprache beherrscht, als hauptsächliches Differenzierungsmerkmal zum Erstsprachenerwerb angesehen hat, gehen wir anschließend der Frage nach, was eigentlich »Sprachbeherrschung« ausmacht. Die Antworten darauf sind für die Bestimmung von Lernzielen für den Fremdsprachenunterricht von besonderer Bedeutung; sie bereiten damit schon auf die Lernzieldiskussion im zweiten Teil des Buches vor. In spezifischer Weise machen Arbeiten aus dem Bereich der Kontrastiven Linguistik davon Gebrauch, daß ein Zweitsprachenlerner bereits mindestens eine Sprache beherrscht. Wir stellen darum im dritten Abschnitt Hypothesen und Vorgehensweisen der Kontrastiven Linguistik dar und skizzieren anschließend, wie sich aus ihrem Scheitern eine eigenständige Zweitsprachenerwerbsforschung entwickelt hat.

1.1 Erstsprachenerwerb – Zweitsprachenerwerb – Fremdsprachenlernen

Wenn kleine Kinder ihre *Muttersprache* erwerben, so ist dies für die meisten Personen in ihrer Umgebung ein zwar oftmals faszinierender, letztlich jedoch selbstverständlicher Vorgang: er vollzieht sich scheinbar mühelos, allmählich und automatisch, im Einklang mit der geistigen und körperlichen Entwicklung. Im Gegensatz zu diesem *Erstsprachenerwerb* wird die Aneignung einer fremden, zweiten oder weiteren Sprache nach dem teilweisen oder weitgehenden Erwerb der ersten[1], der *Zweitsprachenerwerb*, verbreitet von den Beteiligten als bewußtes Problem erfahren. Dies gilt besonders für jene Zweitsprachenerwerbssituation, in der ein Lerner eine zweite oder weitere Sprache durch formale Lehrverfahren und institutionalisierten Unterricht gesteuert erlernen will oder soll, d. h. für den *gesteuerten Zweitsprachenerwerb* bzw. *Fremdsprachenunterricht*. Zwar kommt es vor, daß Kinder statt nur einer Erstsprache ebenso mühelos auch zwei oder mehr Sprachen gleichzeitig erwerben, d. h. bilingual bzw. multilingual werden, oder daß Kinder, die im Erwerb ihrer Muttersprache schon fortgeschritten sind, bei einem Aufenthalt im Ausland die fremde Sprache allein durch die Interaktion mit Sprechern dieser Sprache, also nicht durch den Einsatz formaler Lehrverfahren gesteuert, mit ähnlicher Leichtigkeit zu verwenden beginnen, ja sogar, daß Erwachsene, die z. B. als Immigranten oder Gastarbeiter die Sprache ihres Aufenthaltslandes allein aufgrund einer solchen Interaktion mehr oder weniger gut zu sprechen und zu verstehen lernen, unsere Bewunderung erregen. Doch diese offensichtliche Mühelosigkeit des Erlernens zweiter Sprachen, die den *Bilingualismus* bzw. *Multilingualismus* und den nicht durch Unterricht gesteuerten, *natürlichen Zweitsprachenerwerb* auszeichnet, stellt sich beim durchschnittlichen Fremdsprachenlerner in der Schule entgegen allen fachdidaktischen Bemühungen gewöhnlich nicht ein, und auch der Grad der Sprachbeherrschung, den ein Lerner nach selbst langjährigem Fremdsprachenunterricht erreicht, bleibt in der Regel hinter dem zurück, was unter natürlichen Bedingungen erworben werden kann. Wenn aber Menschen unstreitig die Fähigkeit besitzen, sich Sprachen ohne spezielle didaktische Maßnahmen vergleichsweise erfolgreich anzueignen – liegt dann die relative Erfolglosigkeit von Fremdsprachenunterricht vielleicht daran, daß er nicht oder nicht ausreichend auf diese natürlich vorhandene Fähigkeit eingeht, daß er möglicherweise gegen sie wirkt? Sollte man für die Planung von Fremdsprachenunterricht nicht auch auf die Forschung zurückgreifen, die sich mit dem natürlichen Erwerb der ersten und weiterer Sprachen befaßt?

Bis in die Gegenwart hat man diese Fragen gemeinhin negativ beantwortet, mit dem Argument, daß sich natürlicher Spracherwerb und schulisch institutionalisierter Fremdsprachenunterricht wegen der Unterschiede der Spracherwerbssituation nicht vergleichen lassen.[2] In der Tat sind Unterschiede zwischen dem Erstsprachenerwerb und dem Fremdsprachenunterricht augenfällig: Ein Lerner, der in Deutschland wie in den meisten Industriestaaten damit beginnt, in der Schule eine zweite Sprache zu erlernen, ist u. a. gewöhnlich am Anfang der Pubertät und damit wesentlich älter als das Kleinkind, das zu sprechen beginnt; gegenüber dem Kleinkind ist seine *kognitive Entwicklung*, d. h. die Entwicklung all der geistigen und körperlichen Funktionen, die zum Erkennen von Objekten und Zusammenhängen und zum Wissen darüber befähigen, sehr viel weiter fortgeschritten – so ist z. B. seine Gedächtnisleistung größer, er verfügt bereits über recht elaborierte gedankliche Kategorien, in die er seine Erfahrungen einordnen kann, usw.; gegenüber dem Kleinkind, das seine Muttersprache erwirbt, ist die Zeit des Kontakts mit der zu erlernenden Sprache wesentlich begrenzter, und die Sprache, der der Fremdsprachenlerner ausgesetzt ist, sein zweitsprachlicher *Input*, ist unter didaktischen Gesichtspunkten ausgewählt, in einer geplanten Abfolge über den Zeitraum des schulischen Kontakts mit der Zweitsprache geordnet verteilt und wird mit besonderen Lehrverfahren eingeübt; desgleichen ist die Sprache, die er erlernen soll, die *Zielsprache*, eine durch die jeweils speziellen Ziele des Unterrichts determinierte Teilmenge der sprachlichen Elemente und ihrer Verwendungsweisen, die in der Gemeinschaft der *native speakers* der Sprache, aus der die Zielsprache eine Auswahl darstellt, vorkommt. Seine Motive, die fremde Sprache zu erlernen, ergeben sich nicht unmittelbar aus der Überlebensnotwendigkeit, sich mit der Umwelt in der zu erlernenden Sprache verständigen zu müssen; schließlich kennt er bereits (mindestens) eine Sprache: seine Muttersprache oder auch *Ausgangssprache* (bzw. Ausgangssprachen, wenn er schon mehr als eine Sprache kennt).

Demgegenüber nehmen sich die Differenzen zwischen natürlichem Zweitsprachenerwerb und Fremdsprachenunterricht geringer aus. Da natürlicher Zweitsprachenerwerb bei Erwachsenen ebenso wie bei Kindern vorkommen kann und da Zweitsprachenlerner schon im Kindesalter kognitiv weiter entwickelt sind als Erstsprachenerwerber, scheinen Alter und kognitiver Entwicklungsstand keinen prinzipiellen Unterschied zwischen diesen Spracherwerbstypen darzustellen. Ob man altersabhängig variierende *Aneignungsweisen* annehmen sollte, ist eine Frage, die für beide Spracherwerbssituationen in gleicher Weise zu stellen wäre; auf die Argumente, die in diesem Zusammenhang vorgebracht werden, gehen wir in Kapitel 4 ein. Übereinstimmung besteht zwischen beiden Spracherwerbssituationen auch darin, daß bereits (mindestens) eine Sprache teilweise oder weitgehend beherrscht wird. Unterschiede gibt es sicherlich oft hinsichtlich der Motive und Einstellungen, mit denen die zweite Sprache jeweils gelernt wird. Aber auch hier ist zu fragen, ob und wieweit solche Differenzen für diese beiden Spracherwerbssituationen konstitutiv sind; denn da wie im Fremdsprachenunterricht auch beim natürlichen Zweitsprachenerwerb Einstellungen und Motive zwischen Lernern variieren – wie später zu zeigen sein wird, durchaus mit Konsequenzen für den Erwerbsprozeß –

scheinen Unterschiede zwischen diesen Spracherwerbstypen bezüglich dieser Faktoren eher gradueller Art zu sein. Man kann nicht einmal davon ausgehen, daß beim natürlichen Zweitsprachenerwerb in jedem Fall ein größerer Lerndruck auf dem Lerner lastet als beim Fremdsprachenunterricht. Der Grad, zu dem ein Lerner aufgrund kommunikativer Notwendigkeiten die zweite Sprache benutzen und deshalb erlernen muß, hängt auch davon ab, wieweit er aufgrund seiner sozialen Rolle in der fremden Umgebung den Umfang des Kontakts mit der zweiten Sprache steuern kann.[3] So bleibt als entscheidendes Merkmal für die Andersartigkeit von natürlichem Zweitsprachenerwerb und Fremdsprachenunterricht lediglich, daß im Unterricht der zweitsprachliche Input des Lerners und die sprachlichen Aufgaben, die er zu bewältigen hat, nach didaktischen Gesichtspunkten manipuliert sind. Reicht dieser Sachverhalt jedoch aus, um für diese beiden Spracherwerbssituationen generell qualitativ verschiedene Aneignungsweisen der zweiten Sprache zu vermuten, mit denen sich ein Nicht-Berücksichtigen der Forschung zum natürlichen Zweitsprachenerwerb durch die Fremdsprachendidaktik rechtfertigen ließe?

Die Plausibilität der Annahme grundlegender Aneignungsunterschiede scheint auf den ersten Blick auch von der besonders im englischen Sprachraum verbreiteten terminologischen Differenzierung zwischen *foreign language learning* und *second language acquisition* nahegelegt zu werden. Vielfach, z. B. auch bei Richards (1978 b), wird vorgeschlagen, ausschließlich jene Sprache als »Fremdsprache« (= *foreign language*) zu bezeichnen, die man in seinem Heimatland und vorzugsweise durch eine Form von Unterricht erlernt, um später mit *native speakers* dieser Sprache zu kommunizieren. »Zweitsprache« sei jene Sprache zu benennen, die Immigranten mit der Sprache ihres Einwanderungslandes, sprachliche Minoritäten mit der Sprache der dominierenden Bevölkerungsgruppe oder Einwohner von Vielvölkerstaaten als gemeinsame Verkehrssprache teilweise oder ausschließlich durch den Kontakt mit *native speakers* dieser Sprache erlernen, desgleichen die Sprache, die von Sprechern verschiedener Muttersprachen zur Verwendung als gemeinsame *lingua franca** gelernt wird. Die unterschiedlichen Ziele von Fremdsprachenlernern und Zweitsprachenerwerbern manifestieren sich in den jeweils verschiedenen *Varietäten** der zu erlernenden Sprache, deren Beherrschung von ihnen als jeweilige Zielsprache angestrebt wird bzw. werden soll; eine standardsprachliche Varietät als Fremdsprache, dagegen als Zweitsprache für verschiedene interaktive Verwendungszwecke verschiedene, z. T. auch mehr oder weniger vereinfachte Varietäten dieser Sprache. Die unterschiedliche Funktion, die eine Sprache für einen Lerner haben kann – nämlich

---

* s. Glossar

Zweit- oder Fremdsprache zu sein – ist, wie wir gesehen haben, in der Literatur üblicherweise mit der Annahme verbunden, daß eine Sprache als Zweitsprache anders angeeignet wird als als Fremdsprache. In konsequenter Weiterführung dieser Annahme wird auch die Auffassung vertreten, daß die Resultate dieser unterschiedlichen Aneignungsweisen – nämlich die sprachlichen Kenntnisse und Verhaltensweisen, die als Zweitsprache erworben, und jene, die als Fremdsprache gelernt werden – nicht aufeinander beziehbar sind.[4] Wegen der Unterschiede bei der Zielsprache sowie bei Ausmaß und Art des Kontakts mit der zu erlernenden Sprache mag es in der Tat manchem naheliegend erscheinen, anzunehmen, daß die Aneignungsweisen von Zweit- und Fremdsprachen wenig, wenn nicht gar überhaupt nichts miteinander gemeinsam hätten. Eine solche Annahme hält jedoch einer näheren Betrachtung nicht stand; denn die zukünftigen Verwendungen und die Situationen der Aneignung einer Sprache als Fremd- oder Zweitsprache lassen sich gewöhnlich nicht so klar trennen. So wird z. B. von Deutschen, die in der Schule Englisch als Fremdsprache gelernt haben, diese Sprache verbreitet auch als lingua franca in Wissenschaft, Politik und Handel verwendet; so erhalten Immigranten nicht selten ebenso formalen Sprachunterricht wie Fremdsprachenlerner in der Schule. Ein Lerner ist ja nicht ein für allemal nur einer Aneignungssituation zuzuordnen: Was geschieht z. B. mit einem deutschen Schüler, der, um seine Leistungen im Französischunterricht zu verbessern, sozusagen als Kurzzeitimmigrant die Ferien in einer französischen Familie verbringt? Ist ein Schüler, der in seiner Freizeit englische Popsongs anhört und die Texte zu verstehen und zu lernen versucht, »Fremdsprachenlerner« oder »Zweitsprachenerwerber«?
Zweifellos haben die Termini »Zweitsprache« und »Fremdsprache« als deskriptive Kategorien ihren Sinn, um zwei idealtypische Funktionen, die Sprachen für Lerner haben können, bzw. Kontexte ihrer Aneignung zu unterscheiden. Im konkreten Einzelfall fällt es jedoch oft schwer, eindeutig und durchgängig auseinanderzuhalten, ob eine Sprache für einen Lerner den Status einer »Zweit-« oder »Fremdsprache« hat. Damit erscheint es auch wenig sinnvoll, für diese beiden Funktionen prinzipiell jeweils differente, nicht oder nur wenig aufeinander beziehbare Aneignungsweisen zu unterstellen, wie es in der Unterscheidung von »Lernen« und »Erwerben« zum Ausdruck kommt.
Bei den Unterscheidungen von »Lernen« und »Erwerben« wird, wie oben bei Richards, »Lernen« als eine Aneignungsweise aufgefaßt, die sich als Konsequenz einer Form von Lehren ergibt. Beispiele aus dem Erstsprachenerwerb machen jedoch deutlich, daß das Abgeben von Erklärungen als einer Form von Lehren durchaus nicht an institutionalisierten Unterricht gebunden ist, denn Fragen wie »Was heißt das?«, »Wie sagt man das?« werden bekanntlich nicht selten von Kin-

dern im Verlauf ihres Muttersprachenerwerbs an erwachsene *native speakers* gestellt. In der Tat muß man davon ausgehen, daß auch der Erstsprachenerwerb nicht völlig ungesteuert verläuft. So wurde z. B. nachgewiesen, daß Mütter oder andere Bezugspersonen ihre Sprache dem jeweiligen Entwicklungsstand des Kindes anpassen[5] und daß sich dieser Erwerb nicht ohne Formen des Lehrens und Übens vollzieht.[6] Wenn aber schon beim – per definitionem »natürlichen« Erstsprachen*erwerb* Lehren und als Konsequenz davon auch Lernen vorkommt, dann ist es wenig plausibel, bei der Steuerung des Lernens einer Fremd-/Zweitsprache durch Unterricht auf Erkenntnisse über den nicht schulisch gesteuerten Zweitsprachenerwerb mit dem Hinweis auf gänzlich unterschiedliche Aneignungsweisen zu verzichten.

Allein schon wegen der geringeren kognitiven Entwicklung beim Erstsprachenerwerb und der Tatsache, daß Zweitsprachenlerner bereits eine Sprache kennen, kann man gleichwohl nicht annehmen, daß die Prozesse des Erst- und Zweitsprachenerwerbs vollkommen isomorph sind. Im Gegenteil werden wir weiter unten zeigen, daß sich eine solche Hypothese nicht hat bestätigen lassen, daß jedoch eine abgeschwächte Version davon vertretbar zu sein scheint. Für den natürlichen Zweitsprachenerwerb und den Fremdsprachenunterricht ergibt sich demgegenüber kein derartig gewichtiger Unterschied zwischen den Bedingungsfaktoren der jeweiligen Sprachaneignungssituation; die Unterstellung grundsätzlich und durchgängig verschiedener Aneignungsprozesse ist darum apriori nicht gerechtfertigt, selbst wenn man konzediert, daß es vor allem für den Unterricht auch noch spezifische Aneignungsweisen geben mag. Entscheidend ist jedoch, daß die Fremdsprachendidaktik gerade auch im Hinblick auf Eigenschaften der Aneignungssituation wenig Gründe dafür anführen kann, die Forschung zum natürlichen Zweitsprachenerwerb bei der Planung und Analyse von Unterricht nicht zu berücksichtigen. Eine solche Vernachlässigung wäre auch allein schon deshalb wenig plausibel, weil der moderne Fremdsprachenunterricht ja zu dem führen will, was beim natürlichen Zweitsprachenerwerb oft gleichsam automatisch erreicht wird: zu der Fähigkeit des Lerners zur Kommunikation mit fremdsprachigen *native speakers*. Wir wollen deshalb in diesem Buch, sofern nicht speziell angegeben, »lernen« und »erwerben« synonym verwenden und auch nicht zwischen »Zweitsprache« und »Fremdsprache« unterscheiden. Gelegentlich werden wir im folgenden – wie auch in der einschlägigen Literatur üblich – den neutraleren Ausdruck »L2-Erwerb« benutzen.

1.2 Sprachbeherrschung

Entgegen der heute verbreiteten Differenzierung zwischen natürlichem Spracherwerb und schulischem (Fremd-)Sprachenlernen hat man in der

Fremdsprachendidaktik in der Vergangenheit diese Spracherwerbstypen gemeinhin nicht unterschieden und entsprechend jeweils unterschiedliche Aneignungsweisen angenommen, sondern den gesteuerten wie den ungesteuerten Spracherwerb mit denselben allgemeinen psychologischen Lerntheorien zu erklären versucht.[7] Auf spracherwerbliche Besonderheiten wurde dabei gewöhnlich nur insoweit eingegangen, als für den Sprachunterricht spezifische Maßnahmen der Steuerung abgeleitet und vor allem, als Überlegungen angestellt wurden, welche Konsequenzen sich für den Unterricht daraus ergeben, daß der Lerner bei Beginn des Zweitsprachenerwerbs bereits mindestens eine Sprache beherrscht. Man nahm an, daß ein Lerner nicht »alles« der zweiten Sprache neu erlernen müsse, sondern beim Erwerb dieser Sprache auf seine Kenntnis der bereits beherrschten Sprache(n) zurückgreifen könne. Dieses »alles« hängt natürlich davon ab, was man unter »eine Sprache beherrschen« versteht.

Zur Sprachbeherrschung gehört unstreitig die Fähigkeit,
- die für die betreffende Sprache charakteristischen bedeutungsunterscheidenden Laute produzieren und wahrnehmen zu können,
- diese Laute entsprechend den in dieser Sprache geltenden phonologischen Regelmäßigkeiten zu bedeutungstragenden Lautfolgen (*Morphemen*) kombinieren und solche Folgen wahrnehmen und verstehen zu können,
- Morpheme nach den für diese Sprache charakteristischen morphologischen, lexikalischen und syntaktischen Regelmäßigkeiten zu Wörtern und Wörter zu Sätzen kombinieren und solche Kombinationen wahrnehmen und verstehen zu können.

Analoges gilt für die Kombination graphischer Elemente bei der schriftlich manifestierten Sprache. Die Fähigkeit zur regelgeleiteten Kombination linguistisch isolierbarer Strukturelemente einer Sprache bei Produktion und Rezeption wird gewöhnlich als *Linguistische Kompetenz* bezeichnet.

Nun würde eine Beschränkung auf diese Fähigkeit zweifellos eine in mehrfacher Hinsicht eingeengte Sichtweise dessen bedeuten, was man unter »Sprachbeherrschung« verstehen kann. Zunächst einmal gilt es hervorzuheben, daß eine natürliche Sprache wie Deutsch, Englisch, Yoruba, Hakka usw. als Mittel zur Verständigung in einer sozialen *Sprachgemeinschaft** vorkommt, die gewöhnlich keine homogene Einheit bildet. Im Zusammenhang mit dieser Inhomogenität variiert das, was man Sprache nennt, hinsichtlich seiner linguistischen Elemente und der Regelmäßigkeiten ihrer Kombinierbarkeit nach sozialen und regionalen Parametern, die nicht für alle Mitglieder der Sprachgemeinschaft gleichermaßen gelten, ebenso wie nach den funktionalen Verwendungsweisen. Die Rechtfertigung, trotz dieser Variation von *einer* Sprache wie Deutsch, Englisch usw. zu reden, ergibt sich daraus, daß den unterschiedlichen sozialen, regionalen und funktionalen Varietäten, die in einer Sprachgemeinschaft vorkommen, ein signifikant großer Bestand an linguistischen Elementen und Regeln gemeinsam ist. Die genaue Bestimmung dieses *common core*[8] ist allerdings ebenso wie die Bestimmung dessen, was die Gesamtmenge der Elemente und Regelmäßigkeiten einer Sprache ausmacht, ein sprachwissenschaftlich kaum lösbares Problem. Darüberhinaus ist es schwierig, genau anzugeben, was »die Beherrschung einer Sprache« umfaßt, weil jeder Sprecher mehr Eigenschaften von Soziolekten, Dialekten und funktionalen Varietäten rezeptiv beherrscht, als er selbst produzieren kann: produktive und rezeptive Sprachbeherrschung sind für einen native speaker gewöhnlich nicht dem Umfang nach identisch. Auch variiert der Umfang beider Arten von Sprachbeherrschung zwischen Mitgliedern einer Sprachgemeinschaft. Zweifellos läßt sich von jedem, der nicht durch eine Krankheit hinsichtlich seiner kognitiven Fähigkeiten und den Fähigkeiten zu sprechen und zu hören gestört ist, sagen, daß er seine Muttersprache beherrscht. Doch selbst wenn man sich auf die Linguistische Kompetenz im oben eingeführten Sinn beschränkt, kann man nicht allgemein gültig eine Menge sprachlicher Elemente und Regeln aufzählen, die ein Lerner als Sprachbeherrschung in den Zweitsprachenerwerb einbringt.[9]

Weiter werden Äußerungen und Äußerungsteile in einer Sprache nicht in jedem Fall von Sprechern für die jeweils aktuelle Situation vollständig »neu« durch eine Kombination elementarster Sprachbestandteile gebildet: ein nicht geringer Teil der im Alltag vorkommenden Sprache besteht aus festen idiomatischen Wendungen und routinisierten vorfabrizierten Formeln, die oft als Mittel zur Steuerung von Kommunikationsabläufen (wie z. B. *Wie geht's?; Da fällt mir ein, ich wollte*...), zum Vollzug von Interaktionsritualen, wie z. B. Begrüßen, Verabschieden, Beglückwünschen, Kondolieren, Taufen usw., oder als Mittel zur Definition der Beziehung zwischen den Interaktionspartnern, wie etwa Höflichkeitsindikatoren (z. B. *Sehr freundlich!, Guten Appetit!,* Wahl der Anredeform), zu der sozialen Situation ihrer Verwendung in einer funktionalen Beziehung stehen. Sprachbeherrschung schließt also auch Idiome und formelhafte Wendungen ein, und – wie besonders an diesen deutlich wird – generell die Kenntnis der *Verwendungsbedingungen* sprachlicher Mittel.

Schließlich verweist uns die funktionale Relation von Routineformeln zu ihren Verwendungssituationen auf einen übergreifenden Aspekt von Sprachbeherrschung: Solche Formeln wie auch die von einem Sprecher nach grammatischen Regeln »neu« erzeugten Äußerungen werden dazu benutzt, bestimmte Zwecke zu erreichen und bestimmte *Handlungen* auszuführen, etwa Fragen zu stellen, Aufforderungen zu machen, jemanden zu ermahnen, sich zu rechtfertigen, jemanden zu einer bestimmten Handlung zu veranlassen, einen bestimmten Eindruck auf jemanden zu machen usw. Die Fähigkeit, solche sprachlichen

Handlungen oder Sprechakte erfolgreich auszuführen, wird üblicherweise in der Nachfolge von Habermas (1971) und Hymes (1972) als *Kommunikative Kompetenz* bezeichnet. Ob man mit seinen sprachlichen Handlungen den angestrebten Zweck erreicht, hängt nicht allein von der grammatischen Richtigkeit der zu ihrer Realisierung verwendeten sprachlichen Mittel ab – im Gegenteil kommt es oft weniger auf Korrektheit an als auf Verständlichkeit. Verständlichkeit wiederum ist abhängig z. B. von der Befolgung sprachspezifischer Editionsregeln für Äußerungen, etwa hinsichtlich des Gebrauchs von Ellipsen, und der Berücksichtigung des sprachlichen und außersprachlichen Kontextes der Äußerungen, mit denen Handlungen vollzogen werden.[10] Wesentlich für das Gelingen von Sprechakten ist aber vor allem das Eingehen auf Variablen der Kommunikationssituation, zu denen u. a. die soziale Beziehung der Interaktionspartner zueinander, Ort, Zeit, Thema und Zweck der Interaktion gehören. Viele dieser Variablen haben kulturspezifische Ausprägungen: in unterschiedlichen Sprachgemeinschaften gelten durchaus unterschiedliche Konventionen dafür, worüber wer mit wem wie wann und wo sprachlich interagieren kann. Aber auch innerhalb einer Sprachgemeinschaft ist die Fähigkeit, sprachlich zu handeln, ungleich verteilt, und zwar sowohl was die Art als auch den Grad der erfolgreichen Ausführung sprachlicher Handlungen betrifft. So hängt z. B. die Möglichkeit eines Individuums, bestimmte Sprechhandlungen zu vollziehen, ab von den sozialen Rollen, die es in seiner Sprachgemeinschaft einnehmen kann: die Handlung des Taufens kann z. B. in unserer Gesellschaft nur ein Geistlicher erfolgreich vornehmen. Auch unterscheiden sich Sprecher danach, wie gut sie etwa Sprechhandlungen indirekt, z. B. ironisch formuliert, realisieren und solche Realisierungen interpretieren können.[11] Wie die Linguistische variiert also auch die Kommunikative Kompetenz zwischen Sprechern einer Sprache.

Für eine Bestimmung dessen, was Sprachbeherrschung ausmacht, ergeben sich über die Problematik der Variabilität hinaus noch besondere Schwierigkeiten: Wenn man einen *native speaker*, der sprachlich gewandter als ein anderer z. B. jemanden zum Kauf überflüssiger Güter überreden, einen Gesprächspartner trickreich ausargumentieren oder das *breaking up with a sweetheart* sprachlich routiniert abwickeln kann, als mit größerer Sprachbeherrschung ausgestattet bezeichnet, wie kann man dann Strategien des sozialen Handelns, die auf die Gestaltung und Abwicklung sozialer Beziehungen ausgerichtet sind und die sich sprachlich äußern, von der Sprachbeherrschung unterscheiden? Eine solche Unterscheidung ist jedoch zweifellos sinnvoll, da viele dieser Strategien zumindest in verwandten Kulturen gleich sein dürften, das Geschick ihrer Anwendung jedoch von Individuenvariablen abzuhängen scheint. Wie wir später im Zusammenhang mit Lernzielen diskutieren werden, entstehen manche fachdidaktischen Kontroversen auch

daraus, daß nicht ausreichend deutlich gemacht wird, wieweit das jeweilige Verständnis von »Kommunikativer Kompetenz in einer Fremdsprache« allgemeine Strategien sozialen Handelns einschließt und welche Aspekte von »Kommunikativer Kompetenz« sich als neue oder gesonderte Lernaufgabe beim Zweitsprachenerwerb stellen.
Wie ein native speaker seine Kommunikative Kompetenz und dabei vor allem das Wissen der sozialen Normen erwirbt, die die Verwendung bestimmter sprachlicher Mittel in Sprechakten und sprachlich manifestierter Strategien sozialen Handelns determinieren, ist noch weit weniger erforscht als der Erwerb dessen, was wir als Linguistische Kompetenz bezeichnet haben.[12] Erst recht ist bisher wenig darüber bekannt, wie Lerner sich Kommunikative Kompetenz in einer Zweitsprache aneignen.

1.3 Zur Entwicklung der Zweitsprachenerwerbsforschung

Aus den im letzten Abschnitt genannten Gründen haben denn auch bei Überlegungen, wie man die Beherrschung einer zweiten Sprache erwirbt und welche Rolle dabei die Beherrschung der Ausgangssprache spielen kann, bislang Aspekte der Linguistischen Kompetenz im Vordergrund gestanden. Diese Überlegungen sind in der Vergangenheit überwiegend unter Bezug auf zwei Hauptströmungen der Psychologie dieses Jahrhunderts und die daraus jeweils abgeleiteten allgemeinen Lerntheorien diskutiert worden: die *kognitiven* und die *behavioristischen* Lerntheorien. Natürlich hat man im Rahmen dieser übergreifenden Theorien jeweils verschiedene Modelle entwickelt; es gab auch Versuche, diese prinzipiell gegensätzlichen Ansätze in einem Modell zu integrieren.[13] Die jeweilige Berufung auf eine dieser Positionen hat in der Fachdidaktik vor allem in der Diskussion um Lehrmethoden lange zu letztlich unfruchtbaren Polarisierungen geführt; wir werden darauf noch im zweiten Teil dieses Buches zurückkommen. Inzwischen hat sich jedoch die Einsicht durchgesetzt, daß die im wesentlichen nur auf Ergebnissen recht unnatürlicher Laborexperimente basierenden allgemeinen Aussagen dieser Modelle der Komplexität der Situation und des Gegenstandes beim Spracherwerb nicht zureichend gerecht werden können.[14] Deshalb ist in neuen fachdidaktischen Ansätzen ein verstärktes Interesse für die Frage entstanden, wieweit für den Lerngegenstand »Zweitsprache« spezifische Aneignungsweisen bestehen und welche Bedeutung den Variablen der unterschiedlichen Spracherwerbssituation dabei zukommt. Dadurch hat sich die Perspektive von Aspekten des Lehrens auf Aspekte des Lernens verlagert.[15]
Einflußreich für diese Entwicklung der Fragestellung waren Probleme, die sich besonders im Zusammenhang mit behavioristischen Erklärun-

gen des Zweitsprachenerwerbs in Hinblick auf die Rolle der Beherrschung einer Ausgangssprache ergaben. Nach behavioristischen Theorien ist Zweitsprachenerwerb wie jedes Lernen ein Prozeß der *habit formation*. Wenn etwas neu gelernt wird, müssen entweder neue, zusätzliche Verhaltensweisen bzw. *habits* erworben oder alte *habits* aufgegeben und durch neue ersetzt werden.[16] Soweit bestimmte Eigenschaften in zwei Sprachen, etwa einzelne syntaktische Strukturen, gleich sind, kann man argumentieren, daß ein Zweitsprachenlerner hinsichtlich des Verhaltens, zweitsprachliche Elemente in einer bestimmten syntaktischen Form zu organisieren, kein neues *habit* zu erwerben brauche, da er darüber schon mit der Ausgangssprache verfüge, und daß sich für den Lerner nur da eine Lernaufgabe ergebe, wo sich die Sprachen unterscheiden.

Da nach den fundamentalen Annahmen behavioristischer Theorien ein *habit*, das in einer bestimmten es auslösenden Situation erfolgreich war, auf identische bzw. vergleichbare Situationen übertragen wird, lassen sich Fehler wie in *Why come you not?* bei Lernern mit Deutsch und *The house white is old* bei Lernern mit Französisch als Muttersprache als Beibehaltung eines alten, ausgangssprachlichen *habit* bzw. als Übertragung oder *Transfer* der syntaktischen Struktur erklären, die dem bedeutungsäquivalenten Satz der Ausgangssprache *Warum kommst du nicht?* bzw. *La maison blanche est vielle* zugrundeliegt. In diesem Fall ist die Übertragung des ausgangssprachlichen habit negativ, weil sie zu einem Fehler führt; man spricht deshalb von *negativem Transfer* oder von *Interferenz*. Wo dagegen die Strukturen zwischen Ausgangs- und Zielsprache übereinstimmen, führt die Übertragung des ausgangssprachlichen *habit* nicht zu einem Fehler, da es nicht mit dem geforderten neuen zweitsprachlichen Verhalten interferiert; in einem solchen Fall spricht man von *positivem Transfer*. Ob eine Übertragung eines ausgangssprachlichen *habit* als positiver oder negativer Transfer bzw. Interferenz zu charakterisieren ist, hängt ausschließlich davon ab, ob das übertragene Verhalten der zweitsprachlichen Norm entspricht.

Nach einer weiteren, vor allem auf Lern-Experimenten zum (nichtsprachlichen) Verhalten von Tieren basierenden Annahme behavioristischer Theorien wird das Erlernen eines neuen Verhaltens durch das zuvor erlernte erschwert, wenn die zu bewältigende Lernaufgabe von bisherigen Aufgaben verschieden ist, und erleichtert, wenn die neue Aufgabe ähnlich ist. Dies führte Psychologen und Didaktiker zu der Auffassung, daß die Beherrschung einer Ausgangssprache den Erwerb einer Zweitsprache dort, wo die Strukturen zwischen diesen Sprachen übereinstimmen, *erleichtere*, und dort, wo sich die Strukturen unterscheiden, *erschwere*. Auf dieser Basis nahm man dann weiter an, daß man durch einen Aufweis von Strukturübereinstimmungen und Strukturunterschieden bzw. *Kontrasten* zwischen den beteiligten Sprachen Voraussagen darüber machen könne, welche Bereiche der Zweitsprache interferenzanfällig und schwierig zu erlernen sind. Diese Annahme war Ausgangspunkt für umfangreiche Forschungsaktivitäten, die unter dem Namen *Kontrastive Linguistik* (auch Kontrastive Grammatik oder Kontrastive Analyse genannt) besonders in den 60er Jahren in hoher Blüte stand.[17] Initiiert und gestützt wurde diese Forschung durch eine einflußreiche Arbeit von Robert Lado (1957), in der er zeigte, daß eine große Zahl von Fehlern beim Erwerb einer Sprache als Zweitsprache typischerweise von Lernern mit jeweils bestimmten Ausgangssprachen gemacht wurden.

Die Kontrastive Linguistik befaßt sich mit dem Vergleich von Sprachen hinsichtlich ihrer phonologischen, morphologischen, syntaktischen, semantischen und neuerdings auch pragmatischen Eigenschaften. Sie knüpft damit an Fragestellungen der historisch-vergleichenden und typologischen Sprachwissenschaft an,[18] ist dabei jedoch vorwiegend auf die Beschreibung von Unterschieden zwischen den untersuchten Sprachen ausgerichtet und – soweit sie sich als eine auf praktische Zwecke ausgerichtete Disziplin versteht – an der Verwertung ihrer Aussagen für den Fremdsprachenunterricht interessiert. Die lerntheoretische Begründung für die praktische Verwertbarkeit kontrastiver Analysen kumuliert in der sog. *contrastive analysis hypothesis*, die nach Wardhaugh (1970) in ihrer prognostischen, stärkeren Version, nach der durch solche Analysen Lernschwierigkeiten bzw. Fehler vorausgesagt werden sollen, von den beiden folgenden Gleichsetzungen ausgeht:

– Strukturübereinstimmung zwischen Ausgangssprache und Zweitsprache = positiver Transfer = Lernerleichterung = korrekte zweitsprachliche Äußerung;
– Strukturunterschied zwischen Ausgangssprache und Zweitsprache = negativer Transfer (Interferenz) = fehlerhafte zweitsprachliche Äußerung.

Auf der Basis dieser Hypothesen[19] ist verschiedentlich gefordert worden, beim Lehren einer Fremdsprache nur die zur Ausgangssprache kontrastiven Eigenschaften zu berücksichtigen.[20] Ebenso sind, ausgehend von dem Axiom »Differenz = Schwierigkeit« Versuche unternommen worden, Fehlerprognosen auch mit der Aufstellung allgemeiner Hierarchien von Lernschwierigkeiten zu verbinden, wobei eine größere Zahl von Kontrasten einer Zunahme der Schwierigkeiten entspricht.[21]

Zweifellos sind dies sehr weitreichende Annahmen, die zu vielfältiger Kritik herausforderten. Diese Kritik richtet sich gegen theoretische Aspekte der psychologischen und linguistischen Grundlagen der Kontrastiven Linguistik und stützt sich auf falsifizierende empirische Evidenz zu ihren Hypothesen.

Es läßt sich zeigen, daß der *contrastive analysis hypothesis* ein überholter und unzulässig simplifizierter Transfer-/Interferenzbegriff zugrundeliegt.[22] Auch ist im Hinblick auf Strukturen, die im konkreten Einzelfall tatsächlich von einem Lerner aus der Ausgangs- auf die Zielsprache transferiert werden könnten, der übliche Vergleich der Systeme beider Sprachen *in abstracto*, gewöhnlich auf der Basis von Grammatiken der jeweiligen Standardvarietät, außerordentlich problematisch, da ja die Sprachbeherrschung auch zwischen native speakers variiert und somit oft apriori gar nicht klar sein kann, welche ausgangssprachlichen Strukturen der Lerner jeweils einbringt. Da zudem nach der Transfer-Theorie früher Erlerntes auf nachfolgende Situationen übertragen wird, ist es unzulässig, Transfermöglichkeiten nur auf Eigenschaften der Ausgangssprache zu beschränken, wie es durch einen abstrakten Systemvergleich erzwungen wird, denn zu dem früher Gelernten gehört ja *alles* das, was der Lerner an Sprachkenntnissen in die Lernsituation einbringt, also auch das, was er – mehr oder weniger normgerecht – bereits von der Zweitsprache erworben hat. Schließlich ist die Gleichsetzung *linguistischer Strukturunterschiede* mit *psychologischen Prozessen* wie Transfer/Interferenz und *Erlebniszuständen* wie Lernschwierigkeit nicht aufrechtzuerhalten: Zum einen ist immer noch völlig unklar, wie Ähnlichkeiten und Unterschiede zwischen Sprachen von Lernern wahrgenommen und verarbeitet werden und welche Beziehung zwischen Graden an Ähnlichkeit von Sprachen und der Lernschwierigkeit besteht.[23] Zum anderen – und das betrifft die linguistischen Grundlagen kontrastiver Analysen – ist die Menge oder die Größe von Kontrasten zwischen Sprachen – und daraus abgeleitet: die Lernschwierigkeit – überhaupt nicht allgemeinverbindlich angebbar.
Im Zuge der Entwicklung innerhalb der Linguistik wurden immer aufwendigere Grammatikmodelle, d. h. Verfahren zur Beschreibung von Elementen und Regelmäßigkeiten von Sprachen, erstellt. Je nach dem gewählten Grammatikmodell sind sehr verschiedenartige und unterschiedlich detaillierte Sprachbeschreibungen möglich; damit sind aber auch sehr verschiedenartige und unterschiedlich viele Möglichkeiten gegeben, hinsichtlich derer man Sprachen unterscheiden kann. Die genaue Bestimmung von Art, Zahl und Größe von Kontrasten zwischen Sprachen hängt immer von den jeweils gewählten Beschreibungsverfahren ab, da ja auch die Strukturen, hinsichtlich derer man Sprachen vergleicht, immer erst durch eine Sprachbeschreibung genau angegeben werden können. Welches von den vielen existierenden Grammatikmodellen man mit psychologischer Rechtfertigung kontrastiven Analysen zugrundelegen könnte oder wie eine psychologisch adäquate Grammatik konzipiert sein sollte, ist noch völlig offen.[24]
Besonders deutlich wird die Unhaltbarkeit der Positionen der Kontrastiven Linguistik an den Ergebnissen empirischer Überprüfungen ihrer

Hypothesen. So hat z. B. Juhász (1970) festgestellt, daß nicht nur Kontraste zwischen Ausgangs- und Zielsprache das Erlernen erschweren können, sondern auch Kontrast*mangel*. Dies scheint besonders zwischen relativ eng verwandten Sprachen zu gelten, z. B. zwischen dem Deutschen und Holländischen.[25] Unter bestimmten Lernbedingungen werden sogar strukturell parallele Eigenschaften der Zweitsprache weniger gut erworben als funktional äquivalente, aber zur Ausgangssprache kontrastive Eigenschaften.[26] Desgleichen kann man auch nicht mehr davon ausgehen, daß ein – wie auch immer bestimmter – »größter« Kontrast auch die größte Lernschwierigkeit bedeutet, weil kontrastiv definierte Schwierigkeitshierarchien wiederholt empirisch widerlegt wurden.[27] Es hat sich also gezeigt, daß Strukturunterschiede weder notwendig Lernschwierigkeiten noch Fehler bedingen. Auch müssen sich Lernschwierigkeiten nicht automatisch in Fehlern äußern; denn oft werden als schwierig empfundene Strukturen vom Lerner umgangen, und parallele Strukturen werden im Verhältnis zu ihrer normalen Vorkommenshäufigkeit bei *native speakers* überproportional verwendet, wenn der Lerner zwischen parallelen und kontrastiven Strukturen in der Zweitsprache wählen kann.[28] Schließlich ergaben Fehleranalysen, mit denen man die Prognosen der Kontrastiven Linguistik verifizieren wollte, daß ein nicht geringer Teil von Fehlern bei Lernern verschiedener Ausgangssprachen gleichermaßen auftraten, also nicht mit interlingualen Kontrasten erklärt werden konnten. Viele dieser Fehler beruhten auf einer *Übergeneralisierung* einer mehr oder weniger normgerecht erworbenen Regel der Zweitsprache. Jain (1974) listet z. B. dazu fehlerhafte Äußerungen wie *He buyed a book* auf, in der die Regel für die Bildung der regelmäßigen *past-tense*-Form auf ein unregelmäßiges Verb ausgedehnt, d. h. übergeneralisiert wird.[29] Solche Generalisierungen können von kontrastiven Analysen üblicherweise nicht erfaßt werden, da sie nicht auf die beim Lernen vorhandenen zweitsprachlichen Kenntnisse eingehen.
Deshalb gilt die *contrastive analysis hypothesis* in der oben dargestellten starken Version allgemein als gescheitert. Das hat dazu geführt, daß sie heute nur noch in einer schwachen Version vertreten wird.[30] Danach bleiben interlingualer Transfer und Interferenz zentrale Prozesse des Zweitsprachenerwerbs, es werden jedoch mit Übergeneralisierung auch andere Spracherwerbsprozesse zugelassen. Die kontrastive Analyse dient nun nicht mehr dazu, Fehler zu prognostizieren, sondern nur noch dazu, a posteriori Fehlerursachen aufzudecken. Damit allerdings taugt die *contrastive analysis hypothesis* bestenfalls zur Erklärung eines recht beschränkten Aspekts des Zweitsprachenerwerbs, zur Beantwortung der Frage nämlich, wieweit Fehler auf den Einfluß der Ausgangssprache zurückgehen.
Welche Folgerungen aus Fehlern für die Erhellung der Prozesse des Zweitsprachenerwerbs gezogen werden können, wollen wir im folgen-

den Kapitel ausführlich behandeln, denn mit dem Scheitern der Kontrastiven Linguistik hat das Interesse an den Erscheinungen, die man gemeinhin Fehler nennt, eher noch zugenommen. Für den Rest dieses Kapitels wollen wir uns darauf beschränken, kurz zu skizzieren, wie sich im Anschluß an die Kontrastive Linguistik Fragestellungen und Vorgehensweisen der Zweitsprachenerwerbsforschung entwickelt haben.

Maßgeblich für diese Entwicklung war der Befund, daß viele Fehler von Zweitsprachenlernern mit Sprachformen übereinstimmen, welche Kinder, die die betreffende Sprache als Erstsprache erwerben, charakteristischerweise im Verlauf ihres Spracherwerbs verwenden. Die Beobachtung spracherwerblicher Phänomene, die im Rahmen allgemeiner Lerntheorien, vor allem im Rahmen der damals vorherrschenden behavioristischen, nicht zu erklären waren, und die Vergleichbarkeit solcher Beobachtungen mit Befunden der Erstsprachenerwerbsforschung ließ die Bereitschaft wachsen, Fragestellungen, Methoden und Erklärungshypothesen der Untersuchungen des Zweitsprachenerwerbs an denen der Erstsprachenerwerbsforschung zu orientieren.

Beeinflußt von Entwicklungen innerhalb der theoretischen Linguistik, hat seit den 60er Jahren bei Sprachwissenschaftlern und Psychologen das Interesse am kindlichen Spracherwerb beständig zugenommen und inzwischen zu einem umfangreichen, eigenständigen Forschungsgebiet geführt.[31] Da Erkenntnisse darüber, wie Sprachen erworben werden, auch Rückschlüsse auf die Adäquatheit linguistischer Theorien erlauben, ist die gründliche Analyse des Erwerbsverlaufs und damit der vom Kind produzierten sprachlichen Daten, in denen er sich manifestiert, für diese Forschung zentral. Von besonderem Interesse sind dabei solche Aspekte des kindlichen Sprachverhaltens, die Rückschlüsse darüber erlauben, wie das Kind die es umgebenden sprachlichen Daten, seinen sprachlichen Input, verarbeitet. Für einige Strukturbereiche wurde aus Untersuchungen zum Erstsprachenerwerb verschiedener Sprachen recht bald aufgewiesen, daß bis zur erwachsenengerechten Verwendung in einer invarianten Abfolge von Stadien jeweils verschiedene, unterschiedlich weit von der Erwachsenensprache abweichende Formen verwendet werden. Daraus wurde gefolgert, daß der Spracherwerb – zumindest teilweise – in erkennbaren Sequenzen verläuft. Dies führte zu der heute verbreiteten Vorstellung, daß sich der Spracherwerb als ein Prozeß der sukzessiven Hypothesenbildung über die Struktur der zu erlernenden Sprache vollzieht. Ausgelöst und aufrechterhalten wird dieser Prozeß dadurch, daß das Kind aus seinem Input hypothetische Regelmäßigkeiten über die Sprache induziert und diese Hypothesen an weiteren Daten, z. B. in seiner Interaktion mit Erwachsenen, testet. Liefern diese Daten implizit oder explizit eine Bestätigung der Hypothese, geht sie als Regel in die Sprache des Kindes ein. Wirken weitere Daten dagegen falsifizierend, wird das Kind zu modifizierten oder völlig neuen Hypothesenbildungen veranlaßt, bis schließlich die Hypothesen des Kindes mit dem grammatischen System der Sprache der Erwachsenen übereinstimmen. Über die Ursachen der Herausbildung solcher Hypothesen, besonders wieweit sie durch angeborene kognitive Mechanismen oder durch Umwelteinflüsse bedingt sind, herrscht allerdings unter Spracherwerbsforschern noch wenig Einigkeit.

In einem einflußreichen Aufsatz hat Corder (1967) spekuliert, daß auch der Zweitsprachenerwerb als ein solcher Prozeß der sukzessiven Hypothesenbildung, in diesem Fall über die Struktur der zu erlernenden Zweitsprache, zu erklären sei, und vorgeschlagen, die Vorgehensweisen der Erstsprachenerwerbsforschung auf Untersuchungen des Zweitsprachenerwerbs zu übertragen. Seither hat sich zu der Frage, wie zweite Sprachen erworben werden, ein zunehmend weiter werdendes Forschungsgebiet entwickelt, dessen Probleme, Ergebnisse und Perspektiven wir in den folgenden Kapiteln darstellen wollen.

2. Methoden der Zweitsprachenerwerbsforschung

Die Einschätzung der Güte und Reichweite wissenschaftlicher Forschungsergebnisse hängt wesentlich ab von der Brauchbarkeit der Methoden, die zu ihrer Gewinnung eingesetzt werden. Für empirische Wissenschaften wie die Zweitsprachenerwerbsforschung stellt die Art der Datengewinnung das zentrale methodologische Problem dar. Wir diskutieren daher in diesem Kapitel verschiedene in der Zweitsprachenerwerbsforschung übliche Datenerhebungsverfahren und zeigen die jeweiligen Grenzen ihrer Brauchbarkeit auf. Vor der eigentlichen Behandlung verschiedener Datenerhebungsverfahren im zweiten Teil des Kapitels gehen wir speziell auf Fehler als eine mögliche Sorte von Daten ein. Wir legen deshalb besonderes Gewicht auf diese Diskussion, weil der Begriff »Fehler« in der Fremdsprachendidaktik und in der Praxis des Fremdsprachenunterrichts eine kaum wegzudenkende Prävalenz besitzt, dieser Begriff aus der Sicht der Spracherwerbsforschung jedoch andere Implikationen und einen anderen Stellenwert erhält. Mit dem Aufzeigen der Problematik des Fehlerbegriffs und seiner nur eingeschränkten Aussagekraft für Spracherwerbsprozesse zeichnen wir die Argumentation für die innerhalb der Zweitsprachenerwerbsforschung vollzogene Entwicklung von der Fehleranalyse zur Untersuchung von Lernersprache nach. Neben der Aufgabe, Voraussetzungen für eine Einschätzung und ggf. Relativierung von Ergebnissen der Zweitsprachenerwerbsforschung zu schaffen, hat dieses Kapitel auch die Funktion, einen Hintergrund abzugeben, auf dem Testverfahren im Fremdsprachenunterricht, die wir im zweiten Teil des Buches besprechen werden, beurteilt werden können.

Wenn man neue Erkenntnisse darüber gewinnen will, welche Regelmäßigkeiten dem Zweitsprachenerwerb zugrunde liegen und welche Faktoren ihn in welcher Weise beeinflussen, so betrifft eine wichtige Entscheidung die *Daten*, auf deren Grundlage Aussagen über Spracherwerb gemacht werden sollen. Im Laufe der Beschäftigung mit Fragen des Zweitsprachenerwerbs haben sich die Vorlieben für bestimmte Datensorten und Methoden ihrer Erhebung durchaus gewandelt. Solche Vorlieben sind zum einen abhängig von der Dominanz bestimmter wissenschaftstheoretischer Richtungen (z. B. mehr oder weniger starke hermeneutische oder experimentelle Orientierung), aber auch von der Art der für wichtig erachteten Fragestellungen. Da – wie wir noch genauer zeigen werden – ein enger Zusammenhang zwischen Art der Daten und Fragestellung besteht, kann man sich mit der Entscheidung für eine bestimmte Art der Datenerhebung die Möglichkeiten, Antworten auf Fragen zu finden, eröffnen oder verschließen. Mehr noch: Die möglichen Antworten auf Fragen werden durch die Art der Daten determiniert. Diese Abhängigkeit kann so weit gehen, daß Regelmäßigkeiten des Spracherwerbs suggeriert werden, die allein auf die Art der Datengewinnung zurückzuführen sind. Aufgrund dieser Abhängigkeit ist es bedenklich, eine Beschäftigung mit der Zweitsprachenerwerbsforschung auf eine Beschäftigung mit den *Ergebnissen* dieser Forschung zu reduzieren, ohne zu berücksichtigen, aufgrund welcher Daten (und natürlich auch aufgrund welcher Schlußprozeduren) die Ergebnisse zustandegekommen sind. Wir möchten daher auch denjenigen, die nicht beabsichtigen, selbst Forschungen zum Zweitsprachenerwerb anzustellen, nahelegen, sich mit solchen methodologischen Problemen auseinanderzusetzen.

Im Prinzip gibt es natürlich eine Fülle von Beobachtungen, die Aufschluß über Sprachenlernen geben können: Die meisten Menschen, die selbst eine zweite Sprache erlernt haben, verfügen über vorwissenschaftliche »Theorien« über einzelne Aspekte des Spracherwerbs (z. B. darüber, was sie an einer Sprache besonders einfach oder besonders schwierig zu lernen fanden, welche Lernmaterialien ihnen mehr und welche weniger zusagten, welche Beispiele und Erklärungen ihnen weitergeholfen haben usw.). Selbstverständlich macht auch jeder, der eine fremde Sprache lehrt, ständig akzidentelle Beobachtungen, die Hinweise auf den Prozeß des Spracherwerbs und seine Beeinflußbarkeit durch Unterricht geben. So wichtig derartige individuelle, unsystematische Beobachtungen für den einzelnen auch sein mögen und so unentbehrliche Impulse für die Forschung davon ausgehen können: für eine *wissenschaftliche* Erforschung des Zweitsprachenerwerbs reichen sie nicht aus, denn weder ist klar, welche über einen Einzelfall hinausgehenden Gesetzmäßigkeiten sich aus ihnen ableiten lassen, noch sind diese Beobachtungen so angelegt, daß sie für andere nachvollziehbar und damit intersubjektiv überprüfbar wären.

2.1 Fehler als Untersuchungsgegenstand

Mit einer besonderen Gruppe von Beobachtungen, die mehr als eine flüchtige Wahrnehmung darstellen und schon ein gewisses Maß an Nachvollziehbarkeit bieten, hat man sich schon sehr früh beschäftigt: mit *Fehlern*, vor allem solchen, die Fremdsprachenlerner in schriftlichen Arbeiten machen. Diese Daten galt es aus anderen Gründen sowieso zu erheben (Lernzielkontrolle, Notengebung), und es lag nahe, sie weiter zu nutzen: zum Gewinnen von Erkenntnissen über Mechanismen des Zweitsprachenerwerbs. Auf die Beschränkungen, die aus der ausschließlichen Beschäftigung mit einzelnen Fehlern in schriftlichen

Schülerarbeiten als Daten resultieren, und auf die Konsequenzen, die daraus gezogen worden sind, werden wir im folgenden eingehen. Es erscheint uns jedoch angebracht, zunächst einige Bemerkungen zu der vielleicht nicht jedem ohne weiteres einsichtigen Behauptung einzuschieben, daß Fehler durchaus auch nützliche Aspekte haben können: als Daten für die Erforschung des Spracherwerbs. Da durch gewisse Lerntheorien und damit zusammenhängende Methodenkonzeptionen (z. B. die programmierte Instruktion, die sog. audio-linguale Methode) die Ansicht propagiert wurde und auch noch wird, Unterricht sei so anzulegen, daß Fehler möglichst gar nicht auftreten können, und da zudem Fehler normalerweise eine wichtige Grundlage für die Notengebung darstellen, ist eine Einstellung, nach der in Fehlern nichts als auszumerzende Übel zu sehen sind, durchaus erklärbar.
Eine positive Einstellung zu »Fehlern« von Sprachenlernern hat sich vor allem durch die Beschäftigung mit dem Erstsprachenerwerb ergeben. Kaum jemand würde die von der Erwachsenensprache abweichenden Äußerungen eines Kindes, das seine Muttersprache erlernt, als »fehlerhaft« bezeichnen und zählen, wieviele »Fehler« es in einem Satz gemacht hat – mit allen negativen Implikationen. In der großzügigen Haltung gegenüber abweichenden sprachlichen Äußerungen von Kindern (man findet sie oft sogar lustig oder niedlich, bringt Kinder gar dazu, sie zu wiederholen) manifestiert sich die Überzeugung, daß die Produktion von Äußerungen, die von der Erwachsenensprache abweichen, ein notwendiges, aber vorübergehendes Stadium des Spracherwerbs darstellt. Kindersprachforscher waren denn auch immer viel eher geneigt, herauszustellen, was Kinder schon gelernt hatten, als aufzuweisen, was sie noch nicht gelernt hatten.
Nehmen wir zur Illustration ein Beispiel für eine typische »Fehler«-art beim Erstsprachenerwerb, die wir unter dem Stichwort »Übergeneralisierung« bereits im 1. Kapitel angesprochen haben: In einer bestimmten Phase des Erwerbs des Englischen als Muttersprache tendieren Kinder dazu, regelmäßige Pluralendungen zu verwenden, und zwar auch für solche Nomina, die im Englischen unregelmäßige Pluralformen haben. Kinder sagen also z. B. *foots* (oder auch *feets*), *mans* und *sheeps*. Man könnte es nun dabei belassen, derartige Beobachtungen damit zu kommentieren, daß ein Kind, das Plurale wie *foots* verwendet, die unregelmäßigen Pluralformen – in diesem Fall des Englischen – eben noch nicht gelernt hat. Man kann aber auch – und das ist die interessantere Interpretation – diese »Fehler« als Indizien dafür ansehen, daß das Kind eine sprachliche Regelmäßigkeit erkannt hat: daß nämlich im Englischen normalerweise der Plural durch Anhängen eines Plural-Morphems, phonologisch realisiert als /s/, /z/ oder /iz/, gebildet wird. Daß ein Kind diese Regelmäßigkeit wirklich erkannt hat und produktiv verwendet, kann man aus »Fehlern« wie den oben genannten mit sehr viel größerer Sicherheit schließen als aus »korrekt«

produzierten Pluralformen (wie z. B. *balls* oder *cars*), da sich nicht ausschließen läßt, daß *balls* oder *cars* bloße Imitationen von Erwachsenenäußerungen sind und vom Kind quasi ganzheitlich (man könnte auch sagen: *monomorphematisch*) verwendet werden. Formen wie *foots* oder *sheeps* hingegen wird ein Kind kaum von Erwachsenen gehört haben. Es muß also etwas, das es *gelernt* hat, selbst *produktiv* verwendet haben. Welche Konsequenzen sich hieraus eventuell für die Einstellung zu Schülerfehlern im Fremdsprachenunterricht ziehen lassen, wollen wir an dieser Stelle noch nicht erörtern. Es sei nur auf folgendes hingewiesen: Das größere Unbehagen, das man gegenüber »fehlerhaften« Äußerungen von Fremdsprachenlernern empfindet, ist nicht zuletzt dadurch begründet, daß das bezüglich des Erstsprachenerwerbs erwähnte Vertrauen in den vorübergehenden Charakter von »Fehlern« hier aus gutem Grund weniger ausgeprägt ist.

Wenn auch abweichende, »fehlerhafte« Sprachproduktionen von Lernern – sei es beim Muttersprachenerwerb, beim Zweitsprachenerwerb unter nicht-schulischen Bedingungen oder im Fremdsprachenunterricht – wichtige Hinweise darauf geben, was sich beim Spracherwerb abspielt, und in diesem Sinne informativer sind als »korrekte« Sprachäußerungen, so stellen Sammlungen isolierter Fehler doch keineswegs besonders günstige Daten für eine Spracherwerbsforschung dar, vor allem dann nicht, wenn es sich – wie häufig praktiziert – nur um Fehler aus *schriftlichen* Sprachproduktionen handelt, die wegen ihrer leichten Verfügbarkeit, Nachweisbarkeit und allgemeinen Zugänglichkeit (s. o.) natürlich gewisse praktische Vorteile mit sich bringen. Für viele Sprachlerner scheiden Fehler in schriftlichen Sprachproduktionen als Spracherwerbsdaten sowieso aus (etwa für junge Kinder und eine relativ große Gruppe von – auch älteren – illiteraten Zweitsprachenlernern); man muß sich also Gedanken darüber machen, wie man *mündliche* Sprachproduktionen erhebt und »konserviert«. Aber auch bei Lernern, die schreiben können, lassen schriftliche Daten nur bedingt Rückschlüsse auf ihre mündliche Sprachbeherrschung zu. Abgesehen davon, daß man auch an Informationen über das Erlernen der Aussprache interessiert ist, sind besonders der in unterschiedlichem Maße vorhandene Zeitdruck und die damit verbundenen unterschiedlichen Selbstkorrekturmöglichkeiten bei mündlicher und schriftlicher Sprachproduktion zu bedenken. Es ist auch die Annahme vertreten worden (s. Abschn. 4.2: »Monitor-Modell«), daß bei Aufgaben, die unter mehr oder weniger Zeitdruck bewältigt werden müssen (wie eben normalerweise bei mündlichen und schriftlichen Sprachproduktionen), unterschiedliche Arten von Kenntnissen und Fertigkeiten aktiviert werden. Bei der Erhebung mündlicher Daten wird auch ganz deutlich zum Problem, was bei Fehlersammlungen auf der Basis schriftlicher Klassenarbeiten o. ä. nur oberflächlich als schon gelöst erscheint. Zu welchen Zeitpunkten, in welchen Abständen, mit welchen Mitteln soll man sprachliche Daten erheben? Auf diese Fragen werden wir weiter unten noch eingehen. Zunächst aber bedarf der Begründung, weshalb Zusammenstellungen isolierter Fehler nur reduzierte Informationen über sprachliche Fähigkeiten von Lernern und über Prozesse des Spracherwerbs erlauben. Bei dieser Begründung möchten wir anschließen an das durch eigene Lern- und/oder Lehrerfahrungen geprägte umgangssprachliche Verständnis von »Fehler« und fragen, ob sich aufgrund dieses Verständnisses in den folgenden konstruierten Äußerungen von drei imaginären Deutschlernern »Fehler« entdecken lassen:

(1) *Die Hose hat siebenundvierzig Mark gekostet.* (Lerner A)
(2) *Wir kommen zu spät.* (Lerner B)
(3) *Vorigen Sonntag fahre ich zu meiner Schwester.* (Lerner C)

Vermutlich haben die meisten Leser allenfalls bei Äußerung (3) gezögert und sich gefragt, ob *Vorigen Sonntag* mit dem Tempus Präsens vereinbar ist, haben die beiden anderen Sätze aber wahrscheinlich als »nicht fehlerhaft« eingeordnet. Allerdings kann man sich hier wohl dann nicht zu der Einschätzung »fehlerhaft« entschließen, wenn man an die Möglichkeit des »erzählenden Präsens« denkt. Wenn man die Äußerung (3) mit etwas Kontext anreichert, erscheint die Kombination von *vorigen Sonntag* mit dem Präsens gar nicht mehr ungewöhnlich (also etwa: *Stell dir vor, vorigen Sonntag fahre ich zu meiner Schwester, da fällt mir doch unterwegs ein, ... usw.*).

Die Einschätzung der Fehlerhaftigkeit der drei Beispiel-Äußerungen ändert sich, wenn man folgende Zusatz-Informationen erhält:

Zu (1): Das Preisschild an der Hose zeigt, daß sie 74 DM gekostet hat (und nicht 47).

Zu (2): Lerner B produziert auch die folgenden Sätze:
 – *Gehen du noch zur Schule?*
 – *Ich kommen zu spät.*
 – *Er freuen sich sehr.*

Zu (3): Lerner C verwendet nie ein anderes Tempus als das Präsens, sagt also z. B. auch den Satz: *Vorigen Sonntag fahre ich zu meiner Schwester, vor zwei Wochen fahre ich zu meinen Freunden in Berlin, aber nächsten Sonntag bin ich allein zu Haus.*

Corder nennt Fälle wie (1) *covertly erroneous sentences*[1] – im Unterschied zu *overtly erroneous sentences*, solchen Sätzen, die schon oberflächlich identifizierbare syntaktische, morphologische, phonologische usw. Fehler enthalten: »Fehler« können auch in Äußerungen verborgen sein, mit denen ein Lerner eine andere Bedeutung realisieren will als diejenige, die in einer Sprache normalerweise mit dieser Äußerung verknüpft ist [Äußerung (1)][2]. Nicht immer gibt es den Klarheit verschaffenden »Preisschild-Effekt«, eine Aufdeckung des Mißverhältnisses zwischen Form und Bedeutung durch beobachtbare außersprachliche Sachverhalte. Manchmal lassen sich solche verdeckten Fehler auch durch den weiteren sprachlichen Kontext aufdecken, oftmals aber bleiben sie verborgen.[3]

In den Fällen der Lerner B und C wird man, wenn man mehr als jeweils nur die eine Äußerung dieser Lerner kennt, zumindest ein Unbehagen dabei empfinden, wenn man die (2) und (3) als »fehlerfrei« bezeichnet, denn offensichtlich beherrscht Lerner B die Unterscheidung zwischen personenabhängigen Suffixen nicht, und die »richtige« Form *wir kommen* ist eher ein Zufallstreffer im Rahmen der durchgängigen Verwendung der Infinitivform, die hinsichtlich Person unmarkiert ist.[4] Im Hinblick auf Lerner C wird man schwerlich behaupten können, jemand beherrsche die Funktion eines bestimmten Tempus, wenn dies das ausschließlich verwendete ist. Zum Beherrschen einer Struktur gehört auch, sie in Abgrenzung zu anderen, komplementären Strukturen verwenden zu können.[5]

Ist nun noch so klar, was »ein Fehler« ist? In der Tat muß man sich fragen, wie wichtig es überhaupt ist, entscheiden zu können, ob eine Äußerung einen Fehler enthält oder nicht, wenn einerseits solche Sätze, die ein *native speaker* als ungrammatisch bezeichnen würde, Indizien für Lernfortschritt darstellen können, andererseits aber oberflächlich grammatische Sätze das Resultat unvollständiger oder fehlgeleiteter Lernprozesse sein können.

Selbst dann, wenn man eine Äußerung eines Lerners eindeutig als »fehlerhaft« (im Sinne von *overtly erroneous*) identifizieren kann, gibt ein einzelner Fehler oft nicht viel Aufschluß darüber, was ein Lerner in bezug auf eine Sprache gelernt hat und wie er dieses Gelernte organisiert hat. Die Fälle sind nicht immer so einfach gelagert wie in dem eingangs ausgeführten *foots-mans-sheeps*-Beispiel, das deshalb allerdings nichts von seiner prinzipiellen Aussagekraft verliert. Nehmen wir an, ein deutscher Lerner des Englischen äußert folgenden, üblicherweise als fehlerhaft bezeichneten Satz:

(1) *Do you know the girl which Jim is talking to?*[6]

Die Identifizierung des Fehlers bereitet keine Probleme; dieser eine Satz gibt aber noch wenig Aufschluß darüber, welche Annahmen über Regelmäßigkeiten der englischen Sprache den Lerner zu dieser Äußerung veranlaßt haben. Je nachdem, wie andere Relativsätze dieses Lerners aussehen, kann man zu unterschiedlichen Schlußfolgerungen kommen. Wir möchten dies anhand von drei möglichen Satzmengen illustrieren, zu denen jeweils der Beispielsatz gehören kann.

Menge A

(A 1) *Do you know the girl which Jim is talking to?*
(A 2) *That's a car which I like.*
(A 3) *John is the man which saw him first.*

(A 4) *This is the book which was so expensive.*
(A 5) *Show me the bottle of wine which you bought in France.*
(A 6) *Show me the man which you met at the station.*

Menge B

(B 1) *Do you know the girl which Jim is talking to?*
(B 2) *That's a car which I like.*
(B 3) *John is the man who saw him first.*
(B 4) *This is the book which was so expensive.*
(B 5) *Show me the bottle of wine who you bought in France.*
(B 6) *Show me the man who you met at the station.*

Menge C

(C 1) *Do you know the girl which Jim is talking to?*
(C 2) *That's a car which I like.*
(C 3) *John is the man who saw him first.*
(C 4) *This is the book who was so expensive.*
(C 5) *Show me the bottle of wine which you bought in France.*
(C 6) *Show me the man which you met at the station.*

Wenn (1) zu der Menge A gehört, muß man annehmen, daß der Lerner, der durchgängig *which* als Relativpronomen benutzt, noch keinerlei Differenzierung zwischen verschiedenen Relativpronomina gelernt hat. *Er sagt (1) also, weil er als Relativpronomen immer* w h i c h *verwendet.*

Ein Lerner, der die Satzmenge B produziert, benutzt sowohl *which* als auch *who* als Relativpronomina. Er verwendet immer dann *which*, wenn das Relativpronomen sich auf ein Nomen bezieht, dessen deutsches Äquivalent das Genus Neutrum hat (und das Relativpronomen im deutschen Äquivalentsatz *das* heißt), und verwendet *who* in allen anderen Fällen. *Er sagt (1) also, weil es im Deutschen* »d a s *Mädchen« heißt.*

Ein Lerner, der die Satzmenge C produziert, benutzt *who* in den Sätzen, in denen das Relativpronomen im Subjektsfall steht, und *which* dann, wenn das Relativpronomen im Objektsfall steht. *Er sagt (1) also, weil in diesem Satz das Relativpronomen Objekt des Relativsatzes ist.*

Dies sind nur einige wenige von vielen möglichen Gründen, die einen Lerner dazu veranlassen können, den Satz (1) zu äußern. Meist werden die Dinge komplizierter liegen als in dem zugegebenermaßen etwas konstruiert wirkenden Beispiel, das aber gerade deshalb den Punkt, um den es hier geht, besonders deutlich macht: Die in den Lernprozessen und -resultaten eines Zweitsprachenlerners liegenden Ursachen für die Produktion einer fehlerhaften – und auch einer (im Sinne der Norm der zu erlernenden Sprache) richtigen Äußerung kön-

nen selten aus dieser Äußerung allein erschlossen werden, sondern erst im Zusammenhang mit anderen Äußerungen des Lerners, mit »falschen« ebenso wie mit »richtigen«. Die Aussagen über vermutete zugrundeliegende Regelmäßigkeiten können dabei umso abgesicherter sein, je mehr Sprachdaten eines Lerners man zur Verfügung hat.
Größere Mengen von Lernerdaten, im Zusammenhang betrachtet, machen es auch erst möglich, zu erkennen, ob gewisse Strukturen einer Sprache in den Äußerungen eines Lerners gar nicht vorkommen. Auch das Nicht-Verwenden sprachlicher Strukturen kann ja ein Indiz für Vorgänge beim Spracherwerb darstellen. Wir werden darauf an anderer Stelle noch zurückkommen. Hier wollen wir es zunächst bei dem Hinweis auf eine zusätzliche Motivation dafür belassen, daß sich im Verlauf der letzten Jahre das Schwergewicht von der Identifikation und Analyse von *Fehlern* auf die Beschreibung von umfangreicheren Sprachdaten verlagert hat:[7] auf die Beschreibung von *Lernersprache*. Die Implikationen des Konzepts »Lernersprache« und Versuche, besondere Aspekte lernersprachlichen Verhaltens zu erhellen, wollen wir im folgenden Kapitel näher darstellen. Zunächst sollen uns die Probleme interessieren, die mit der Notwendigkeit der Erhebung umfangreicher lernersprachlicher Daten einhergehen. Diese Probleme haben sich durch die Entwicklung zunehmend differenzierter Forschungsfragen (vgl. Abschn. 1.3) genauer herauskristallisiert.

2.2 Datenerhebungsverfahren

Tests, wie man sie im schulischen Fremdsprachenunterricht durchführt, sind nur einige von vielen Formen der Datengewinnung, allerdings solche, die zumeist unter ganz speziellen Bedingungen stattfinden, auf die noch einzugehen sein wird. Es ist – schon aus zeitlichen und finanziellen Erwägungen, aber auch aus Rücksicht auf das lernende Individuum – praktisch unmöglich, den Spracherwerb auch nur eines einzigen Lerners vollständig zu dokumentieren. Man muß auswählen und Stichproben nehmen. Dabei wird häufig zwischen zwei prinzipiellen Möglichkeiten unterschieden: Man kann in gezielten Experimenten lernersprachliche Daten durch Tests erheben, oder man kann spontane Sprachproduktionen von Lernern aufzeichnen, also solche Sprachproduktionen, die sowieso, unabhängig von einem wissenschaftlichen Interesse, stattfinden würden. Im letzteren Falle geht es fast immer um mündliche Sprachproduktionen; experimentell erhobene Daten können grundsätzlich mündlich oder schriftlich sein. Diese beiden Formen der Datengewinnung stellen einander ergänzende Verfahren dar, da beide ihre spezifischen Vorteile und Schwächen haben.
Der große Vorteil spontaner Sprachproduktionen als Daten liegt darin, daß man mit solchen Daten dem normalen Sprachverhalten

von Lernern relativ nahekommt und die Effekte des sog. »Beobachterparadoxes« (*observer's paradox*), das von W. Labov in die Diskussion um die Datenerhebung bei empirischer linguistischer Forschung eingeführt worden ist, *relativ* gering gehalten werden können. Mit dem Begriff »Beobachterparadox« wird das Dilemma bezeichnet, daß es zwar das Ziel linguistischer Forschung ist, zu beschreiben, wie Menschen sich sprachlich verhalten, wenn sie nicht systematisch beobachtet werden, daß entsprechende Daten aber nur durch systematische Beobachtung gewonnen werden können.[8] Daß Menschen sich in Testsituationen verschiedenster Art anders verhalten als unter normalen Bedingungen, ist ein häufig beobachteter, erfahrener und erlittener Sachverhalt. Allein durch die Tatsache der Beobachtung und Aufzeichnung ist aber auch bei der Erhebung von Sprache in »natürlichen« Situationen die Situation so natürlich nicht mehr: Schon die Anwesenheit eines fremden Beobachters, das Vorhandensein von Tonbandgerät, Mikrophon oder gar einer Kamera für Videoaufnahmen bringt das Beobachterparadox ins Spiel. Vieles spricht dafür, daß seine Effekte dann besonders ausgeprägt sind, wenn Beobachter und Beobachtete verschiedenen ethnischen oder sozialen Gruppierungen angehören. Labov hat dies für soziolinguistische Untersuchungen diskutiert, es gilt aber gleichermaßen z. B. auch für die Untersuchung der Lernersprache von Immigranten und Gastarbeitern.

Eine gewisse Abhilfe läßt sich dadurch schaffen, daß man den beobachteten Lernern eine *warming-up*-Phase zugesteht, ihnen also etwas Zeit zur Gewöhnung an die Erhebungssituation läßt und die Daten, die in den ersten Minuten erhoben wurden, bei der Auswertung nicht berücksichtigt. Durch das Verfahren der *teilnehmenden Beobachtung*, das aus empirischen Untersuchungen in den Sozialwissenschaften bekannt ist, lassen sich Effekte des Beobachterparadoxes weiter reduzieren, besonders dann, wenn auf technische Aufzeichnungsmittel verzichtet wird. Kennzeichnend für das Verfahren der teilnehmenden Beobachtung ist, daß der Beobachter an den Interaktionen der beobachteten Personen in ihrer natürlichen Umgebung teilnimmt und von den beobachteten Personen nicht als Außenstehender, sondern als Teil ihres Interaktionsgefüges angesehen wird.[9] Die Nachteile eines Verzichts auf technische Hilfsmittel (z. B. Tonbandaufnahmen) liegen jedoch auf der Hand: Rekonstruktionen von Daten aus der Erinnerung eines nicht nur Beobachtenden, sondern auch Teilnehmenden sind gerade dann, wenn man an relativ subtilen sprachlichen Eigenschaften interessiert ist, nicht sehr verläßlich und oftmals nicht präzise genug.

Besondere Formen teilnehmender Beobachtung stellen sog. *Tagebuchstudien* dar, die in der Erstspracherwerbsforschung eine lange Tradition haben[10], die eine Zeitlang zugunsten experimenteller Studien vernachlässigt wurden und die nun, gerade im Rahmen der Zweitspracherwerbsforschung, ein Comeback zu erleben scheinen.[11] Bei

Tagebuchstudien handelt es sich zumeist um tagebuchartige Dokumentationen, die Linguisten bzw. Spracherwerbsforscher über den Spracherwerb ihrer eigenen Kinder anfertigen. Den Vorteilen der relativen Vollständigkeit solcher Dokumentationen, der Möglichkeit, Veränderungen in der Lernersprache zeitlich genau zu lokalisieren und auch seltene Vorkommen von Wörtern und Strukturen zu erfassen, sowie des geringen Einflusses, den die Beobachtung auf die Beobachteten ausübt, steht der Nachteil geringer Objektivität und für manche Fragestellungen ungenügender Detailliertheit entgegen. Grundsätzlich stellt sich bei Tagebuchstudien zudem die Frage nach der Generalisierbarkeit ihrer Ergebnisse über den Einzelfall hinaus. Zur Dokumentation des Zweitsprachenerwerbs älterer Lerner bietet sich eine besondere, in ihren Möglichkeiten noch längst nicht ausgeschöpfte Variante von Tagebuchstudien an: die Aufzeichnung systematischer Selbstbeobachtungen beim L2-Erwerb.[12] Im Zusammenhang mit einem neu erwachten Interesse an metasprachlich-reflektiven Daten (s. u.) könnte diese Art der Beobachtung für die Erforschung des Zweitsprachenerwerbs an Bedeutung gewinnen.

Tarone (1979) hat darauf hingewiesen, daß viele der Untersuchungen zum Zweitsprachenerwerb, die vorgeben, mit Daten zu argumentieren, die unter natürlichen Bedingungen erhoben wurden, tatsächlich Daten benutzen, die unter relativ formellen Bedingungen entstanden sind. Sie fordert daher Spracherwerbsforscher auf, in ihren Arbeiten den Angaben über die Art der Datengewinnung mehr Sorgfalt zu widmen. In Anbetracht des unterschiedlichen Formalitätsgrades von Situationen, in denen Sprache »spontan« produziert wird, und auch in Anbetracht der Möglichkeiten, Situationen, in denen gezielte Tests durchgeführt werden, aufzulockern und Tests in informellere sprachliche Interaktionen einzubetten, erscheint uns eine strikte Trennung zwischen experimentellen und natürlichen, spontanen Daten gar nicht unbedingt als günstig. Vielmehr bietet es sich an, Erhebungssituationen danach zu beschreiben, wie sehr und in welcher Weise sie sich für den Beobachteten von einem Sprachgebrauch ohne jegliche Interventionen unterscheiden.

Die Ausführungen im letzten Abschnitt betrafen vor allem die Frage, in welcher Weise bei bestimmten Arten der Datenerhebung den Beobachteten die Tatsache der Datenerhebung bewußt wird und ihr sprachliches Verhalten beeinflußt. Die Frage, wie und in welchem Ausmaß der Beobachter die Sprachproduktion der Lerner steuert, sie also zur Produktion ganz bestimmter sprachlicher Eigenschaften veranlaßt, läßt sich prinzipiell unabhängig von der Frage diskutieren, wie sehr die Tatsache der Beobachtung sich auf das Verhalten der Lerner auswirkt – obwohl beide Dinge häufig als miteinander verknüpft angesehen werden.

Wenn man keinerlei steuernde Eingriffe bei der Datenerhebung vornimmt, läuft man Gefahr, nur recht zufällige Ausschnitte aus der Sprache eines Lerners zu erhalten, besonders dann, wenn man einen Lerner nicht, wie z. B. bei einer Tagebuchstudie möglich, über einen längeren Zeitraum kontinuierlich beobachten kann, sondern nur zu ausgewählten Zeitpunkten stichprobenartig Daten erhebt.[13] Manche Bereiche des Vokabulars einer Sprache und manche syntaktischen Strukturen haben nur sehr geringe Chancen, bei stichprobenartigen Datenerhebungen ohne steuernde Eingriffe überhaupt zu erscheinen: etwa weil ihre Vorkommenshäufigkeit in der betreffenden Sprache generell sehr gering ist oder weil die Situation so ist, daß sie das Auftreten einiger sprachlicher Eigenschaften favorisiert (z. B. einen bestimmten Bereich des Vokabulars). Die Tatsache, daß Strukturen in einem Datenkorpus nicht vorkommen, sagt also nicht notwendig etwas darüber aus, daß der betreffende Lerner diese Eigenschaften nicht beherrscht.[14] Generell haben Sprachdaten, die bei möglichst geringer Steuerung durch den Beobachter gewonnen werden, Grenzen dort, wo auf das Nichtbeherrschen sprachlicher Eigenschaften geschlossen werden soll und – das ist eine logische Konsequenz – wo man etwas über die Reihenfolge des Erwerbs sprachlicher Eigenschaften aussagen möchte. Wenn man die obige Argumentation akzeptiert, müßte man es also zumindest als kühn bezeichnen, wollte man aus der Tatsache, daß bei ungesteuerter Erhebung ein Lerner des Deutschen das Wort *Messer* schon in der 1. Erhebungswoche benutzt, das Wort *Auto* aber erst in der 7. Woche, schließen, dieser Lerner habe *Messer* früher erlernt als *Auto*.

Ganz unbeabsichtigt kann auch der Untersuchende selbst, der möglichst »spontane« sprachliche Daten erheben will, die Erhebungssituation so strukturieren, daß für verschiedene sprachliche Eigenschaften unterschiedliche Wahrscheinlichkeiten bestehen, im erhobenen Sprachkorpus vorzukommen. Wenn man z. B. bei einem Kind, das eine zweite Sprache erlernt, sprachliche Daten erhebt, indem man mit ihm ein Bilderbuch betrachtet und dazu – um das Kind überhaupt zum Sprechen zu bewegen – mehrmals fragt: *Was ist das?* braucht es nicht zu überraschen, daß besonders häufig Kopula-Strukturen* in der Sprache des Kindes vorkommen, jedoch nur sehr wenige Fragesätze und negierte Sätze.[15] Wenn derselbe Lerner mehrmals hintereinander eine solche Erhebungssituation erfährt, kann man sogar einen Lehreffekt durch die Erhebungssituation nicht ausschließen. Pienemann[16] weist z. B. darauf hin, daß sich bei der Datenerhebung gewisse Frage- und Spielroutinen herausbilden können.

Zwei Möglichkeiten scheinen besonders geeignet zu sein, Problemen dieser Art zu begegnen: Man kann 1. durch Variieren verschiedener Situationsfaktoren versuchen, möglichst gute Chancen für das Auftreten vielfältiger sprachlicher Eigenschaften zu schaffen. Man kann 2. versuchen, die Effekte, zu denen die Interaktion zwischen Beobachtendem und Lerner manchmal unbeabsichtigt führt, bewußt zu nutzen und ganz gezielt bestimmte sprachliche Strukturen zu *elizitieren*. Dies erfordert präzise Forschungsfragen schon bei der Datenerhebung. Die Frage lautet dann nicht mehr allgemein: Wie spricht der betreffende Lerner? sondern speziell, z. B.: Beherrscht der Lerner die Struktur x? Wie drückt der Lerner das Konzept Negation aus?

Daß das gezielte Elizitieren sprachlicher Strukturen nicht notwendig mit einem hohen Formalitätsgrad der Erhebungssituation einhergeht, hat Labov mit seiner *fourth-floor*-Untersuchung[17] eindrucksvoll gezeigt. Labov ging es im Rahmen seiner Studien zu sprachlicher Variation u. a. darum, zu untersuchen, wie New Yorker Sprecher das postvokalische /r/* realisieren. Zu Daten, die die ihn interessierende sprachliche Eigenschaft auch tatsächlich enthielten, kam er, indem er in einem New Yorker Warenhaus nach einem Artikel fragte, den es in der vierten Etage zu kaufen gab. Auf seine Frage, wo er diesen Artikel finden könne, mußten die von ihm befragten »Versuchspersonen« (die von dieser ihrer Funktion natürlich nichts ahnten) notwendig das Labov interessierende sprachliche Phänomen produzieren (in *fourth floor*). Sicherlich eignen sich nicht alle sprachlichen Eigenschaften gleich gut dafür, auf ähnliche Weise unbemerkt elizitiert zu werden. Obwohl man kaum umhin kann, für Aussagen über manche sprachliche Strukturen auch Tests zu verwenden, denen man ansieht, was sie sind, würde es sich doch lohnen, größere Ingenuität bei der Entdeckung unauffälliger Elizitationstechniken zu entwickeln.

Aus dem bisher Dargestellten dürfte deutlich geworden sein, daß verschiedene Erhebungsverfahren durchaus nicht zu derselben Sorte von Daten führen. Einige Untersuchungen[18] deuten an, daß für die Art der Daten, die ein Lerner liefert, neben den hier besprochenen Aspekten z. B. auch eine Rolle spielt,

– ob er bei der Bewältigung der verbalen Aufgabe, die ihm in der Erhebungssituation gestellt wird, unter Zeitdruck steht,
– ob er (in Tests, die als solche erkennbar sind) ganze Sätze, einzelne Sätze oder nur Satzfragmente bzw. einzelne Wörter produzieren soll,
– welche Hilfestellungen ihm durch die Aufgabenformulierung (in als solchen erkennbaren Tests) bzw. durch den/die Interaktionspartner in der Erhebungssituation gegeben werden.

Neben der Frage, in welchen Arten von Situationen man Daten für die Erforschung des L2-Erwerbs erheben will, und der Frage, in welcher Weise man als Untersuchender eine solche Situation evtl. steuert und strukturiert, bleibt zu entscheiden, welche der Informationen, die eine komplexe Erhebungssituation potentiell zur Verfügung stellt, man für relevant erachtet und tatsächlich als Daten »konservieren« will. Daß alle sprachlichen Äußerungen des/der in der Erhebungssituation agierenden Zweitsprachenlerner(s) dazugehören, steht außer

Frage. Erst im Laufe der Zeit ist man jedoch zu der Einsicht gelangt, daß man u. U. auch andere Faktoren der Erhebungssituation mitberücksichtigen muß, um der Gefahr falscher Schlußfolgerungen zu begegnen. Dabei spielen vor allem zwei Sorten von Informationen eine Rolle: zum einen nicht-verbale Elemente der Kommunikationssituation, in der die Datenerhebung stattfindet, wie Gestik, nicht-verbale Handlungen des Lerners sowie kommunikationsrelevante Objekte. Solche Informationen sind z. B. deshalb wichtig, um deiktische Elemente* in der Sprache eines Lerners und handlungsbegleitende Äußerungen später noch interpretieren zu können.[19] Zum anderen ist von einigen Forschern – zunächst für die Untersuchung des Erstsprachenerwerbs, dann auch, z. B. von Faerch (1979), für die des Zweitsprachenerwerbs – in jüngerer Zeit gefordert worden, die Datenbasis um *interaktive Daten* zu erweitern, also nicht nur die sprachlichen Äußerungen von Lernern, sondern auch die ihrer Kommunikationspartner zu erheben. Einen der Gründe für diese Forderung haben wir in anderem Zusammenhang bereits angesprochen: Die Vorkommenshäufigkeit und damit auch das Nichtvorkommen von Strukturen der Lernersprache läßt sich manchmal erst dann erklären, wenn man auch die Äußerungen (bsd. Fragen, Aufforderungen) des datenerhebenden Interaktionspartners kennt. Auch andere Merkmale der Lernersprache lassen sich u. U. erst aus ihrem interaktiven Kontext erklären. Wir wollen dies am Beispiel der Frage verdeutlichen, ob Zweitsprachenlerner – ebenso wie das Kinder, die ihre Muttersprache erlernen, normalerweise tun – zu Beginn des Spracherwerbs eine Phase durchlaufen, in der sie nur Ein-Wort-Äußerungen produzieren: Wenn man in Aufnahmen der Sprache eines Zweitsprachenlerners feststellt, daß er anfänglich überwiegend Ein-Wort-Äußerungen produziert hat, so kann man aus dieser Tatsache nicht ohne weiteres den Schluß ziehen, daß dieser Lerner eine Spracherwerbsphase durchlaufen hat, die der Ein-Wort-Phase beim Erstsprachenerwerb entspricht. Die Berücksichtigung interaktiver Daten kann nämlich erkennen lassen – wie das z. B. bei Meisel et al. (1979) der Fall ist – daß der betreffende Lerner diese Ein-Wort-Äußerungen immer in solchen Kontexten verwendet, in denen auch ein *native speaker* mit elliptischen Ein-Wort-Äußerungen reagiert haben könnte. (Vgl. z. B.: *Wieviel Brüder hast du? – Vier*) Wenn ein Zweitsprachenlerner anfangs gehäuft Ein-Wort-Äußerungen produziert, so kann dies eine Konsequenz der Tatsache sein, daß er – aus Unsicherheit und im Bewußtsein seiner sprachlichen Schwächen – sich in der fremden Sprache vorwiegend reaktiv äußert und dies mit dem konversationell gerade noch angemessenen Minimum an Sprache. Hinter Ein-Wort-Äußerungen dieser Art stehen also nicht notwendig dieselben Lern- und Kommunikationsstrategien wie hinter Ein-Wort-Sätzen von Kindern, die – initiativ – mit der Äußerung *Auto* z. B. die Bedeutung *Ich will das Auto haben* realisieren wollen.

Selbstverständlich benötigt man interaktive Daten auch dann, wenn man direkt interaktionsbezogene Fähigkeiten von Lernern untersuchen will, z. B. die Beherrschung von Regelmäßigkeiten des *turn-takings**.[20] Fragestellungen, die sich darauf beziehen, welche *Gründe* man für die Herausbildung bestimmter Merkmale der Lernersprache und für die Reihenfolge des Erwerbs sprachlicher Eigenschaften annehmen kann (s. Kap. 4), erfordern im Prinzip sogar noch weiterreichende Daten. Vor allem dann, wenn man erforschen möchte, welche Rolle die Art des sprachlichen Input für den Spracherwerb spielt, also die – über die Erhebungssituation selbst hinausgehende – Menge fremdsprachlicher Daten, denen ein Lerner ausgesetzt ist und auf denen er sein Lernen aufbauen kann, würde eine komplette Erhebung des sprachlichen Input für einen Lerner wünschenswert sein. Daß dies praktisch nicht realisierbar ist, liegt auf der Hand. Angesichts der besonders im Unterricht bestehenden Möglichkeiten, den sprachlichen Input steuernd zu beeinflussen, ist es allerdings erstrebenswert, verstärkt Verfahren zu entwickeln, die eine ökonomische, aber dennoch repräsentative Erhebung des sprachlichen Input erlauben. Wir wollen auf die Bedeutung des sprachlichen Input für die Steuerung von Zweitsprachenerwerbsprozessen durch Unterricht im 2. Teil des Buches ausführlicher eingehen.

Wir haben bei den bisherigen Überlegungen zur Datenerhebung der Einfachheit halber mehr oder weniger so getan, als sei man an den Daten eines einzelnen Lerners interessiert. Das ist tatsächlich natürlich nicht der Fall. Der Spracherwerbsforschung liegt vielmehr – wie jeder Wissenschaft – an überindividuellen, generellen Aussagen. Dazu muß es möglich sein, idiosynkratische Aspekte des Spracherwerbs eines speziellen Lerners, lernergruppenspezifische und universale Regelmäßigkeiten des Spracherwerbs voneinander zu trennen. Dies läßt sich jedoch nur dann realisieren, wenn man den Spracherwerb möglichst vieler Lerner beobachtet. Nun stehen allerdings für die äußerst aufwendige Beobachtung des L2-Erwerbs einer großen Gruppe von Lernern über den gesamten Zeitraum des Spracherwerbs normalerweise weder die finanziellen noch die personellen Mittel bereit. So haben denn alle empirischen Zweitsprachenerwerbsuntersuchungen Abstriche in der einen oder anderen Richtung machen müssen: hinsichtlich der Zahl der untersuchten Lerner oder hinsichtlich der Länge des Zeitraums, über den hinweg die Lerner beobachtet wurden. Aufgrund der notwendigen Beschränkung der einen oder anderen Art haben sich zwei Typen von Untersuchungen des Spracherwerbs herauskristallisiert (die im übrigen auch Vorgehensweisen in anderen Bereichen empirischer Forschung entsprechen): Man findet zum einen Querschnittuntersuchungen einer oder mehrerer größerer Gruppen von Lernern, die punktuell zu einem bestimmten Zeitpunkt (evtl. auch zu zwei verschiedenen Zeitpunkten) erfolgen und quasi Momentaufnahmen der sprachlichen Fähigkeiten dieser Lernergruppe(n) darstellen. Der Vorteil von Querschnittuntersuchungen liegt darin, daß Daten so vieler Lerner erhoben werden können, wie für statistisch zuverlässige Aussagen erforderlich sind. Auf diese Weise lassen sich einigermaßen gesicherte Erkenntnisse über den Einfluß bestimmter Variabler auf den Spracherwerb gewinnen. Zum anderen wird in *Längsschnittuntersuchungen* (Longitudinalstudien) der Spracherwerb nur eines Lerners oder weniger Lerner untersucht (*case studies*), allerdings nicht nur punktuell, sondern kontinuierlich über einen längeren Zeitraum. Über Reihenfolge, Geschwindigkeit, allgemein über den Verlauf des Spracherwerbs lassen sich mit solchen Daten naturgemäß sehr viel eher Erkenntnisse gewinnen als mit Daten von Querschnittuntersuchungen. Der Vorteil von Längsschnittstudien zeigt sich auch dort, wo es um die Erklärung bestimmter Merkmale der Sprache eines Lerners geht. Manche der sprachlichen Strukturen, die ein Lerner produziert, lassen sich erst dann spracherwerblich analysieren, wenn man weiß, welche Strukturen er in früheren Stadien des Spracherwerbs verwendet hat.

Bei Längsschnittuntersuchungen mit nur wenigen Lernern bleibt jedoch immer die Frage nach der Generalisierbarkeit der Ergebnisse zu stellen. Zur Zeit scheint es, als läge der beste Kompromiß für gleichzeitig informative und generalisierbare Aussagen in einer Kombination von Längs- und Querschnittuntersuchungen.[21]

Soviel Sorgfalt man auch darauf verwenden mag, bei der Erhebung von Lernersprache unerwünschte Effekte des Beobachterparadoxes auszuschalten, die Erhebungssituation zu variieren, alle relevanten Aspekte der Erhebungssituation zu erfassen, gezielte und doch unbemerkte Elizitationstechniken zu verwenden und Längs- und Querschnittuntersuchungen geschickt zu verknüpfen, so müssen doch Zweifel daran bleiben, ob man mit lernersprachlichen Äußerungen allein auch tatsächlich genau und vollständig das erfaßt, was Fremdsprachenlerner gelernt haben. Ein Blick in die Köpfe von Lernern ist Forschern – glücklicherweise – verwehrt. Auf Gelerntes und zugrundeliegende Lernprozesse kann man nur aus dem *Verhalten* von Lernern schließen. Ist dabei jedoch nur solches Verhalten relevant, das in der Produktion lernersprachlicher Äußerungen besteht? Zum einen stellt sich hier die Frage nach der ja auch zur Sprachbeherrschung gehörenden Fähigkeit des *Verstehens* fremdsprachlicher Äußerungen. Es ist bekannt, daß Lerner mehr in der Fremdsprache verstehen, als sie selbst produzieren können. Eine logische Folgerung aus dieser Annahme wäre das Eingeständnis, daß Fremdsprachenlerner mehr können, als sich in ihren Sprachproduktionen manifestiert. Allerdings fällt eine Operationalisierung des Begriffs »Verstehen« äußerst schwer. Was man umgangssprachlich – und oft auch wissenschaftlich – damit meint, reicht von einem diffusen Erfassen einzelner semantischer Konzepte und der Herstellung von Verknüpfungen zwischen ihnen unter Rückgriff auf Erfah-

rung und logische Operationen bis zum präzisen Durchschauen struktureller Relationen, Konnotationen* usw. Kritischen Lesern wird nicht entgangen sein, daß auch diese Paraphrasen für »Verstehen« noch einen beträchtlichen Grad an Vagheit aufweisen.
Darüberhinaus läßt die alleinige Betrachtung lernersprachlicher Äußerungen nur in geringem Ausmaß Schlüsse darüber zu, ob Lerner – und das scheint geradezu typisch für sie zu sein – mit mehr oder weniger großer Sicherheit die Sätze, die sie produzieren, für grammatische Sätze der zu erlernenden Sprache halten. Weiterhin können sie – je nach Persönlichkeitstyp mehr oder weniger – geneigt sein, sprachliche Strukturen, an deren Grammatikalität sie zweifeln, gar nicht erst zu äußern und auf »sichere« Strukturen auszuweichen. Auch mit gezielten Elizitationsverfahren kann man das Wirksamwerden derartiger Strategien nicht immer ausschließen.
An lernersprachlichen Äußerungen allein läßt sich auch nicht erkennen, auf welche Weise und als was das betreffende sprachliche Material gelernt worden ist. Die bloße Tatsache, daß ein Lerner des Englischen den korrekten englischen Satz *I don't know* äußert, läßt – auch wenn er dies mehrfach tut – nicht unbedingt den Schluß zu, daß dieser Lerner die Regelmäßigkeit der Negation im Englischen gelernt hat. Er könnte diesen Satz ja unanalysiert, ganzheitlich, als sog. *prefab* oder *memorized chunk*[22] gelernt haben. Genügend große Datenmengen, die es zulassen zu prüfen, ob der Lerner z. B. auch andere Verben als *know* mit einer Form von *do* negiert, und gezielte Elizitationstechniken können in dieser Frage weitere Aufschlüsse geben, aber gerade bei denjenigen Lerneräußerungen, die den Regelmäßigkeiten der Zielsprache entsprechen, kann man – darauf wurde schon zu Beginn dieses Kapitels hingewiesen – nur schwerlich mit hoher Sicherheit entscheiden, ob sie auf Auswendiglernen oder regelhaften Eigenkonstruktionen beruhen. Überlegungen dieser Art haben bei einigen Forschern zu Versuchen geführt, noch eine andere Sorte von Lernerdaten zu erheben, die wir zusammenfassend als *metasprachlich-reflektive Daten* bezeichnen wollen. Dazu gehören z. B. Urteile von Lernern darüber, ob sie einen vorgegebenen fremd- oder lernersprachlichen Satz als grammatisch oder ungrammatisch bezeichnen,[23] und Aussagen darüber, wie sicher sie sich bei dieser Beurteilung sind,[24] oder etwa die Ergebnisse von Aufgaben, bei denen eine Zerlegung von Äußerungen in kleinere Einheiten vorgenommen werden muß. Auch das schon oben erwähnte Verfahren der Dokumentation von Zweitsprachenerwerbserfahrungen durch den Lerner selbst läßt sich hier einordnen.
Mit der Erhebung metasprachlich-reflektiver Daten löst sich die Zweitsprachenerwerbsforschung in methodischer Hinsicht vom Vorbild der Erstsprachenerwerbsforschung und besinnt sich auf die ihr eigenen Möglichkeiten. Diese Möglichkeiten haben einiges mit den methodischen Vorgehensweisen gemein, die sich in der neueren Linguistik be-

währt haben. Ebenso wie *native speakers*, auf deren Urteilen sich Grammatiken aufbauen lassen, verfügen auch Zweitsprachenlerner – und zwar im Unterschied zu Erstsprachenlernern – über die Fähigkeit zu Grammatikalitätsurteilen und zur sprachlichen Realisierung dieser Urteile, da sie ja mindestens eine Sprache schon beherrschen. Aber anders auch als *native speakers* sind Zweitsprachenlerner von einem gewissen Alter an außerdem in der Lage, zumindest einige Aspekte ihres eigenen Zweitsprachenerwerbs selbst zu beobachten und zu reflektieren. Derartige Beobachtungen haben in der Zweitsprachenerwerbsforschung aufgrund der eigenen Zweitsprachenerwerbserfahrungen der beteiligten Wissenschaftler immer schon latent eine gewisse Rolle gespielt, ohne daß sie explizit erwähnt und schon zu einer systematischen Erhebungsmethode ausgebaut worden wären.
Im folgenden Kapitel, in dem wir uns ausführlicher mit dem Konzept »Lernersprache« auseinandersetzen, werden wir im Rahmen der Entwicklung eines brauchbaren Lernersprachenbegriffs auf metasprachlich-reflektive Daten und die speziellen Erkenntnisse, die sie erlauben, zurückkommen.

3. Lernersprache

Nachdem wir im 2. Kapitel die Entwicklung von der Analyse einzelner Fehler zur Analyse von Lernersprache nachgezeichnet haben, beschäftigen wir uns jetzt ausführlicher mit dem für die gegenwärtige Zweitsprachenerwerbsforschung zentralen Konzept »Lernersprache«. Wir werden dabei aufzeigen, daß mit der Untersuchung von Lernersprache nicht nur eine Erweiterung der Datenbasis im Vergleich zur Fehleranalyse einhergeht, sondern daß damit eine qualitativ andere Dimension der Zweitsprachenerwerbsforschung erschlossen wird. Ausgehend von der Darstellung einer Position, die die Parallelen zwischen Lernersprachen und anderen Sprachen betont, und damit von einer Rechtfertigung der Auffassung von Lernersprache als einer Sprache, arbeiten wir dann einige spezifische Besonderheiten von Lernersprache und lernersprachlichem Verhalten heraus. Dabei beschäftigen wir uns zentral mit verschiedenen Dimensionen der Variabilität von Lernersprache und mit Versuchen, diese Variabilität als systematisch zu beschreiben. Unsere Diskussion führt schließlich zu einem differenzierten Begriff von Lernersprache, der spezifische Merkmale des sprachlichen Verhaltens von Lernern auf der Basis von zwar systematischen, jedoch unvollständigen, mehr oder weniger sicheren und unterschiedlich gut zugänglichen Wissensbeständen sowie Strategien des Umgehens mit diesen Wissensbeständen einschließt.
Im Unterschied zu dem bewußt an vorwissenschaftliche Erfahrungen anknüpfenden 2. Kapitel wird die Argumentation in diesem Kapitel etwas theoretischer und abstrakter verlaufen.

3.1 Lernersprache als Sprachsystem

Von mehreren Forschern sind Ende der 60er und zu Beginn der 70er Jahre – teilweise unabhängig voneinander – verschiedene Begriffe in die Diskussion eingeführt worden, die dasselbe Phänomen erfassen sollen: das, welches wir wie z. B. auch Kohn (1977, 1979 b), Lauerbach (1977), Kielhöfer/Börner (1979) und Raasch (1979) »Lernersprache« genannt haben und das in unserer bisherigen Darstellung noch recht unscharfe Konturen hat. Solche Begriffe sind:
- *(language-) learner language* (Corder, z. B. 1967 und 1978; Richards/Sampson 1974)
- *transitional competence* (Corder 1967)

- *interlanguage* bzw. *interlingua* (Selinker 1972)
- *approximative systems* (Nemser 1971)
- *Interimsprache* (Raabe 1974 b; Bausch/Raabe 1978)

Obwohl diese Begriffe nicht vollständig synonym sind, da die jeweiligen Autoren teilweise unterschiedliche Hypothesen mit ihnen verbinden, wollen wir in der folgenden Darstellung zunächst so tun, als seien sie austauschbar, und generell von *Lernersprache* reden. Auf einige Unterschiede in den Konzepten werden wir weiter unten noch eingehen.

In einem Versuch, die ursprünglichen Intentionen, die hinter den o. g. Begriffen stehen, auf einen gemeinsamen Nenner zu bringen, wollen wir in einer ersten – wie sich zeigen wird: modifizierungsbedürftigen – Begriffsbestimmung sagen:

Lernersprache ist das sprachliche System, das Lerneräußerungen zugrundeliegt.

Diese Begriffsbestimmung enthält noch einen beträchtlichen Grad an Vagheit, Mehrdeutigkeit und Unvollständigkeit, zu deren Auflösung unsere weiteren Ausführungen beitragen sollen.

Ebenso wie »Lernersprache« setzen sich die anderen genannten Termini aus zwei Komponenten zusammen, die zwei charakteristische und in einem gewissen Spannungsverhältnis zueinander stehende Aspekte von Lernersprache ausdrücken sollen: ihren systematischen (»*language*«, »*-sprache*«, »*competence*«, »*system*«) und ihren vorübergehenden Charakter, ihren Zwischenstatus (»*learner*«, »*inter(im)-*«, »*approximative*«, »*transitional*«). Wir wollen zunächst auf die Implikationen des *System*- bzw. *Sprach*charakters von Lernersprache eingehen. Lernersprache diese Eigenschaft zuzusprechen, impliziert die Annahme, daß das sprachliche Verhalten von Lernern nicht etwas ist, das sich nur als unvollkommene Realisierung einer Zielsprache, als ihr verzerrtes Abbild, beschreiben läßt, sondern daß dem sprachlichen Verhalten von Lernern – ebenso wie dem sprachlichen Verhalten von *native speakers* einer »normalen« Sprache – ein System von Regeln zugrundeliegt, das eine eigene interne Strukturierung aufweist und ein für sich untersuchenswertes Phänomen darstellt.

Lerneräußerungen reflektieren nach dieser Auffassung weder eine nur in quantitativer Hinsicht unvollständige Menge von Regeln der Zielsprache, noch strukturell unzusammenhängende, zufällige Abweichungen von ihnen, sondern sie sind Produkte eines systematischen, regelgeleiteten Verhaltens. Regeln einer Lernersprache können – wie die Regeln anderer Sprachen – neue, vorher nie gehörte Äußerungen erzeugen. Die Struktur zukünftiger Äußerungen eines Lerners ist in dem Maße vorhersehbar, wie man sein lernersprachliches System kennt. Es sind vor allem die folgenden Argumente zu nennen, die für die Annahme sprechen, daß Lerneräußerungen ein eigenständiges Sprachsystem zugrundeliegt:

I. Die sprachlichen Daten, die man zunächst für Fehleranalysen herangezogen hatte, zeigten, daß viele »Fehler« von Lernern in einem systematischen, regelhaften Zusammenhang stehen, teilweise auch mit »richtigen« Äußerungen (s. o., Kap. 2).[1] Anders ausgedrückt: Lerner verwenden sprachliche Regeln produktiv, und zwar auch solche, die nicht Regeln der Zielsprache sind.[2]

II. Ein zweites Argument hängt mit möglichen Erklärungen für den Ursprung von Eigenschaften lernersprachlicher Daten zusammen. Sprachliches Verhalten von Lernern kann – sofern es sich von dem eines *native speaker* der Zielsprache unterscheidet – nicht allein durch den Einfluß der Muttersprache der Lerner erklärt werden.[3] Zweitsprachenerwerb kann also weder einfach als sukzessiver Erwerb von Regeln der Zielsprache angesehen werden, noch läßt sich das sprachliche Verhalten von Fremdsprachenlernern nur als Resultat der Interaktion zweier Sprachsysteme, der Mutter- und der Zielsprache, auffassen. Lernersprache weist spezifische eigene Züge auf und wird deshalb als drittes System neben Mutter- und Zielsprache als für den Zweitsprachenerwerb bedeutsam postuliert. Manche Autoren, z. B. Selinker (1974) und Corder (1977), vertreten mehr oder weniger explizit die Annahme, daß die speziellen Strukturmerkmale von Lernersprache genetisch determiniert seien. Derartige Annahmen werden wir in Kapitel 4 ausführlicher diskutieren.

III. Man hat festgestellt, daß die Äußerungen eines Lerners einer bestimmten Sprache denen anderer Lerner derselben Sprache zu einem gewissen Grade[4] ähnlich sind, und zwar nicht nur in dem trivialen Sinne, daß sie Äußerungen von Lernern derselben Zielsprache sind und deshalb auch gemeinsame Eigenschaften aufweisen, die sich als Eigenschaften dieser Zielsprache beschreiben lassen.[5]

IV. Ein viertes Argument läßt sich mit dem Stichwort »*Fossilisierung*« fassen. Dieser Begriff ist besonders bei Selinker (1974) eng mit dem *Interlanguage*-Konzept verknüpft. Er bezieht sich auf eine Erscheinung, die sich in der Beständigkeit von »Fehlern« (oder – wie wir jetzt besser sagen – lernersprachlichen Strukturen, die nicht auch Strukturen der Zielsprache sind) und ihrer Resistenz gegenüber Lehrbemühungen äußert. Man spricht dann von fossilisierten Strukturen, wenn ein Lerner in dem betreffenden Strukturbereich keinen Lernfortschritt mehr macht, obwohl seine Äußerungen nicht einer zielsprachlichen Norm entsprechen. Bei bestimmten Lernergruppen, z. B. bei manchen Immigranten in ein Land mit anderer Sprache, läßt sich häufig eine Fossilisierung ihrer gesamten Lernersprache beobachten. Solche »ehemaligen Lerner« verwenden dann ihre bis zu einem bestimmten Zeitpunkt erworbene Lernersprache als ein Kommunikationssystem wie eine »normale« natürliche Sprache. Als Evidenz für die Eigenständigkeit lernersprachlicher Systeme gelten beide hier genannten Aspekte von Fossilisierung: sowohl die Beständigkeit mancher lernersprachlicher Strukturen als auch die Möglichkeit, fossilisierte Lernersprachen als Kommunikationsmittel wie andere Sprachen auch zu verwenden.[6]

3.2 Einige Besonderheiten von Lernersprache hinsichtlich Eigenständigkeit, Sprachgemeinschaft und Variabilität

Vor dem Hintergrund dieser Argumente, die die Entsprechungen zwischen Lernersprache und sonstigen Sprachen betonen und die die Redeweise von Lernersprache als einer *Sprache* im Sinne eines abstrakten Systems von Regelmäßigkeiten überhaupt erst rechtfertigen, möchten wir diskutieren, welche Besonderheiten Lernersprachen im Vergleich zu sonstigen Sprachen auszeichnen. Wir berühren bei dieser Diskussion solche Merkmale von Lernersprache, die in der jeweils ersten Komponente von Begriffen wie »*approximative system*«, »*transitional competence*«, »*interlanguage*« usw. angesprochen werden, gehen jedoch in Anlehnung an neuere Arbeiten zum Thema »Lernersprache« schließlich weit über die sich in der Terminologie andeutenden Charakteristika hinaus.

1. Auch wenn man den Gedanken der Systemhaftigkeit und internen Kohärenz von Lernersprache akzeptiert, kann man nicht bestreiten, daß Lernersprache – im Unterschied zu sonstigen Sprachen – nicht vollkommen eigenständig ist, sondern in einer speziellen Relation zu mindestens[7] einer anderen Sprache steht: der Zielsprache. Diese Relation betrifft drei Aspekte:

a) Lernersprache hat die Tendenz, sich in Richtung auf eine bestimmte Zielsprache zu verändern, sich ihr anzunähern. Alle Lern- und Lehrbemühungen haben genau dieses Ziel. Nur dann, wenn vollständige Fossilisierung einer Lernersprache eingetreten ist, liegt diese Tendenz nicht mehr vor.

b) Lernersprache bildet sich aufgrund des Kontaktes von Lernern mit Äußerungen in einer bestimmten Zielsprache heraus. Die Entstehung von Lernersprache kann nur unter Bezug auf zielsprachliche Lerndaten erklärt werden.

c) Lernersprache und Zielsprache stehen in einem Verhältnis partieller und gelegentlich sogar vollständiger gegenseitiger Verständlichkeit. Dieses Verhältnis ist normalerweise asymmetrisch in der Weise, daß die Verständlichkeit lernersprachlicher Äußerungen durch *native speakers* der Zielsprache größer ist als die Verständlichkeit zielsprachlicher Äußerungen durch Lerner.

Die interne Kohärenz von Lernersprache ist also nur ihre eine Seite und ihre Unabhängigkeit relativ. Sie ist gleichzeitig auch immer *Lernersprache einer bestimmten Zielsprache*, und alle Versuche, Lernersprache als in sich geschlossenes System anzugehen, müssen die genannten Beziehungen zur Zielsprache berücksichtigen und ihre Erklärung ermöglichen.

2. Im Unterschied zu sonstigen Sprachen kann man in bezug auf Lernersprache vernünftigerweise nicht von einer *Sprachgemeinschaft* reden, die »Lernersprache spricht«. Wenn sprachliche Äußerungen eines Lerners denen anderer ähnlich sind, dann nicht aufgrund von Konventionen, die für diese Lerner gemeinsam gültig wären, sondern primär aufgrund weitgehend gleicher Lernprozesse beim Erlernen einer gemeinsamen Zielsprache. Auch interagieren Lerner nicht normaler- und typischerweise sprachlich mit*einander*, sondern vielmehr typischerweise mit Sprechern einer Zielvarietät. Manch ein »einsamer Lerner« kommuniziert niemals mit anderen Lernern, sondern ausschließlich im Kontext der Sprachgemeinschaft der Zielsprache – und dennoch würde man ihm nicht weniger eine Lernersprache zusprechen wollen als Lernern, die gemeinsam, in einer Gruppe, eine Sprache erwerben und miteinander kommunizieren.

3. Ein weiteres charakteristisches Merkmal von Lernersprache ist ihre extreme *Variabilität*. Am augenfälligsten ist ihre Variabilität in der *Zeit*. In Anlehnung an Tarone/Frauenfelder/Selinker (1976) nennen wir diese Art der Variabilität von Lernersprache ihre *Instabilität*[8]. Solange ein Zweitsprachenlerner tatsächlich *lernt*, ändert sich sein sprachliches Verhalten und damit auch – so nimmt man an – das diesem Verhalten zugrundeliegende Sprachsystem per definitionem ständig, und zwar im idealen Fall in Richtung auf eine immer stärkere Übereinstimmung mit der Zielsprache. Möglichst geringe Stabilität ist – zumindest dann, wenn sie zielsprachengerichtet ist – damit eine ausgesprochen wünschenswerte Eigenschaft von Lernersprache. Für die wissenschaftliche Beschäftigung mit Lernersprache schafft ihre Variabilität jedoch einige Probleme. Analysen von Lernersprache und darauf basierende Rückschlüsse auf Lernstrategien und wirksam gewordene Einflußfaktoren setzen Verfahren zur Beschreibung von Lernersprache voraus. Traditionelle linguistische Beschreibungsverfahren, die sich zur Übernahme anbieten würden, sind jedoch auf eine Beschreibung variabler Systeme wenig gut eingerichtet. Zwar verändern sich auch »normale« natürliche Sprachen im Laufe der Zeit, jedoch in einem so langsamen Tempo, daß die Idealisierung, Sprachen *synchronisch** als statische Systeme zu beschreiben und mit dem Begriff »heutiges Deutsch« das Deutsch mindestens einer Generation zu umfassen, gerade noch vertretbar erscheint. Sofern sich die Linguistik mit Fragen des Sprach-

wandels auseinandersetzt, hat sie es allerdings in ähnlicher Weise mit sich verändernden dynamischen Systemen zu tun. Lernersprache verändert sich natürlich in einem ungleich schnelleren Tempo als z. B. die Sprache, die man »das Deutsche« nennt, nämlich u. U. von einem Erhebungszeitpunkt bis zum nächsten. Die Notwendigkeit, diese Veränderung in eine Beschreibung von Lernersprache mit aufzunehmen, ist daher sehr viel dringlicher und offensichtlicher als bei anderen Sprachen. Die Forderung, Lernersprache als »dynamisches System« aufzufassen und zu beschreiben, ist daher häufig gestellt worden, so z. B. von Corder (1978 und auch in anderen Arbeiten); sie ist jedoch vor allem wegen beschreibungstechnischer Probleme erst ansatzweise realisiert (s. u.). Einfacher, als Beschreibungen dynamischer Systeme zu versuchen, ist es, der Instabilität von Lernersprache dadurch Rechnung zu tragen, daß man für die Dauer des Lernprozesses eine Folge statischer Systeme ansetzt (z. B. Nemsers *approximative systems*). Ein lernersprachliches System kann dann jeweils nur für einen bestimmten Erhebungszeitpunkt rekonstruiert werden. Ob man mit dieser Lösung zufrieden sein kann, hängt – wie immer – davon ab, welche Ziele man verfolgt. Ist man lediglich daran interessiert zu erfahren, über welches sprachliche Wissen ein Lerner zu einem bestimmten Erhebungszeitpunkt verfügt, kann man sich mit der Beschreibung des betreffenden approximativen Systems begnügen. Ist man an Erkenntnissen über den *Ablauf* von Zweitsprachenerwerbs*prozessen* interessiert, muß man feststellen, daß das Konstrukt einer Folge approximativer Systeme das Problem der Instabilität von Lernersprache nur umgeht, jedoch nicht löst, denn man bedürfte zusätzlicher Verfahren, um den Übergang von einem statischen System in ein anderes zu erfassen.

Lernersprache verändert sich übrigens nicht nur »vorwärts«, in Richtung auf die Zielsprache. Ein als »*backsliding*«[9] bezeichnetes Phänomen betrifft die Möglichkeit, daß Lernersprache sich auch zurückbewegen kann auf ein früheres, schon überwunden geglaubtes Stadium.[10]
Weiterhin variiert Lernersprache *zwischen Individuen*. M. a. W.: Die Äußerungen verschiedener Lerner weisen – neben einer Reihe von Gemeinsamkeiten – unterschiedliche Regelmäßigkeiten auf. Diese Beobachtung steht nicht in prinzipiellem Widerspruch zu der Beobachtung einer »gewissen Ähnlichkeit« zwischen den Äußerungen verschiedener Lerner, die oben als Argument III für die Annahme der Existenz eines zugrundeliegenden lernersprachlichen Systems angeführt wurde. Wie wir in Kap. 4 noch zeigen werden, deuten empirische Daten darauf hin, daß die Äußerungen unterschiedlicher Lerner sich in einigen Punkten gleichen, also als Realisierungen desselben Systems aufgefaßt werden können, in anderen Punkten jedoch nicht. Manche Untersuchungen haben mehr, andere weniger Übereinstimmung zwischen den Daten verschiedener Individuen festgestellt. Entsprechend groß oder gering ist die Bereitschaft der jeweiligen Forscher, Lerner-

sprache als ein System anzusehen, das den Äußerungen ganzer *Gruppen* von Lernern zugrundeliegt. Auch das Problem der Variation über Individuen läßt sich – ähnlich wie das der zeitlichen Variation – aus dem Weg räumen, wenn man unsere eingangs gegebene sehr allgemeine Begriffsbestimmung von Lernersprache in einer bestimmten Weise interpretiert und unter Lernersprache das sprachliche System versteht, das den Äußerungen jeweils *eines* Lerners zugrundeliegt.[11] Ob man mit dieser Interpretation zufrieden sein kann, hängt auch hier wiederum von den Erkenntnisinteressen ab. Da die Spracherwerbsforschung an allgemeingültigen Erkenntnissen über Spracherwerb interessiert ist, ist das Lernersprachenkonzept wesentlich aussagekräftiger, wenn man es auf *alle* Lerner einer bestimmten Fremdsprache beziehen und die bebeobachtbare Variation zwischen Lernern als selbst systematisch beschreiben kann, etwa als abhängig von Variablen wie Muttersprache, Alter, Lernstil usw. Derartige Faktoren werden wir in Kapitel 4 ausführlicher behandeln.[12] Ein gewisses Maß an Übereinstimmung im sprachlichen Verhalten verschiedener Lerner ist für viele Autoren eine unerläßliche Bedingung für die Brauchbarkeit des Konzeptes Lernersprache. So schreibt z. B. Corder (1978):

»The concept of interlanguage presupposes that interesting and important generalizations can be made about the process of second language learning, specifically that all language learners do show similarities in their acquisition of a second language and consequently in their interlanguage grammars at various points along the continuum of change or development.« (76 f.)

und:

»... if in the course of his development each learner was peculiar to himself, then no generalization would be possible, no significant principles of learning could be discovered, and the concept of interlanguage would be vacuous.« (76)

Lernersprache variiert noch in einer dritten Weise: *in Abhängigkeit von der Erhebungssituation*. Wir haben in dem Abschnitt über Erhebungsverfahren ja bereits nachdrücklich darauf hingewiesen, daß verschiedene Erhebungsverfahren nicht zu derselben Sorte von Daten führen und damit nicht gegeneinander austauschbar sind. So hat z. B. Kohn (1976) das sprachliche Verhalten von Lernern unter verschiedenen Produktionsbedingungen untersucht und festgestellt, daß Lerner sich sprachlich anders verhalten, wenn sie die Aufgabe erhalten, unvollständige Einzelsätze mit einer passenden Verbform zu komplettieren, als wenn sie die passende Verbform in einen Textzusammenhang einfügen sollen. Tarone (1979) fand Unterschiede im sprachlichen Verhalten von Lernern bei der Bewältigung der beiden Aufgaben »Bildbeschreibung« und »Dolmetschen für Sprecher, die sich untereinander nicht verständigen können.«. Während Lerner bei Bildbeschreibungen dazu tendierten, solche Bildteile, für deren Bezeichnung ihnen (wie Tarone annimmt) keine sprachlichen Mittel zur Verfügung standen, in der Beschreibung auszulassen (*topic avoidance*), ließ sich bei der Bewältigung der Dolmetscheraufgabe ein entsprechendes Vermeidungsverhalten nicht feststellen. Tarone nimmt an, daß die Lerner die Aufgabe »Dolmetschen« so verstehen, daß eine Verpflichtung besteht, *alles* zu übersetzen. In derselben Arbeit führt Tarone weitere Untersuchungen an, die Evidenz für situationsabhängige Variation von Lernersprache bieten.

Sprachliche Variation in Abhängigkeit von situationellen Faktoren ist nichts, was Lernersprache *prinzipiell* von anderen Sprachen unterscheidet; soziolinguistische Untersuchungen haben gerade diesem Thema viel Aufmerksamkeit gewidmet. Es scheint jedoch, als sei sie bei Lernersprache ausgeprägter als bei anderen Sprachen[13] und auch leichter wahrnehmbar. Darüberhinaus zeigt sich, daß Lernersprache spezifische Züge situationsabhängiger Variation aufweist. Teilweise resultieren sie daraus, daß Lernern besondere Arten sprachlicher Aufgaben gestellt werden, mit denen man *native speakers* normalerweise nicht konfrontiert, und damit einen relevanten Situationsfaktor in außergewöhnlicher Form variiert.[14] Teilweise deuten sie aber auch darauf hin, daß Lerner nicht in derselben Weise über sprachliches Wissen verfügen wie *native speakers*. Diesen letzten Punkt werden wir später noch aufgreifen.

Schließlich variiert Lernersprache sogar *bei demselben Lerner in derselben Erhebungssituation*. Lerner verwenden typischerweise unterschiedliche Strukturen nebeneinander in freier Variation. Diese Art von Variation schließt u. a. auch den Sachverhalt ein, den man umgangssprachlich und im Hinblick auf eine zielsprachliche Norm beschreiben kann als »der Lerner macht eine bestimmte Sache manchmal falsch und manchmal richtig«. Zu diesen Varianten gehört auch eine gelegentlich beträchtliche Menge von nur sporadisch vorkommenden Äußerungselementen, die – wie auch die überzeugtesten Anhänger des Gedankens der Systemhaftigkeit und Regelmäßigkeit von Lernersprache zugestehen müssen – nicht mittels einer linguistischen Beschreibung in einen systematischen Zusammenhang gebracht werden können.

Nach diesen Überlegungen zu unterschiedlichen Arten der Variabilität von Lernersprache, die sich übrigens theoretisch sehr viel leichter isolieren lassen als in konkreten empirischen Untersuchungen, können wir die Mehrdeutigkeit unserer anfänglichen Begriffsbestimmung von Lernersprache etwas besser in den Griff bekommen. Unsere ursprüngliche Definition läßt mindestens die folgenden Interpretationen zu:

- das sprachliche System, das den Äußerungen *aller Lerner einer bestimmten Zielsprache* zugrundeliegt;
- das sprachliche System, das den Äußerungen *aller Lerner einer bestimmten Zielsprache mit derselben Muttersprache* zugrundeliegt;
- das sprachliche System, das den Äußerungen *eines Lerners einer bestimmten Zielsprache* zugrundeliegt;

- das sprachliche System, das den Äußerungen *eines Lerners zu einem bestimmten Erhebungszeitpunkt* zugrundeliegt;
- das sprachliche System, das den Äußerungen *eines Lerners in einer bestimmten Erhebungssituation* zugrundeliegt.

In der Literatur ist Lernersprache auf diese verschiedenen Arten verstanden worden, oft ohne daß die Autoren ihr jeweiliges Verständnis als explizierungsbedürftig angesehen hätten. Die unterschiedlichen Begriffe (Lernersprache, *Interlanguage* usw.) reflektieren *diese* Differenzen nicht.

Neben dem Aufzeigen der Möglichkeiten, Lernersprache mehr oder weniger umfassend zu verstehen, hat der vorangegangene Abschnitt noch einige weitere Punkte deutlich werden lassen:

- Angesichts der beträchtlichen Variabilität von Lernersprache stellt sich die Frage, inwieweit es möglich ist, allein von Lerner*äußerungen* auf ein zugrundeliegendes sprachliches System zu schließen. Das Ausmaß und die praktische Relevanz des Problems werden deutlich in der von Tarone (1979) zitierten Schlußfolgerung eines Zweitsprachenerwerbsforschers, der aufgrund der erheblichen Unterschiede zwischen Daten, die mit drei verschiedenen experimentellen Methoden erhoben worden waren, resümiert:

»Had we used these three tasks independently of the others, we would have come out with three different sets of descriptions of the second-language-learners' grammars.« (182)

Eine denkbare Lösung, nämlich unter möglichst verschiedenen Bedingungen erhobene Daten »in einen Topf zu werfen«, kann nicht befriedigen, da sie Unterschiede verschleiern würde, die sich ja gerade als erklärungsbedürftig herausgestellt haben.[15]

- Interessante und offensichtlich lernersprachentypische Erscheinungen zeigen sich im sprachlichen *Verhalten* von Lernern, besonders in ihrem Verhalten unter variierenden Bedingungen der Erhebungssituation. Sieht man lernersprachliches Verhalten bzw. die Produkte dieses Verhaltens aber nur als ein Mittel an, um Zugang zu einem abstrakten, nicht direkt beobachtbaren sprachlichen System zu erhalten, verschließt man sich fruchtbare Zugänge zu Informationen über den Zweitsprachenerwerb. Eine derartige Reduktion der Erkenntnismöglichkeiten wäre besonders deshalb bedauerlich, da an Lernersprachsystemen als solchen ja eigentlich wenig Interesse besteht – im Unterschied zu vielerlei berechtigten Interessen an der Beschreibung und Kodifizierung von Nationalsprachen wie Italienisch, Japanisch usw. Lernersprachliche Systeme sind hingegen primär aufgrund ihrer Aussagekraft über Prozesse des Zweitsprachenerwerbs relevant.

- Es deutet sich an, daß sich unter der prinzipiellen Beibehaltung des Gedankens der Systemhaftigkeit von Lernersprache andere Interpretationsmöglichkeiten für diese Eigenschaft bieten als diejenigen, die wir in unserer bisherigen Darstellung des Lernersprachengedankens nahegelegt haben. Systemhaftigkeit läßt sich nicht notwendig nur als das Zugrundeliegen eines statischen grammatischen Regelsystems verstehen, sondern auch z. B. als systematische, einem bestimmten Muster folgende Veränderung von Lernersprache über die Zeit; als systematisch mit näher zu bestimmenden Lernereigenschaften stattfindende Variation im sprachlichen Verhalten von Lernern; als mit unterschiedlichen Aufgabenbedingungen systematisch variierender Gebrauch von Wissensbeständen eines Lerners. Cancino et al. (1974) äußern die Hypothese, daß das Systematische an Lernersprache u. U. nur in sehr allgemeiner Weise bestimmt werden könnte: als systematische Zurückführbarkeit einzelner Eigenschaften von Leneräußerungen auf erkennbare Strategien.[16] Wir werden diese Gedanken später noch aufgreifen.

3.3 Beschreibungsverfahren

Als Konsequenz der Einsicht, daß Variation ein grundlegendes Merkmal von Lernersprache ist[17], ist die Entwicklung von Modellen und Beschreibungsverfahren versucht worden, die dieser Variation Rechnung tragen. Kennzeichnend für die gegenwärtige Lage erscheint uns, daß wenig Konsens über das Ausmaß lernersprachlicher Variation, die Art ihrer Systematik und über Verfahren zu ihrer Beschreibung existiert und daß dementsprechend relativ heterogene, meist nur an geringen Datenmengen erprobte Ansätze nebeneinander bestehen, deren generellere Brauchbarkeit sich erst noch erweisen muß. Wir wollen im folgenden die uns am wichtigsten erscheinenden Ansätze in ihren Grundzügen darstellen.

Einige Arbeiten haben versucht, quantifizierende Ansätze aus der Soziolinguistik auf die Beschreibung von Lernersprache zu übertragen und lernersprachliche Systeme zu rekonstruieren, die die *Wahrscheinlichkeit des Vorkommens* von Strukturen in lernersprachlichen Äußerungen (zu bestimmten Zeitpunkten und unter bestimmten Situationsbedingungen) reflektieren.[18] Wir möchten das Prinzip dieses Vorgehens an einem einfachen Beispiel illustrieren. Wir nehmen an, daß ein Lerner des Deutschen zum Erhebungszeitpunkt EZ_1 Sätze äußert, denen man – neben anderen Regeln – die lernersprachliche Regel LR_1 zuordnen kann. Er äußert zu diesem Zeitpunkt EZ_1 ebenfalls Sätze, denen man die lernersprachliche Regel LR_2 zuordnen kann. LR_2 ist dabei identisch mit einer Regel der Zielsprache, des Deutschen. Sätze, auf die LR_1 zutrifft, sind z. B.:

Mama nach Hause geht.
Karin den Hund streichelt.

Sätze, auf die LR_2 zutrifft, sind z. B.:

Die Katze frißt keine Brot.
Ich habe Angst.

Wir hätten hier also einen Fall vor uns, den man umgangssprachlich charakterisieren kann als »Er/sie macht die Wortstellung im Deutschen manchmal falsch und manchmal richtig.« Zum Erhebungszeitpunkt T_2 enthält die Lernersprache desselben Lerners immer noch sowohl LR_1 als auch LR_2. Das sprachliche Verhalten des Lerners unterscheidet sich jedoch zum Zeitpunkt T_2 von dem zum Zeitpunkt T_1 hinsichtlich der Wahrscheinlichkeit, mit der LR_1 und LR_2 vorkommen. Die jeweiligen Vorkommenswahrscheinlichkeiten könnten z. B. so aussehen[19]:

T_1: Wahrscheinlichkeit von LR_1: .90
 Wahrscheinlichkeit von LR_2: .10

T_2: Wahrscheinlichkeit von LR_1: .40
 Wahrscheinlichkeit von LR_2: .60

Die Sprache des Lerners enthält zum Erhebungszeitpunkt T_2 in diesem einfachen Beispiel zwar keine *andere* Regel als zu T_1 (zumindest nicht in dem hier interessierenden syntaktischen Teilbereich). Trotzdem läßt sich in seinem sprachlichen Verhalten eine Veränderung feststellen und beschreiben, die sich in einer Verschiebung der Vorkommenswahrscheinlichkeiten äußert. Diese Verschiebung kann als Lernfortschritt interpretiert werden.

Schon mit einem solchen einfachen quantifizierenden Verfahren lassen sich lernersprachliches Verhalten und Veränderungen dieses Verhaltens sehr viel präziser beschreiben als mit häufigkeitsunabhängigen Lernersprachengrammatiken, die lediglich Aufschluß über die *Art* der von Lernern jeweils verwendeten Regeln geben. Derartige quantifizierende Verfahren bilden die Grundlage für Beschreibungstechniken, die in der Soziolinguistik zur Beschreibung sprachlicher Variation entwickelt wurden. Eine dieser Techniken besteht in der Formulierung variabler Regeln. Der Grundgedanke dabei ist, Vorkommenswahrscheinlichkeiten von Regeln in Abhängigkeit vom sprachlichen Kontext und/oder bestimmten außersprachlichen Faktoren zu beschreiben und damit Variation als systematisch darzustellen.[20] Dickerson (1975) ist es auf diese Weise gelungen, die Systematizität der Variation in der Aussprache japanischer Englischlerner, die oberflächlich als akzidentell anmutete, aufzudecken.[21] Und zwar fand sie, daß

– die interne Variabilität (also die Variation in den Sprachproduktionen *eines* Lerners zu einem Erhebungszeitpunkt) systematisch abhängig von Lautumgebungen war. Lerner sprachen also z. B. das englische Phonem /z/ nicht unsystematisch mal so und mal anders aus, sondern regelmäßig von Vokalen anders als vor Konsonanten;

- eine systematische Entwicklung über die Zeit stattfand (bestimmte Lautvarianten nahmen zugunsten anderer ab);
- eine systematische Variation nach Aufgabentypen gegeben war: Lerner verhielten sich systematisch anders, je nachdem, ob sie frei sprechen, Dialoge lesen oder isolierte Wörter lesen sollten.

Es ist derzeit noch fraglich, inwieweit sich auch andere als phonische Eigenschaften auf diese Weise beschreiben lassen. Gelegentlich ist versucht worden – so z. B. bei Hyltenstam (1977) und Meisel et al. (1979) – das Verfahren der *Implikationsanalyse,* das bisher besonders in der Pidgin*- und Kreol*-Forschung verwendet wurde, auf Lernersprache zu übertragen. Vereinfacht ausgedrückt, besteht das Prinzip von Implikationsanalysen darin, die Vorkommen sprachlicher Eigenschaften im Zusammenhang mit ihren (sprachlichen oder außersprachlichen) Kontexten zu beschreiben und – das ist das Entscheidende – diese Vorkommen von Variablenkombinationen auf einer Implikationsskala zu ordnen. »Implikation« bedeutet dabei: das Vorkommen einer Variablenkombination impliziert das Vorkommen aller anderen auf der Skala vorgeordneten Variablenkombinationen; ihr Nicht-Vorkommen impliziert auch das Nicht-Vorkommen aller ihr auf der Skala nachgeordneten Variablenkombinationen.

Wir wollen dies anhand von Hyltenstams Untersuchung konkretisieren. Hyltenstam hat in seiner Studie des Erwerbs der Negation durch erwachsene Lerner des Schwedischen mit unterschiedlichen Muttersprachen versucht, die auf den ersten Blick als unregelmäßig erscheinende Verwendung des Negationselements durch diese Lerner – mal vor dem Verb und mal hinter dem Verb – als systematisch im Sinne einer Implikationsskala darzustellen. Als relevante Kontexte für die Variation der Position des Negationselements berücksichtigte Hyltenstam die Verben in den jeweils negierten Sätzen und weiterhin, ob es sich um einen Haupt- oder um einen Nebensatz handelte. Hyltenstam war an einer implikativen Ordnung dieser Kontexte für die Stellung des Negationselementes interessiert, die im Idealfall Aussagen der folgenden Art erlauben sollte: Wenn ein Lerner des Schwedischen das Negationselement in einem bestimmten Kontext zielsprachenkonform verwendet, dann tut er das auch in allen auf der Implikationsskala vorgeordneten Kontexten; verwendet er das Negationselement nicht zielsprachenkonform, dann tut er das in allen auf der Implikationsskala nachgeordneten Kontexten auch nicht.

Die Idee, Implikationsskalen für weite Bereiche von Lernersprache aufzustellen, ist natürlich bestechend. Man könnte Lerner dann je nach dem Stand ihrer Sprachbeherrschung jeweils auf einem bestimmten Punkt einer solchen Implikationsskala plazieren und den weiteren Verlauf ihres Spracherwerbs voraussagen. Entsprechend schnell ist der Gedanke aufgegriffen worden, der zeitlichen Variation von Lernersprache dadurch gerecht zu werden, daß man sie als ein *interlanguage continuum* auffaßt, das jeder Lerner durchläuft.[22] Gerade wegen der Suggestivkraft von Konzepten wie »Implikationsskala« und »*interlanguage continuum*« sollte man aber besonders sorgfältig prüfen, wie überzeugend die empirische Evidenz dafür tatsächlich ist.

Auch Meisel et al.[23] verwenden in ihrem mehrdimensionalen Modell Implikationsskalen für die Beschreibung von Regelmäßigkeiten der Lernersprache. Sie beanspruchen jedoch nicht, alle Arten von Variation implikativ darstellen zu können. Wir werden auf dieses Modell später noch zurückkommen.

Andere Autoren haben schwächere Annahmen über die Systemhaftigkeit von Lernersprache. Sie wollen den Gedanken lernersprachlicher Systematizität dadurch mit der beobachtbaren Variabilität in Einklang bringen, daß sie nicht die lernersprachlichen Äußerungen selbst als systematisch in einem linguistischen Sinne zu beschreiben versuchen, sondern sie als Ausdruck der (systematischen) Verwendung bestimmter Strategien, wie z. B. Simplifizierung und Übergeneralisierung, ansehen.[24] Wir halten es allerdings für problematisch, von Verhaltensmanifestationen eines Lerners (seinen sprachlichen Äußerungen) direkt auf Strategien zu schließen.[25]

Schließlich möchten wir noch das *Durchlässigkeitsmodell* Adjemians skizzieren[26], das allerdings kein in derselben Weise ausgearbeitetes Verfahren zur Beschreibung lernersprachlicher Variation darstellt wie die oben vorgestellten Ansätze, die mit variablen Regeln und Implikationsskalen arbeiten. Dieses Modell bietet jedoch brauchbare Ansätze für die Erklärung lernersprachspezifischer Variationsphänomene. Adjemian charakterisiert Lernersprache folgendermaßen:

»We must consider that perhaps *the* salient characteristic of ILs is that they are linguistic systems which by nature are somehow incomplete and in a state of flux. In an attempt to convey meaning, a speaker may be forced to utilize a portion of the IL system which is not yet completely specified.« (308)

Adjemian hält an dem Gedanken fest, daß Lernersprachen Sprachsysteme sind, die man wie andere Sprachen auch als grammatische Regelsysteme beschreiben kann, daß sie jedoch charakteristischerweise *durchlässig (permeable)* sind. Offenkundig wird diese Durchlässigkeit in unsystematisch erscheinenden Elementen der Sprachproduktion von Lernern, wenn sie versuchen, Bedeutungen zu realisieren, für die ihr lernersprachliches System – aufgrund seiner Unvollständigkeit – noch keine Mittel bereitstellt. In solchen Fällen kann das durchlässige lernersprachliche System z. B. von muttersprachlichen Strukturen durchdrungen werden oder auch von zielsprachlichen Strukturen, die noch nicht in das lernersprachliche System inkorporiert sind. Es können auch Regelmäßigkeiten des lernersprachlichen Systems ad hoc für die Realisierung neuer Bedeutungen generalisiert werden. Dieses Modell impliziert, daß nicht alle Lerneräußerungen in gleicher Weise Realisierungen eines lernersprachlichen Systems sind, sondern daß unter bestimmten kommunikativen Anforderungen das jeweilige lernersprachliche System »gestreckt« und ergänzt wird, damit der Lerner Äußerungen produzieren kann, die den Anforderungen gerecht werden. Die Plausibilität dieses Modells rührt daher, daß es recht gut die Erfahrungen reflektiert, die Zweitsprachenlerner mit der Unzulänglichkeit ihrer (vermeintlichen) Kenntnisse der Fremdsprache für die Bewältigung bestimmter kommunikativer Anforderungen haben.

Unklar ist jedoch, wie man auf der Basis von Äußerungen ein Lernersprachensystem erschließen kann, wenn nicht alle Äußerungen Realisierungen dieses Systems sind: Soll man alles das, was sich als systematisch *beschreiben* läßt, auch als Realisation eines Lernersprachensystems auffassen? Oder müßte man nicht auch die Möglichkeit in Betracht ziehen, daß Lerner *in systematischer Weise* z. B. auf ihre Muttersprache zurückgreifen, um Unzulänglichkeiten ihrer Lernersprache auszugleichen? Die systematische Verwendung einer solchen Strategie (s. auch unten) kann zu Äußerungseigenschaften führen, die sich als systematisch beschreiben lassen, obwohl der Lernende sehr wohl weiß, daß es sich dabei um (systematische) »Notlösungen« auf der Basis seiner Muttersprache handelt.

3.4 Lernerwissen und Lernerverhalten: ein neuer Begriff von Lernersprache

Das *Permeability*-Modell Adjemians und verwandte Vorstellungen, die wir hier nicht haben diskutieren können, verweisen auf die Grenzen von Verfahren, die allein auf der Basis der Sprachproduktionen von Lernern ihr sprachliches Wissen (ihre Lernersprachengrammatik) rekonstruieren wollen und die alle sprachlichen Äußerungen von Lernern undifferenziert als Reflektionen dieses sprachlichen Wissens ansehen. Vielmehr zeigt sich, daß man für Lerner eine andere Relation zwischen sprachlichem Wissen und Sprachproduktionen annehmen muß, als sie in weiten Bereichen der Linguistik für *native speakers* vorausgesetzt wird[27]. Die Unhaltbarkeit der Annahme einer direkten Abbildung von Lernerwissen durch Lerneräußerungen wird besonders dann offenkundig, wenn man Einschätzungen von Lernern bezüglich ihrer eigenen lernersprachlichen Fähigkeiten und Erfahrungen, die sie mit dem Erlernen einer Zweitsprache und mit dem Kommunizieren als Lerner haben, berücksichtigt. Neben der Erfahrung der Unvollständigkeit lernersprachlichen Wissens im Hinblick auf bestimmte kommunikative Anforderungen, die wir als Grundlage für das *Permeability*-Modell schon angesprochen haben, möchten wir noch einige weitere Lerner-Erfahrungen aufführen. Wir meinen, daß sie auf so fundamentale Eigenschaften von Lernersprache und lernersprachlichem Verhalten verweisen, daß die Zweitsprachenerwerbsforschung es sich nicht erlauben kann, sie zu ignorieren. Die folgende, keinerlei Vollständigkeit beanspruchende Liste reflektiert einige solcher Erfahrungen, die verschiedentlich in der Literatur erwähnt werden und/oder über die ein allgemeiner Konsensus unter Lernern vorausgesetzt werden kann.

A. Lerner empfinden es als anstrengender, in ihrer Lernersprache zu kommunizieren als in ihrer Muttersprache.

B. Lerner empfinden oftmals, daß ihre lernersprachlichen Fähigkeiten den kommunikativen Anforderungen, die an sie gestellt werden oder die sie selbst an sich stellen, nicht gewachsen sind. Anders ausgedrückt: Sie erleben eine Diskrepanz zwischen ihren lernersprachlichen Fähigkeiten und kommunikativen Bedürfnissen. Daß eine solche Diskrepanz besteht, ist für viele Lerner ein wichtiges Motiv, mit dem Spracherwerb fortzufahren, also ihre Lernersprache in Richtung auf die Zielsprache zu verändern. Wenn die Diskrepanz erträglich geworden ist (durch eine entsprechende Strukturierung der Lernersprache oder durch Reduktion der kommunikativen Bedürfnisse) und keine andere Motivation für Weiterlernen vorliegt, tritt häufig Fossilisierung ein: Der Lerner bricht seinen Lernprozeß ab. Die Diskrepanz kann auch durch Faktoren, die außerhalb des Lerners selbst liegen, reduziert werden, z. B. im Fremdsprachenunterricht durch eine entsprechende Auswahl der vom Lerner zu bewältigenden sprachlichen Aufgaben. Für die weitaus meisten Lerner ist es jedoch notwendig, Strategien[28] zur Bewältigung einer mehr oder weniger großen Diskrepanz zwischen kommunikativen Bedürfnissen bzw. Anforderungen und den Möglichkeiten ihrer Lernersprache zu entwickeln und anzuwenden.[29] Derartige Strategien können z. B. sein:
- Vermeidung von Kommunikationssituationen, in denen voraussichtlich andere kommunikative Bedürfnisse auftauchen werden als die, die man mit seiner Lernersprache bewältigen kann;
- Vermeidung von Themen, denen man sich mit seiner Lernersprache nicht gewachsen fühlt;[30]
- Rekurs auf die Muttersprache oder eine andere, bereits besser erworbene Fremdsprache;
- Einsatz von Gestik, Mimik oder sonstigen nicht-verbalen Handlungen;
- Thematisierung der Diskrepanz gegenüber dem Kommunikationspartner und Bitte um Hilfe;
- Repetieren von Strukturen, die kurz vorher vom Kommunikationspartner verwendet wurden (»Echoverhalten«);[30a]
- langfristig: Weiterlernen.

C. Lerner sind oftmals unsicher, ob ihr sprachliches Verhalten der Norm der Zielsprache entspricht.

D. Lerner bemerken oftmals noch während der Produktion einer Äußerung, daß sie nicht mit ihrem derzeitigen Wissen von der Struktur der zu erlernenden Sprache vereinbar ist. M. a. W.: Sie schätzen ihre Äußerung selbst als fehlerhaft ein.

E. Lerner verwenden u. a. fremd- oder lernersprachliche Äußerungen, denen sie als Ganzen keine präzise Bedeutung zuordnen können, so wie das *native speakers* vermögen, und/oder die sie nicht, wie das *native speakers* ebenfalls vermögen, in einzelne bedeutungstragende Elemente zerlegen können.

F. Der Sprachverwendung von Lernern liegt neben der Intention zu kommunizieren häufig zusätzlich die Intention zu lernen zugrunde. Gelegentlich tritt die Intention zu kommunizieren vollständig in den Hintergrund.

Hält man derartige Erfahrungen für relevante Gegenstände der Zweitsprachenerwerbsforschung, so benötigt man Forschungsmethoden, die ihre systematische Einbeziehung erlauben, und einen Lernersprachenbegriff, der auch solche Erfahrungen reflektiert.[31] Einige neuere Arbeiten zu Lernersprache und lernersprachlichem Verhalten versuchen diesen Anspruch einzulösen. Die beiden folgenden Bündel von Aussagen, die sich aufgrund der oben beschriebenen Erfahrungen nahelegen, charakterisieren Grundannahmen, auf denen diese Arbeiten basieren:

1. Die sprachlichen Äußerungen eines Lerners sind nur zu einem Teil Reflektion seiner in lernerspezifischer Weise organisierten Wissensbestände bezüglich der Struktur der zu erlernenden Sprache. Dieses Wissen läßt sich als die jeweilige Grammatik einer Lernersprache auffassen. Zu einem anderen Teil beruhen sie auf Strategien zur Bewältigung von Kommunikationssituationen, die andere Anforderungen stellen, als mit den jeweiligen Wissensbeständen erfüllbar sind.

2. Die Wissensbestände eines Lerners sind nicht durchgehend von gleicher Qualität. Sie unterscheiden sich a) im Grad der *Sicherheit,* mit der der Lerner über sie verfügt. So kann man annehmen, daß es für jeden Lerner einen mehr oder weniger großen Teil von Wissensbeständen gibt, die er mit großer Sicherheit für korrektes Wissen von der Zielsprache hält. Die Sicherheit des Lerners ist dabei unabhängig davon, ob diese Wissensbestände tatsächlich den Regelmäßigkeiten der Zielsprache entsprechen. Andere Wissensbestände haben hingegen den Charakter relativ unsicherer Hypothesen über die Struktur der zu erlernenden Sprache.

Die Wissensbestände eines Lerners unterscheiden sich b) hinsichtlich ihrer *Auffindbarkeit.* Manche seiner Wissensbestände sind einem Lerner schnell und einfach zugänglich, andere können erst mit Hilfe spezieller Suchverfahren wieder aufgefunden werden. Solche Verfahren können z. B. sein:[32]

- Suche über die Erinnerung an die Situation, in der das betreffende Wissen erworben wurde;
- besonders im Fall schwer auffindbarer lexikalischer Einheiten: Suche über andere Sprachen, in denen entsprechende Wissensbestände dem Lerner leichter auffindbar scheinen;
- ebenfalls als Verfahren zum Auffinden schwer zugänglicher lexikalischer Einheiten: Suche über leichter zugängliche Lexikon-Einheiten desselben semantischen Feldes*.

Bei der Aktualisierung ihrer unterschiedlich sicheren und unterschiedlich gut auffindbaren Wissensbestände können Lerner verschiedene Präferenzen haben:

- Sie können vorzugsweise sichere Wissensbestände realisieren und unsichere Wissensbestände vermeiden, sofern die jeweilige Kommunikationssituation dies zuläßt und/oder alternativ einsetzbare sichere Wissensbestände zur Verfügung stehen;[33]
- sie können andererseits aber auch unter bestimmten Bedingungen vorzugsweise unsichere Wissensbestände realisieren, um durch erwartetes Feedback der Kommunikationspartner diese Wissensbestände entweder sicherer zu machen oder sie »auszusortieren«, m. a. W.: um zu lernen.

Die Wissensbestände eines Lerners unterscheiden sich c) hinsichtlich ihrer *Produktivität*. Während einige Wissensbestände in der Form von produktiven Regeln organisiert sind, die die Produktion und das Verstehen neuer, vorher nie gehörter oder verwendeter Äußerungen zulassen, sind andere Wissensbestände eher von der Art unzerlegter, nicht variierbarer und neu kombinierbarer Äußerungen oder Äußerungsteile (*prefabs, memorized chunks*).

Dem Bestreben, empirische Evidenz für die Bestätigung dieser Hypothesen zu finden, stellen sich – wie schon oben angedeutet – nicht unerhebliche methodische Probleme entgegen. Wie lassen sich sichere Wissensbestände eines Lerners von unsicheren isolieren? Wie kann man entscheiden, ob ein Lerner eine sprachliche Struktur deshalb produziert, weil er sie (mit mehr oder weniger großer Sicherheit) für eine Struktur der zu erlernenden Fremdsprache hält, oder deshalb, weil diese Struktur Resultat einer Strategie zur Bewältigung kommunikativer Anforderungen ist, denen die Wissensbestände des Lerners nicht genügen? Es liegt nahe, zur Lösung dieser Probleme auch verschiedene Arten metasprachlich-reflektiver Daten heranzuziehen. Allerdings ist derzeit bei weitem noch nicht klar, welche Verfahren der Erhebung metasprachlich-reflektiver Daten im einzelnen sich in diesem Zusammenhang als besonders ergiebig erweisen. Die Verknüpfung von Fragestellungen der Zweitsprachenerwerbsforschung mit Verfahren der Datenerhebung, deren Darstellung ein zentrales Anliegen des 2. Kapitels war, wird an dieser Stelle noch einmal besonders deutlich.

Wir möchten nun einige Arbeiten vorstellen, die auf eine empirische Überprüfung der oben aufgestellten Hypothesen zu lernersprachlichem Wissen, lernersprachlichen Strategien sowie zur Aktualisierung von Wissen und Strategien in lernersprachlichem Verhalten zielen und die dabei neue methodische Wege einschlagen.

Verschiedentlich haben Zweitsprachenerwerbsforscher versucht, statt von Lerneräußerungen auf Lernerwissen zu schließen, direkten Zugang zu den Wissensbeständen von Lernern zu erhalten, indem sie sie vorgegebene zielsprachliche und potentielle oder tatsächliche lernersprachliche Äußerungen auf ihre Korrektheit hin beurteilen ließen.[34] Einige Forscher haben Lerner zusätzlich nach dem Grad der Sicherheit befragt, mit der sie derartige Grammatikalitätsurteile fällen. In diesem Bereich hat vor allem Kohn[35] detaillierte Untersuchungen angestellt, die starke Evidenz für die Brauchbarkeit der oben angeführten Hypothesen liefern. Kohn konnte empirisch belegen, daß lernersprachliches Wissen sich nicht invariant in der Produktion von Äußerungen manifestiert, sondern daß vielmehr eine Diskrepanz zwischen dem sprachlichen *Wissen* von Lernern und ihrem *Tun*, also der Produktion sprachlicher Äußerungen, besteht, die je nach den Anforderungen, die an einen Lerner gestellt werden, unterschiedlich stark ausgeprägt ist. Durch den Vergleich der Resultate, die Lerner bei der Bearbeitung unterschiedlicher sprachlicher Aufgaben erzielten (bei Produktionsaufgaben unter verschiedenen Testbedingungen und Wiedererkennungs- bzw. Bewertungsaufgaben) zeigte sich z. B., daß Lerner dann, wenn ihre Aufmerksamkeit geteilt ist, ihr vorhandenen Wissen (erfaßt über eine Wiedererkennungs- bzw. Bewertungsaufgabe) nicht so gut realisieren wie unter Bedingungen, die eine ausschließliche Konzentration auf die spezifischen untersuchten Wissensbestände zulassen.

Ein anderes Verfahren, bei dem Lerner im Nachhinein ihren Sprachproduktionsvorgang kommentieren, hat Glahn (1980) versuchsweise angewendet. Sie ließ Lerner Tonbandaufnahmen ihrer eigenen Lernersprachproduktionen anhören und im Falle der Erinnerung an Produktionsprozesse das Band stoppen, um diese Erinnerung zu verbalisieren. Wenn die Ergebnisse dieses Verfahrens wegen der Anekdotenhaftigkeit der Kommentare insgesamt auch noch nicht sehr ermutigend sind, so konnte Glahn doch interessante Hinweise auf die Existenz der oben hypothetisch formulierten Wiederauffindungsstrategien für schwer zugängliche Wissensbestände im Bereich des Vokabulars gewinnen.

Schließlich soll noch eine Arbeit erwähnt werden, die ohne metasprachliche Operationen und Introspektion seitens der Lerner auszukommen versucht. Seliger (1980) stützt seine Untersuchung ausschließlich auf lernersprachliche Äußerungen, sieht diese Äußerungen jedoch nicht nur als Endresultate eines Produktionsvorgangs an, sondern versucht, in ihnen Manifestationen des Produktionsprozesses selbst auf-

zuspüren, also solche Elemente, die Hinweise auf Strategien der verbalen Planung geben. Zu solchen Elementen gehören z. B.:
- Verzögerungsphänomene (*hesitation phenomena*): Pausen, *mmhs, eehs* usw., Dehnung von Vokalen;
- *false starts*, Selbst-Korrekturen[36];
- Frageintonation bei Äußerungen, die nicht die kommunikative Funktion einer Frage haben;
- Explizitmachen der Diskrepanz zwischen Gelerntem und kommunikativen Anforderungen (Beispiel: *Ich kenne das deutsche Wort nicht; kann man x sagen?*; oder in der Rolle als Hörer [von der Lernersprachforschung bisher stark vernachlässigt]: *Was ist ein x?*)

In unserem Zusammenhang ist besonders interessant, daß Seliger zeigen konnte, wie sich unter Rückgriff auf solche Manifestanten verbaler Planung in vielen Fällen unsichere Wissensbestände aufdecken lassen und Such- und Kommunikationsstrategien erkennbar werden. So läßt sich z. B. die Verwendung von Frageintonation bei Äußerungen, die nicht die kommunikative Funktion einer Frage haben, als Realisierung äußerst unsicherer Wissensbestände interpretieren; die Analyse einer Folge von *false starts* und Selbstkorrekturen kann Aufschluß über einzelne Stationen einer Suchprozedur geben.

Wir sind bei unserer Diskussion inzwischen an einem Punkt angelangt, an dem eine Modifikation unserer mittlerweile unhaltbar gewordenen provisorischen Definition von Lernersprache als sprachliches System, das Lerneräußerungen zugrundeliegt, angebracht erscheint. Hält man die oben angeführten Hypothesen für plausibel, so muß man wenigstens die Differenzierung vornehmen, den Ausdruck »sprachliches System« zu ersetzen durch »unterschiedlich sichere und unterschiedlich gut auffindbare systematische Wissensbestände«.[37] Ebenso interessant wie die Auffindung solcher Wissensbestände von Lernern ist für die Zweitsprachenerwerbsforschung jedoch die Aufdeckung von Lernerstrategien des Umgehens mit diesen Wissensbeständen: Strategien der Auswahl, Sicherung, Erweiterung und des Zugänglichmachens von Wissensbeständen sowie Strategien der Kommunikation zum Ausgleich unvollständiger Wissensbestände. Die gegenwärtige Diskussion zum Thema »Lernersprache« reduziert sich daher nicht auf den Versuch, kohärente, wenn auch variable lernersprachliche Systeme zu beschreiben, sondern sie läßt sich zunehmend auf eine Differenzierung systematischen Lernerwissens in der oben genannten Art ein und thematisiert die Relation zwischen Lernerwissen und Lernerverhalten sowie die Faktoren, die diese Relation steuern. Die Erforschung von Lernersprache emanzipiert sich somit von einem systemlinguistisch orientierten Sprachbegriff und damit verknüpften Erhebungs- und Beschreibungsverfahren. Sie ist auf dem Wege, eigene, ihrem speziellen Untersuchungsgegenstand angemessene Erhebungs- und Beschreibungsverfahren sowie spezifische theoretische Konstrukte zu entwickeln.

4. Erklärungen des Zweitsprachenerwerbs

In Kapitel 3 haben wir den Begriff der Lernersprache als zentrales Konzept der Zweitsprachenerwerbsforschung eingeführt. Welche Erklärungen gibt es nun für die Entstehung und Entwicklung der fremdsprachlichen Fähigkeiten und Fertigkeiten, die lernersprachliches Verhalten ausmachen?
Für diese Frage werden in der Literatur verschiedene mögliche Antworten vorgeschlagen. Welche davon man als befriedigender und anderen vorzuziehen ansieht, hängt wesentlich auch davon ab, was man als den zu erklärenden Gegenstand der Zweitsprachenerwerbsforschung betrachtet und welche Anforderungen man an eine Aussage über einen zweitsprachenerwerblichen Sachverhalt stellt, die als Erklärung dieses Sachverhalts gelten soll. Deshalb diskutieren wir im ersten Abschnitt dieses Kapitels unterschiedliche Erklärungsziele und Erklärungskriterien, die in der Forschung vertreten werden.
Vor diesem Hintergrund wollen wir in den dann folgenden drei Abschnitten die drei hauptsächlichen Erklärungsansätze darstellen, denen sich die vorliegenden unterschiedlichen Arbeiten zur Zweitsprachenerwerbsforschung jeweils zuordnen lassen. Es sind dies zunächst Untersuchungen, die ausgehend von früheren Ergebnissen der Erstsprachenerwerbsforschung auch den Zweitsprachenerwerb als eine prädeterminierte Entwicklung ansehen, welche weitgehend sprach- und lernerinvariant von einer dem Menschen angeborenen Spracherwerbsfähigkeit gesteuert wird, und die diese Fähigkeit allein durch das Aufweisen invarianter Erwerbssequenzen von Sprachstrukturen, ohne Berücksichtigung möglicher anderer Faktoren, zu erhellen versuchen. Die vorkommende Variation im lernersprachlichen Verhalten wird in diesen Untersuchungen als irrelevant betrachtet.
Demgegenüber wird in einer zweiten Gruppe von Forschungen, die teils als Fortentwicklung solcher Untersuchungen, teils unabhängig davon entstanden sind, angesichts des Ausmaßes lernersprachlicher Variation die Auffassung vertreten, daß der Zweitsprachenerwerb als ein variabler Prozeß abläuft, der durch eine Reihe von Faktoren beeinflußt wird. Wir skizzieren deshalb zunächst die wichtigsten dieser Faktoren und stellen dann Modelle vor, die solche Faktoren in ihre Erklärungen der Entwicklung des Strukturerwerbs integrieren. Auch diese Arbeiten sehen den Zweitsprachenerwerb als einen hauptsächlich automatisch ablaufenden Prozeß an, der jedoch in seinem Ablauf beeinflußbar ist.
Arbeiten, die sich dem dritten Erklärungsansatz zuordnen lassen,

gehen dagegen davon aus, daß der Zweitsprachenerwerb wesentlich durch Aktivitäten des Lerners geprägt ist, insbesondere durch die Strategien, die er im Umgang mit der zu erlernenden Sprache verwendet. Diese Strategien diskutieren wir im letzten Abschnitt dieses Kapitels und greifen damit die am Ende von Kap. 3 behandelten neueren Ansätze der Lernersprachenforschung wieder auf.

4.1 Erklärungsgegenstände und Erklärungen

Wenn jemand von seinen Gesprächspartnern etwas wissen möchte und mit den Antworten nichts anfangen kann, so liegt das – sofern die Antworten gutwillig gegeben werden – oft daran, daß die Frage nicht klar genug formuliert wurde. Diese Abhängigkeit der Art der Antwort von der Art der Fragestellung ist uns allen aus dem Alltagsleben geläufig; derselbe Zusammenhang gilt auch in den empirischen Wissenschaften.

Die Spracherwerbsforschung als eine empirische Wissenschaft fragt danach, *wie* Sprachen erworben werden und *warum* der Erwerb in der beobachteten Weise abläuft. Die Antworten auf diese Fragen gehen in eine Spracherwerbstheorie ein, denn wie für jede Wissenschaft ist auch für die Spracherwerbsforschung das Aufstellen und Begründen von Theorien zentral, weil Theorien systematisch über isolierte Einzelerfahrungen hinausgehen und Prognosen, d. h. »wenn ... dann ...«-Vorhersagen, über Erscheinungen ihres Gegenstandsbereichs ermöglichen. Von Disziplinen, die eine praktische Verwertbarkeit ihrer Erkenntnisse anstreben, wird beansprucht, daß die Prognosen und die ihnen zugrundeliegenden Erklärungen ihrer Theorien im alltagspraktischen Leben zu begründeten Handlungsempfehlungen genutzt werden können. D. h. im Fall der Spracherwerbsforschung, daß ihre Theorien z. B. zu einer Steuerung des Spracherwerbs durch Unterricht verwendet werden können sollten.

Wo theoretische Erkenntnisse auf ein komplexes Feld der Lebenspraxis übertragen werden, ist allerdings nicht selten festzustellen, daß die Adressaten der theoretisch entwickelten Anwendungsvorschläge damit nicht recht glücklich werden. Dies gilt offensichtlich auch und besonders für den Fremdsprachenunterricht, an den in der Vergangenheit eine Vielzahl von linguistischen, pädagogischen, psychologischen und anderen Theorien herangetragen wurde, von denen die jeweiligen Anwender hofften, daß sie ihnen ihre praktischen Probleme lösen helfen würden, die solche Hoffnungen bisher jedoch eher selten erfüllten. Es erstaunt darum nicht, wenn manche Praktiker es ablehnen, sich mit wissenschaftlichen Theorien zu befassen, die in ihren Augen fern der Niederungen der Praxis und ohne direkte Berücksichtigung ihrer vielen konkreten Probleme bei der beschaulichen Tätigkeit von

elfenbeintürmelnden Hochschulforschern abgefallen sind. Mag die Kritik an der Praxisferne mancher auch Probleme des Fremdsprachenunterrichts berührenden Disziplinen vielleicht auch zutreffen – die Weigerung, sich mit Theorien zu beschäftigen, ist gleichwohl völlig falsch.
Auch der einzelne Lehrer, der sich nicht mit wissenschaftlichen Forschungen zu seinem Praxisfeld auseinandergesetzt hat, verfügt – sofern er seine didaktischen Entscheidungen nicht gänzlich ad hoc und unreflektiert trifft – über eine Theorie, die sein Handeln leitet. Seine Alltagstheorie basiert auf seinen Lehrerfahrungen, die es ihm – ähnlich wie Theorien empirischer Wissenschaften – erlaubt, Prognosen aufzustellen, etwa der Art »Wenn die Sprachstruktur x erstmals im Unterricht eingeführt wird, tritt als Lernproblem y auf; y wird mit den Übungen z überwunden«, und sein lehrendes Handeln daran auszurichten. Selten kommt ein Lehrer dazu, seine handlungsleitenden Prognosen derartig auszuformulieren oder gar die komplexen Bedingungen, unter denen sie zutreffen, derartig explizit anzugeben, daß sie – etwa für den Unterricht anderer Lehrer – verallgemeinerbar wären, obwohl er sie subjektiv durchaus angemessen erfaßt haben mag. In diesem Punkt unterscheiden sich Alltagstheorien und wissenschaftliche Theorien fundamental: Letztere zielen darauf ab, generalisierbare, objektive Aussagen zu machen und die Bedingungen, unter denen ihre Prognosen gelten, mit größtmöglicher Genauigkeit und Explizitheit zu bestimmen, während erstere gewöhnlich den Charakter von individuellen Faustregelorientierungen haben. Ein anderer wichtiger Unterschied betrifft den Gegenstandsbereich. Die Alltagstheorie eines Lehrers muß schon aus professionellen Gründen notwendig das gesamte Praxisfeld »Unterricht« zum Gegenstand haben und wird des Umfangs dieses ihres Geltungsbereichs wegen immer durch eine gewisse Vagheit gegenüber einer wissenschaftlichen Theorie gekennzeichnet sein, bei deren Erstellung den Forscher gewöhnlich nur ein Ausschnitt aus der Menge der Phänomene interessiert, die im Unterricht vorkommen. Insofern jedes auf ein Unterrichtsziel gerichtete Handeln eines Lehrers auf impliziten oder expliziten Prognosen über seine Wirkungen beruht, ist auch die Unterrichtspraxis kein theoriefreier Raum, sondern auch sie basiert auf einer – zumindest vorwissenschaftlichen – Theorie. Um sich diese Alltagstheorie in ihren Stärken und Schwächen bewußt zu machen und ggfs. in einigen Punkten zu modifizieren, kann die Beschäftigung mit spezialisierten wissenschaftlichen Theorien auch für solche Lehrer ertragreich sein, die der Übertragbarkeit fachwissenschaftlicher Erkenntnisse auf den Unterricht skeptisch gegenüberstehen.
Bezogen auf die Zweitsprachenerwerbsforschung stellt sich dabei das Problem, daß recht unterschiedliche theoretische Entwürfe vorliegen, mit denen Erscheinungen des Zweitsprachenerwerbs erklärt werden

sollen. Solche Unterschiede rühren daher, daß diese Forschung wie jede andere empirische Wissenschaft ihre Gegenstände nicht gleichsam urwüchsig der Natur oder dem Alltagsleben entnimmt, sondern immer erst durch die Erhebung und Beschreibung von empirischen Daten konstituiert. Wie wir in Kapitel 2 gezeigt haben, ist diese Konstitution der wissenschaftlichen Gegenstände abhängig von den jeweils verfolgten Fragestellungen und Erkenntnisinteressen der beteiligten Forscher. Da Erklärungen, d. h. Antworten auf Warum-Fragen, immer durch logische Schlußprozeduren über die mit den Datenbeschreibungen gegebenen Sachverhalte zustandekommen, hängen natürlich auch Erklärungen wie die Theorie, deren Bestandteile sie sind, von den in die Daten eingegangenen Fragestellungen und Erkenntnisinteressen ab. Will man nun konkurrierende Theorien und ihre Erklärungen zum Zweitsprachenerwerb bewerten, kann man dies einerseits unter dem Gesichtspunkt ihrer internen Konsistenz vornehmen. D. h. man prüft, ob Datenerhebung und -beschreibung sorgfältig durchgeführt und Erklärungen logisch widerspruchsfrei aus den Daten gefolgert werden. Andererseits kann man prüfen, ob und wieweit die verfolgten Fragestellungen sinnvoll, erfolgversprechend usw. erscheinen. Dazu muß man ein externes Relevanz-Kriterium angeben: Z. B. gelten in angewandten Wissenschaften nur solche Theorien als relevant, die eine kontrollierbare Beeinflussung praktischen Handelns ermöglichen. Entsprechend der Abhängigkeit von Erkenntnisinteressen, in der sich Theorien befinden, lassen sich auch Unterschiede in den vorfindlichen Erklärungen für die Entstehung und Entwicklung lernersprachlichen Verhaltens zu einem großen Teil auf unterschiedliche Fragestellungen in der Zweitsprachenerwerbsforschung zurückführen. Um den Zweitsprachenerwerb durch Unterricht steuern zu können, muß man wissen, welche Prozesse dem Erwerb zugrundeliegen und durch welche Variablen er beeinflußbar ist. Es besteht heute allgemeiner Konsens darüber, daß es Voraussetzung für jeden Spracherwerb ist, daß der Lerner der zu erlernenden Sprache ausgesetzt ist, sei es in der Form von Unterricht oder in natürlicher Umgebung. Die Antwort auf die Frage, wie dieser Input beim Spracherwerb verarbeitet wird, wurde, abgesehen von den neuerdings auch untersuchten metasprachlich-reflexiven Daten, im wesentlichen aus dem Sprachverhalten des Lerners bzw. seinem Output erschlossen. Entsprechend lassen sich in einer groben Orientierung die hauptsächlichen Fragestellungen, die den Zweitsprachenerwerb betreffen, danach klassifizieren, auf welche Aspekte des Zusammenhangs Input – Verarbeitung – Output sie abzielen. So wird danach gefragt,

– ob der Output bei allen Lernern eine regelmäßige Entwicklung durchläuft;
– ob die Entwicklung des Output durch für die Verarbeitung von Sprachen spezifische kognitive Prozesse bedingt ist;

- ob die Entwicklung des Output durch allgemeine kognitive Prozesse, z. B. der Wahrnehmung, bedingt ist;
- ob die Entwicklung des Output von der Art des Input abhängt;
- ob die Entwicklung des Output von äußeren Variablen der sozialen Situation abhängt, in der Input, Verarbeitung und Output vorkommen;
- ob die Verarbeitung des Input sich dem willentlichen Einfluß des Lerners selbst entzieht oder ob der Lerner Input, Verarbeitung und Output durch eigene Aktivitäten beeinflussen kann.

Diese Fragestellungen kommen teilweise kombiniert vor. Darüberhinaus werden in der Zweitsprachenerwerbsforschung noch weitere Fragen verfolgt, auf die wir in diesem Buch jedoch nicht alle eingehen können, denn inzwischen liegt eine so große Fülle von Untersuchungen vor[1], daß wir uns hier nur mit den uns exemplarisch und/oder für eine Steuerung durch Unterricht besonders folgenreich erscheinenden Ansätzen befassen wollen.

4.2 Zweitsprachenerwerb als prädeterminierte Entwicklung

Den Erklärungsansätzen, die wir in den folgenden drei Abschnitten diskutieren, ist gemeinsam, daß sie den lernersprachlichen Output daraufhin untersuchen, wieweit darin invariante, d. h. sich bei allen Lernern in gleicher Weise manifestierende Entwicklungsstadien erkennbar werden. Gemeinsam ist ihnen auch, daß sie den Zweitsprachenerwerb als einen nicht-imitativen, sondern *kreativen Prozeß* ansehen, der durch eine spezifische, auf Spracherwerb und -verarbeitung ausgerichtete kognitive Ausstattung des Menschen gesteuert wird.

Wie in Kapitel 1 angedeutet, resultierte diese Fragestellung aus Entwicklungen in Linguistik und Psychologie seit den 60er Jahren. 1957 veröffentlichte Skinner sein Buch »*Verbal Behavior*«, in dem er den Spracherwerb vollständig behavioristisch zu erklären versuchte, d. h. als einen Prozeß, der von Imitation der sprachlichen *habits* der Umgebung durch das Kind und regelmäßiger Verstärkung solcher korrekt imitierter *habits* durch Lob, Zuwendungen etc. seitens der Personen in der Umgebung nach dem Stimulus-Response-Schema bestimmt ist. In seiner Rezension dieses Buches wies Chomsky (1959) nach, daß eine solche Theorie empirisch inadäquat ist. Er argumentierte vor allem mit einem Tatbestand, den wir schon in früheren Kapiteln als relevant dargestellt haben: mit Lerneräußerungen beim Muttersprachenerwerb, die Kinder so in ihrer Umgebung nie gehört haben können und deren Gebrauch sicherlich nicht im behavioristischen Sinne durch Belohnung verstärkt wird, z. B. *Kathryn no like celery* für *Kathryn doesn't like celery*. Solche Äußerungen muß ein Kind ohne Vorbild von sich aus kreativ erschaffen haben. Da außerdem nach Chomskys Auffassung der sprachliche Input, d. h. die alltägliche, aktuell vollzogene Sprache nicht aus lauter vollkommen grammatisch korrekten Sätzen besteht, sondern im Gegenteil voll von Fehlern, Satzabbrüchen usw. ist, kann mit Imitation und Verstärkung nicht erklärt werden, daß Kinder ihre Sprache vergleichsweise schnell und in weitgehend übereinstimmender Weise erwerben. Deshalb, so argumentierte Chomsky, müsse das Kind mit einer spezifischen biologischen Disposition zum Spracherwerb ausgestattet sein, die es ihm erlaube, aus den chaotischen Sprachdaten seiner Umgebung die grammatischen Regelmäßigkeiten herauszufiltern. Diese biologische Ausstattung des Menschen für den Spracherwerb hat Chomsky als *Language Acquisition Device* (kurz: LAD) bezeichnet. Da Kinder jede beliebige Sprache als Erstsprache erwerben können, muß dieser Spracherwerbsmechanismus so aufgebaut sein, daß er für alle Sprachen funktioniert. Chomsky nimmt deshalb an, daß das LAD aus einer Menge dem Gehirn von Natur aus einprogrammierten kognitiven Schemata bzw. Strukturierungsprinzipien besteht, die für alle Sprachen die Form möglicher Grammatiken determinieren bzw. festlegen, welche Struktureigenschaften alle Sprachen gemeinsam haben.[2] Solche für alle Sprachen gültigen Struktureigenschaften sind z. B. das Vorkommen von Wortarten wie Nomen und Verb und von grammatischen Beziehungen zwischen diesen; sie werden als *linguistische Universalien* bezeichnet. Für Chomsky sind demnach linguistische Kategorien wie Nomen und Verb als Universalien angeboren. Damit sind für ihn sowohl die Übereinstimmungen im Erwerbsverlauf zwischen Kindern als auch die formalen Übereinstimmungen im Aufbau aller Sprachen erklärbar.

Inzwischen hat sich allerdings gezeigt, daß Chomskys Hypothesen sich so nicht mehr vertreten lassen. Soziolinguistische Untersuchungen spontanen Sprachverhaltens haben ergeben, daß die Alltagssprache weit weniger chaotisch ist, als Chomsky annahm.[3] Ebenso haben neuere Untersuchungen zum Erstsprachenerwerb gezeigt, daß Personen, die mit kleinen Kindern sprechen, ihre Äußerungen dem jeweiligen sprachlichen Entwicklungsstand der Kinder anpassen und dabei auch Lehrverhaltensweisen, wie z. B. Wiederholungen, Umschreibungen u. ä., zeigen und besonders konsistent und grammatisch korrekt reden, so daß man davon ausgehen muß, daß Erstsprachenlerner zumindest teilweise einen speziellen sprachlichen Input erhalten.[4] Auch gibt es gute Argumente dafür, daß die relativ weitgehende formale Übereinstimmung im Aufbau aller Sprachen nicht auf angeborene universelle linguistische Kategorien zurückzuführen ist, sondern daß dies sich zwangsläufig aus der Art und Weise ergibt, wie das menschliche Gehirn aufgrund seines physiologischen Aufbaus sprachliche Daten verarbeiten kann.[5]

In der Tat ist als eine nicht-behavioristische Alternative zu den Annahmen Chomskys die Theorie plausibler, daß dem Menschen keine spezifisch auf den Erwerb und die Verarbeitung von Sprache bezogenen kognitiven Strukturierungsprinzipien angeboren sind, sondern daß sich für den Erwerb und die Ausübung von sprachlichem Verhalten spezifische kognitive Strukturen erst *im Zuge des Spracherwerbs auf der Basis allgemeiner angeborener Prinzipien der Organisation menschlichen Denkens und Verhaltens* entwickeln. Diese Auffassung wird von dem Entwicklungspsychologen Piaget vertreten.[5a]

Nach Piaget sind zwei Arten von Organisationsprinzipien zu unterscheiden: zum einen Prinzipien, die allgemein festlegen, wie der Mensch mit seiner Umgebung interagiert und aus dieser Interaktion lernt, zum anderen Organisationsprinzipien, die als Resultat aus der Interaktion mit der Umgebung, als Resultat von Lernen, entstehen. Piaget bezeichnet die erstgenannten Prinzipien, also diejenigen, die allgemein steuern, wie der Mensch mit seiner Umwelt interagiert und aus dieser Interaktion lernt, als *funktionale Invarianten*. Sie sind seiner Theorie nach angeboren und determinieren das gesamte Leben lang jegliche Art von Denken und Verhalten. Die anderen Organisationsprinzipien, d. h. diejenigen, die aus dem Lernen hervorgehen, werden als *kognitive Schemata* oder *kognitive Strukturen* bezeichnet.

Als zentrale funktionale Invarianten – man könnte auch sagen: als für das Lernen zentrale Prozesse – sieht Piaget die Vorgänge der *Assimilation* und der *Akkomodation* an. Für Piaget ist der Mensch bei seiner Geburt außer mit funktionalen Invarianten nur mit einer äußerst begrenzten Menge von kognitiven Schemata ausgestattet. Folglich muß das Kleinkind diese seine begrenzten kognitiven Schemata auf die Vorgänge und Objekte in seiner Umgebung anwenden und diese Vorgänge und Objekte dabei – um sie überhaupt verarbeiten zu können – seinen kognitiven Schemata anpassen. Diesen Vorgang der Anpassung nennt Piaget *Assimilation*. Bei dem Versuch, ähnliche, aber nicht identische Objekte und Vorgänge einem vorhandenen Schema zu assimilieren, wird es notwendig, dieses Schema zu differenzieren. Diesen Vorgang, mit dem die für ein bestehendes Schema charakteristischen Denk- und Verhaltensweisen verändert werden, um neuen Erfahrungen gerecht werden zu können, bezeichnet Piaget als *Akkomodation*. Die Weiterentwicklung der kognitiven Fähigkeiten geschieht durch das abwechselnde Wirksamwerden von Assimilation und Akkomodation.

Wenn man nun mit Chomsky annimmt, daß spezifische kognitive Strukturen Voraussetzung für den Spracherwerb sind, dann müssen sie dennoch nicht angeboren sein: Nach Piaget kann man das Entstehen solcher Strukturen als Resultat allgemeiner kognitiver Prozesse in den ersten Lebensjahren erklären.

Gleichwohl war Chomskys Argumentation für die Etablierung und Entwicklung der Spracherwerbsforschung sehr folgenreich. Sie stimulierte zahllose Untersuchungen zum Erstsprachenerwerb, die darauf abzielten, Aufbau und Funktionieren des LAD näher zu bestimmen und universale Erwerbsgesetzmäßigkeiten aufzudecken.[6] Da sich das Funktionieren des LAD im Übergang von den ersten Lauten bis zur erwachsenensprachkonformen Sprachbeherrschung dokumentieren muß, war für diese Forschung die Untersuchung des Entwicklungsverlaufs und besonders die Abfolge der von der Norm der Erwachsenensprache abweichenden Formen in der Sprache des Kindes interessant. So konnte in zahlreichen Arbeiten für diverse Strukturbereiche aufgewiesen werden, daß sich der Spracherwerb in einer zwischen verschiedenen Lernern weitgehend invarianten Sukzession von zunehmend erwachsenensprachkonformeren Strukturen vollzieht.[7] Solche Befunde geben Anlaß zu der schon in Kap. 1 erwähnten Annahme, daß der Spracherwerb als ein von der menschlichen Spracherwerbsfähigkeit gesteuerter Prozeß der sukzessiven Hypothesenbildung über die Struktur der zu erlernenden Sprache abläuft.

4.2.1 Die L2 = L1-Hypothese

Vor diesem Hintergrund wurde schon recht früh spekuliert, daß sich auch der Zweitsprachenerwerb auf der Basis derselben Prozesse vollziehe und daß man diese Prozesse durch Untersuchungen der Entwicklung der Sprache von Zweitsprachenlernern erforschen könne.[8] Da noch keine empirischen Studien zum natürlichen Zweitsprachenerwerb vorlagen, basierten diese ersten Spekulationen wesentlich auf der Annahme, daß das LAD auch nach dem Kleinkind-Alter und beim Erlernen weiterer Sprachen funktioniere. Als Bestätigung dafür wurden Fehleranalysen der Sprachproduktion von – auch älteren – Zweitsprachenlernern angesehen, aus denen hervorging, daß Lerner derselben Zweitsprache mit unterschiedlichen Ausgangssprachen trotz Unterricht teilweise dieselben Fehler machten und daß diese »*common errors*« oft mit den von der Erwachsenensprache abweichenden Formen übereinstimmten, die beim Erwerb dieser Sprache als Erstsprache auftraten.[9] Spekulationen und Befunde dieser Art führten zu der als »*L2 = L1-Hypothese*« bekannt gewordenen Annahme, wonach die Prozesse des Zweitsprachenerwerbs identisch sind mit denen des Erstsprachenerwerbs und ein Zweitsprachenlerner dieselbe Entwicklung durchläuft wie ein Kind, das diese Sprache als Muttersprache erwirbt. Da auch der Zweitsprachenerwerb nach dieser Hypothese allein auf der Basis der im LAD angelegten allgemeinen linguistischen Strukturauffindungsverfahren abläuft, kann Transfer von der Ausgangssprache kein Mittel sein, auf das der Lerner bei seinen Hypothesenbildungen zurückgreift.

Eine der ersten Untersuchungen, die eine vermutete Analogie des Verlaufs von Erst- und Zweitsprachenerwerb zum Gegenstand hatte, war die Arbeit von Ravem (1968). Er erhob teils aus spontaner

Sprache, teils durch Übersetzungsaufgaben über einen Zeitraum von sechs Monaten Daten zum Erwerb des Auxiliar-Komplexes[10] im Englischen durch seinen sechsjährigen norwegisch-sprachigen Sohn. Er fand darin viele strukturelle Parallelitäten zu Formen, die für den Erstsprachenerwerb des Englischen belegt sind, und stellte auch fest, daß diese formalen Entsprechungen wie beim Erstsprachenerwerb in einer Folge von Entwicklungsstadien auftreten. Daneben ergaben sich aber auch Formen, die auf einen Transfer von Strukturen der Ausgangssprache zurückführbar zu sein schienen. Ähnliche Ergebnisse erbrachte eine weitere Untersuchung zum Erwerb von WH-Fragen[11].

Strukturelle Parallelen zu Formen des Erstsprachenerwerbs fand auch Ervin-Tripp (1974) bei einer Untersuchung des natürlichen Französisch-Erwerbs von amerikanischen Kindern im Alter von vier bis neun Jahren. Mit Verständnis-Tests, Übersetzungs- und Imitationsaufgaben, wie sie auch in der Erstsprachenerwerbsforschung verwendet werden, zeigte sie, daß Kinder bei Erst- und Zweitsprachenerwerb dieselben Strategien[12] verwenden, nämlich Übergeneralisierung und Simplifizierung. Allerdings fanden sich auch zahlreiche Daten, die mit Transfer aus der Ausgangssprache erklärt werden mußten. Transfer wurde besonders häufig in solchen Situationen beobachtet, die funktional nicht eng mit dem alltäglichen Milieu der Zweitsprache verbunden waren. Ervin-Tripp konnte ferner feststellen, daß die älteren Kinder sehr viel schneller lernten, was für sie mit deren größerer Erfahrung im Umgang mit Sprache und der fortgeschritteneren kognitiven Entwicklung erklärbar war.

Besonders aktiv und am rigorosesten wurde die L2 = L1-Hypothese in den vergangenen Jahren von Dulay und Burt propagiert. Dulay/Burt entwickelten ihre Hypothese aus einer theoretisch begründeten Zurückweisung des der Kontrastiven Linguistik zugrundeliegenden Transferbegriffs und aus einer Analyse von Syntaxfehlern spanischsprechender Kinder, die Englisch lernten. Aus dieser Analyse glaubten sie folgern zu können, daß weniger als 5 % der Fehler auf L1-Interferenz zurückgeführt werden konnten.[13] Entsprechend kamen sie zu dem Schluß, daß ein Transfer syntaktischer Strukturen der Erstsprache auf die Zweitsprache beim kindlichen L2-Erwerb praktisch nicht vorkomme und daß analog zum Erstsprachenerwerb die Grammatik der zu erlernenden Sprache allein auf der Basis von sprachlichen Daten der Umgebung rekonstruiert werde. Ein Kind übertrage also keine erstsprachlichen Formen, wohl aber die schon beim Erstsprachenerwerb verwendeten Prozesse auf den Zweitsprachenerwerb. Da sich das Funktionieren dieser Prozesse im Ablauf des Spracherwerbs zeige, könne die Übereinstimmung der Prozesse durch die Parallelität der Entwicklungsstadien aufgewiesen werden.

Einer der Strukturbereiche, der für den Erstsprachenerwerb des Englischen im Hinblick auf invariante Erwerbsstadien ausführlich unter-

sucht worden ist, betrifft bestimmte grammatische Morpheme, u. a. Flexionsendungen von Verben und Normen, den Artikel, einige Präpositionen, die Kopula* und Hilfsverben. Diese Forschung begann mit Cazden (1968) und Brown (1973). Um den Erwerbsverlauf dieser Morpheme aufzuzeigen, entwickelten Cazden und Brown eine Methode, nach der das korrekte Vorkommen der Morpheme in den Umgebungen, in denen sie der Norm von erwachsenen *native speakers* entsprechend gebraucht werden mußten – auch *obligatorische Kontexte* genannt – gezählt wurde. Wenn ein Morphem in 90 % seiner obligatorischen Kontexte in einer Datenerhebungssituation vom Kind korrekt benutzt wurde, galt es als erworben. Mit diesem Vorgehen konnten Cazden und Brown bei den von ihnen untersuchten Kindern übereinstimmende Erwerbssequenzen für die untersuchten Morpheme aufweisen, die ihrer Einschätzung nach von Variablen des sprachlichen Input unbeeinflußt waren.[14] Diese Untersuchung war eine Longitudinalstudie mit nur drei Kindern. Um eine größere Datenbasis zu erhalten, elizitierten de Villiers/de Villiers (1973) spontane Sprachdaten von 21 Kindern in einer Querschnittstudie und verglichen die Rangfolge, die sich hinsichtlich der Korrektheit der Verwendung der Morpheme in der Sprachproduktion ihrer Probanden ergab, mit der longitudinal bestimmten Sequenz von Brown. Sie fanden heraus, daß ihre Rangfolge hoch mit der Sequenz bei Brown korrelierte*. Nach dem Vorbild von de Villiers/de Villiers untersuchten dann viele Zweitsprachenerwerbsforscher die Frage, ob sich diese Erwerbssequenzen für Morpheme des Englischen auch beim Zweitsprachenerwerb ergeben würden. Wir gehen auf diese Arbeiten und ihre Probleme ausführlicher im nächsten Abschnitt ein.
Die ersten, die diesem Vorbild folgten, waren Dulay und Burt. Sie sahen darin eine Möglichkeit zur empirischen Überprüfung ihrer L2 = L1-Hypothese. In Dulay/Burt (1973) elizitierten sie zu einer Teilmenge der von Brown untersuchten Morpheme spontane Sprachdaten von 151 spanisch-sprachigen Kindern, die in verschiedenen Gegenden der USA mehr oder weniger ungesteuert Englisch erwarben.[15] Dabei stellte sich allerdings heraus, daß die Korrektheitsrangfolge der Morpheme zwar für alle Kinder übereinstimmte, daß diese Rangfolge jedoch nicht mit derjenigen von de Villiers/de Villiers für den Erstspracherwerb korrelierte. Damit jedoch war Dulay/Burts rigorose Annahme einer vollständigen Isomorphie zwischen Erst- und Zweitsprachenerwerb hinsichtlich der Stadien, in denen zweitsprachliche Formen[16] während des Erwerbs auftreten, und der Prozesse, die diesen zugrundeliegen, widerlegt. Gegen eine derartig weitgehende Annahme können auch Ergebnisse von Arbeiten angeführt werden, in denen wie in denjenigen von Ravem und Ervin-Tripp andere Strukturbereiche untersucht und andere Methoden verwendet wurden. Zwar lassen sich darin Parallelitäten zwischen lernersprachlichen For-

men beim Erst- und Zweitsprachenerwerb aufweisen, doch finden sich immer wieder auch solche Formen, die durch L1-Transfer erklärbar sind.[17] So kommt Ravem (1974) zu dem Schluß, daß der natürliche Zweitsprachenerwerb weder allein mit der Transfer-Hypothese der Kontrastiven Linguistik noch allein mit der L2 = L1-Hypothese erklärt werden könne. Gleichwohl lebt die L2 = L1-Hypothese in abgeschwächter Form, die wir als *(Zweitsprachen-)Erwerbssequenzhypothese* bezeichnen wollen, in Forschungsarbeiten weiter, die den Verlauf des Spracherwerbs untersuchen und dafür eine prädeterminierte Entwicklung aufzuzeigen versuchen.

4.2.2 Die Erwerbssequenzhypothese

Vor dem Hintergrund der o. g. Befunde wird bei der Erwerbssequenzhypothese davon ausgegangen, daß der Zweitsprachenerwerb keine exakte Replikation des Ablaufs ist, der beim Erstsprachenerwerb stattfindet, sich aber dennoch als ein Prozeß vollzieht, bei dem ähnlich wie beim primären Spracherwerb der Lerner aktiv in einer Folge von sukzessiven Stadien die Grammatik der Zweitsprache rekonstruiert. Hinsichtlich der Frage, wieweit L2-Lerner dabei auf ihre Erstsprache zurückgreifen, gibt es zwischen Anhängern der Erwerbssequenzhypothese unterschiedliche Auffassungen. Arbeiten, die wir der Erwerbssequenzhypothese zurechnen wollen, gehen charakteristischerweise davon aus, daß die Sprachentwicklung *nicht* von äußeren Faktoren beeinflußt ist, sondern allein davon abhängt, wie ein Lerner mit seinen angeborenen Fähigkeiten die Struktur der zu erlernenden Sprache verarbeitet. D. h. Variablen des Input und Persönlichkeitsvariablen des Lerners werden als für die Erklärung der Spracherwerbsprozesse irrelevant angesehen. Diese Ansicht charakterisiert allerdings nur die Ausgangslage der Erwerbssequenzhypothese. Viele Untersuchungen aus diesem Kontext sind inzwischen dazu gekommen, bei Aufweis und Erklärung des Erwerbsverlaufs solche Variablen zu berücksichtigen. Wir werden auf derartige Arbeiten ausführlicher in Abschn. 4.3 eingehen, in dem wir Forschungen präsentieren, die den Zweitsprachenerwerb als einen variablen Prozeß ansehen. Arbeiten, die der Erwerbssequenzhypothese zuzurechnen sind, versuchen zum weitaus überwiegenden Teil, Erwerbsreihenfolgen für syntaktische Strukturen aufzuzeigen. Daneben gibt es einige wenige Untersuchungen zum Erwerbsverlauf im Bereich der Phonologie.[18] Ebenso werden neuerdings Diskursphänomene, d. h. Eigenschaften des Interaktionsablaufs, beim Zweitsprachenerwerb untersucht, wenn auch im wesentlichen nur unter der Fragestellung, wieweit die Entwicklung syntaktischer Strukturen beim Lerner von der spezifischen Art der Interaktion eines *native speaker* mit jemandem, der seine Sprache nicht voll beherrscht, abhängt.[19]

Die auf den Syntaxerwerb bezogenen Arbeiten entstanden vor allem aus einigen größer angelegten empirischen Forschungsprojekten, die seit Beginn der 70er Jahre in den USA und in Deutschland in Gang kamen. Es sind dies die Forschergruppe um Evelyn Hatch an der University of California, Los Angeles,[20] das von Courtney B. Cazden geleitete Projekt an der Harvard-University[21] sowie die von Heidi C. Dulay und Marina K. Burt initiierten Arbeiten[22], in Deutschland das Kieler Projekt unter der Leitung von Henning Wode[23], das Wuppertaler Projekt ZISA, geleitet von Jürgen M. Meisel[24], sowie das Heidelberger Projekt »Pidgin-Deutsch«[25]. Insgesamt wurde in diesen Projekten der Erwerb des Englischen als Zweitsprache von Kindern und Erwachsenen verschiedenen Alters und mit so verschiedenen Ausgangssprachen wie Deutsch, Spanisch, Chinesisch, Japanisch, Persisch und Syrisch untersucht sowie der Erwerb des Deutschen durch englisch-sprachige Kinder sowie durch Gastarbeiterkinder und erwachsene Gastarbeiter mit Italienisch und Spanisch als Ausgangssprache. Diese Projekte gehören zu einem großen Teil zu der Gruppe von bereits erwähnten Arbeiten, die in ihrem Verlauf über den engen Rahmen der Sequenzhypothese hinausgegangen sind und sich auch der Untersuchung von sprachexternen Variablen zugewandt haben, die den Ablauf des Spracherwerbs determinieren. Die genannten Untersuchungen des Syntaxerwerbs konzentrieren sich auf die folgenden Strukturbereiche: auf Bereiche der Morphologie, vor allem Morpheme der Nomen- und Verbflexion, und auf Strukturen der Negation, der Interrogation und des Auxiliarkomplexes, d. h. des Vorkommens der Kopula, von Hilfsverben, im Fall des Englischen besonders der DO-Umschreibung. Die Datenerhebung erfolgte teils durch Querschnittstudien, wobei für die Untersuchungen, die sich nicht auf den Morphemerwerb beschränkten, Longitudinalstudien überwogen. Es ist üblich geworden, die vorliegenden Arbeiten nach dem überwiegend erforschten Strukturbereich in Morphemstudien und Syntaxstudien zu unterteilen. In unserer Darstellung wollen wir dieser Unterscheidung folgen.

Aus den genannten Projekten ragen die Arbeiten von Dulay/Burt in besonderer Weise heraus. Es handelt sich dabei, wie schon im letzten Abschnitt beschrieben, um Querschnittstudien, die überwiegend mit einem bestimmten Testverfahren Daten zur Beherrschung einiger grammatischer Morpheme von Englischlernern verschiedenen Alters und verschiedener Ausgangssprache erhoben und so invariante Erwerbssequenzen aufzeigen wollten. Da Dulay/Burts Vorgehen viele Nachahmer, besonders in den USA, gefunden hat und da aus diesem Forschungskontext das weiter unten präsentierte, in seinen Ansprüchen auch für den Fremdsprachenunterricht möglicherweise folgenreiche *Monitor-Modell* des Zweitsprachenlernens hervorgegangen ist, wollen wir im folgenden relativ ausführlich auf diese gemeinhin als Morphemstudien bezeichneten Arbeiten eingehen. Um auch andere Vorgehensweisen und Erklärungsansätze im Rahmen der Erwerbssequenzhypothese zu illustrieren, stellen wir in einem zweiten Teil des folgenden Abschnitts unter der Überschrift »Syntaxstudien« ein Beispiel für eine der zumeist longitudinal angelegten Untersuchungen vor, die sich mit dem Erwerb umfangreicherer syntaktischer Strukturbereiche wie Negation, Interrogation etc. befaßt.

4.2.2.1 Morphemstudien

In den Morphemstudien wird versucht, Sequenzen aufzuzeigen, in denen bestimmte grammatische Morpheme erworben werden. Fast alle dieser Studien beziehen sich auf den Erwerb des Englischen als Zweitsprache, berücksichtigen dabei allerdings nicht in allen Fällen dieselbe Menge von Morphemen. Am häufigsten kommen in den Untersuchungen vor:

'-s' der 3. Pers. sing.	Tom sleep*s*
'-s' des Possessiv	Tom*'s* car
'-s' des kurzen Plurals	two car*s*
'-es' des langen Plurals	two house*s*
Artikel	*a/the* bus
'-ed' des regelmäßigen Past	Tom disappear*ed*
unregelmäßiges Past	z. B. go/*went*
'-ing' des Present Progressive	Tom is read*ing*
Kopula (auch kontrahiert)	Tom *is*/Tom*'s* nice
Auxiliar (auch kontrahiert)	Tom *is*/Tom*'s* reading

Als auslösend für diese Studien muß die schon erwähnte Arbeit von Dulay/Burt (1973) angesehen werden. Dabei verwendeten sie als Erhebungsinstrument für die Sprachproduktion ihrer Versuchspersonen einen von ihnen selbst entwickelten Test, das *»Bilingual Syntax Measure«* (= BSM), der aus gezeichneten Bildern und einer Menge darauf bezogener Fragen besteht, die vom Experimentator an den Probanden gestellt werden und die Sprechanlässe für 30–40 hinsichtlich der interessierenden Morpheme auswertbare Äußerungen geben[26]. Die Rangfolge der Häufigkeit, in denen diese Morpheme jeweils korrekt in ihren obligatorischen Kontexten verwendet werden, wird dann als Sequenz ihres Erwerbs interpretiert. Es ist wichtig, festzuhalten, daß Dulay/Burt ihre Sequenzen immer auf die zusammengenommenen Daten der gesamten Untersuchungsgruppe beziehen und nie die Korrektheitsrangfolge bei einem einzelnen Lerner angeben. Daher bleibt eine Variation zwischen Lernern einer Gruppe immer unberücksichtigt.

Da die Untersuchung von 1973 zwar Unterschiede zu der Sequenz von de Villiers/de Villiers erbrachte, sich aber gleichzeitig eine weitgehende Übereinstimmung der so gewonnenen Erwerbssequenzen bei den Englischlernergruppen mit unterschiedlichen Ausgangssprachen ergab, spekulierten Dulay/Burt, daß es auch für den Zweitsprachenerwerb eine »universale« oder »natürliche« Reihenfolge des Erwerbs bestimmter syntaktischer bzw. morphologischer Strukturen geben müsse und daß die Unterschiede dieser zweitsprachenerwerbsspezifischen Sequenz zu der des jeweiligen Erstsprachenerwerbs durch die mit dem höheren Lebensalter fortgeschrittenere kognitive Entwicklung erklärbar seien.

Um die Annahme einer universalen Erwerbssequenz zu überprüfen, führten Dulay/Burt (1974 b) mit demselben methodischen Vorgehen eine Untersuchung des Englischerwerbs von Kindern mit Spanisch und Chinesisch als Ausgangssprache durch. Auch dabei ergaben sich übereinstimmende Korrektheitsrangfolgen bzw. Erwerbssequenzen. Dulay/Burt sahen darin ihre Hypothese ein weiteres Mal bestätigt und folgerten darüberhinaus aus diesem Ergebnis, daß – zumindest für den Zweitsprachenerwerb von Kindern – Transfer von der Ausgangssprache für den Erwerb der Syntax keine Bedeutung hat. In späteren Veröffentlichungen modifizierten Dulay/Burt mehrfach die statistischen Prozeduren für ihre Datenauswertung, wodurch genauere Analysen möglich wurden und sich ergab, daß die einzelnen Morpheme nicht in einer linearen Rangfolge, eines nach dem anderen und mit gleich großem Abstand zum nächsten, sondern daß immer Gruppen von mehreren Morphemen annähernd gleichzeitig erworben werden, zwischen denen dann jeweils ein größerer Erwerbsabstand besteht.[27]

Dagegen sahen Dulay/Burt keinen Anlaß zur Revision ihrer Hypothese von universalen Erwerbssequenzen, zumal auch in anderen Untersuchungen zum Erwerb des Englischen als Zweitsprache durch Kinder Sequenzen aufgewiesen wurden, die mit den ihren weitgehend übereinstimmten, und dies sogar, obwohl sie z. T. andere Erhebungsmethoden als das BSM benutzen, z. B. Fathman (1975) und Kessler/Idar (1977).[28]

Um zu prüfen, ob die von Dulay/Burt behauptete Universalität der Erwerbssequenzen auch für ältere Lerner gilt, wurden nach ihrem Vorbild und mit dem BSM als Erhebungsinstrument auch Experimente mit Erwachsenen durchgeführt. So verglichen Bailey/Madden/Krashen (1974) die Reihenfolge des Morphemerwerbs bei erwachsenen Englischlernern mit verschiedenen Ausgangssprachen mit der Sequenz, die Dulay/Burt (1973) für fünf- bis achtjährige Kinder aufgewiesen hatten. Sie kamen zu einem hohen Maß an Übereinstimmung sowohl unter den Erwachsenen als auch gegenüber der Erwerbssequenz der Kinder. Zu denselben Ergebnissen führten eine ebenfalls mit dem BSM unternommene Untersuchung von Krashen/Madden/Bailey (1975), eine Analyse spontaner Sprachdaten von erwachsenen Englischlernern unterschiedlicher Ausgangssprachen von Krashen et al. (1977) sowie eine auf Morpheme bezogene Fehleranalyse von Aufsätzen von 70

Englischstudenten aus verschiedensprachigen Herkunftsländern durch Krashen et al. (1978).

Aufgrund dieser Übereinstimmungen wird nun von vielen auf dem Gebiet der Morphemstudien tätigen Forschern die Auffassung vertreten, daß sich der Zweitsprachenerwerb – zumindest im Bereich der Syntax[29] – in einer invarianten, »universalen« oder »natürlichen« Abfolge vollzieht, die weder durch das Alter und die jeweilige Ausgangssprache der Lerner noch durch Sprachunterricht beeinflußbar ist. Dies wird theoretisch damit erklärt, daß die Spracherwerbsprozesse automatisch und nicht-manipulierbar ablaufen und daß jeder Lerner die Grammatik der zu erlernenden Sprache mit Hilfe seines angeborenen Spracherwerbsmechanismus neu rekonstruiert. Die internen Strukturen des LAD bzw. die Bestandteile des *creative construction process*, wie Dulay/Burt ihn in ihren Arbeiten nennen, werden allerdings nicht näher spezifiziert, es wird aber angenommen, daß die aufgewiesenen invarianten Sequenzen Resultate der dem LAD inhärenten Prozesse sind.[30]

Die aus Morphemstudien wie den genannten hervorgegangenen, recht weitreichenden Aussagen zum Zweitsprachenerwerb haben in der Fachöffentlichkeit umfangreiche Diskussionen und Kritik hervorgerufen.[31] Die Kritik richtet sich insbesondere gegen die behauptete Invarianz der Sequenzen, da aus anderen Studien empirische Gegenevidenz vorliegt, und gegen methodische Schwächen der Arbeiten von Dulay/Burt und derjenigen, die sich an ihnen orientierten.

So kam Hakuta (1974 a) in einer Longitudinalstudie des Englischerwerbs eines japanischen Kindes auf der Basis spontaner Daten zu einer anderen Erwerbsreihenfolge für die meisten Morpheme und fand auch zahlreiche Einflüsse der Ausgangssprache. Politzer (1974) kam mit einem anderen Test als dem BSM in einer Querschnittstudie zu anderen Ergebnissen, Larsen-Freeman (1975) fand eine Übereinstimmung mit der Sequenz von Dulay/Burt nur dann, wenn sie bei ihren erwachsenen Lernern das BSM als Erhebungsinstrument benutzte; wenn sie jedoch Aufgaben stellte, bei denen Lerner z. B. Sprachmaterial umformen oder Lücken ausfüllen mußten, ergab sich je nach Aufgabenstellung eine andere Sequenz. Krashen et al. (1976) stellten fest, daß die Morphemrangfolge abhängig ist von der Zeit, die Lernern für die Lösung der Testaufgaben zur Verfügung steht. Demnach sind Lerner, die formalen Sprachunterricht genossen haben, um so besser, je mehr ihnen die Bedingungen der Sprachproduktion Zeit lassen, auf das erlernte Wissen zurückzugreifen. Man kann also nicht, wie z. B. Bailey/Madden/Krashen (1974) behaupten, davon ausgehen, daß sich Erwerbssequenzen von Effekten des Lehrens unabhängig zeigen: Hier muß man sehr viel genauer differenzieren, um welche Art der Sprachverwendung es sich handelt. Offensichtlich sind die jeweils aus den Daten extrapolierten Erwerbssequenzen also nicht prinzipiell

»invariant«, sondern sie scheinen von der Art der Datenerhebung beeinflußt zu sein.[32]

Andere Probleme der in der Nachfolge von Dulay/Burt durchgeführten Morphemstudien sind z. T. allgemein für Querschnittstudien charakteristisch. Es ist z. B. keinesfalls selbstverständlich, daß die Rangfolge der Häufigkeit von Fehlern, die von einer Gruppe bei einem Test mehrerer sprachlicher Eigenschaften gemacht werden, der Reihenfolge entspricht, mit der diese Eigenschaften erworben werden. Aus dem Befund, daß zu einem bestimmten Zeitpunkt bestimmte sprachliche Eigenschaften verschieden gut beherrscht werden, kann man nicht zwingend folgern, daß die festgestellte Rangfolge auch zu einem anderen Zeitpunkt angetroffen werden kann. So muß sich der Erwerbsverlauf verschiedener sprachlicher Strukturen von ihrem ersten Auftreten in der Spache eines Lerners bis zu ihrer zielsprachenkonformen Verwendung ja nicht notwendig gleich vollziehen: Wie Rosansky (1976) zeigt, kann es bei mehreren Wiederholungen eines Tests zu verschiedenen Zeitpunkten zu z. T. beträchtlichen Abweichungen kommen. Die aufgewiesenen Rangfolgen sind also nicht als Erwerbssequenzen, sondern lediglich als Schwierigkeitshierarchien oder *accuracy orders* interpretierbar. Auch gehen Querschnittstudien, die ihre Aussagen auf die Gesamtergebnisse oder Durchschnittsergebnisse der ganzen Untersuchungsgruppe beziehen, davon aus, daß alle beteiligten Lerner zur selben Population* gehören und deshalb in weitgehend derselben Weise zur für die Gruppe festgestellten Erwerbsrangfolge der Morpheme beitragen. Politzer (1974), Rosansky (1976) und Andersen (1977) fanden dagegen – auch durch Reanalysen der Arbeiten von Dulay/Burt und Bailey/Madden/Krashen – erhebliche individuelle Unterschiede hinsichtlich des Grads der Beherrschung der Morpheme. Rosansky (1976), ebenso auch Andersen (1977), kommt zu dem Schluß, daß durch die auf Gruppenergebnisse gerichteten Auswertungsverfahren die tatsächliche Variation in den Daten verlorengeht und daß deshalb die Korrelationen* zwischen den solcherart homogenisierten Erwerbssequenzen der verschiedenen Untersuchungen, mit denen ja die Invarianz erst nachgewiesen bzw. bestätigt werden soll, schlicht sinnlos sind. Selbst schon relativ einfach erscheinende Auswertungsschritte der Morphemstudien sind nicht unproblematisch. Hatch (1978 a) weist darauf hin, daß durchaus nicht immer klar ist, wann und für was eine Lerneräußerung einen obligatorischen Kontext ausmacht. Wenn z. B. ein Versuchsleiter ein Bild eines Jungen zeigt und das Kind auf die Frage *What does the little boy do?* antwortet *Jumping, jumping, jump*, so ist unklar, ob die Antwort ein obligatorischer Kontext ist für das '-s' der 3. Pers. sing. Präs. oder das '-ing' des present continuous. Entsprechend ist auch unklar, ob der Lerner die continuous-Form zweimal korrekt und einmal falsch verwendet hat oder ob er dreimal das '-s' als Kennzeichen des Präsens ausgelassen

hat. Die Entscheidung, wie solche Leneräußerungen auszuwerten sind, ist vielfach arbiträr. Geht aber eine derartige Auswertung in die Datenanalyse ein, wird auch die Sequenzbestimmung unzuverlässig.
Problematisch an Dulay/Burts Auswertung ist auch, daß für die Entscheidung über die korrekte Verwendung einer Form in einem obligatorischen Kontext keine Rolle spielt, ob die Versuchspersonen diese Form im Kontrast zu anderen Formen verwenden können. Wir sind auf dieses Problem ja schon ausführlicher in Abschnitt 2.1 eingegangen.
Ebenso ist es eine wichtige Vorentscheidung für die möglichen Ergebnisse, wieweit man den Erwerb von Formen, die zu einer gemeinsamen Klasse gehören, einzeln untersucht oder nur die Klasse insgesamt auswertet. Hatch (1978 a) berichtet über eine Untersuchung von Andersen, in der er zeigen konnte, daß ein beträchtliches Maß an Variabilität in den Daten und damit wichtige Information über den Erwerb verloren geht, wenn man z. B. für das Erlernen des Artikels nicht zwischen dem bestimmten und dem unbestimmten Artikel und seinen jeweiligen Vorkommensbedingungen im Singular und Plural unterscheidet. Für seine spanisch-sprachigen Lerner des Englischen fand er u. a. heraus, daß sie den bestimmten Artikel weitaus besser beherrschten als den unbestimmten und besonders schlecht bei der Einschränkung der Verwendung des unbestimmten Artikels im Plural waren – ein deutlicher Hinweis auf den Einfluß der Ausgangssprache! Andersen (1978) schlägt deshalb vor, Auswertungsverfahren zu verwenden, die genauer zwischen den einer übergeordneten Kategorie, wie Artikel, Kopula usw., zugehörigen Formen unterscheiden. Wenn also Dulay/Burt, Krashen und andere aufgrund ihrer Morphemstudien behaupten, daß L1-Transfer beim Morphemerwerb nicht vorkommt, so kann man diese Aussage vor dem Hintergrund sorgfältigerer Untersuchungen nicht gelten lassen. Mindestens in dieser Hinsicht sind die Ergebnisse der genannten Forscher bloße Artefakte ihrer Untersuchungsmethoden. Daß in Morphemstudien so wenig Transfererscheinungen aufgewiesen wurden, mag wohl auch daran liegen, daß die meisten Arbeiten den Erwerb des *Englischen* als Zweitsprache untersuchen. Im Gegensatz zu anderen Sprachen, z. B. zum Französischen oder Deutschen, ist das morphologische System des Englischen, besonders im Bereich der Nomen- und Verbflexion, nur sehr schwach entwickelt. Einflüsse der Muttersprache können sich im morphologischen Bereich des Englischen daher weniger gut manifestieren als in der Morphologie anderer Sprachen.
Es wäre allerdings unangebracht, die Ähnlichkeit zwischen den in verschiedenen Untersuchungen aufgewiesenen Morphemrangfolgen *generell* als Artefakte zu bezeichnen, denn es liegen ja Ergebnisse vor, die mit unterschiedlichen Erhebungsverfahren und z. T. von recht unterschiedlichen Lernergruppen gewonnen wurden. Wie aber ist diese

Uniformität der Ergebnisse zu erklären? Die Aussage, die Übereinstimmung der Sequenzen sei auf das LAD zurückzuführen[33], ist als Erklärung wenig befriedigend, solange man nicht weiß, wie es funktioniert. Eine brauchbare Antwort deutet sich dagegen in Arbeiten an, die in der Struktur des Input die entscheidende Determinante für die Morphemsequenzen sehen. Larsen-Freeman (1976) fand heraus, daß ihre mit dem BSM erhobene Sequenz signifikant mit der Zahl der obligatorischen Kontexte korrelierte, die von ihren Probanden in ihren Äußerungen jeweils für ein Morphem geschaffen wurden. Sie folgerte daraus, daß die Morphemrangfolgen sich entweder aus der Zahl der durch das Erhebungsinstrument evozierten und vom Lerner selbst für jedes Morphem geschaffenen obligatorischen Kontexte ergeben, daß also die Sequenzen Produkte der mit dem Erhebungsinstrument geschaffenen Vorkommenshäufigkeit für die einzelnen Morpheme sind[34], oder daß die so gewonnenen Sequenzen generell die Vorkommenshäufigkeiten der Morpheme in der Sprache von *native speakers* reflektieren. Durch weitere aufwendige statistische Analysen kam sie ebenso wie Rosansky (1977) zu dem Ergebnis, daß die Morphemsequenzen letztlich von den Häufigkeiten abhängen, mit denen die untersuchten Morpheme jeweils in der zu erlernenden Sprache vorkommen.[35]

Die Aussagen der Morphemstudien sind also nicht in der rigiden Form haltbar, wie sie von Dulay/Burt vertreten wurden, da sie durch die morphologische Struktur und die jeweilige Morphemfrequenz der Zweitsprache determiniert zu sein scheinen. Daneben sollte man jedoch eine weitere, grundlegende Beschränktheit dieser Studien beachten: Obwohl in ihnen vielfach von *Erwerbs*sequenzen die Rede ist, sagen sie über die Art und Weise des Erwerbs der Morpheme nichts aus, da sie nur an zielsprachenkonformen Daten ausgerichtet sind und alle die im Verlauf des Erwerbs sich entwickelnden lernersprachlichen Vorstufen der normgerechten Morphemverwendung außer Betracht lassen.

4.2.2.2 Syntaxstudien

Als ein Beispiel für Arbeiten, in denen longitudinal der Zweitsprachenerwerb umfangreicherer syntaktischer Strukturen im Rahmen der Erwerbssequenzhypothese untersucht wird, wollen wir im folgenden einige Aspekte von Wodes Studie des Erwerbs der Negation im Englischen diskutieren. Wir glauben, daß dieses Beispiel für deutsche Leser deshalb besonders interessant sein kann, weil es einen Ausschnitt des natürlichen Zweitsprachenerwerbs bei Lernern mit Deutsch als Ausgangssprache behandelt und weil sich davon ausgehend Probleme der Vorgehensweisen und Ergebnisse exemplarisch darstellen lassen, die über die bereits bei den Morphemstudien genannten hinaus der Forschung zu eigen sind, die von einer sich in Erwerbssequenzen manifestierenden prädeterminierten Entwicklung des Zweitspracherwerbs ausgeht. Die Kritik an diesen ausschließlich erwerbssequenzbezogenen Forschungen, die wir anschließend an ihre Darstellung vornehmen, darf nicht als eine Schmälerung ihres wissenschaftlichen Wertes mißverstanden werden. Die Fragestellungen und Vorgehensweisen dieser Arbeiten charakterisieren ein relativ frühes Stadium in der Entwicklung einer eigenständigen Zweitspracherwerbsforschung und müssen unseres Erachtens im Zuge neuerer Ergebnisse und Methoden, aber auch vom Standpunkt anderer, sich neuerdings durchsetzender Erkenntnisinteressen kritisch eingeschätzt werden. Gleichwohl sind diese Arbeiten allein schon deshalb verdienstvoll, weil sie für die Etablierung der Zweitspracherwerbsforschung maßgeblich initiativ waren.

Wode[36] untersuchte anläßlich eines sechsmonatigen Amerikaaufenthaltes mit seiner Familie, wie seine vier Kinder ohne formalen Englischunterricht allein durch den Umgang mit Nachbarn und Spielkameraden die englische Sprache erwarben. Bei Beginn des Aufenthalts waren die Kinder zwischen 4 und 9 Jahre alt. Ihre zweitsprachliche Entwicklung wurde durch tägliche Tonbandaufnahmen und handschriftliche Notizen dokumentiert. Neben dieser Erhebung spontaner Sprachdaten wurden sporadisch kleinere Tests durchgeführt, durch die die Spontandaten ergänzt werden sollten. Diese Daten wurden u. a. daraufhin analysiert, welche Strukturen der Negation im Beobachtungszeitraum bei den Lernern nacheinander auftraten. Vom zweiten Auftreten einer Struktur an wurde diese als erworben klassifiziert, unabhängig davon, wie häufig sie vom Lerner verwendet und wie lange sie von ihm beibehalten wurde. Das erste Erscheinen einer Struktur wurde nicht beachtet, um Versprecher und andere idiosynkratische Einzelfälle auszuschließen.

Die folgende Tabelle gibt die ungefähre Chronologie des Auftretens der ersten Negationsstrukturen wieder.[37] Sie enthält eine Beschreibung des Strukturtyps, daneben für jeden Typ ein illustratives Beispiel sowie Informationen über den Zeitpunkt des erstmaligen Auftretens des jeweiligen Typs bei jedem der Kinder (K 1 – K 4).

Die Ziffer vor dem Semikolon zeigt den Monat, die danach den Tag seit Beginn des Zweitspracherwerbs an. Zum Begriff »anaphorisch« s. u. »X« und »Y« bezeichnen variable Elemente. Elemente, die nicht obligatorisch vorkommen, stehen in Klammern.

Wie schon bei einer oberflächlichen Inspektion von Tab. 1 deutlich wird, unterscheiden sich die Kinder hinsichtlich der Verwendung einzelner Strukturtypen beträchtlich; manche Strukturtypen kommen nicht bei allen Kindern vor, andere werden zu unterschiedlichen Zeitpunkten erstmals verwendet. Gleichwohl verallgemeinert Wode diese Daten zu einer Erwerbssequenz für den Bereich der Negation. Tabelle 2 gibt – für alle vier Kinder verallgemeinert – die ersten 4 Hauptstadien des Erwerbs an.[38] Die Zahlen sollen die relative Chronologie kennzeichnen; die Gliederung in die 4 Hauptstadien ist laut Wode willkürlich und dient nur der Übersichtlichkeit der Darstellung.

Tabelle 1

Strukturtyp	illustratives Beispiel	Datum des ersten Vorkommens			
		K 1	K 2	K 3	K 4
anaphorisches no	no	1;9	–	1;1	1;0
anaphorisches no X	no, Tiff	1;18	0;10	1;18	2;6
nicht-anaphorisches neg X					
no Adj	no cold	0;24	–	1;17	1;17
no V	no sleep	0;27	0;28	0;28	–
no N(P)	no bread	0;28	0;28	0;28	2;21
no VP	no catch it	0;27	1;13	2;1	3;4
X (be) neg Y					
... no Y	that's no right	1;9	–	1;20	3;12
... not Y	you not dummy	1;13	1;13	2;3	1;24
Subj V neg X					
... V no X	everybody catch no the fish	1;24	3;29	1;23	3;18
... V not X	John go not to the school	1;13	2;5	1;26	4;6
Subj V Pron neg (X)					
... V Pron not	I catch that not	2;7	3;22	–	4;1
... V Pron not X	you got me not out	–	1;24	–	5;19
Subj V a neg N					
... a not N	you have a not fish	1;12	–	1;20	–
... a no N	you have a no snag	1;30	–	1;30	–
Subj neg VP					
... no VP	me no close the window	–	–	–	3;16
... not VP	you not shut up	1;13	3;1	1;18	4;20
Subj Aux neg X					
... can no VP	you can no have it	–	3;27	–	3;21
... cannot VP	he cannot hit the ball	2;2	2;19	1;24	4;3
... can't VP	I can't get him out	2;15	4;19	1;27	3;21
Imperativ don't VP	don't broke it ›don't break it‹	1;12	2;19	2;13	3;19
Imperativ V (Pron) neg (X)					
... V Pron not (X)	hit it not over the fence	1;13	–	–	5;3
... V not (X)	shut not your mouth	2;0	2;3	–	–

Tabelle 2

Stadium	Strukturtypen
I	anaphorische Negation mit *no:* no, X X, no

II	externe nicht-anaphorische Negation:
	1. no Adj
	   no V
	   no N(P)
	2. no VP

III	interne *be*-Negation X (be) no Y X (be) not Y

IV	interne Vollverb-Negation u. imperatives *don't*:
	postverbales *no/not*:
	   Subj V no/not X
	   Subj V Pron not (X)
	   Subj V not/no N
	präverbales *no/not*:
	   Subj no/not VP
	postauxiliares *no/not*:
	   Subj can no/not/-n't VP
	postverbaler Imperativ mit *not*:
	   V (Pron) not (X)
	Imperativ mit *don't*:
	   don't VP

Stadium I ist gekennzeichnet durch die *anaphorische Negation mit 'no'*. Bei der anaphorischen Negation bezieht sich das Negationsmorphem nicht auf die sprachlichen Elemente, mit denen es zusammen in einer Äußerung vorkommt, sondern es verneint den vorangegangenen Kontext. Dazu zählen etwa Äußerungen wie *nein, laß das,* aber auch negierte Einwortsätze, d. h. Äußerungen, die nur aus einem Negationsmorphem wie *no* bestehen und die z. B. als Ablehnung eines Angebots oder einer auf die verneinende Person bezogene Handlung benutzt werden.

Stadium II ist gekennzeichnet durch die *externe nicht-anaphorische Negation*. Bei der nicht-anaphorischen Negation wird ein Bestandteil derselben Äußerung verneint, in der das Negationselement vorkommt. Wenn das Negationselement charakteristischerweise am Anfang (und bei anderen Lernern am Ende) der Äußerung steht, spricht man von *externer Negation*.

Stadium III ist durch das Auftreten *äußerungsinterner Negationselemente in Kopula-Sätzen* gekennzeichnet, z. B. *that's no good*, wobei als Negationsmorphen *no* oder *not* verwendet wird.
Stadium IV ist charakterisiert durch das Auftreten der *äußerungsinternen Negation mit 'no' oder 'not' bei Vollverben*. Betrachtet man das Vorkommen der Hauptstrukturtypen, die diese Form der Negation betreffen, bei den verschiedenen Kindern näher, so zeigt sich, daß es für die Erwerbschronologie dieser Strukturen zwischen ihnen beträchtliche Divergenzen gibt (vgl. Tabelle 3).[39]

Tabelle 3

Strukturtyp	K 1	K 2	K 3	K 4
Subj V neg X	1;12	2;5	1;20	3;18
Subj neg VP	1;13	3;1	2;18	3;16
Subj Aux neg (VP)	2;2	2;19	1;24	3;21
imper. V (Pron) neg (X)	1;13	2;3	2;13	5;3
imper. don't VP	1;12	2;19	2;13	3;19

("Subj V neg X" schließt hier auch die Typen "Subj V Pron neg (X)" und "Subj V a neg N" aus Tab. 1 ein.)

Für Wode sind diese Divergenzen ebenso wie die beobachteten Unterschiede der Gebrauchshäufigkeit bei den Strukturen allerdings wenig bedeutsam, da sie z. T. als strukturelle Alternativen aufzufassen seien, die für die jeweiligen kommunikativen Bedürfnisse gleich gut taugten. Als ihm offensichtlich erscheinende Erklärung dafür führt Wode an: »... if two alternatives serve equally well, why bother to have both?«.[40] Zweifellos sind die hier aufgeführten Formen teilweise funktional äquivalent. Es gibt jedoch wenig Sinn, Unterschiede der Erwerbsreihenfolge solcher Strukturen zwischen Lernern auf diese Weise forterklären zu wollen. Woher weiß denn ein Lerner im voraus, daß er sich für das Ausdrücken einer bestimmten kommunikativen Funktion eines Paars struktureller Alternativen bedienen könnte, wo er doch immer nur eine dieser Alternativen zuerst lernt?[41]
Auch für spätere Stadien des Negationserwerbs weist Wode eine solcherart generalisierte Erwerbssequenz auf, für deren Strukturen er im Detail von einer erheblichen individuellen Variation berichtet. Wode betrachtet die Variation des Strukturerwerbs als einen Bestandteil des menschlichen Spracherwerbs, dessen Umfang und ihm ggfs. zugrundeliegende Regelmäßigkeiten vermutlich durch Eigenschaften des Spracherwerbstyps[42] und die formalen Eigenschaften der Strukturen der Zweitsprache bestimmt seien, was aber durch zukünftige Forschung

noch weiter erhellt werden müsse. Seine Erklärungsvorschläge für die
Entwicklung zweisprachlicher Negationsstrukturen konzentriert Wode
demgegenüber auf die Gemeinsamkeiten bei seinen Lernern und zwischen der für sie aufgewiesenen Erwerbssequenz einerseits und den
bei anderen Spracherwerbstypen und anderen Lernern festgestellten
Sequenzen für den Erwerb von Negationsstrukturen andererseits.[43]
Da in allen Daten Strukturen vorkommen, die weder Reflexionen der
Ausgangssprache sind noch mit Strukturen der Zielsprache überein-
stimmen, sieht auch Wode die These vom Zweitsprachenerwerb als
einem eigenständigen, kreativen Prozeß bestätigt. Für die L2 = L1-
Hypothese ergibt ein Vergleich seiner und anderer Ergebnisse für
Zweitsprachenlerner mit Englisch als Zielsprache und Englisch als
Erstsprache, daß es zwar gewisse Ähnlichkeiten, aber keine völlige
Übereinstimmung der Erwerbssequenzen gibt. Abgesehen davon, daß
Zweitsprachenlerner von Anfang an sehr viel längere Äußerungen
verwenden als Erstsprachenlerner, zeigt sich besonders vom dritten
Stadium an, daß die auftretenden Negationsstrukturen entsprechend
den Unterschieden zwischen dem Englischen und der Ausgangssprache
des Lerners hinsichtlich der Stellung des Negationselements differieren
können. D. h., ein Einfluß der Ausgangssprache ist nachweisbar, wenn
auch für Wode der Umfang, zu dem Lerner auf die Wortstellung der
Ausgangssprache zurückgreifen, statt sich nur an der Zweitsprache zu
orientieren, individuell variiert. Allerdings geschieht für Wode ein
solcher Rückgriff nicht beliebig, sondern wird erst in einem Erwerbsstadium möglich, das die jeweiligen strukturellen Voraussetzungen
dafür bietet. Andererseits geht aus dem Kieler Projekt vor dem Hintergrund eines Vergleichs der Erwerbssequenzen für verschiedene
Zweitsprachen die Erkenntnis hervor, daß der Verlauf des Zweitsprachenerwerbs primär durch die formal-linguistischen Mittel der zu
erlernenden Sprache determiniert wird. Daraus folgt, »daß unterschiedliche Struktureigenschaften zweier Sprachen in einem gegebenen
Bereich zu unterschiedlichen Entwicklungssequenzen bei ihrem Erwerb
führen«[44]. Mit dieser Formulierung soll nun aber nicht die in der Tat
wenig verblüffende Aussage gemacht werden, daß sich der Erwerb
verschiedener Sprachen in unterschiedlichen Sequenzen vollzieht, sondern daß es allgemeine, sprachunabhängige Sequenzcharakteristika
gibt, *in deren Rahmen* Sprachen ihrer unterschiedlichen Struktur entsprechend variierend erworben werden. Unabhängig von solchen
Unterschieden weist Wode zwei Strukturtypen auf, die in allen bislang untersuchten Spracherwerbstypen einschließlich Pidgins und Creo-
les vorkommen: die Typen *neg X* (oder *X neg*), wobei *X* der beliebig
lange Rest der gesamten Äußerung ist, der auf das Negationselement
folgt oder im Fall *X neg* ihm vorausgeht, und *Subj neg VP*. Er sieht
sie als Ergebnisse zweier universaler Spracherwerbsstrategien an, die
vom Alter des Lerners und dem Spracherwerbstyp unabhängig sind.

Diese und ähnliche andere angeborenen Strategien machen für Wode die menschliche Spracherwerbsfähigkeit aus; sie erlauben es, formale Eigenschaften der linguistischen Mittel einer Sprache, wie etwa Wortstellung, zu verarbeiten. Wode konkretisiert diese Strategien nicht, aber er nimmt an, daß sie spezifisch auf die Verarbeitung von Sprache bezogen und von anderen kognitiven Prozessen, wie z. B. Wahrnehmung, logisches Denken etc., unterschieden sind. Letztlich wird also von Wode der Spracherwerb wie bei Chomsky allein und unabhängig von sprachexternen Variablen durch die linguistischen Universalien des LAD erklärt.[45]

Wir wollen auf die Erklärungskraft von theoretischen Entwürfen, die in der für die Erwerbssequenzhypothese charakteristischen Weise auch den Zweitsprachenerwerb als eine durch das angeborene LAD prädeterminierte Entwicklung ansehen, im nächsten Abschnitt noch ausführlicher eingehen. Zunächst sei hier nur am Beispiel der Untersuchungen Wodes auf einige für vergleichbar angelegte Longitudinalstudien spezifische Probleme hingewiesen, die bei einer Einschätzung ihrer Ergebnisse zu bedenken sind.

Wie aus den Tabellen 1–3 hervorgeht, gibt es zwischen den untersuchten Lernern zwar unstreitige Gemeinsamkeiten, aber eben auch erhebliche Unterschiede. Beträchtliche Variation ist aus vielen Longitudinalstudien bekannt.[46] Es ist deshalb eine Frage von prinzipieller Bedeutung, wieweit man die beobachtete Variation vernachlässigen und nur teilweise übereinstimmende Befunde verallgemeinern kann. Da – wie oben erläutert – aus Querschnittstudien der wirkliche Erwerbsverlauf grundsätzlich bestenfalls recht ungenau erschließbar ist, da andererseits Longitudinalstudien extrem zeit- und arbeitsaufwendig sind, liegen bisher nur für relativ wenige Lerner ausreichend sorgfältige Beschreibungen ihrer Zweitsprachenerwerbsverläufe vor, so daß sich die Frage nach der Repräsentativität vorliegender Erwerbssequenzaussagen zwingend stellt, dies vor allem natürlich dort, wo Universalien des Erwerbs behauptet werden. Nun mag die Menge der Lerner, von der ab man die verfügbare Evidenz als für Universalien-Aussagen ausreichend hält, sicher auch ein Produkt der optimistischen oder pessimistischen Einstellung des jeweiligen Forschers sein – unstreitig ist jedoch, daß die Untersuchungsergebnisse, die die Basis solcher Aussagen bilden, auch vergleichbar sein müssen, und zwar sowohl hinsichtlich der Behandlung der jeweils zwischen Lernern anzutreffenden Unterschiede als auch hinsichtlich der Einteilung von Stadien. Eine der elementarsten Voraussetzungen für die Vergleichbarkeit – und damit die Repräsentativität der gesamten bisherigen Untersuchungen – ist natürlich, daß übereinstimmend dasselbe Kriterium zugrundegelegt wird, nach dem man bestimmt, von wann an eine sprachliche Eigenschaft als erworben gelten soll. Offensichtlich ist das jedoch nicht unproblematisch.

Wir möchten hier auf die im Kapitel über Lernersprache ausführlich diskutierte Problematik des Schließens von Lerner*äußerungen* auf Lerner*wissen* zurückverweisen, besonders auf die Möglichkeit des Vorkommens von *memorized chunks* (*prefabs*)[47] und auf Äußerungen, die Resultate der Anwendung von Kommunikationsstrategien sind. So ist z. B. *I don't know* leicht als *prefab* zu identifizieren, wenn der Lerner ansonsten keine DO-Umschreibung, sondern üblicherweise *no + Verb* als Negationsstruktur gebraucht. Aber wie soll man entscheiden, wenn bei einem Lerner zu demselben Erhebungszeitpunkt *I don't know, I don't want ... I don't like ...* und andere Verwendungen des syntaktischen Rahmens *I don't (+ Verb) ...* beobachtet werden? Von wann an gilt die Struktur als erworben, als produktiv?

Weiterhin möchten wir in diesem Zusammenhang an Abschn. 2.2 erinnern, in dem wir auf die bei der Erhebung spontaner Daten gegebene Abhängigkeit der Vorkommensmöglichkeiten für sprachliche Strukturen von der Art der Erhebungssituation hingewiesen haben. Das Vorgehen, eine Struktur vom zweiten Vorkommen an als erworben zu zählen, ist auch deshalb wenig überzeugend, weil es dem Anspruch, den Erwerbs*verlauf* aufzuzeigen, allenfalls sehr einseitig gerecht werden kann. Wie schon in Kap. 3 dargestellt, ist Lernfortschritt auch dadurch charakterisiert, daß eine Struktur zu verschiedenen Zeitpunkten unterschiedlich häufig verwendet wird. Dieser Aspekt des Erwerbsverlaufs bleibt bei der einseitigen Orientiertheit am frühesten Zeitpunkt des Strukturvorkommens völlig unberücksichtigt.

Deshalb ist auch die Orientierung der Stadienabgrenzung am frühesten Auftreten von Strukturen nicht unproblematisch. Sie würde voraussetzen, daß der Spracherwerb als eine Folge von klar voneinander abgegrenzten Grammatiken beschrieben werden kann, die jeweils durch das Hinzufügen oder Austauschen einer Struktur von der Grammatik des vorausgehenden Stadiums unterschieden sind. Wie Hatch (1977) berichtet, findet bei manchen Lernern aber durchaus kein klar erkennbarer Strukturwechsel statt, sondern funktional äquivalente Strukturen werden ohne nachweisbare Präferenz gleichberechtigt benutzt, so daß Erwerbsstadien – soweit man sie überhaupt erkennen kann – einander beträchtlich überlappen. Aus der Arbeit von Pienemann (1979) geht darüberhinaus hervor, daß übereinstimmende Erwerbsstadien ohnehin nur für *einzelne* Strukturbereiche aufgewiesen werden können. Faßt man den Erwerb aller Strukturbereiche zusammen, von denen man annimmt, daß sie jeweils in Sequenzen erworben werden, kann man nach Pienemann nicht erwarten, übereinstimmende Stadien für den Erwerb aller Strukturbereiche zusammengenommen anzutreffen, da der Erwerb der einzelnen Bereiche zwischen Lernern – abhängig von individuellen und/ oder sozialen Variablen – zeitlich unterschiedlich stark verschoben stattfindet. Der Beobachtung allmählicher, nicht abrupter Veränderungen der während des L2-Erwerbs produzierten Strukturen ist in der Lernersprachenforschung, wie in Abschn. 3.3 dargestellt, durch den Begriff des »*interlanguage continuum*« Rechnung getragen worden. In dem Bemühen, klar voneinander abgrenzbare Stadien aufzufinden, fallen also Forschungen aus dem Kontext der Erwerbssequenzhypothese durchaus hinter den Stand der Lernersprachenforschung zurück.

4.2.3 Zur Erklärungskraft der Erwerbssequenzhypothese

Trotz der geschilderten forschungsmethodischen Probleme haben die im Rahmen der Erwerbssequenzhypothese angesiedelten Arbeiten zweifellos wichtige Ergebnisse gezeitigt. Zusammenfassend läßt sich feststellen, daß besonders die über eine Betrachtung isolierter »Fehler« hinausgehende Longitudinalstudien eindeutige Evidenz zugunsten der Hypothese ergeben haben, daß sich der Zweitsprachenerwerb als ein kreativer Prozeß vollzieht. Diese Evidenz kann allerdings nicht – das möchten wir hier der Deutlichkeit halber noch einmal klarstellen – auch zugleich als eine Bestätigung der Annahme interpretiert werden, daß sich der Erwerb grundsätzlich in invarianten Sequenzen vollzieht. Wohl aber müssen die genannten Forschungsergebnisse als eine weitere Widerlegung der L2 = L1-Hypothese angesehen werden, denn es ist erwiesen, daß L2-Lerner im Zuge ihrer kreativen Konstruktion zweitsprachlicher Wissensbestände auf ihre Ausgangssprache zurückgreifen. L1-Interferenzen sind allerdings nicht in allen Strukturbereichen gleich wahrscheinlich: Im Bereich der Morphologie (des Englischen als Zweitsprache) sind sie selten, in dem der Wortstellung[48] und vor allem in dem der Phonologie[49] dagegen sehr häufig zu erwarten.

Erklärungen des Zweitsprachenerwerbs, die von einer Analogie der Prozesse ausgehen, die den beim Erst- und Zweitsprachenerwerb erkennbar werdenden Sequenzbildungen zugrundeliegen, müssen also dem Transfer von der Ausgangssprache Rechnung tragen. Deshalb gilt in vielen Arbeiten im Rahmen der Erwerbssequenzhypothese der Rückgriff auf früher, mit einer anderen Sprache erworbene Kenntnisse als integraler Bestandteil der menschlichen Spracherwerbsfähigkeit. Manche Forscher, z. B. Felix (1977 b), sehen einen solchen Rückgriff eher auf solche abstrakten Einsichten beschränkt wie diejenige, daß auch die Zweitsprache strukturiert sci, andere, wie Wode, erkennen konkrete Strukturübertragungen als zweitsprachenerwerbliches Faktum an, sehen ihr Auftreten jedoch von jeweils bestimmten strukturellen Voraussetzungen der Lernersprache abhängig, die erst durch vorausgegangene Erwerbsstadien geschaffen sein müssen. Wie weit diese Erklärung reicht, erscheint uns ungewiß angesichts der Beschränktheit der bisher untersuchten Strukturbereiche und im Hinblick darauf, daß, wie wir ausführlich in Kap. 3 gezeigt haben, Lernersprache ja auch ein Kommunikationsmittel ist und Lerner unter Kommunikationsdruck auch in einer Weise auf Strukturen ihrer Ausgangssprache zurückgreifen, die von ihrem Stadium in der Erwerbssequenz unabhängig ist.

Als ein weiteres Ergebnis von Forschungen im Rahmen der Erwerbssequenzhypothese bleibt festzuhalten, daß sich der Zweitspracherwerb zumindest bei einigen Strukturbereichen in teilweise geordneten Sequenzen vollzieht. Allerdings gibt es dabei zwischen Lernern oft eine mehr oder weniger starke Variation. Diese Variation wird von den jeweiligen Forschern entweder als irrelevant betrachtet, oder es wird angenommen, daß spätere, genauere Untersuchungen es erlauben, die variierenden Erscheinungen doch in die angenommene invariante Sequenz einzubetten. Es werden keine Versuche unternommen, diese Variation zu sprachexternen Faktoren in Beziehung zu setzen, da sich die Analyse allein auf Output-Daten bezieht und auf Gemeinsamkeiten zwischen Lernern konzentriert.

Konsequenterweise müssen sich die gebotenen Erklärungen des Zweitspracherwerbsablaufs darauf beschränken, die aufgewiesenen Sequenzen als Produkte des LAD darzustellen, das aber von konkreten, individuell und situationell variierenden Input-Daten völlig losgelöst operiert. Es verwundert darum nicht, daß in den Sequenzen zwar »spracherwerbliche Eigenleistungen«[50] des Lerners gesehen werden, aber vollkommen unberücksichtigt bleibt, *aus was* der Lerner etwas leistet, d. h. worin seine Leistungen eigentlich bestehen. Entsprechend müssen sich selbst dort, wo wie bei Wode genauer nach einzelnen Erwerbsprinzipien gesucht wird, Erklärungen darauf reduzieren, daß die Strukturen, die in den Erwerbssequenzen vorkommen – und damit letztlich die Erwerbssequenzen selbst – entweder direkt als linguistische Universalien oder indirekt in der Form von spracherwerbsspezifischen kognitiven Strukturauffindungsverfahren angeboren sind.

Solche Erklärungen können jedoch in mehrfacher Hinsicht nicht befriedigen: Sie müssen auf diejenigen sprachlichen Eigenschaften beschränkt bleiben, die in – wie zuverlässig auch immer aufgewiesenen – Sequenzen erworben werden. Da sich die meisten vorliegenden Untersuchungen auf die Anfangsstadien des Spracherwerbs konzentrieren, ist z. Zt. noch weitgehend offen, ob auch für spätere, fortgeschrittene Erwerbsphasen Eigenschaften bestimmt werden können, für die es dann invariante Erwerbssequenzen gibt. Im Gegenteil gibt es Anlaß zu der Vermutung, daß sich zu dann erworbenen zweitsprachlichen Eigenschaften *keine* invarianten Erwerbssequenzen mehr nachweisen lassen.[51] Auch bleibt gerade angesichts der vorfindlichen Variation zwischen Lernern ungewiß, ob tatsächlich *alle* schon in den frühen Phasen vorkommenden syntaktischen und phonologischen Eigenschaften sequenziell erworben werden. Wie aber soll im Rahmen der Erwerbssequenzhypothese die Aneignung solcher Eigenschaften erklärt werden, die *nicht* in universalen, invarianten Sequenzen auftreten? Es gibt gute Gründe für die Annahme, daß die Erwerbsreihenfolge lexikalischer und pragmatischer Eigenschaften von der jeweiligen Lernerbiographie abhängt, d. h. von den sozialen und funktionalen Varietäten, mit denen er zu verschiedenen Zeitpunkten in Kontakt kommt.[52] Selbst wenn man davon ausgeht, daß der Spracherwerb nur auf der Basis eines LAD erklärt werden kann, muß die Fähigkeit, solche Eigenschaften zu erwerben, doch *auch* im LAD angelegt sein. Weshalb will man dann aber das Funktionieren des LAD gerade aus Aufweis und Analyse von Erwerbssequenzen bestimmen? Ergibt sich aus der alleinigen Beschäftigung mit Erwerbssequenzen nicht ein möglicherweise viel zu sehr eingeengtes Bild der menschlichen Spracherwerbsfähigkeit? Würde man Eigenschaften in der Lernersprache, die offenkundig *nicht* im Rahmen einer invarianten Sequenz erworben werden, als Produkte anderer, nicht im LAD angelegter Aneignungsweisen erklären – müßte man diese Aneignungsweisen nicht innerhalb derselben Spracherwerbstheorie erklären wie die Sequenzen, und müßten sie nicht aufeinander bezogen sein?

Hat man lernersprachliches Verhalten insgesamt vor Augen, d. h. als kommunikatives Handeln und nicht beschränkt auf den bloßen Struktur-Output des Lerners, dann stellt sich die Frage nach der Reichweite sequenzbezogener Erklärungen, aber auch nach der Erklärungskraft eines LAD mit noch größerer Schärfe. Der Erwerb der Zweitsprachenbeherrschung wird im Kontext der Erwerbssequenzhypothese auf die Linguistische Kompetenz im in Kap. 1 definierten Sinne beschränkt, die Fähigkeit, lernersprachlich kommunikativ zu handeln, bleibt außer Betracht. Da kommunikatives Handeln zumindest *auch* nach Prinzipien vollzogen wird, die für soziales Handeln allgemein gelten, kann die Fähigkeit dazu sicher nicht mit den spracherwerbsspezifischen Mechanismen oder Universalien eines LAD erworben werden. Welchen Sinn könnte es aber geben, für den Erwerb von Strukturen und ihrer Verwendung unterschiedliche Aneignungsweisen anzunehmen? Wieweit muß der Erwerb einer Struktur nicht auch die Bedingungen ihrer Verwendung einschließen? Die Annahme eines LAD wird nur vor dem Hintergrund eines auf Linguistische Kompetenz eingeschränkten Verständnisses von Sprachbeherrschung vertretbar. Uns erscheint es dagegen plausibler, wenn Erwerb und Verwendung sprachlicher Mittel in einem gemeinsamen theoretischen Bezugsrahmen erklärt werden. Das ist nur möglich, wenn man den Spracherwerb auf der Grundlage derselben kognitiven Mechanismen erklärt, die auch die Aneignung anderer Formen menschlichen Handelns determinieren.

Die Konzentration auf den Struktur-Output von Lernern und der Versuch, die Abfolge von Strukturen bei der Sprachentwicklung mit dem Wirken des LAD zu erklären, verstellt auch den Blick dafür, daß der Erwerb in seinem Verlauf von zahlreichen Faktoren determiniert sein kann, die dem LAD prinzipiell nicht immanent sind. Damit begibt man sich auch der Chance, einen Teil der beobachteten Variation mit solchen Faktoren zu erklären. Wir wollen deshalb im nächsten Abschnitt ausführlicher auf derartige Faktoren eingehen und Modelle vorstellen, die – ausgehend von der Sequenzhypothese – durch die Einbeziehung einiger der diskutierten Einflußvariablen potentiell eine größere Erklärungskraft besitzen.

Bevor wir uns damit beschäftigen, möchten wir jedoch zunächst mit dem »*Monitor-Modell*« ein Beispiel für die Problematik von Theorien, die sich auf das LAD beziehen, und ihren möglichen Anwendungen geben.

Das Monitor-Modell wurde von S. Krashen entwickelt. Es setzt bei der alltagspraktischen Erfahrung an, daß Lerner, die im Fremdsprachenunterricht grammatische Regeln gelernt haben, dieses Regelwissen in spontanen fremdsprachlichen Äußerungen oft nur unvollkommen realisieren und viele Fehler machen, daß sie aber, sofern ihnen Zeit bleibt, ihre Äußerungen sorgfältig zu planen, die Fremdsprache wesentlich korrekter verwenden und daß sie, wenn sie sich auf die Korrektheit der Form konzentrieren, ihr Regelwissen dazu benutzen können, fehlerhafte Äußerungen nachträglich oder im Verlauf der Produktion zu korrigieren. Dieses Phänomen ist in der Fremdsprachendidaktik lange bekannt und hat zu vielerlei Überlegungen geführt, wie man die Verfügbarkeit des Regelwissens für die spontane Sprachproduktion erhöhen bzw. »automatisieren« kann.

Krashen[53] geht bei der Entwicklung seines Modells davon aus, daß die Diskrepanz zwischen formalen Kenntnissen über eine Sprache und der spontanen Sprachbeherrschung auf zwei grundsätzlich zu unterscheidende und voneinander unabhängige Aneignungsweisen von Sprache zurückzuführen ist, die Erwachsenen zur Verfügung stehen. Die eine sei Spracherwerb (*acquisition*), der sich implizit und unbewußt vollziehe wie der natürliche Erst- und Zweitsprachenerwerb bei Kindern, die andere sei Sprachen*lernen* (*learning*). *Acquisition* erfordere reale Interaktion in der Zielsprache; *learning* dagegen werde durch Korrektur und andere Lehrverfahren gefördert und führe zu einer bewußten Repräsentation »pädagogischer« Regeln (*pedagogical rules*). Kernpunkt des Monitor-Modells ist die Aussage, daß *learning* – genauer sollte man sagen: erlerntes Wissen – einem Sprecher nur als eine Art Überwachungsmechanismus, als Monitor, für seine Sprachproduktion zur Verfügung stehe. Demgegenüber basiere flüssige, spontane Sprachproduktion auf dem, was man sich durch aktive Interaktion mit *native speakers* angeeignet hat, d. h. es hänge von *acquisition* ab. Formale Kenntnis der Zweitsprache bzw. *conscious learning* könne allein dazu genutzt werden, den Output des erworbenen Sprachsystems vor oder nach Vollzug einer Äußerung zur Erhöhung der grammatischen Korrektheit zu verändern, *learning* könne jedoch keine neuen Äußerungen auslösen.[54] Krashen geht also davon aus, daß unterschiedliche Formen des Kontakts mit der L2, wie sie mit formalem Sprachunterricht und Interaktion mit *native speakers* gegeben sind, zu zwei unterschiedlichen, voneinander unabhängigen lernersprachlichen Wissensbeständen führen, die nicht aufeinander beziehbar sind, nämlich zu einem »*learned system*« gegenüber einem »*acquired system*«. Mit diesem Modell könne nun die verbreitete Forderung nach einem kommunikativ orientierten Fremdsprachenunterricht und die Diskrepanz zwischen formalen Sprachkenntnissen und spontaner Sprachproduktion bei manchen Lernern theoretisch begründet werden. Die empirische Rechtfertigung seines Modells sieht Krashen – und das muß man hier betonen: ausschließlich – in den o. g. Morphemstudien. Aus der Tatsache, daß bei zahlreichen Untersuchungen, die Lernern durch die Art der Datenerhebung, z. B. mit dem BSM, Gelegenheit gaben, sich relativ spontan und frei zu äußern, hoch miteinander korrelierende Morphemrangfolgen aufgewiesen wurden, daß jedoch bei Untersuchungen, die, wie z. B. Larsen-Freeman (1975), Daten auf der Basis von Umformungen, Lückenfüllungen und anderen Manipulationen zweitsprachlicher Formen erhoben, sich davon abweichende Morphemrangfolgen ergaben, schließt Krashen, daß Arbeiten der ersten Art eine »natürliche Rangfolge« demonstrieren, die eine Manifestation des *acquired system* und unbeeinflußt vom *learned system* bzw. dem Wirken des Monitor sei, während die »unnatürlichen« Rangfolgen auf das Einwirken bewußten Regelwissens, d. h. auf die Benutzung des Monitors zurückgingen. Auf der Basis dieser Evidenz folgert Krashen weiter, daß bewußtes Lernen nicht direkt zum Erwerb einer Sprache beitragen kann. Das Monitor-Modell ist gegenwärtig besonders in den USA sehr populär, obwohl seine Annahmen und Aussagen uns teilweise recht fragwürdig erscheinen.[55]

So ist keineswegs einleuchtend, daß das Monitor-Modell als ein – wie Krashen (1978 a) es bezeichnet – »*model for second language acquisition*« gelten kann. Es ist unbestreitbar, daß Lerner je nach der Möglichkeit, ihre Äußerungen zu planen oder zu korrigieren, in ihrer Sprachproduktion variieren. In diesem Sinne kann man also durchaus von »*monitoring*« reden, wenngleich diese Art der Kontrolle des sprachlichen Output nicht zweitsprachenverwendungsspezifisch ist, sondern als Bestandteil des normalen Sprachverhaltens auch bei *native speakers* vorkommt. Von einem Spracherwerbsmodell muß man erwarten können, daß es erklärt, *wie* die Vorgänge des *Erwerbs* ablaufen und – sofern es wie bei Krashen zwischen »Lernen« und »Erwerben« differenziert – wie sich die Vorgänge des »Lernens« und »Erwerbens« unterscheiden, z. B. indem es angibt, in welcher Weise der zweitsprachliche Input bei »Lernen« anders verarbeitet wird als bei »Erwerben«. Das Monitor-Modell enthält dazu jedoch keine Aussage, sondern beschränkt sich auf die Feststellung, daß Lerner bei unterschiedlichen Produktionsbedingungen unterschiedliches lernersprachliches Verhalten zeigen. Man kann es deshalb lediglich als ein Output-Modell, als ein

Modell lernersprachlichen Verhaltens, bezeichnen. Der Schluß, für unterschiedliche Produktionsbedingungen verschiedene Aneignungsweisen anzunehmen, ist gerade auch im Hinblick auf das Verhalten der verbalen Planung und Selbstkorrektur bei *native speakers* nicht zwingend. Charakteristischerweise gibt Krashen auch keine Definition oder Vorgangs-Beschreibung von *learning* und *acquisition*, sondern er beschränkt sich darauf, »bewußtes Lernen« anhand der Fähigkeit von Lernern zu identifizieren, Urteile über grammatische Korrektheit von Äußerungen auf der Basis von formalen Regeln zu geben, und »unbewußtes Erwerben« anhand der Fähigkeit, solche Grammatikalitätsurteile auf Gefühlsbasis zu machen.[56] Gleichwohl erscheint uns die Lernen/Erwerben-Unterscheidung nicht vollziehbar.

Welches Kriterium hat man nämlich, um zu entscheiden, ob ein Grammatikalitätsurteil auf erworbene oder erlernte Sprachkenntnis zurückzuführen ist? Das hängt sicher davon ab, was man als eine formale Regel ansieht. Man kann wohl unstreitig davon ausgehen, daß ein *native speaker* – zumindest sofern er seine linguistische Unschuld nicht im Laufe seiner Schulbildung verloren hat – seine Muttersprache *erworben* hat. Unstreitig kann auch jeder *native speaker*, sofern er nicht geistig behindert ist, Regeln angeben der Art: »Im Deutschen sagt man *es*, wenn man über *eine* Sache spricht, und *sie*, wenn man über *mehr als eine* Sache spricht.« Eine solche Äußerung ist sicher keine Regel in einem formal-linguistischen Sinne, aber zweifellos setzt sie ein bewußtes Wissen über die Regelmäßigkeiten der Muttersprache voraus. Nun könnte man versuchen, bewußtes Wissen in erworbenes und erlerntes zu unterscheiden, aber dafür würde man ebenfalls ein Unterscheidungskriterium benötigen. Es wäre allerdings witzlos, dazu die Form heranzuziehen, in der eine bewußte Regel gegeben wird: Sicherlich sagt die Verwendung von grammatischer Terminologie oder von Merksätzen aus Grammatikbüchern nichts darüber aus, ob die betreffende Regelmäßigkeit erworben oder erlernt wurde; man sieht daran ja lediglich, daß die Terminologie bzw. die Merksätze gelernt wurden. Außerdem: selbst wenn es irgendeine Möglichkeit gäbe, Grammatikalitätsurteile danach zu unterscheiden, ob sie nach Gefühl oder aufgrund von Regelwissen vorgenommen werden – wie kann man die Schwierigkeit umgehen, daß Lerner nur *vorgeben*, ihre Antworten auf Gefühlsbasis zu geben, einfach deshalb, weil sie sich nicht sicher sind, wie sie die Regel formulieren sollen, auf der ihr Urteil basiert? Daß sich die *learning/acquisition*-Unterscheidung am lernersprachlichen Verhalten prinzipiell nicht triftig nachweisen läßt, kann im Gegenteil als ein Beleg dafür angesehen werden, daß sich die Aneignung von Sprachen und die Sprachproduktion unabhängig vom Spracherwerbstyp nach weitgehend identischen Prozessen vollziehen. Das bedeutet nicht, daß Lernern *alle* ihre lernersprachlichen Wissensbestände für ihre Sprachverwendung in gleicher Weise zur Verfügung stehen. Wie wir in Kap. 3 zeigen konnten, hat ja die Lernersprachenforschung aufgewiesen, daß man zwischen sicheren und unsicheren sowie zwischen leicht auffindbaren und weniger leicht auffindbaren lernersprachlichen Wissensbeständen unterscheiden muß. Die Grenzen zwischen diesen Wissensbeständen sind jedoch fließend und instabil. Wenn ein Lerner, um weniger leicht auffindbare Wissensbestände für seine Sprachverwendung zu aktivieren, »monitort«, kann dies nicht bedeuten, daß er auf ein von seinen leicht auffindbaren Wissensbeständen völlig unabhängiges lernersprachliches System zurückgreift. Deshalb sollte man nicht verschiedene Aneignungsweisen für das unterschiedliche Ausmaß, mit dem ein Lerner Wissen für die spontane Sprachverwendung zur Verfügung hat, voraussetzen. Vielmehr läßt sich dieses unterschiedliche Ausmaß damit erklären, daß die Auffindung von Wissensbeständen mehr oder weniger automatisiert abläuft. Mindestens in dieser Hinsicht fällt das Monitor-Modell hinter die Lernersprachenforschung zurück.

Wir wollen damit nicht behaupten, daß unterschiedliche Lerner, die mit derselben L2 in verschiedenen Erwerbskontexten in Kontakt kommen, sich nicht unterschiedliche lernersprachliche Wissensbestände aneignen und sich in der Spontaneität der Anwendung ihrer jeweiligen Wissensbestände nicht unterscheiden. Trivialerweise wird ein Lerner, der nur formalen Sprachunterricht mit wenig Gelegenheit zum Üben spontaner Sprachverwendung genossen hat, über ein anderes, vom Inhalt des Unterrichts determiniertes lernersprachliches Wissen verfügen und die Aktualisierung dieses Wissens für die spontane Sprachverwendung weniger automatisiert haben als ein Lerner, der die L2 ausschließlich durch Interaktion mit *native speakers* erwirbt. Diese Unterschiede sind jedoch Resultat von Unterschieden im Input und in den Übungsmöglichkeiten spontaner Sprachverwendung. Aus Unterschieden in den Aneignungs*kontexten* einer Sprache kann man jedoch nicht – wie wir schon in Abschn. 1.1 ausgeführt haben – zwingend auf unterschiedliche Aneignungs*weisen* schließen. Auf die Rolle des Input als eine Erklärung für die Variation lernersprachlichen Verhaltens geht Krashens Monitor-Modell – typisch für LAD-Erklärungen – jedoch nicht ein. Wie wir in den nachfolgenden Abschnitten zeigen werden, sind aber gerade Input-Variablen entscheidende Determinanten lernersprachlicher Variation.

Vollends problematisch wird die *acquisition/learning*-Unterscheidung durch die empirische Evidenz, die Krashen zur Stützung seines Modells anführt. Wie oben bei den Morphemstudien diskutiert, kann man aus dem Zählen korrekt verwendeter Morpheme nicht ersehen, wie sie erworben wurden, da der Erwerbsverlauf bis zur zielsprachenkonformen Verwendung in diesen Studien unbeachtet bleibt. Krashen gibt deshalb auch nicht an, wie eine sprachliche Eigenschaft internalisiert wird, sondern beschränkt sich darauf, »natürliche Erwerbsfolgen« als

Produkte von *acquisition* und »unnatürliche Erwerbsfolgen« als Produkte von *learning* zu definieren. Wenn jedoch jede Abweichung von der »natürlichen Rangfolge« als Produkt von *learning* gilt, dann wird die Argumentation zirkulär. Hinzukommt, daß – wie oben geschildert – es durchaus zweifelhaft ist, ob es wirklich auf das Funktionieren des LAD zurückführbare invariante Morphemrangfolgen gibt. Die Unterschiede in den beobachteten Morphemrangfolgen zwischen relativ spontaner Sprachverwendung und Testaufgabenlösungen wie bei Larsen-Freeman lassen sich mit den unterschiedlichen Vorkommenswahrscheinlichkeiten, die für die Morpheme bei der jeweiligen Art der Datenerhebung gegeben sind, sehr viel einleuchtender erklären.

4.3 Zweitsprachenerwerb als variabler Prozeß

Am Beispiel des Monitor-Modells hat sich noch einmal gezeigt, daß Versuche zur Erklärung des Zweitsprachenerwerbs im Rahmen der Erwerbssequenzhypothese unbefriedigend bleiben müssen, da nur solche Erwerbsprozesse berücksichtigt werden können, die sich in der Herausbildung invarianter Erwerbssequenzen manifestieren, da alle eventuell aufweisbaren Erwerbsregelmäßigkeiten als Produkte eines nicht näher spezifizierbaren LAD ausgegeben werden und da die Variation im lernersprachlichen Verhalten sowohl eines einzelnen Lerners als auch Unterschiede zwischen Lernern außer Betracht bleiben. Eine wesentliche Ursache für diese nur geringe Erklärungskraft von Forschungsergebnissen, die auf die Erwerbssequenzhypothese zurückgehen, ist darin zu sehen, daß die betreffenden Arbeiten sich auf eine Analyse allein des lernersprachlichen Output beschränken und von Faktoren, deren Einfluß auf den Spracherwerb unbestritten ist, völlig abstrahieren. Wir wollen deshalb im nächsten Abschnitt zunächst differenziertere Teilerklärungen für Phänomene des Zweitsprachenerwerbs auf der Basis einzelner, nachweislich relevanter Einflußfaktoren vorstellen, um dann im zweiten Teil dieses Kapitels auf mehrdimensionale Erklärungsmodelle einzugehen, die einen Teil der Einflußfaktoren berücksichtigen.

4.3.1 Faktoren für Teilerklärungen der Erwerbsvariation

Faktoren, deren Einfluß auf den Zweitsprachenerwerb bekannt ist, betreffen sprachliche Variablen, Individuenmerkmale des Lerners und soziale Variablen. Die meisten dieser Faktoren wurden bisher entweder nur im Zusammenhang mit gesteuertem Zweitsprachenerwerb oder nur in bezug auf natürlichen Zweitsprachenerwerb untersucht; es ist jedoch plausibel anzunehmen, daß sie bei beiden Spracherwerbstypen wirksam sind.

4.3.1.1 Sprachliche Variablen

Sprachbedingte Einflüsse auf den Verlauf des Zweitsprachenerwerbs ergeben sich aus der Ausgangssprache und dem Input der Lerner.
Auf die mögliche Rolle der *Ausgangssprache* beim Zweitsprachenerwerb sind wir schon in Kap. 1 im Zusammenhang mit der Transfer-These eingegangen, desgleichen haben wir bei der Darstellung der Sequenzstudien darauf verwiesen, daß sich auch dort ein Einfluß der früher erlernten Sprache(n) gezeigt hat. Nach allem, was man bisher weiß, findet ein Rückgriff auf die Ausgangssprache nicht beliebig und voraussetzungslos statt. Abgesehen von Faktoren, die den *Zeitpunkt* eines solchen Transfers bestimmen – sei es ein akuter Äußerungsdruck eines Lerners, dessen bisherige Lernersprache zur Bewältigung bestimmter Kommunikationsanforderungen nicht ausreicht, oder sei es die bei Wode angenommene Notwendigkeit, daß ein Lerner, um überhaupt transferieren zu können, ein bestimmtes strukturelles Entwicklungsstadium erreicht haben müsse – sind *Art* und *Umfang* des Rekurses auf die Ausgangssprache wesentlich determiniert durch die Struktur der beteiligten Sprachen: Zwischen Sprachen, die strukturell enger miteinander verwandt sind, wie etwa das Holländische und das Deutsche, findet ein Transfer wahrscheinlich eher statt als zwischen Sprachen, die typologisch[57] so unterschiedlich sind wie etwa das Deutsche und das Japanische. Damit ein Transfer vorgenommen werden kann, müssen die Strukturen der beteiligten Sprachen im jeweils betroffenen grammatischen Teilbereich offensichtlich hinreichend ähnlich sein. Dieser Sachverhalt ist lange bekannt und war schon in der Vergangenheit Anlaß zu didaktischen Empfehlungen für die Behandlung kontrastiver und paralleler zweisprachlicher Eigenschaften im Fremdsprachenunterricht.[58]

Allerdings gibt es bisher – und auch das läßt das in Kapitel 1 geschilderte Scheitern der Kontrastiven Linguistik noch einmal deutlich werden – kein Maß dafür, was »hinreichende Ähnlichkeit« als Voraussetzung für Transfer ausmacht. Aufgrund der Untersuchungen von Kellermann muß man annehmen, daß ein Vergleich von standardsprachlichen Systemen in abstracto – wie in der Kontrastiven Linguistik üblich – ohnehin nicht viel Erhellendes für die Voraussetzungen eines Transfer erbringt, weil Strukturübertragungen im konkreten Fall nicht von objektiv vorhandenen, mittels kontrastiver Analysen beschreibbaren Ähnlichkeiten oder Unterschieden abhängen, sondern davon, wie Lerner subjektiv die Ähnlichkeit bzw. Distanz zwischen den Sprachen einschätzen. Kellermann (1978) fand heraus, daß Lerner auch dort, wo sie ohne weiteres Strukturen der Ausgangssprache auf die Zielsprache übertragen konnten, fälschlicherweise andere Strukturen unterstellten, weil sie eine solche Ähnlichkeit für unwahrscheinlich hielten. Besonders fortgeschritteneren Lernern sind Strukturen der Zielsprache, die mit denen ihrer Muttersprache übereinstimmen, oft suspekt, weil sie aufgrund ihrer bisherigen Lernerfahrungen gewöhnlich so viele Unterschiede zwischen den beteiligten Sprachen kennengelernt haben, daß sie geneigt sind, tatsächliche Übereinstimmungen als Vorkommen eines unzulässigen Transfer anzusehen. Effekte der Ausgangssprache sind demnach – wenn auch hier in anderer Weise als von Wode vorgeschlagen – auch vom jeweiligen Stadium des Zweitsprachenerwerbs abhängig.

Wie in den vorausgegangenen Kapiteln bereits mehrfach angedeutet, manifestiert sich der Einfluß der Ausgangssprache also nicht notwendig direkt in lernersprachlichen Formen, die als Strukturübertragung erkennbar sind, und erst recht nicht zwangsläufig in Fehlern.[59] Im Gegenteil wies Schachter (1974) auf, daß Lerner oft dazu tendieren, zweitsprachliche Formen, derer sie sich nicht ganz sicher sind, zu *vermeiden*, und stattdessen Umschreibungen oder alternative Konstruktionen zu benutzen. In Schachters Untersuchung handelte es sich dabei um zur Ausgangssprache kontrastive Strukturen, die den Lernern Schwierigkeiten bereiteten, aber wie aus der Arbeit von Kellermann hervorgeht, können auch parallele Strukturen vermieden werden, wenn Lerner diese für ausgesprochen muttersprachenspezifisch halten. Unsicherheit, die aus kontrastiven Beziehungen zwischen den am Erwerb beteiligten Sprachen herrührt, ist allerdings nicht die einzige Ursache für Vermeidung: wenn Lerner funktional äquivalente Strukturen der Zweitsprache zur Verfügung haben, präferieren sie mitunter eine zu Lasten anderer aus rein idiosynkratischen Gründen. Können Lerner in einer solchen Situation zwischen parallelen und kontrastiven Strukturen wählen, so werden vielfach die parallelen im Verhältnis zu ihrer normalen Vorkommenshäufigkeit bei *native speakers* überproportional verwendet.[60]

Solche, durch die Ausgangssprache bedingten Präferenzen für bzw. Vermeidung von bestimmten Strukturen, hinsichtlich derer Lernergruppen variieren können, sind jedoch nicht zwangsläfig mit der jeweiligen L1 invariant gegeben. Zumindest für den gesteuerten Zweitsprachenerwerb konnte nachgewiesen werden, daß das Ausmaß der Präferenz kontrastiver oder paralleler Strukturen mit äquivalenter Funktion durch die Reihenfolge und Häufigkeit ihrer Präsentation beeinflußbar ist.[61] Dies führt uns zu der Frage, wieweit der *zweitsprachliche Input* zur Erklärung des Ablaufs des Zweitsprachenerwerbs und dessen Variation herangezogen werden kann.

Daß die Struktur des Input den Zweitsprachenerwerb beeinflußt, hat in Arbeiten, die im Rahmen der Sequenzhypothese unternommen wurden, allenfalls in dem trivialen Sinn Eingang gefunden, daß der Erwerb natürlich von den Strukturen abhängt, die in der zu erlernenden Sprache vorkommen: damit ein Lerner Französisch lernt, muß er französischsprachigen Daten ausgesetzt sein. Wie solche Daten im

Detail strukturiert sind, wie das Modell der Zweitsprache, auf das sich der Erwerb hinbewegt, konkret aussieht, bleibt unberücksichtigt. Deshalb ist in diesem Rahmen die vorkommende Variation zwischen Lernern kaum erklärbar. Man kann aber nur schwer bestreiten, daß Unterschiede zwischen Lernern wesentlich durch Unterschiede zwischen den Varietäten der Zweitsprache determiniert werden, die jeweils für die verschiedenen Lerner das zweitsprachliche Modell bilden. Das ist im phonologischen Bereich unmittelbar einsichtig: z. B. erwerben Gastarbeiter in Deutschland das Deutsche mit der dialektgefärbten Aussprache derjenigen Varietät des Deutschen, die in ihrer Aufenthaltsregion von den *native speakers* gesprochen wird, mit denen sie sprachlich Kontakt haben.[62] Das gilt ebenso auch in anderen Strukturbereichen.

Kann also eine genauere Betrachtung des Input Erwerbsunterschiede zwischen Lernern z. T. durch Unterschiede des jeweiligen zweitsprachlichen Modells erklären, so hat sich darüberhinaus schon oben im Zusammenhang mit den Sequenzstudien gezeigt, daß eine genauere Analyse der sprachlichen Struktur des Input auch Begründungen dafür liefern kann, in welcher Rangfolge zweitsprachliche Eigenschaften modellgerecht verwendet werden. Rosansky (1977) und Larsen-Freeman (1976) wiesen für den Morphemerwerb, Wagner-Gough/Hatch (1975) für den Erwerb syntaktischer Strukturen des Auxiliarkomplexes und für zahlreiche *prefabs* auf, daß der Erwerb zweitsprachlicher Formen wesentlich durch die *Häufigkeit* beeinflußt ist, mit der sie im Input des Lerners vorkommen.

Der Einfluß der Häufigkeit wird darin gesehen, daß häufig vorkommende Formen aus der Menge der zweitsprachlichen Daten herausgehoben werden, so daß der Lerner sie leichter wahrnehmen kann, und daß Formen um so leichter gelernt werden, je leichter sie wahrnehmbar sind. Der Grad, zu dem eine Form hinsichtlich ihrer Wahrnehmbarkeit hervorgehoben ist, wird als »perzeptuelle Prominenz« oder *perceptual saliency* bezeichnet.[63]

Bei einer Betrachtung des Input vor allem der Lerner, die gerade erst mit dem Erwerb einer zweiten Sprache begonnen haben, wird auch deutlich, daß manche der sprachlichen Formen, die man als typisch für die Anfangsstadien des Erwerbs ansieht, von *native speakers* selbst verwendet werden in dem Bemühen, ihr Sprachverhalten den vermuteten Kenntnissen des Lerners anzupassen. Eine solche sprachliche Anpassung an den Lerner ist aus dem Umgang mit Kleinkindern sicher allen Lesern geläufig, desgleichen kennt jeder *native speaker* des Deutschen jene strukturell simplifizierte Varietät unserer Sprache, die man oft im Umgang mit Gastarbeitern oder anderen Ausländern verwendet, denen man nur geringe Deutschkenntnisse unterstellt. Ferguson (1971) hat die Hypothese formuliert, daß es in allen Sprachen solche Varietäten wie *baby talk* oder *foreigner talk* gibt, die in ihrer morphologischen, syntaktischen und phonologischen Struktur gegenüber anderen Varietäten der betreffenden Sprachen wesentlich weniger komplex sind, und daß diese simplifizierten Varietäten, wozu auch Pidgins zählen, in allen Sprachen bestimmte strukturelle Merkmale gemeinsam haben, zu denen u. a. die Tilgung (Auslassung) der Kopula, die Tilgung von »es« und das Auslassen von Flexionsmorphemen vor allem bei der Tempusmarkierung gehören.[64] Dies legt die Annahme nahe, daß zumindest ein Teil der Strukturübereinstimmungen, die bei Lernern verschiedener Zweitsprachen für frühe Erwerbsphasen aufgewiesen wurden, Reflexe der möglicherweise universalen Aufbaueigenschaften des *foreigner talk* sind, der als Input von Zweitsprachenlernern vorkommt.[65] Wie aber könnte man dann den Erwerb solcher zweitsprachlichen Formen erklären, die über die simplifizierte Varietät des *foreigner talk* hinausgehen? Eine derartige weitergehende inputbezogene Erklärung der Entwicklung des Zweitsprachenerwerbs wäre möglich, wenn man nachweisen könnte, daß sich die Struktur des Input und die Häufigkeit der darin vorkommenden zweitsprachlichen Eigenschaften im Verlauf des Erwerbs systematisch ändern.

Dieser Fragestellung geht neuerdings die Forschergruppe um Evelyn Hatch verstärkt nach.[66] Dafür ist es erforderlich, den Input im Zusammenhang mit den darauf erfolgenden Lernerreaktionen zu untersuchen, d. h. die Analyse auf die gesamte Interaktion zwischen Lerner und *native speaker* zu beziehen; denn nur im Rahmen einer solchen Diskurs- oder Konversationsanalyse ist es möglich, aufzuzeigen, wie die Lernersprache aus dieser Interaktion und ihrer Entwicklung hervorgeht.[67]

In weiten Bereichen der Spracherwerbsforschung wie auch der Fremdsprachendidaktik wird traditionellerweise angenommen, daß die Fähigkeit, mit *native speakers* interagieren zu können, sich aus der Beherrschung zweitsprachlicher Strukturen ergibt: der Lerner erwirbt zunächst eine Menge grundlegender Strukturen, die er dann nach und nach in Gesprächen mit *native speakers* verwenden kann. Aufgrund bisher vorliegender Ergebnisse glaubt Hatch demgegenüber gute Argumente dafür anführen zu können, daß sich der Erwerb von Strukturen umgekehrt aus der Fähigkeit ergibt, Gespräche zu führen.[68] Analysen der Interaktionen zwischen Kindern, die Englisch als Zweitsprache lernten, und erwachsenen *native speakers* ergaben, daß Erwachsene bestimmten Konversationsregeln folgen, die dem Alter und dem sprachlichen Entwicklungsstand des Kindes angemessen sind. So bewegen sich z. B. die Themen des Gesprächs stets um Fakten, die beiden bekannt sind, meistens bezogen auf Gegenstände in der Umgebung oder gerade stattfindende Handlungen. D. h., die Unterhaltung folgt dem sog. »Hier-und-jetzt-Prinzip«. Dabei wird das Kind durch den Erwachsenen von der Benennung der Gesprächsthemen und der Abgabe von Einwortkommentaren schließlich zu längeren, syntaktisch strukturierten Äußerungen geführt. Das folgende Beispiel zeigt, wie die Elizitation von Einwortäußerungen zu einer längeren syntaktischen Struktur führen kann:[69]

Lerner:	*Lookit* (zeigt)
Erwachsener:	*Uh-huh, it's a fly*
Lerner:	*Fly*
Erwachsener:	*What about the fly?*
Lerner:	*Eat*
Erwachsener:	*What's he eating?*
Lerner:	*Flower*
Erwachsener:	*Mm-hmm, he's eating. Oh-oh, there he goes*
Lerner:	*Oh-oh go*

Es fällt auf, daß die einzelnen Äußerungen, die das Kind nacheinander produziert, in einem semantischen Zusammenhang stehen, und daß die Fragen des Erwachsenen in ihrer Reihenfolge dazu führen, daß das Kind nach und nach Formen äußert, die als Vorläufer der Konstituenten* des Satzes *The fly is eating the flower* gelten können. Da die Transkripte der bisher analysierten Erwachsenen-Kind-Interaktionen zahlreiche Passagen enthalten, in denen der Erwachsene durch Fragen vom Kind sukzessiv semantisch zusammenhängende Einwort- bzw. in späteren Stadien auch Mehrwortäußerungen elizitiert, die zusammengenommen eine längere syntaktische Konstruktion ausfüllen, mutet die Theorie in der Tat bestechend an, daß sich die Syntax des Kindes aus den Gesprächen mit erwachsenen *native speakers* entwickelt. Hinzukommt, daß sich in den von der Hatch-Gruppe untersuchten Daten die Häufigkeit der Frageformen, die Erwachsene bei diesen unbewußten Sprachlehr- und -lernspielen verwenden, in der Reihenfolge des Erwerbs von Interrogationsstrukturen widerspiegelt, die in Longitudinalstudien für das jeweilige Kind aufgewiesen wurden.[70]

Dies ist ohne Zweifel ein interessantes Forschungsergebnis. Man kann daraus ableiten, daß Inputvariablen wie perzeptuelle Prominenz und die Modellierung der Strukturen von Lerneräußerungen durch *native speakers* bei der Interaktion wie im obigen Beispiel zentrale Determinanten des Erwerbsablaufes sind. Es erschiene uns allerdings verfehlt, daraufhin den Zweitspracherwerb nicht mehr als einen kreativen Prozeß anzusehen und anzunehmen, daß Sprachen durch Imitation gelernt werden, denn all die eigenständigen Sprachkreationen und systematischen Fehler, die nicht im Input vorkommen, wären dann nicht mehr erklärbar.[71]

Auch erwerben Lerner gleich häufige Formen nicht unbedingt auch zur gleichen Zeit. So berichten Wagner-Gough/Hatch (1975), daß die WH-Fragen *What's x?* und *Where's x?* annähernd gleich oft im Input vorkamen wie die Frageform mit der Inversion der Kopula *Is this x?*, daß letztere aber nicht so früh korrekt produziert wurde wie die anderen. Deshalb muß man annehmen, daß Lerner ihren Input *selektiv* verarbeiten. Worauf die Bereitschaft zurückzuführen ist, zu einem bestimmten Erwerbszeitpunkt bestimmte Formen aus dem Input als *intake* in die Lernersprache zu übernehmen und andere nicht, ist noch nicht ausreichend erforscht. Anhänger der Sequenzhypothese könnten hier argumentieren, daß der Lerner zur Übernahme einer Form erst jeweils ein bestimmtes Erwerbsstadium erreicht haben müsse. Plausibler erscheint uns dagegen, daß die Selektion von Inputformen davon abhängt, wieweit die jeweilige Form zum Übernahmezeitpunkt eine wichtige Funktion für das kommunikative Handeln des individuellen Lerners ausfüllt, weil sich damit besser der festgestellten Erwerbsvariation und auch denjenigen sprachlichen Eigenschaften Rechnung tragen läßt, die nicht in invarianten Erwerbssequenzen erworben werden. Eine weitere uns plausibel erscheinende Erklärung wäre darin zu sehen, daß der Lerner bestimmte syntaktische Strukturen zunächst vermeidet, weil z. B. die phonologische Struktur der entsprechenden Äußerung für ihn schwierig zu realisieren ist, wie etwa die Abfolge der Phoneme /z/ und /ð/ in *is this*. Eine solche Erklärungshypothese verweist darauf, daß der Verlauf des Zweitspracherwerbs nicht nur isoliert für einen Teilbereich sprachlicher Eigenschaften, z. B. den syntaktischen, analysiert werden sollte, da der Erwerbsverlauf durch komplexe Beziehungen zwischen syntaktischen, lexikalischen, phonologischen und u. U. auch pragmatisch-funktionalen Eigenschaften beeinflußt sein kann. Schließlich ist auch denkbar, daß die Inversion sich für den Lerner als komplexer erweist und er deshalb länger braucht, um sie in seinen lernersprachlichen Wissensbestand zu integrieren. Wie wir in Abschn. 4.3.2 zeigen werden, gibt es psycholinguistisch begründete Annahmen, wonach Abweichungen von der normalen Subjekt-Verb-Objekt-Wortstellung eine Struktur für die Sprachverarbeitung komplexer machen. Möglicherweise können weitere Forschungen auch ergeben, daß diese Erklärungsansätze integrierbar sind.

Es muß sich auch noch erweisen, wieweit die o. g., aus der Hatch-Gruppe hervorgegangenen Erklärungen *generell* für den L2-Erwerb gelten können, denn der Input für erwachsene Lerner ist gewöhnlich nicht so hilfreich strukturiert. Im Gegenteil können an sie gerichtete Äußerungen eingebettete Sätze, *idioms* und ein sehr umfangreiches Vokabular enthalten, wie sich an der schon erwähnten Untersuchung von Wagner-Gough/Hatch (1975) deutlich zeigt. Unterhaltungen zwischen solchen Lernern und *native speakers* beschränken sich nicht auf gemeinsames Wissen und auf Themen, die sich aus dem Hier-und-jetzt der Interaktionssituation ergeben. In dieser Hinsicht ist die Lernaufgabe für den älteren Zweitsprachenlerner zweifellos schwieriger, und man könnte ggf. anzutreffende altersbedingte Erwerbsunterschiede sicherlich auf derartige Inputunterschiede zurückführen. Aber auch bei

erwachsenen Zweitsprachenlernern wenden *native speakers* in der Interaktion bestimmte, für ältere Lerner spezifische *making-it-easier*-Strategien an. Dazu gehören z. B. die Umformung von WH-Fragen zu Ja/Nein-Fragen,[72] so daß Lerner nicht viel mehr als *ja* oder *nein* antworten müssen, das Vorgeben von Antwortalternativen auf selbstgestellte Fragen[73] oder das Erraten der Mitteilungsabsicht des Lerners und das Vorformulieren der entsprechenden Äußerung.[74]
Derartige Hilfestellungen kommen nicht beliebig vor. Sie sind abhängig von der jeweiligen Einschätzung der zweitsprachlichen Fähigkeiten des Lerners durch den *native speaker*. Diese Einschätzung kann auf früheren Erfahrungen des *native speaker* mit Lernern im allgemeinen oder mit demjenigen Lerner beruhen, mit dem er gerade interagiert. Sie kann sich auch aus akuten Kommunikationsproblemen ergeben, die den Lerner zu einer direkten oder indirekten Bitte um Bestätigung oder Verbesserung veranlassen.[75] Solche natürlichen Lehrstrategien im Input des erwachsenen Lerners sind bisher erst in Ansätzen untersucht worden; ihre Analyse eröffnet jedoch neue, potentiell ertragreiche Perspektiven für die Zweitsprachenerwerbsforschung – gerade auch im Hinblick auf den Fremdsprachenunterricht. Wir kommen darauf in Abschn. 4.4 zurück.

4.3.1.2 Individuenvariablen

Von den individuellen Persönlichkeitsmerkmalen eines Lerners wird oft das *Alter*, in dem er mit dem Zweitsprachenerwerb beginnt, als ein besonders bedeutsamer Einflußfaktor für den Erwerb aufgefaßt. Sein Einfluß kann sich unterschiedlich manifestieren. So kann man z. B. fragen, ob ältere Lerner den sprachlichen Standard eines *native speaker* der Zweitsprache erreichen können, ob ältere Lerner bestimmte Eigenschaften der Zweitsprache, z. B. die phonologischen, im selben Umfang erlernen können wie jüngere, ob die Geschwindigkeit des Erwerbs mit dem Alter variiert, ob der Verlauf des Erwerbs mit dem Alter variiert und ob altersabhängig unterschiedliche Aneignungsweisen beim Erwerb angewandt werden. Derartige Differenzierungen muß man bei der Diskussion um die Auswirkungen des Lerneralters beachten, da in den Arbeiten zu diesem Individuenmerkmal teilweise unterschiedliche dieser Aspekte thematisiert werden.
Auch heute noch ist die Annahme verbreitet, daß die Fähigkeit, Sprachen auf natürlichem Wege, ohne Einsatz formaler Lehrverfahren zu erwerben, auf den Lebenszeitraum bis zum Beginn der Pubertät beschränkt ist, der gemeinhin auch als *kritische Periode* bezeichnet wird.[76] Konsequenz dieser Annahme ist die Auffassung, daß sich der Spracherwerb altersabhängig nach unterschiedlichen Aneignungsweisen vollzieht.[77] Argumente zugunsten dieser Annahme wurden in der Vergangenheit aus der Entwicklungspsychologie Piagets oder aus den

Arbeiten zur Gehirnforschung von Penfield/Roberts (1959) und vor allem von Lenneberg (1967) bezogen.

Nach Piaget[78] hat die *kognitive Entwicklung* des Menschen mit ungefähr 11–12 Jahren die Phase erreicht, in der sich die Fähigkeit zu abstraktem Denken und zu formallogischen Operationen herausbildet. Von diesem Alter an ist das Individuum zum Erkennen logischer Zusammenhänge und zur Bildung von expliziten Hypothesen fähig. Bezogen auf die Sprache bedeutet dies, daß ein Mensch mit dieser Entwicklungsphase in die Lage versetzt wird, grammatische Regelmäßigkeiten zu erkennen und explizit zu formulieren. Dieser Fähigkeitssprung wird von einigen Forschern, etwa von Krashen (1975), als Grenze der kritischen Periode angesehen. Es ist klar, daß der Zeitpunkt, zu dem die Fähigkeit zu metasprachlicher Reflexion einsetzt, für eine Entscheidung darüber bedeutsam ist, von wann an man im Unterricht Lehrverfahren verwenden kann, die Regelerklärungen benutzen.

Lenneberg (1967) begründet in der Nachfolge von Penfield/Roberts (1959) demgegenüber die Annahme einer für den Spracherwerb kritischen Periode mit der *neurologischen Entwicklung* des Gehirns. Nach Lenneberg spezialisieren sich die beiden Gehirnhälften des Menschen im Zuge der körperlichen Reifung auf die Steuerung unterschiedlicher körperlicher Funktionen und Fähigkeits- und Fertigkeitsbereiche. Diese Spezialisierung der Gehirnhälften, *Lateralisierung* genannt, sei mit der Pubertät abgeschlossen.[79] Wenn danach ein für bestimmte Fähigkeiten spezialisierter Gehirnbereich durch Krankheit oder Unfall geschädigt oder zerstört werde, gehe dem Individuum die entsprechende Fähigkeit verloren, weil das Gehirn nicht mehr die Plastizität besitze, die ausgefallenen Funktionen auf andere Gehirnbereiche zu übertragen. Aus der Analyse zahlreicher Fallstudien sprachgestörter Patienten, die einen Gehirnschaden erlitten hatten, folgerte Lenneberg, daß Sprachstörungen nur dann erfolgreich geheilt werden können, wenn der Schaden vor der Pubertät eingetreten sei, also vor Abschluß der Lateralisierung. Das bedeutet für ihn auch, daß vollständige Sprachbeherrschung auf natürlichem Wege nur in der kritischen Periode bis zur Pubertät erworben werden könne. Mit der Pubertät sei der Mensch linguistisch erwachsen und könne danach nur mit Mühe – wenn überhaupt – ohne Einsatz von Lehrverfahren Sprachen lernen.

Wir möchten an dieser Stelle einfügen, daß es in der Nachfolge Lennebergs üblich geworden ist, einen Sprachlerner von der Pubertät an als erwachsen zu bezeichnen. Auch wir folgen in diesem Buch durchgängig, d. h. auch schon in vorausgegangenen Kapiteln, diesem Sprachgebrauch.

Als weiteren Beleg für seine Thesen hat Lenneberg darauf aufmerksam gemacht, daß Kinder eine zweite Sprache akzentfrei erlernen können, Erwachsene dagegen kaum. In der Tat haben empirische Untersuchungen zum Erwerb der Fähigkeit zur phonischen Realisierung einer Zweitsprache ergeben, daß Erwachsene im Gegensatz zu Kindern fast nie über diese Fähigkeit vollständig verfügen, woraus z. B. von Oyama (1973) die Konsequenz gezogen wurde, den Geltungsbereich der kritischen Periode generell auf den Zweitsprachenerwerb auszudehnen.

Aus mehreren Gründen muß man diese Interpretation von Lennebergs Theorie jedoch inzwischen als widerlegt ansehen. Zum einen ist auch der Muttersprachenerwerb nicht mit der Pubertät abgeschlossen. Viele soziale und funktionale Varietäten werden erst zu einem späteren Zeitpunkt erworben. Das gilt vor allem für den Wortschatz. Zum zweiten gibt es Fälle, in denen Menschen, die in vollständiger sozialer Isolation aufwuchsen, erst nach der Pubertät mit dem Erwerb der Erstsprache erfolgreich begonnen haben.[80] Zum dritten legen neuere psycholinguistische Arbeiten nahe, daß sich die Lateralisierung schon in den ersten Lebensmonaten vollzieht und daß die geringeren Heilungschancen für Sprachstörungen in höherem Lebensalter lediglich damit zusammenhängen, daß das Gehirn *beständig* an Plastizität verliert.[81] Zum vierten – und für unsere Argumentation am wichtigsten – hat sich gezeigt, daß jüngere Kinder eine zweite Sprache nicht prinzipiell besser oder schneller lernen als ältere Lerner. Ervin-Tripp (1974) fand heraus, daß die 6- bis 7jährigen in ihrer Untersuchungsgruppe am schnellsten beim Erwerb der phonologischen Eigenschaften waren, die 8- bis 9jährigen dagegen besser als die übrigen Lerner in der Morphologie und die über 9jährigen die syntaktischen Strukturen am ehesten beherrschten. Man muß also Aussagen über den Alterseinfluß nach der Art der zweitsprachlichen Eigenschaften differenzieren. Da aber andererseits im Bereich derselben Eigenschaften, etwa der syntaktischen, viele entwicklungsbedingte lernersprachliche Formen und – soweit sie zuverlässig aufgewiesen wurden – auch Erwerbssequenzen in vielen empirischen Untersuchungen übereinstimmend auftreten, scheint der Altersfaktor zwar die Erwerbs*geschwindigkeit* in unterschiedlichen Eigenschaftsbereichen, weniger jedoch den Erwerbs*verlauf* zu beeinflussen. Dabei scheint dieser Faktor nicht gradlinig zu wirken: Fathman (1975) zeigte, daß ältere Kinder schneller lernen als jüngere, Erwachsene hingegen langsamer als die älteren Kinder.

Man braucht allerdings nicht erklärungslos vor der Komplexität dieser Beziehung zu verharren. Snow/Hoefnagel-Höhle (1978) deuten in ihrer Untersuchung eine plausible Erklärung an: Sie analysierten den Erwerb des Holländischen als Zweitsprache in natürlicher Umgebung durch Kinder, Jugendliche und Erwachsene mit jeweils Englisch als Ausgangssprache. Dabei wurde u. a. aufgewiesen, daß Erwachsene syntaktische Strukturen weniger gut beherrschten als die Jugendlichen. Die Autoren erklären dieses Resultat damit, daß – besonders bei älteren – erwachsenen Zweitsprachenlernern von ihrer Umgebung nicht erwartet werde, daß sie die Syntax fehlerfrei beherrschten; dagegen sei der sozialpsychologische Druck zur Konformität in der Verwendung der Zweitsprache auf Jüngere, besonders auf Jugendliche, größer. Man muß also Alter im Zusammenhang mit der sozialen Erwerbssituation als eine Variable ansehen, die die Zweitsprachenbeherrschung beeinflußt.

Aus vorliegenden Untersuchungen zum Einfluß des Altersfaktors geht allerdings nicht klar hervor, ob man altersabhängig variierende Aneignungsweisen annehmen muß. Gleichwohl gibt es gute Gründe für die Hypothese, daß Lerner sich auch unabhängig vom Alter zumindest teilweise in der Art unterscheiden, in der sie die zu erlernende Sprache verarbeiten, und daß mit solchen Unterschieden ein Teil der Variation im Erwerbsverlauf zwischen ihnen erklärt werden kann. So stellten Cancino/Rosansky/Schumann (1974) bei ihrer Untersuchung des natürlichen Erwerbs der englischen Negation fest, daß sich zwei ihrer Probanden drastisch darin unterschieden, daß der eine von Anfang an Negationselemente zu sammeln schien und sie in freier Variation gebrauchte, während der andere dieselben Negationselemente in einer strengeren Reihenfolge nacheinander und zu einem Datenerhebungszeitpunkt nur ein oder zwei Negationselemente gleichzeitig benutzte. Für Cancino/Rosansky/Schumann sind diese beiden Probanden deshalb Repräsentanten verschiedener *Lernertypen*: der erste ist ein *data gatherer*, der zweite ein *data organizer*. Daß es solche oder noch andere Lernertypen gibt, ist jedem erfahrenen Fremdsprachenlehrer bekannt. Aber erst in jüngster Zeit hat man damit begonnen, gezielt zu untersuchen, welcher Lernertyp erfolgreicher als andere ist und welche Variablen einen »guten Lerner« charakterisieren.[82]

Eine entscheidende Determinante für typspezifische Unterschiede der Verarbeitung zweitsprachlicher Daten ist der *kognitive Stil*, der zu jeweils so verschiedenen Lernstilen wie denen des *data gatherer* oder *data organizer* führt. Aspekte des kognitiven Stils betreffen u. a. die Neigung zu *reflektivem* oder *impulsivem Denken* und den Grad der *Feldabhängigkeit*.[83]

Man kann mit verschiedenen psychologischen Tests feststellen, wieweit eine Person dazu neigt, eine schnelle, impulsive Lösung eines Problems zu wählen oder eine langsamere, reflektive Entscheidung zu treffen. Die Konsequenzen solcher Neigungen zeigen sich auch beim Erwerb sprachlicher Fähigkeiten und Fertigkeiten. Brown (1976) führt u. a. Untersuchungen an, aus denen hervorgeht, daß Kinder, die ein mehr impulsiver kognitiver Stil auszeichnet, schneller lesen, aber dabei mehr Fehler machen, während Kinder mit einem mehr reflektiven kognitiven Stil langsamer sind, aber weniger Fehler machen. Es ist denkbar, daß der Lernertyp *data gatherer* auf den impulsiveren und der Typ *data organizer* auf den reflektiveren Stil zurückgehen. Solche Lernstile können auch als eine Ursache für Unterschiede in der Erwerbsgeschwindigkeit angesehen werden.[84]

Nachgewiesen ist, daß feldunabhängige Lerner zweite Sprachen leichter lernen als feldabhängige.[85] Feldunabhängig ist ein Lerner, der ein visuelles oder auditives Feld wahrnehmen, darin Strukturen erkennen und Teilbereiche dieses Feldes unabhängig von ihrer Umgebung fokussieren kann. Ein feldabhängiger Lerner verliert in der Totalität der visuellen und auditiven Reize den Durchblick und kann darin keine systematischen Züge und Strukturen erkennen. Für den Zweitsprachenerwerb bedeutet dies, daß man von einem feldunabhängigen Lerner erwarten kann, daß er dazu fähig ist, sich auf wichtige sprachliche Eigenschaften in natürlicher Interaktion oder im Unterricht zu konzentrieren, während man bei einem feldabhängigen Lerner befürchten muß, daß er sehr leicht von unwichtigen Eigenschaften abgelenkt wird. Naiman/Fröhlich/Stern (1975) fanden heraus, daß der Grad der Feld(un)abhängigkeit eines Lerners hoch mit seinen Leistungen bei Verstehens- und Imitationstests korrelierte. Selbst wenn der Einfluß dieser Variable bei anderen sprachlichen Aufgaben, die beim Zweitsprachenerwerb zu bewältigen sind, noch nicht genauer untersucht wurde, muß man davon ausgehen, daß der kognitive Stil eines Lerners unstreitig ein wichtiges Individuenmerkmal ist, das bei einer Erklärung der Erwerbsvariation berücksichtigt werden muß.

Geläufiger als der Verweis auf unterschiedliche kognitive Stile sind Begründungen dieser Variation mit verschieden ausgeprägten intellektuellen Fähigkeiten der Lerner. Damit sind zunächst Unterschiede hinsichtlich der *Intelligenz* gemeint – wir sehen hier von der im Prinzip notwendigen Problematisierung des Intelligenzbegriffs ab – aber auch – daneben oder als eine spezielle Teilkomponente der Intelligenz – Unterschiede hinsichtlich der Fähigkeit, Sprachen zu erlernen. Diese Fähigkeit, umgangssprachlich als »Sprachbegabung« bekannt, ist als *Sprachlerneignung* bzw. *aptitude* bisher ausschließlich im Zusammenhang mit dem Fremdsprachenunterricht untersucht worden. Eine solche zwischen Lernern variierende Sprachlerneignung anzunehmen, wird durch die alltägliche Erfahrung nahegelegt, daß sich Teilnehmer nach Abschluß eines Sprachkurses im Erfolg gewöhnlich auch dann unterscheiden, wenn Alter, Bildungsvoraussetzungen, sozialer Status, Lernmöglichkeiten und Gründe für die Teilnahme am Unterricht gleich sind.

Carroll (1962) konnte mit Hilfe einer umfangreichen Batterie von Tests den Einfluß dieser speziellen Begabung auf den Lernerfolg in Fremdsprachenkursen empirisch nachweisen, und er konnte auch zeigen, daß sich der Lernerfolg für beliebige Fremdsprachen entsprechend dem Ausmaß dieser Begabung befriedigend voraussagen ließ. Neben der Sprachlerneignung ist für Carroll der Erfolg im Unterricht abhängig von vier weiteren Variablen, so daß sich der Erfolg als eine komplexe Funktion von fünf Variablen auffassen läßt. Es sind dies:
(1) die allgemeine Intelligenz des Lerners,

(2) die Sprachlerneignung des Lerners,
(3) die Ausdauer des Lerners,
(4) die Qualität des Unterrichts,
(5) die Gelegenheit zum Lernen.

Die Sprachlerneignung wird nach Carroll durch die folgenden vier Faktoren charakterisiert:
- phonetische Kodierfähigkeit, d. h. die Fähigkeit, phonetisches Material nach der auditiven Wahrnehmung so zu speichern, daß es nach gewisser Zeit korrekt wiedergegeben werden kann;
- grammatische Sensitivität, d. h. die Fähigkeit, die grammatische Funktion von Wörtern in verschiedenen Kontexten zu erkennen;
- die Fähigkeit, fremdsprachliches Material in kurzer Zeit auswendig zu lernen;
- eine induktive Lernfähigkeit, d. h. Regelmäßigkeiten in neuen fremdsprachlichen Äußerungen zu erkennen und diese Regelmäßigkeiten auf neue Äußerungen zu übertragen.

Auf der Basis der Ergebnisse von Tests, mit denen jeweils eine dieser Fähigkeiten gemessen wird, läßt sich das Ausmaß der Sprachlerneignung bestimmen. Es gibt inzwischen mehrere Sprachlerneignungstests, die sich hauptsächlich darin unterscheiden, welche Faktoren als zur Charakterisierung dieser Begabung relevant angesehen werden.[86] So eindrucksvoll die in diesem Zusammenhang geleisteten Arbeiten auch sind – zur Erklärung der Variation im Lernerfolg zwischen Zweitsprachenlernern können Aussagen über die Sprachlerneignung nur von begrenztem Nutzen sein.

Ein Problem ist sicherlich, daß sich die Erfolgsvoraussagen allein auf den Grad der Beherrschung von Eigenschaften der Sprachstruktur und das Erreichen strukturbezogener Lernziele im Unterricht beziehen, daß aber kommunikative, handlungsbezogene Aspekte der Zweitsprachenbeherrschung ebenso unberücksichtigt bleiben wie die Fähigkeit von Lernern, außerhalb oder nach Abschluß des Kurses autonom weiterzulernen. Weiterhin weist Wienold (1973) bezogen auf Carroll zu Recht darauf hin, daß diese Aussagen keine Auskunft darüber geben, wie durch konkrete Gestaltung des Unterrichts eine nach diesem Modell geringe Sprachlerneignung kompensiert werden kann, denn Carrolls Modell läßt zu, daß Lerner, die beim Sprachlerneignungstest schlecht abschneiden, im Unterricht erfolgreich sein können. Jakobovits (1970) stellte nach einem Überblick über verschiedene Untersuchungen zur Sprachlerneignung fest, daß nur ca. 33 % der Varianz* des Lernerfolges zwischen Lernern durch Sprachlerneignung erklärt werden kann, zu 20 % ist die Intelligenz, ebenfalls zu 33 % ist die Motivation daran beteiligt.[87] Aus den Untersuchungen von Gardner/Lam-

bert (1972) geht deshalb auch deutlich hervor, daß sich eine hohe Sprachlerneignung nur dann optimal auswirkt, wenn eine positive Motivation hinzukommt.[88]
Motivation zum Fremdsprachenlernen gehört ebenso wie Ego-Durchlässigkeit, Empathie, Anfälligkeit gegenüber Sprach- und Kulturschock und Einstellung gegenüber der zu erlernenden Sprache und der damit verbundenen Kultur zu den sog. *affektiven Faktoren,* die den Zweitsprachenerwerb beeinflussen.[89] Im Zusammenhang mit der Motivation lassen sich zwei Aspekte unterscheiden, die in der Literatur oft nicht hinreichend differenziert werden: Motivation betrifft zum einen die *Beweggründe zum Lernen*, zum anderen die *Stärke der Bereitschaft zum Lernen*, die sich in der Ausdauer bei den Lernbemühungen niederschlägt und in der Bereitschaft, Frustrationen bei Lern- und Kommunikationsproblemen zu überwinden.
In der Nachfolge der Arbeiten von Gardner/Lambert (1959, 1972) werden zwei wesentliche Ausprägungen der Motivation unterschieden: die *instrumentelle* und die *integrative*. Ein Lerner mit instrumenteller Motivation lernt die Zweitsprache aus reinen Nützlichkeitserwägungen, ohne intensiven Kontakt mit *native speakers* dieser Sprache und ohne Kenntnisse der betreffenden Kultur anzustreben. Man kann von einem solchen Lerner erwarten, daß sich der Umfang seiner Zweitsprachenbeherrschung auf die sprachlichen Mittel beschränken wird, die zur Erfüllung seiner instrumentellen Ziele ausreichen, d. h. seine Sprachbeherrschung kann sehr niedrig sein, wenn er mit Hilfe seiner Fremdsprachenkenntnisse lediglich die touristischen Grundbedürfnisse Transport/Unterkunft/Verpflegung im Ausland befriedigen können will, sie kann relativ hoch sein, wenn der Lerner umfangreichere Sprachkenntnisse aus beruflichen oder statusbezogenen Gründen benötigt. Ein Lerner mit integrativer Motivation lernt dagegen die zweite Sprache, um Kontakt mit *native speakers* aufzunehmen, deren Kultur kennenzulernen und um u. U. sich einige der für Mitglieder der fremden Sprachgemeinschaft typischen Eigenschaften bzw. Verhaltensweisen anzueignen.
Aus ihren Untersuchungen in der kanadischen englisch/französisch-bilingualen Situation leiteten Gardner/Lambert (1959) die These ab, daß der Zweitsprachenerwerb vor allem dann erfolgreich sei, wenn der Lerner eine integrative Motivation mitbringe. Neuere Forschungen haben jedoch ergeben, daß man diesen Befund nicht auf alle Kontexte, in denen zweite Sprachen gelernt werden, übertragen kann.[90] Danach scheint nicht so sehr die *Art* der motivationellen Orientierung, d. h. der jeweilige Beweggrund zum Lernen, sondern die *Stärke* der Motivation i. S. der Bereitschaft zum Lernen für den Lernerfolg maßgeblich zu sein. Die Stärke der Motivation ist u. a. davon beeinflußt, wieweit Fremdsprachenkenntnisse in der Gesellschaft, in der der Lerner lebt, als ein für ihn relevanter sozialer Wert betrachtet werden,[91] aber auch

von der Einstellung gegenüber der fremden Sprache und der damit verbundenen fremden Kultur.
Es ist inzwischen vielfach belegt, daß ein guter Lernerfolg mit einer positiven *Einstellung* gegenüber der zu erlernenden Sprache und Kultur korreliert.[92] Wie Motivation ist auch die Einstellung (engl. *attitude*) nicht invariant für ein Individuum gegeben, sondern abhängig von sozialen und kulturellen Einflüssen wie Sozialstatus, Bildungsstand und der damit verbundenen Weltoffenheit, Kontakt mit *native speakers* oder der fremden Kultur etc.[93]
Ein weiterer Bereich von Lernermerkmalen kann mit »psychische Stabilität« umschrieben werden. Hierher gehört die Fähigkeit zur Überwindung des *Sprachschocks*, der sich für erwachsene Lerner daraus ergibt, daß ihnen in der fremden Sprache das Ausdrücken ihrer Ideen und Intentionen oder die sprachlich manifestierte Selbstdarstellung ihrer Persönlichkeit nicht in der gewohnten Weise gelingt, ebenso wie die Fähigkeit zur Überwindung des *Kulturschocks*, der aus der Verunsicherung des Lerners entsteht, wenn er erkennt, daß die ihm geläufigen Verhaltensweisen und Problemlösungsroutinen im Kontext der fremden Kultur nicht anwendbar sind. Der Kontakt mit einer fremden Sprache und Kultur kann einen Lerner derart unter Streß setzen, daß er dem Kontakt ausweicht und sich so auch dem Zweitsprachenerwerb entzieht. Zu diesem Bereich von Persönlichkeitsmerkmalen gehört auch der Grad der *Ego-Durchlässigkeit* (*ego-permeability*). Nach Guiora (1972) entwickelt ein Mensch in seiner Kindheit analog zu dem Bewußtsein eines körperlichen Ego, das ihn von der Objektwelt in seiner Umgebung abhebt, ein sprachliches Ego. Wie das körperliche dient auch das sprachliche Ego zur Selbst-Identifikation; dafür ist vor allem der Klang der eigenen Stimme bzw. die eigene Aussprache maßgeblich. Nur in frühen Phasen der körperlichen und geistigen Entwicklung des Menschen sind die Grenzen des sprachlichen Ego völlig durchlässig, d. h. offen für Veränderungen. Für erwachsene Lerner ist deshalb der L2-Gebrauch mit einer temporären und partiellen Identitätsaufgabe bzw. Identitätsneubestimmung verknüpft. Guiora sieht darin eine Erklärung des Phänomens, daß nur wenige erwachsene Zweitsprachenlerner eine Aussprache erreichen, die der eines *native speaker* entspricht. Unterschiede in der zielsprachenkonformen phonischen Realisierung der Zweitsprache können deshalb auf Unterschiede in der Ego-Durchlässigkeit zurückgeführt werden.[94] Ego-Durchlässigkeit ist als eine Form der *Empathie* anzusehen, worunter die Fähigkeit verstanden wird, sich in eine andere Person zu versetzen und ihre Gefühle, Wertvorstellungen und Verhaltensweisen zu übernehmen.[95]
Darüberhinaus können auch Merkmale wie Schüchternheit, Extrovertiertheit und Selbstbewußtsein als mögliche Einflußvariablen für das Lernverhalten und damit für den Lernerfolg aufgeführt werden. Wie

bei den zuvorgenannten affektiven Faktoren Sprach- und Kulturschock, Ego-Durchlässigkeit und Empathie erscheint es auch bei den letztgenannten Variablen unmittelbar plausibel, daß sie für Unterschiede im Grad der Zweitsprachenbeherrschung ursächlich sein können. Faktisch läßt sich der Einfluß aller dieser Faktoren nur schwer abschätzen, denn wie sich z. B. bei Schumann (1978 a) zeigt, ist die vorliegende Evidenz hinsichtlich ihrer Wirksamkeit z. T. recht widersprüchlich. Das liegt sicher auch daran, daß diese Faktoren einer direkten Beobachtung nicht zugänglich, sondern theoretische Konstrukte der Forschung sind, die durch spezifische Tests isoliert werden. Deshalb kann man nicht immer davon ausgehen, daß zwei verschiedene Tests, mit denen Ausprägungen eines bestimmten Lernermerkmals erhoben werden sollen, tatsächlich auch dasselbe Merkmal messen, oder daß nicht als verschieden gedeutete Merkmale lediglich unterschiedliche Ausprägungen eines dritten darstellen. So unterscheidet z. B. Seliger (1977) zwischen aktiven Lernern, die jede Gelegenheit suchen, durch Interaktion mit *native speakers* ihre Sprachkenntnisse zu üben und durch neuen Input zu erweitern, und passiven Lernern, die solchen Interaktionsmöglichkeiten lieber ausweichen. Man könnte solche Unterschiede sicherlich auf das jeweilige Selbstbewußtsein oder die Empathiefähigkeit zurückzuführen versuchen. Für Seliger sind sie dagegen mit Unterschieden im kognitiven Stil erklärbar: aktive Lerner sind im Gegensatz zu passiven feldunabhängiger. Als weitere Schwierigkeit für die Forschung kommt hinzu, daß affektive Faktoren keine Konstanten sind, sondern sich – wie z. B. Hermann (1978) für deutsche Englischschüler zeigt – im Verlauf des Spracherwerbs auch durch äußere Einflüsse verändern können. Schließlich gilt generell für alle der genannten Individuenvariablen, daß die positiven oder negativen Effekte eines Faktors von den Wirkungen anderer Faktoren verstärkt, überlagert oder aufgehoben werden können, da sich der Lernerfolg nur selten auf den Einfluß nur eines Faktors zurückführen läßt.

Obwohl es also für die Erforschung spracherwerbsrelevanter Lernercharakteristika noch viel zu tun gibt, ist schon beim heutigen Kenntnisstand unbestreitbar, daß Lernervariablen den *Umfang* der erreichten Sprachbeherrschung und die *Erwerbsgeschwindigkeit* beeinflussen. Aus den Befunden der Untersuchungen des kognitiven Stils kann man sogar die Annahme ableiten, daß Lernervariablen auch die *Art* der Aneignung zweiter Sprachen determinieren und damit für die Variation im Erwerbsverlauf ursächlich sind. Eine solche Annahme erfährt eine weitere Stützung z. B. durch die Arbeit von Pienemann (1979). Er stellte für den Deutscherwerb von Gastarbeiterkindern fest, daß zwar einerseits *Umfang* und die *Geschwindigkeit* des Erwerbs zielsprachenkonformer Strukturen eines bestimmten Strukturbereichs, z. B. des Auxiliarkomplexes, zwischen Lernern variierten, nicht jedoch die Sequenz, in der die dem Standard gemäßen Formen *dieses* Bereiches auftraten, daß aber andererseits die Abfolge *verschiedener* Strukturbereiche, etwa Auxiliarkomplex und Adverbstellung, in der Erwerbschronologie deutlich verschoben war. Pienemann führt diese Divergenz auf zwei unterschiedliche Lernerverhaltensweisen zurück: Entweder vermeidet der Lerner Strukturen, deren Gebrauch die Verwendung noch nicht beherrschter anderer Strukturen nach sich zieht, und kommt damit auf Kosten der kommunikativen Effektivität zu zielsprachenkonformen Äußerungen, oder er produziert solche Strukturen, um ihren kommunikativen Wert auszunutzen, mit der Folge, daß seine Äußerungen von der zielsprachlichen Norm abweichen. Die Wahl einer dieser Verhaltensweisen setzt eine Entscheidung zwischen den Bedürfnissen, kommunikativ effektiv zu sein oder zielsprachenkonform zu sprechen, voraus. Es ist unmittelbar einsichtig, daß eine solche Entscheidung von Persönlichkeitsmerkmalen wie etwa Selbstsicherheit, aber auch von sozialen Erfahrungen des Lerners im Hinblick auf die Zielsprachenkonformität seiner Zweitsprachenverwendung geprägt ist – folglich hängt auch der Erwerbsverlauf von derartigen, individuell variierenden Faktoren ab. Deshalb macht Krumm (1978) zu Recht darauf aufmerksam, daß die Erforschung der spracherwerblichen Eigenvoraussetzungen von Lernern nicht auf angeborene Lernprozesse oder -strategien beschränkt werden dürfe, sondern daß zu diesen Eigenvoraussetzungen auch die u. U. durch Umweltbedingungen und Lernerfahrungen determinierten Individuencharakteristika gehören.

4.3.1.3 Soziale Variablen

Wir haben oben schon darauf hingewiesen, daß Effekte des Alters von Lernern auf den Zweitsprachenerwerb auch durch die sozialen Erwartungen bedingt sind, die die Umgebung eines Lerners in dessen Zweitsprachenerwerb setzt. Diese Erwartungen beziehen sich auf die soziale Rolle, die das lernende Individuum in der Gesellschaft der ihn umgebenden *native speakers* spielt; genauer: auf das Ausmaß der Sprachkenntnisse, die von ihm zur Ausfüllung dieser Rolle erwartet werden. Die Möglichkeit zur Übernahme bestimmter Rollen ist aber nicht nur altersabhängig, sondern hängt auch von bestimmten sozialen Faktoren ab, die den Kontakt zwischen *native speakers* und einem Zweitsprachenlerner entweder fördern oder hemmen.[96] Diese Faktoren betreffen Beziehungen zwischen der Gruppe der *native speakers* der Zweitsprache (den Zweitsprachensprechern) und der Gruppe, der der Lerner angehört (den Zweitsprachenlernern). Insofern als diese Faktoren den *Kontakt* zwischen den verschiedenen Gruppen determinieren, zeigt sich ihr Einfluß vor allem in der Situation des natürlichen Zweitsprachenerwerbs, d. h. im Fall der Immigration oder eines längeren Auslandsaufenthaltes der Zweitsprachenlerner.

Ein Faktor, den wir schon bei den Individuenvariablen behandelt haben, gilt auch für die Beziehungen zwischen den Gruppen: Wenn beide eine positive *Einstellung* zueinander haben, ist der Kontakt umfangreicher und der Zweitsprachenerwerb leichter möglich, als wenn Ablehnung, Vorurteile und negative Stereotypen das Bild der jeweils anderen Gruppe prägen.

Die Einstellung ist nicht unbeeinflußt von der Form der *sozialen Dominanz*. Wenn die Gruppe der Zweitsprachenlerner die Gruppe der Zweitsprachensprecher politisch, kulturell, ökonomisch oder technisch dominiert, dann wird ein Mitglied der ersten Gruppe nicht sehr dazu neigen, die zweite Sprache zu lernen. Eine solche Dominanzbeziehung ist in der Regel z. B. zwischen Kolonialherren und den von ihnen beherrschten Gruppen gegeben. Aber auch wenn die Gruppe der Zweitsprachenlerner den Zweitsprachensprechern sozial deutlich untergeordnet ist, wie etwa im Fall von Gastarbeitern gegenüber den Bewohnern des Aufenthaltslandes, wird die Bereitschaft zum Zweitsprachenerwerb gering sein. Nur dann, wenn die *soziale Distanz* zwischen den Gruppen nicht sehr groß ist, d. h. wenn sie einen ähnlichen politischen, kulturellen, ökonomischen etc. Status haben, ist die Wahrscheinlichkeit eines intensiveren Kontakts und damit einer Förderung des Zweitsprachenerwerbs größer. Die soziale Distanz und damit letztlich der Zweitsprachenerwerb wird außer von der Dominanzbeziehung von drei Integrationsstrategien beeinflußt: *Assimilation, Preservation* und *Adaptation*. Assimilation liegt vor, wenn die Zweitsprachenlerner ihren eigenen Lebensstil und ihre kulturellen und sozialen Wertvorstellungen aufgeben und diejenigen der Zweitsprachensprecher übernehmen. Dadurch werden die Kontaktmöglichkeiten maximiert und wird der Zweitsprachenerwerb entsprechend gefördert. Im Gegensatz dazu behält im Fall der Preservation die Gruppe der Zweitsprachenlerner ihren Lebensstil und ihre Wertvorstellungen und weist diejenigen der Zweitsprachensprecher zurück. Dadurch wird die soziale Distanz vergrößert mit den entsprechenden negativen Konsequenzen für den Zweitsprachenerwerb. Bei der Adaptation dagegen paßt sich die Lernergruppe den Werten und Lebensstilen der sie umgebenden Sprachgemeinschaft an, behält aber ihre eigenen Lebensstile und Wertsysteme für das soziale Handeln innerhalb der eigenen Gruppe bei. Diese Integrationsstrategie führt zu unterschiedlich engem Kontakt zwischen den Gruppen und entsprechend zu unterschiedlichem Umfang an Zweitsprachenkenntnissen.

Darüberhinaus hängt soziale Distanz ab von der *Kongruenz* bzw. Ähnlichkeit der Kulturen beider Gruppen, von dem Grad der *Abgegrenztheit*, in dem die beiden Gruppen im Alltag miteinander leben, dem *Zusammenhalt* und der *Größe* der Gruppe der Lerner sowie der geplanten *Verweildauer* im Gebiet der Zweitsprache. Je ähnlicher sich die Kulturen sind, desto leichter ist der Kontakt möglich, ebenso, je mehr Institutionen wie Schulen, Kirchen, Freizeiteinrichtungen und Arbeitsplatzbereiche die Gruppen teilen. Besteht in der Lernergruppe ein enger Zusammenhalt und ist die Gruppe ausreichend groß, dann ist die Neigung sehr wahrscheinlich, Kontakte auf Angehörige der eigenen Gruppe zu konzentrieren, und die Konsequenzen für den Spracherwerb sind negativ. Schließlich hängen die Intensität des Kontakts und die Gelegenheiten, aus der Interaktion mit *native speakers* zu lernen, natürlich auch von der Dauer des Aufenthalts im fremdsprachigen Land ab.

Obwohl die Bedeutung dieser Faktoren für den Zweitsprachenerwerb bisher weit weniger gründlich erforscht worden ist als etwa der Einfluß von Motivation und Einstellung einzelner Lerner, ist ihre Relevanz für die Erklärung der Erwerbsvariation beim natürlichen Zweitsprachenerwerb unbestreitbar. So zeigen z. B. die Arbeiten des Heidelberger Projekts »Pidgin-Deutsch« (1975, 1976), daß das Ausmaß des Deutscherwerbs von Gastarbeitern durch soziale Variablen wie Freizeitkontakt mit Deutschen, Kontakt mit Deutschen bei der Arbeit, Alter bei der Einwanderung, Dauer des Schulbesuchs und Verweildauer in der Bundesrepublik beeinflußt ist. Die Bedeutung individualpsychologischer und sozialer Faktoren wird besonders an den Arbeiten deutlich, die zu integrierten Modellen zur Erklärung des Erwerbs und seiner Variation geführt haben, welche wir im folgenden Abschnitt darstellen wollen.

4.3.2 Integrierte Modelle zur Erklärung des Erwerbs

Wir haben oben schon dargestellt, daß Versuche zur Erklärung der Variation beim Zweitsprachenerwerb zur Berücksichtigung sprachlicher, individuenspezifischer und sozialer Variablen führen und damit zwangsläufig eine Relativierung der mit der Sequenzhypothese verbundenen Annahmen zur Folge haben. Entsprechend wurden unlängst Modelle entwickelt, die durch die Einbeziehung der genannten Variablen Sequenzen und Variationen beim Zweitsprachenerwerb nicht mehr – oder wenigstens nicht mehr allein – auf das Wirken eines LAD zurückführen. Wir nennen solche Modelle *integrierte Modelle*.

Eines der bekanntesten ist das *Akkulturations-Modell* von John H. Schumann. Er entwickelte dieses Modell aus der Fallstudie eines der sechs Lerner, deren Englischerwerb in dem schon mehrfach erwähnten Forschungsprojekt unter der Leitung von Courtney B. Cazden untersucht wurde.[97]

Bei diesem Lerner handelte es sich um einen 33jährigen Mann aus Costa Rica namens Alberto, der im Gegensatz zu den anderen untersuchten Lernern im zehnmonatigen Untersuchungszeitraum fast keine Fortschritte machte, sondern dessen Lernersprache auf einer reduzierten und simplifizierten Stufe fossilisiert war. Die formalen Eigenschaften seiner Lernersprache stimmten mit den frühesten Phasen des Zweitsprachenerwerbs der übrigen Lerner, aber auch mit Eigenschaften von Pidgins überein. So gebrauchte er u. a. zur Negation fast ausschließlich die Form *no*, verwendete Fragen ohne Inversion, z. B. *How old you are?* und benutzte weder Hilfsverben noch Flexionsendungen für den Possessiv-Kasus und das Verb. Da Alberto nach dem Ergebnis eines Intelligenztests keine größeren Defizite an intellektuellen Fähigkeiten aufwies und da auch sein Lebensalter verglichen mit dem der übrigen untersuchten Personen als Erklärungsfaktor ausschied, kamen für Schumann nur soziale und affektive Variablen als ursächlich in Frage, und zwar insoweit als sie eine soziale und/oder psychologische Distanz des Lerners zu Sprechern der Zweitsprache und ihrer Kultur bedingen.

Nach Schumann (1976 b) führt soziale und psychologische Distanz zwischen Mitgliedern verschiedener Sprachgemeinschaften dazu, daß sich die sprachliche Interaktion von einzelnen Angehörigen der verschiedenen Gruppen miteinander allein auf die Übermittlung von Informationen über Gegenstände und Sachverhalte der gemeinsam erfahrenen Lebenswelt beschränkt. Andere Funktionen der Sprachverwendung wie diejenige, seine Zugehörigkeit zu einer sozialen Gruppe anzuzeigen oder sich als sprachlich virtuos auszuweisen und so Prestige zu erlangen, bleiben ausgeschlossen. Solche Funktionen beschränken sich nur auf die jeweilige Muttersprache und deren Sprachgemeinschaft. Eine solche Konstellation ist charakteristisch für die Verwendungssituation von Pidgins.

Eine Analyse seiner Lebensumstände ergab, daß Alberto als ungelernter Arbeiter und lateinamerikanischer Immigrant zu einer Gruppe von geringem Status in der US-Gesellschaft gehörte, die entsprechend den oben beschriebenen sozialen Variablen durch ein hohes Maß an sozialer Distanz zu *native speakers* des Englischen gekennzeichnet ist. Aus Albertos Lebensstil war ferner zu erkennen, daß er über eine instrumentelle Motivation von nur geringer Stärke und keine sehr positive Einstellung gegenüber seiner amerikanischen Umwelt verfügte, sich also auch in psychologischer Distanz zu *native speakers* befand. Deshalb ist es für Schumann (1976 b) leicht erklärlich, daß Albertos Englisch pidginisiert erscheint: Schumann nimmt an, daß das erste Stadium jedes Zweitsprachenerwerbs durch Pidginisierung charakterisiert ist, die in einem Rückgriff auf elementare linguistische Kategorien beruht, welche mit der Erstsprache erworben werden, und daß dieses Stadium so lange andauert, wie die Funktion der Lernersprache wegen sozialer und psychologischer Distanz auf die bloße Informationsübermittlung beschränkt bleibt.

Ausgehend von dieser Pidginisierungshypothese entwickelt Schumann (1978 b) sein Akkulturationsmodell. Für ihn sind soziale und affektive Variablen die wichtigsten Determinanten des Zweitsprachenerwerbs: sie bestimmen den Grad der Akkulturation eines Lerners. Unter Akkulturation versteht Schumann die soziale und psychologische Integration des Lerners in die Gruppe der Zweitsprachensprecher. Er geht davon aus, daß man jeden Lerner auf einem Kontinuum plazieren kann, das von sozialer und psychologischer Distanz bis zu sozialer und psychologischer Nähe zu Zweitsprachensprechern reicht, und daß ein Lerner die zweite Sprache nur in dem Ausmaß erwirbt, wie seine Akkulturation fortschreitet. Spracherwerb ist demnach nur ein Aspekt der Akkulturation; jedem Grad an Akkulturation entspricht ein Grad der Zweitsprachenbeherrschung, bleibt die Akkulturation auf einem bestimmten Niveau stehen, fossilisiert die Lernersprache auf einem entsprechenden Niveau. Schumann (1978 b) erwartet nicht, daß man im konkreten Einzelfall tatsächlich immer eine Eins-zu-eins-Beziehung zwischen Akkulturation und L2-Erwerb feststellen kann, sieht sein Modell jedoch außer durch seine eigenen Arbeiten auch durch die schon erwähnten Veröffentlichungen des Heidelberger Projekts »Pidgin-Deutsch« und durch eine Untersuchung von Stauble als empirisch bestätigt an.

Stauble (1978) zeigt am Erwerb der englischen Negation durch drei spanischsprachige Lerner, wie soziale Distanz, vor allem aber psychologische Distanz den Grad der Akkulturation und damit den Grad der Zweitsprachenbeherrschung determiniert. Sie kommt zu dem Schluß, daß für den Zweitsprachenerwerb die psychologische Distanz bedeutsamer als die soziale ist und daß Motivation – bei ihr wohl zu verstehen als Stärke der Lernbereitschaft – den wichtigsten Aspekt der psychologischen Distanz ausmacht. Dieses Ergebnis ist zweifellos im Hinblick auf den schulisch gesteuerten Zweitsprachenerwerb besonders interessant, da die Motivation im Gegensatz zu sozialen Variablen einer pädagogischen Beeinflussung zugänglich ist.[98]

Für die Plausibilität des Akkulturationsmodells sprechen auch Argumente aus der Forschung zu Pidgins und Kreolsprachen. Wir haben oben im Zusammenhang mit dem Einfluß des Input darauf hingewiesen, daß sich *native speakers* im Kontakt mit Personen, bei denen sie geringe Sprachkenntnisse vermuten, oft mit dem *foreigner talk* einer strukturell simplifizierten Varietät ihrer Sprache bedienen, die formale Eigenschaften von Pidgins aufweist. Weitgehend ähnliche strukturelle Simplifizierungen gegenüber der Zweitsprache kennzeichnen auch die Lernersprache in der Anfangsphase des Zweitsprachenerwerbs. Wir wollen hier nicht näher auf die in der Literatur kontrovers diskutierte Frage eingehen, ob die simplifiziert erscheinende Sprache, die ein Lerner zu Beginn des Zweitsprachenerwerbs spricht und bei geringer Akkulturation beibehält, tatsächlich als ein genuines Pidgin bezeichnet werden kann und ob sie durch Input in der Form von *foreigner talk* determiniert ist.[99] Hervorheben möchten wir jedoch, daß das Akkulturationsmodell einen erfolgreichen L2-Erwerb unter solchen

Bedingungen voraussagt, die zu einer Dekreolisierung eines Kreol führen, und daß es damit auch auf die in Kap. 3 eingeführten neueren Vorstellungen von der Lernersprache als einem Kontinuum beziehbar ist. Wir wollen diesen Gedanken hier näher erläutern:
Pidgins sind in grammatischer Struktur und im Vokabular stark beschränkte Sprachen, die von niemandem als Muttersprache, sondern immer nur als Zweitsprache erworben werden, und die nur für eng begrenzte soziale Kontakte als Verständigungsmittel von Sprechern verschiedener Ausgangssprachen fungieren. Gewöhnlich wird diejenige der am Kontakt beteiligten Sprachen, die aufgrund der sozialen Dominanz ihrer Sprecher das höhere Prestige besitzt und von der die meisten Lexikonelemente in das Pidgin übernommen werden, als *Basissprache* bezeichnet. Typischerweise ist dies z. B. die Sprache von Kolonialherren; entsprechend gibt es u. a. englisch-basierte und französisch-basierte Pidgins. Wenn ein Pidgin zur Muttersprache einer Gruppe von Sprechern wird, entsteht ein *Kreol*. Beim Vorgang der Kreolisierung wird die einfache Struktur des ehemaligen Pidgins übernommen, aber da ein Kreol als Muttersprache dazu dienen können muß, den gesamten Bereich menschlicher Erfahrung auszudrücken und alle möglichen Funktionen von Sprache zu übernehmen, expandiert das Vokabular, und es entsteht auch ein komplexeres, eigenständiges grammatisches System.
Kommt oder bleibt die Gruppe der Kreol-Sprecher mit Sprechern der ehemaligen Basissprache in Kontakt, kann sich die Situation der *Dekreolisierung* ergeben. In einer solchen Situation, die gegenwärtig z. B. auf Jamaika mit dem englisch-basierten *Jamaican Creole* gegeben ist, ist die soziale Dominanz der Basissprachen-Sprecher nicht mehr für alle Kreol-Sprecher gleich groß, und Kreol-Sprecher haben unterschiedlich engen Kontakt mit Sprechern der Basissprache. Als Folge dieses variierenden Kontakts entsteht eine Menge von einander überlappenden Zwischensprachen oder *Lekten*, die unterschiedlich weit vom Standard der Basissprache entfernt sind und deren Verwendung von bestimmten sozialen Variablen der Sprechsituation, etwa vom Grad der Förmlichkeit, abhängt. Diese Lekte lassen sich auf einem Kontinuum anordnen, das vom Kreol bis zur Basissprache reicht. Wie bei anderen Sprachen ein Sprecher über verschiedene Varietäten verfügt, beherrscht jeder Kreol-Sprecher eine Bandbreite von mehreren Lekten. Welchen Ausschnitt dieses Kontinuums er im Einzelfall beherrscht, vor allem, welchen Lekt er als den der Basissprache nächsten erreicht, hängt wesentlich ab vom Umfang seines Kontakts mit Basissprachen-Sprechern. Das bedeutet, daß der Grad der Nähe eines Sprechers zur Basissprache determiniert wird durch den Grad seiner Akkulturation gegenüber der Gruppe der Basissprachen-Sprecher, was in der Tat als eine weitere Plausibilisierung des Akkulturationsmodells angesehen werden kann.

Die Vergleichbarkeit der Dekreolisierungssituation und der Situation des natürlichen Zweitsprachenerwerbs ist besonders augenfällig, wenn man annimmt, daß die Entwicklung der Lernersprache nicht als eine Abfolge von klar abgegrenzten Stadien verläuft, sondern als ein allmähliches Fortschreiten des Lerners auf einem Kontinuum, das von der Ausgangssprache bis zur Zielsprache reicht. Wir haben schon in Kap. 3 darauf hingewiesen, daß Lerner nicht durchgängig das Optimum ihrer Lernersprache verwenden, sondern in unterschiedlichen Verwendungssituationen zwischen dem aktuellen, maximalen Entwicklungsstand und früheren, niedriger entwickelten Erwerbsstadien variieren. Dieser Variation entspricht die situationsabhängige Variation der Lekte des Dekreolisierungskontinuums. Wie bei diesem Kontinuum ist auch beim natürlichen Zweitsprachenerwerb das Fortschreiten entlang dem Erwerbskontinuums vom Grad des Kontakts abhängig, den der Lerner mit der Gruppe der Zweitsprachensprecher hat.
Allerdings gibt es für diese Gleichsetzung von Dekreolisierung und Zweitsprachenerwerb eine gewichtige Schwierigkeit: Bei einer solchen Annahme käme mit der jeweiligen Ausgangssprache des Lerners als Anfangspunkt des Kontinuums kein strukturell einfaches System wie ein Kreol in Frage, sondern eine bereits voll ausgebaute komplexe Sprache, die der Lerner gewöhnlich neben seiner Lernersprache beibehält. Deshalb könnte ein Fortschreiten auf dem Kontinuum lediglich darin bestehen, daß im Zuge einer allmählichen Restrukturierung der Lernersprache nach und nach Eigenschaften der Ausgangssprache durch ihre Entsprechungen in der Zweitsprache ersetzt werden. Ein solches *Restrukturierungskontinuum* könnte zwar der Tatsache Rechnung tragen, daß besonders in frühen Phasen des Zweitsprachenerwerbs zahlreiche Formen auftreten, die auf die Ausgangssprache zurückgeführt werden können, wird aber den empirischen Fakten beim Zweitsprachenerwerb nicht gerecht: sofern ein Lerner nicht ein selten hohes Maß an Zweitsprachenbeherrschung erworben hat, wird seine Lernersprache immer weniger komplex sein als seine Ausgangs- oder Zweitsprache. Erst recht gilt dies natürlich für die Anfangsphasen des Erwerbs. Deshalb macht es wenig Sinn, sich den L2-Erwerb als ein Voranschreiten auf einem Kontinuum vorzustellen, dessen einer Grenzpunkt die Ausgangssprache ist. Wenn man die Vorstellung eines Erwerbskontinuums dennoch beibehalten will, wofür ja einige Argumente sprechen, wo wäre dann aber sein Anfangspunkt anzusetzen?
Vor allem vor dem Hintergrund der Sequenzstudien erscheint es plausibler, den Zweitsprachenerwerb als einen Prozeß der zunehmenden Komplexierung der Lernersprache aufzufassen, wie er auch die Entwicklung des Erstsprachenerwerbs charakterisiert. Man könnte deshalb analog zum Erstsprachenerwerb auch den L2-Erwerb als ein Fortschreiten auf einem zunehmend komplexeren *Entwicklungskontinuum* auffassen. Doch auch dies ist unbefriedigend, da – wie wir am Schei-

tern der L2 = L1-Hypothese gesehen haben – ein Zweitsprachenlerner seinen Spracherwerb nicht bei Null beginnt, sondern Fähigkeiten und Kenntnisse aus seiner Ausgangssprache einbringt.
Diese Überlegungen um einen möglichen Anfangspunkt des Kontinuums, von dem aus sich der Lerner auf das Modell der zu erlernenden Sprache zubewegt, haben Corder (o. J., 1978) zu einem besonderen Erklärungsmodell des Zweitsprachenerwerbs geführt.
Anstoß für die Entwicklung seiner Hypothesen ist für Corder die Beobachtung, daß alle Pidgins, simplifizierte Varietäten einer Sprache wie *baby talk* und *foreigner talk* sowie die ersten Phasen des Erwerbskontinuums beim Erstsprachenerwerb ebenso wie diejenigen beim Zweitsprachenerwerb einander verblüffend ähnlich sind. Corder nimmt an, daß simplifizierte Varietäten nicht wie Dialekte oder sozial determinierte Varietäten gesondert neben anderen erworben werden müssen, sondern daß diese simplifizierten Varietäten Entsprechungen früherer Spracherwerbsstadien sind, auf die ein Lerner zurückgreift. Für Corder bleiben demnach die zunehmend komplexeren Sprachsysteme, die beim Erstsprachenerwerb durchlaufen werden, einem Menschen immer verfügbar. Je einfacher diese Systeme sind bzw. je früher der Zeitpunkt ihres erstmaligen Auftretens liegt, desto mehr stimmen sie zwischen allen Sprachen überein. Corder (1978) hält es sogar für denkbar, daß auf der untersten Stufe ein universales System stehen könnte. Entsprechend faßt er den Zweitsprachenerwerb als einen *Komplexierungsprozeß* auf, bei dem ein Zweitsprachenlerner auf die ihm aus seinem Erstsprachenerwerb verfügbaren zunehmend komplexeren Systeme zurückgreift und diese Systeme jeweils durch das Ersetzen von erst- durch zweitsprachliche Eigenschaften restrukturiert. Demnach ist der Zweitsprachenerwerb als eine Mischung aus Restrukturierungs- und Entwicklungskontinuum anzusehen. Der Ausgangspunkt dieses Komplexierungsprozesses kann ein natürliches, universales System sein, von dem jede Sprachentwicklung ausgeht, oder eine mehr oder weniger simplifizierte Varietät der Ausgangssprache. Wie weit ein Lerner auf der Skala der Simplifiziertheit hinabgehen muß, d. h. von welchem der ihm verfügbaren Systeme aus er seine Lernersprache komplexiert, hängt für Corder von der vom Lerner wahrgenommenen Distanz zwischen Erst- und Zweitsprache ab.
Wie schon in früheren Kapiteln erwähnt, vollzieht sich für Corder der Zweitsprachenerwerb als ein Prozeß sukzessiver Hypothesenbildungen über die Struktur der zu erlernenden Sprache. Folglich wird der Komplexierungsprozeß ausgelöst und in Gang gehalten durch die Interaktion des Lerners mit der zweitsprachigen Umgebung: Inputdaten veranlassen ihn zur Bildung lernersprachlicher Hypothesen, die er in seiner eigenen Sprachproduktion bei der Interaktion mit Zweitsprachensprechern testet. Grundsätzlich können nach Corder Inputdaten nur ein Angebot zu Hypothesenbildungen sein; welche struktu-

rellen Informationen der Lerner aus solchen Daten in sein lernersprachliches System inkorporiert, d. h. welchen *intake* er aus dem Input aufnimmt, ist durch angeborene Sprachentwicklungsprozesse bzw. einen angeborenen Lehrplan (*built-in syllabus*) determiniert, der das Voranschreiten auf dem Lernersprachenkontinuum steuert. Dieser *built-in syllabus* kann insoweit, als er den Ablauf des Erwerbs vorherbestimmt, mit dem LAD gleichgesetzt werden. Allerdings spezifiziert Corder (1978) die Wirkungsweise dieses Lehrplans unter Rückgriff auf die zentralen Lernprozesse Piagets: Die sukzessive Bildung zielsprachenadäquaterer lernersprachlicher Systeme vollzieht ein Lerner auf der Basis von *Assimilation*, indem er versucht, neu wahrgenommene L2-Eigenschaften mit seinem bisherigen System zu verarbeiten, und der *Akkomodation*, indem er versucht, sein lernersprachliches System den neu wahrgenommenen, nicht in seinen bisherigen Wissensstand integrierbaren Eigenschaften anzupassen. In dieser Konkretisierung von Lernvorgängen weist Corder also über eine bloße LAD-Erklärung hinaus.

An diesem zunächst recht beeindruckenden Modell ist jedoch problematisch, daß Corder von einer Übereinstimmung der lernersprachlichen Systeme beim Erst- und Zweitsprachenerwerb und der Abfolge, in der sie vorkommen, ausgeht, die aufgrund des Scheiterns der L2 = L1-Hypothese nicht mehr plausibel erscheinen kann. Unbefriedigend ist auch, daß dieses Modell nur für die frühesten Stadien des Zweitsprachenerwerbs gelten kann, da eine Übernahme der zunehmend komplexeren Systeme des Erstsprachenerwerbs lediglich in diesen Stadien möglich wäre, weil die Sprachentwicklungssysteme der Erstsprache mit zunehmender Komplexität zwangsläufig sprachspezifischer werden und sich immer mehr von der Zweitsprache unterscheiden. Wie aber der Komplexierungsprozeß in späteren Stadien abläuft, worauf der Lerner dann bei seinen Hypothesenbildungen zurückgreift, bleibt unklar. Wie fast alle Erklärungsversuche, die mit einem LAD operieren, erscheint auch Corders Modell auf einem hohen Abstraktionsniveau einleuchtend, läßt aber kaum konkrete Aussagen über den Ablauf des Erwerbs zu und vernachlässigt auch die individuelle Variation beim Durchlaufen des Lernersprachenkontinuums.

Auf die Erfassung besonders der interindividuellen Variation ist dagegen ein Erklärungsmodell ausgerichtet, das im Rahmen des ZISA-Projekts entwickelt wurde.[100] Dieses Modell ist wie dasjenige von Schumann aus empirischen Erwerbssequenzuntersuchungen hervorgegangen. Meisel et al. (1979) sehen den Zweitsprachenerwerb ebenfalls als eine Abfolge von Stadien an, stellen jedoch anders als die in Abschn. 4.2 behandelten Sequenzstudien die Forderung, daß eine Stadiendefinition die vorkommende, beträchtliche Variation berücksichtigen müsse. Auf der Basis ihrer Längs- und Querschnittuntersuchungen zum Erwerb des Deutschen durch erwachsene Gastarbeiter und durch Gastarbeiterkinder kommt die ZISA-Gruppe zu dem Ergebnis, daß nicht jede Veränderung der Lernersprache ein neues Stadium anzeigt. Vielmehr kommen in jedem Stadium Veränderungen bzw. Variation bei einzelnen und zwischen verschiedenen Lernern vor. Spracherwerbsstadien werden von der ZISA-Gruppe auf Strukturen der Zielsprache bezogen definiert. Vereinfacht dargestellt, repräsentiert z. B. die Äußerung *Ich habe ein Auto* (mit der Struktur NP + V + NP) eine früheres, die Äußerung *Ich kaufe Milch im Supermarkt* (mit der Struktur NP + V + NP + PP) ein späteres Stadium. Für die Bestimmung des Erwerbsstadiums eines Lerners ist nur maßgeblich, welchen zielsprachenkonformen Strukturen seine lernersprachlichen Äußerungen entsprechen. Deshalb ist z. B. ein Lerner, der die Äußerung *Ich Auto* produziert, im selben Erwerbsstadium wie jemand, der die Äußerung *Ich eine Wohnung, Ich habe Frau* macht – die Unterschiede sind als Variation innerhalb eines Stadiums aufzufassen. Entscheidend für die Bestimmung von Erwerbsstadien ist also, welche zielsprachliche Struktur ein Lerner mehr oder weniger erfolgreich zu lernen in Angriff nimmt, und nicht, wie er diese Struktur in seiner Lernersprache realisiert.

Auch für Meisel et al. ist Variation beim Zweitsprachenerwerb von individuellen und sozialen Variablen beeinflußt. Anders als beim Akkulturationsmodell folgt für die ZISA-Gruppe aber nicht zwingend, daß der Zweitsprachenerwerb nicht weiter fortschreitet, wenn ein Lerner auf einem bestimmten Grad der Akkulturation stehenbleibt. Im Gegenteil können Lerner selbst bei einem geringen Akkulturationsgrad damit fortfahren, neue Eigenschaften der Zweitsprache, insbesondere neue syntaktische Regelmäßigkeiten, zu erlernen, d. h. sie können neue Entwicklungsstadien erreichen. Allerdings behalten Lerner dabei bestimmte, durch individuelle und Akkulturations-Variablen determinierte Verarbeitungs- und Produktionsstrategien bei, so daß die Erweiterung der Lernersprache nicht notwendig zu einem dem Standard der Zweitsprache konformeren Sprachverhalten führt.

Um dafür ein Beispiel zu geben: Pienemann (1979) stellte bei seiner Longitudinalstudie zum Deutscherwerb italienischer Gastarbeiterkinder fest, daß zwei Probanden sowohl die syntaktische Struktur deutscher Hauptsätze mit einem Objekt als auch die Struktur von Äquationalsätzen zu annähernd derselben Zeit erwarben. Sie unterschieden sich jedoch darin, daß nur eines der beiden Kinder, Luigiana, grundsätzlich das Verb bzw. die Kopula ausließ und entsprechend Äußerungen produzierte wie *ein Mädchen Ø Bier* für *ein Mädchen (trinken) Bier* und *ich Ø Mädchen* für *ich (sein) Mädchen*.[101] Von diesem Unterschied abgesehen, war die Lernersprache gleich entwickelt, d. h. die Äußerungen enthielten dieselben Konstituenten und waren hinsichtlich deren Zahl gleich komplex, so daß man die Lerner jeweils demselben Erwerbsstadium zuordnen konnte. Bemerkenswert war jedoch, daß

Luigiana die Tilgung des Verbs, besonders jedoch die Tilgung der Kopula, sehr lange beibehielt, obwohl sie in derselben Zeit weitere syntaktische Strukturen erwarb. Man kann deshalb diese Tilgung nicht als einen Indikator für ein früheres Entwicklungsstadium ansehen. Sie ist vielmehr als eine Simplifizierungsstrategie aufzufassen, mit der der Lerner seine Mühe bei der Zweitsprachenproduktion minimiert.

Nach Pienemann ist die Anwendung dieser Simplifizierungsstrategie eine Konsequenz des Bedürfnisses des Lerners, kommunikativ effektiv zu sein, d. h. mit dem geringsten Aufwand soviel Information wie möglich zu übertragen. Dieses Bedürfnis steht im Widerstreit mit dem Bedürfnis, rhetorisch expressiv zu sein, d. h. eine Sprache variabel zum Ausdruck von Einstellungen, zum Signalisieren von persönlichen Beziehungen usw. zu verwenden. Um letzteres zu erreichen, muß der Lerner sich um eine der Norm der Zweitsprache entsprechende Sprachverwendung bemühen. Die Erfüllung des einen Bedürfnisses geht zu Lasten des anderen. Welches dieser Bedürfnisse und damit welche Produktions- und Verarbeitungsstrategie längerfristig überwiegt, hängt von individuellen Variablen, vor allem jedoch von Faktoren der Akkulturation ab. Ist es nämlich aufgrund sozialer und/oder psychologischer Distanz für den Zweitsprachenlerner nicht erforderlich, sich sprachlich als Mitglied derselben Gruppe zu identifizieren, der die Zweitsprachensprecher angehören, reduziert sich die Notwendigkeit, rhetorisch expressiv zu sein. Deshalb wird sich sein Spracherwerb nicht auf den sprachlichen Standard dieser Gruppe zubewegen, sondern er wird, je nach der Größe der sozialen und psychologischen Distanz, auf eine mehr oder weniger stark simplifizierte Varietät der Zweitsprache ausgerichtet sein.

Das bedeutet, daß die Zielsprache von Zweitsprachenlernern nicht notwendig die Standard-Varietät der Zweitsprache ist – genauer: die soziale oder regionale Varietät der Zweitsprache, die in der Umgebung des Lerners von *native speakers* gesprochen wird –, sondern daß Lerner je nach dem Grad ihrer Akkulturation den Erwerb einer entsprechend simplifizierten Varietät anstreben. Deshalb sieht die ZISA-Gruppe den Zweitsprachenerwerb nicht wie z. B. Corder als einen linear ablaufenden Prozeß an, der in einem allmählichen Vorrücken von einer simplifizierten Anfangsvarietät über stets identische Zwischenstadien in Richtung Zweitsprache besteht. Vielmehr muß nach ihrer Auffassung wie in der folgenden Skizze 1 der Zweitsprachenerwerb als ein mehrdimensionaler Prozeß dargestellt werden, der zwar – bezogen auf Strukturen des zweitsprachlichen Standard – in einer für alle Lerner gleichen, vertikal geordneten Abfolge von Erwerbsstadien verläuft, bei dem jedoch auf jedem Stadium (horizontal) Variationen möglich sind, und zwar abhängig davon, auf welchen Punkt des Kontinuums unterschiedlich stark simplifizierter Zielvarietäten ein Lerner jeweils ausgerichtet ist:[102]

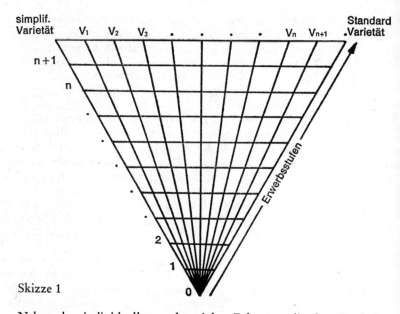

Skizze 1

Neben den individuellen und sozialen Faktoren, die den Grad der Variation beim Erwerb bzw. die angestrebte Zielvarietät beeinflussen, wird für die ZISA-Forschungsgruppe die Entstehung und weitere Entwicklung der Lernersprache durch allgemeine psychologische Verarbeitungsprinzipien bestimmt, die auch beim Zweitsprachenerwerb wirksam und dabei für die Übereinstimmungen im Erwerb aller Lerner verantwortlich sind. Solche allgemeinen Verarbeitungsprinzipien ergeben sich u. a. aus den Möglichkeiten und Beschränkungen des menschlichen Gehirns, Wahrnehmungen zu strukturieren, zu reorganisieren und zu speichern. Die ZISA-Gruppe bezieht sich dabei auf Bever (1970), der unter Bezug auf derartige Beschränkungen der Wahrnehmung ein System von psycholinguistischen Strategien der Perzeption sprachlicher Strukturen entwickelte. Dabei ist unter »Strategie der Perzeption« ein unbewußt ablaufender Vorgang zu verstehen, bei dem eine im Gehirn angelegte Struktur, logische Relation o. ä. auf eine Äußerung projiziert wird; diese Projektion bestimmt dann, wie das sprachliche Material der Äußerung wahrgenommen bzw. für die Wahrnehmung strukturiert wird. Eine besonders elementare Strategie besteht nach Bever darin, Äußerungssegmente derart zu Einheiten zusammenzufassen, daß sie sich als in der Relation »*actor-action-object*« stehend interpretieren lassen. Für Bever ist die Strategie, jede Nomen-Verb-Nomen-(NVN-)Sequenz einer Äußerung als Realisierung der Relation »*actor-action-object*« wahrzunehmen, empirisch bestätigt. Wie psycholinguistische Untersuchungen ergaben,[103] ist die Realisie-

rung dieser Relation in der Struktur $NP_1 + V + NP_2$ die psychologisch am einfachsten zu verarbeitende sprachliche Einheit; jede Unterbrechung dieser Struktur durch andere Elemente, wie z. B. in $NP_1 + AUX + V + NP_2$, erhöht ihre psychologische Komplexität und erschwert ihre Verarbeitung. Dieser Zusammenhang wird auch für die Sprachproduktion angenommen.
Wie Pienemann (1979) und Clahsen (1979) zeigen, läßt sich die Reihenfolge des Erwerbs einiger syntaktischer Strukturen, vor allem der Erwerb von Wortstellungsregelmäßigkeiten, einleuchtend mithilfe der Beverschen Strategie erklären. Damit weist dieser Erklärungsansatz, der Erwerbssequenzen auf allgemeine Charakteristika der kognitiven Struktur des Gehirns zurückführt, deutlich über die weiter oben dargestellten diffusen LAD-»Erklärungen« hinaus.
In der Tat wird unseres Erachtens dieses Erklärungsmodell der Komplexität des Zweitsprachenerwerbs – besonders unter natürlichen Bedingungen – von allen uns bislang bekannten Arbeiten am ehesten gerecht, da es sowohl sprachexterne Faktoren und psycholinguistische Erkenntnisse integriert als auch Übereinstimmungen und Variationen im Erwerbsverlauf differenziert Rechnung tragen kann. Zwar sind nicht alle der externen Faktoren, deren Relevanz für den Zweitsprachenerwerb wir in den vorangegangenen Kapiteln aufgewiesen haben, in diesem Projekt berücksichtigt, und auch muß angesichts des psycholinguistischen Forschungsstands offenbleiben, wie Erwerbssequenzen in anderen Bereichen als der Wortstellung mit der kognitiven Struktur erklärt werden können, aber dennoch dürften weitere Untersuchungen dieser Art unser Verständnis des Zweitsprachenerwerbs erheblich voranbringen, vor allem dann, wenn dabei die Aktivitäten des einzelnen Lerners mit einbezogen werden.

4.4 Zweitsprachenerwerb als Lerneraktivität

Den in den vorangegangenen Abschnitten behandelten Ansätzen ist gemeinsam, daß von ihnen der L2-Erwerb als ein gleichsam automatisch ablaufender Vorgang dargestellt wird, der sich entweder aufgrund angeborener kognitiver Prinzipien invariant vollzieht oder in seinem *Gesamtablauf* im Rahmen von sprachlichen, individualpsychologischen und/oder sozialen Faktoren in Verlauf, Richtung und Geschwindigkeit vorprogrammiert variiert. Über die Genese *einzelner* lernersprachlicher Elemente – vor allem solcher, die nicht als Bestandteil einer geordneten Erwerbssequenz erworben werden – können diese Ansätze nur wenig aussagen; auch wird nur unzureichend berücksichtigt, welchen Einfluß das konkrete Verhalten eines Lerners bei seinem Umgang mit zweitsprachlichem Input und bei der Verwendung seiner Lernersprache auf seinen Spracherwerb hat.
Unbefriedigend ist dies besonders vom Standpunkt desjenigen, der

Zweitsprachenerwerb durch Unterricht – auch im Detail – steuern muß und der dabei nicht zuletzt Lernern Verhaltensweisen aufzeigen soll, die deren L2-Erwerb fördern. Deshalb ist die Frage »Wie verhält sich ein Lerner konkret beim L2-Erwerb?«, besonders jedoch »Wie verhält sich, was tut der *gute, erfolgreiche* Lerner?« von unstreitiger Relevanz für Erklärungen, die auf eine Verwertbarkeit im Unterricht ausgerichtet sind.

Was der Lerner bzw. was sich im Lerner tut, wenn er eine lernersprachliche Eigenschaft entwickelt und verwendet, wird üblicherweise als »*Prozeß*« oder »*Strategie*« bezeichnet. Diese Begriffe haben auch wir in diesem Buch gelegentlich und bisher undefiniert benutzt. Prozesse und/oder Strategien, auf die man die Genese einzelner Elemente der Lernersprache zurückführen kann, sind vor allem anhand von Fehleranalysen aus lernersprachlichen Daten gefolgert worden, die von der zweitsprachlichen Norm abweichen. Abgesehen von den in Kap. 2 behandelten methodischen Problemen beim Schließen von einzelnen lernersprachlichen Produkten auf lernersprachliches Wissen und seine Entstehung ist der explanative Wert der in der Literatur diskutierten Prozesse und Strategien vielfach dadurch beeinträchtigt, daß sie nicht hinreichend klar definiert und voneinander abgegrenzt werden und daß gewöhnlich offenbleibt, ob sie jeweils einen automatisch ablaufenden oder einen vom Lerner kontrollierten und gesteuerten Vorgang beim L2-Erwerb charakterisieren. Eine wesentliche Ursache hierfür ist darin zu sehen, daß die Begriffe »Prozeß« und »Strategie« selbst oft arbiträr oder nur vage definiert verwendet werden.

Wir wollen deshalb im folgenden erst eine grundlegende definitorische Unterscheidung von »Prozeß« und »Strategie« beim Zweitsprachenerwerb einführen (Abschn. 4.4.1). Dabei gebrauchen wir zunächst als hinsichtlich der Prozeß/Strategie-Unterscheidung neutralen Terminus den Begriff »Verfahren«. Anschließend wollen wir *Lernprozesse* als automatisch angewendete Verfahren zur Erweiterung lernersprachlicher Wissensbestände von *Lernstrategien* als lernergesteuerten Verfahren unterscheiden und verschiedene dieser Prozesse und Strategien vorstellen (Abschn. 4.4.2). Ihnen stehen Verfahren gegenüber, die Lerner als *Kommunikationsstrategien* zur Bewältigung von Kommunikationsproblemen einsetzen, welche sich aus der Beschränktheit ihrer lernersprachlichen Mittel ergeben (Abschn. 4.4.3). Abschließend gehen wir auf weitere Forschungsperspektiven ein (Abschn. 4.4.4).

4.4.1 *Prozesse und Strategien beim Zweitsprachenerwerb*

Verfahren, die in Fehleranalysen als ursächlich für die Entstehung einzelner lernersprachlicher Elemente isoliert werden, lassen sich unter die drei Kategorien *Transfer, Übergeneralisierung* und *Simplifizierung* zusammenfassen.

Wir sind in diesem Buch schon mehrfach auf *Transfer* eingegangen. Man könnte Transfer auch als eine *interlinguale* Verallgemeinerung ausgangssprachlicher Regelmäßigkeiten bezeichnen.

Dagegen wird *Übergeneralisierung* üblicherweise als ein *intralinguales* Verfahren aufgefaßt, bei dem zweitsprachenkonforme Regeln der Lernersprache auf Kontexte übertragen werden, in denen sie nicht anwendbar sind, wie z. B. die übergeneralisierte Tempusmarkierung in *Did he went?*[104] Dazu zählen u. a. auch Bildungen wie *mouses* für *mice* analog zu *houses*.

Unter die Kategorie *Simplifizierung* fallen gängigerweise alle Verfahren, die gegenüber der zweitsprachlichen Norm vereinfachte Strukturen zur Folge haben.[105] Dazu zählen u. a. die Reduktion redundanter grammatischer Merkmale, wie wir sie weiter oben schon als Charakteristikum pidginisierter Sprache behandelt haben, also das Auslassen der Kopula, z. B. *Tom nice*, des Hilfsverbs, z. B. *Why you come?*, der Flektionsendungen des Verbs, z. B. *Yesterday I eat fish* usw., ferner die Reduzierung eines umfangreichen Regelkomplexes auf nur eine Regel, wie in dem in Kap. 2 geschilderten Fall, bei dem ein Lerner nur Verbformen im Präsens benutzt und so das komplexe Tempussystem der Zweitsprache simplifiziert, und die von Slama-Cazacu (1976) als Regularisierung bezeichnete Ersetzung unregelmäßiger durch regelmäßige Formen, etwa im Englischen *went* durch *goed*.[106]

Mit einem einzelnen der hier genannten Verfahren kann man natürlich nicht die gesamte Entwicklung der Lernersprache, erst recht nicht in allen Details, erklären. Es ist deshalb naheliegend, Erklärungsmodelle zu entwickeln, die verschiedene dieser Verfahren integrieren. Ein solches Modell von verschiedenen denkbaren ist das *Interlanguage-Modell* Selinkers.

Nach Selinker (1974) ist die Entwicklung der Lernersprache bzw. *Interlanguage*[107] durch die folgenden fünf zentralen psycholinguistischen Prozesse bestimmt:

- language transfer
- transfer of training
- strategies of second language learning
- strategies of second language communication
- overgeneralization of target language material

Unter *language transfer* ist Transfer aus der Muttersprache zu verstehen; *transfer of training* bezeichnet das Entstehen von lernersprachlichen Elementen durch Effekte von Variablen eines Fremdsprachenunterrichts, etwa dadurch, daß bestimmte zweitsprachliche Elemente zu Lasten anderer im Lernmaterial überrepräsentiert sind.[108] *Strategies of second language learning* sind solche Verfahren, mit denen sich der Lerner nach Selinkers vager Umschreibung um das Erlernen zweitsprachlichen Materials bemüht. *Strategies of communication* sind solche produktiven und rezeptiven Verfahren, mit denen ein Lerner eine Kommunikationsaufgabe auf der Basis seiner *Interlanguage* bewältigt; dazu gehört z. B. die Reduktion redundanter Elemente in einer Äußerung. *Overgeneralization of target language material* umfaßt die oben unter Übergeneralisierung behandelten Verfahren.

Selinkers Modell war für die L2-Erwerbsforschung sehr einflußreich, da es umfangreiche Forschungsaktivitäten gerade auch in bezug auf Verfahren beim Zweitsprachenerwerb stimuliert hat. Es kann darum Selinkers Verdienst nicht schmälern, wenn man hinsichtlich der von ihm vorgeschlagenen Verfahren feststellen muß, daß sie ebenso wie die zuvor behandelten nicht hinreichend klar voneinander abgegrenzt werden können. So führt Selinker als ein Beispiel für *strategies of second language learning* das Verfahren der Simplifizierung an; Simplifizierung kann aber seiner Auffassung nach auch als *strategie of communication* dienen. Unklar ist auch, warum Transfer aus der Muttersprache nicht als eine *strategy of learning* fungieren kann; Transfer könnte aber ebenso auch als *strategy of communication* vorkommen, wenn ein Lerner unter dem Druck der Kommunikationssituation das Potential seiner Lernersprache unter Rückgriff auf seine Ausgangssprache(n) erweitert.

Ähnlich unklar sind die Unterscheidungen zwischen den Verfahren, mit denen in Fehleranalysen die Entstehung einzelner lernersprachlicher Elemente erklärt wird, wenn man auch hier die Einschränkung machen muß, daß diese Verfahren nicht in einem gemeinsamen Bezugsrahmen entwickelt wurden. Für die Verwendung von *goed* statt *went* kann z. B. Übergeneralisierung, aber auch mit Regularisierung ein Verfahren der Simplifizierung als Erklärung angeboten werden; nach Richards (1974 b) involviert Übergeneralisierung Reduktion – dann aber ist Übergeneralisierung nicht mehr von Simplifizierung zu unterscheiden. Darüber hinaus ist der spracherwerbliche Status dieser wie auch der Selinkerschen Verfahren nicht hinreichend präzise bestimmt: handelt es sich dabei um Beschreibungen lernersprachlicher Produkte aus der Sicht von Analysatoren oder um Vorgänge, die sich beim Erwerb im Lerner abspielen? Sofern es sich um Vorgänge im Lerner handelt: wieweit laufen sie automatisch, vom Lerner selbst nicht beeinflußbar ab, wieweit sind sie lernergesteuert? Und schließlich: wieweit dienen diese Verfahren dazu, den Lerner in seinem Zweitsprachenerwerb voranzubringen, und wieweit dienen sie lediglich zu ad-hoc-Lösungen für zweitsprachenbezogene Kommunikationsprobleme des Lerners?

Wie in der Einleitung dieses Abschnitts schon angesprochen, sind Antworten auf diese Fragen unmittelbar relevant, wenn man den L2-Erwerb durch Unterricht steuern will: Wenn man weiß, welche Verfahren im Ablauf des Erwerbs vorkommen und welche davon lernergesteuert verwendet werden, kann man entscheiden, ob man den Erwerb durch didaktische Manipulation der Bedingungen, unter denen solche Verfahren auftreten, oder durch ein Training der Lerner in deren Anwendung beeinflußt. Daß zu diesen Fragen noch keine befriedigenden Antworten vorliegen, liegt neben den in Kap. 2 und später wiederholt geschilderten Schwierigkeiten des Schließens von einem isolierten lernersprachlichen Produkt auf den Vorgang seiner Entstehung wesentlich daran, daß die Kategorien »(Erwerbs-)Prozeß« und »(Erwerbs-)Strategie«, in deren Rahmen die verschiedenen Verfahren formuliert werden müssen, oft beliebig und ungenau definiert verwendet werden, daß unterschiedliche Forscher völlig verschiedene Konzepte mit ihnen verbinden und daß vielfach nicht auseinandergehalten wird, ob die diskutierten Verfahren Vorgänge des *Lernens* oder der *Kommunikation* betreffen. So finden sich z. B. Gleichsetzungen von »Prozeß« und »Strategie« wie oben bei Selinker[109], Gleichsetzungen von »Strategien« und linguistischen Regeln oder Strukturen[110] oder Gleichsetzungen von Verfahren, die Lerner zum Herbeiführen von ad-hoc-Lösungen für Kommunikationsprobleme verwenden, mit Verfahren, die zur beständigen Weiterentwicklung der Lernersprache in Richtung Zielsprache dienen[111].

Angesichts der Vagheit und Heterogenität der meisten Definitionen von Verfahren wollen wir hier darauf verzichten, wie in einem Forschungsbericht die verschiedenen vorliegenden Begriffsbestimmungen mit zugehörigen Beispielen zu referieren. Vielmehr wollen wir im folgenden eigene Definitionen von »Prozeß« und »Strategie« beim Zweitsprachenerwerb entwickeln, auf die wir dann verschiedene Verfahren beziehen, die von anderen Autoren und unter anderen Fragestellungen im Rahmen von Lernersprachenanalysen aufgedeckt worden sind.[112] Unsere Definitionen und Klassifizierungen sind von dem Interesse aus formuliert, derartige Verfahren soweit als möglich lehrbar zu machen. Dies bedeutet, daß wir bestrebt sind, solche Verfahren zu isolieren, die vom Lerner selbst beeinflußbar und damit auch lehrbar sind. Deshalb charakterisieren wir mit unseren Definitionen und Klassifizierungen nicht die Perspektive eines *Analysators*, der ein lernersprachliches *Produkt* beschreibt, sondern die Perspektive des *Lerners*, der mit diesen Verfahren *aktiv* bei seinem L2-Erwerb *tätig* ist.[113] Da die bisherige Forschung in starkem Maße produktorientiert ist und die Perspektive des Lerners kaum Berücksichtigung gefunden hat, können unsere Definitionen und Klassifizierungen stärker als die in diesem Kapitel bislang behandelten Erklärungen lernersprachlichen Verhaltens nur den Status empirisch noch zu bestätigender Hypothesen haben.

Unter *Prozessen* beim Zweitsprachenerwerb verstehen wir mentale Operationen, die sich auf das automatisch ablaufende Erkennen und Speichern von sprachlichen Elementen und Regelmäßigkeiten beziehen, und auf deren automatische Aktualisierung bei Produktion und Rezeption. Der Ablauf von Prozessen vollzieht sich unbewußt und vom Lerner unbeeinflußbar. Der Lerner kann den Ablauf eines Prozesses nicht abbrechen und ihn durch andere Prozesse ersetzen; desgleichen kann er den Ablauf von Prozessen nicht beobachten. Allerdings kann der Lerner sich das *Resultat* eines Prozesses bewußtmachen und als Regelmäßigkeit explizit formulieren.

Demgegenüber verstehen wir unter *Strategien* beim Zweitsprachenerwerb kognitive Operationen, die vom Lerner zielgerichtet und intentional angewendet werden. Strategien sind vom Lerner wählbar, d. h. die Anwendung von Strategien ist vom Lerner manipulierbar. Strategien sind lern- und lehrbar. Dies schließt nicht aus, daß Strategien routinisiert angewandt werden können und – qua Routine – vom Lerner unbewußt. Gleichwohl bleiben auch routinisierte Strategien prinzipiell zielgerichtet und beeinflußbar. Im Hinblick auf die Anwendung von Strategien lassen sich zwei Zielsetzungen unterscheiden: zum einen langfristig orientierte Ziele, die auf die dauerhafte Erweiterung der Lernersprache und ihre Annäherung an einen zielsprachlichen Standard ausgerichtet sind, zum anderen kurzfristig orientierte Ziele, die ad hoc auf die Bewältigung von sprachlernerspezifischen Kommunikationsproblemen gerichtet sind. Kognitive Operationen, die vom Lerner zielgerichtet angewendet werden, um Elemente und Regelmäßigkeiten der Zweitsprache zu erkennen, um die Richtigkeit und Angemessenheit seiner Erkenntnisse zu überprüfen und um sich diese Erkenntnisse für die weitere Verwendung verfügbar zu machen, nennen wir *Lernstrategien*. Lernstrategien sind auf langfristige Ziele gerichtet, die die Vervollständigung sowie die Erhöhung der Sicherheit und Auffindbarkeit lernersprachlicher Wissensbestände betreffen. Lernstrategien sind damit an eine Motivation des Lerners zum Weiterlernen gebunden. Mit *Kommunikationsstrategien* bezeichnen wir dagegen solche kognitiven Operationen, die ein Lerner kurzfristig zielgerichtet zum Auflösen einer als problematisch wahrgenommenen Diskrepanz zwischen aktuell bestehenden kommunikativen Anforderungen und seinen derzeitigen lernersprachlichen Möglichkeiten anwendet.

Wie wir weiter unten noch zeigen werden, kann man davon ausgehen, daß die Aneignung von Elementen und Regelmäßigkeiten zweiter Sprachen sowohl automatisch und vom Lerner unbeeinflußbar als auch unter Einsatz zielgerichteter, vom Lerner beeinflußbarer kognitiver Operationen ablaufen kann. Deshalb ist zwischen *Lernprozessen* und *Lernstrategien* zu unterscheiden. Da verbale Kommunikation zwischen Menschen per definitionem ein intentionales Verständigungshandeln ist, kann man nur von *Kommunikationsstrategien*, nicht jedoch von »Kommunikationsprozessen« reden.

Obwohl es sinnvoll ist, Lern- und Kommunikationsstrategien zu unterscheiden, stehen sie oft in einer engen Wechselbeziehung. Wenn auch Kommunikationsstrategien nicht notwendig zur dauerhaften

Veränderung lernersprachlichen Wissens führen, da sie kurzfristig auf die Bewältigung von Kommunikationsproblemen ausgerichtet sind, kann die Anwendung einiger Kommunikationsstrategien potentiell auch Lernen zur Folge haben, indem Resultate erfolgreicher Strategieanwendungen dauerhaft in das bisherige lernersprachliche System aufgenommen werden. Dies gilt besonders für solche Kommunikationsstrategien, die wir im folgenden als *kreativ* bezeichnen wollen.

Indem man diese Möglichkeit des Lernens zuläßt, erfährt die Vorstellung, daß die Hypothesenbildung des Lerners vom Input, also den zweitsprachlichen Daten, bedingt ist, denen er ausgesetzt ist, eine Modifikation: Zur Bildung neuer Hypothesen wird ein Lerner nämlich nicht allein durch zweitsprachliche Daten veranlaßt, die von außen, von Sprechern der zweiten Sprache oder durch Lernmaterialien, an ihn herangetragen werden. Daten für weitere Hypothesenbildungen schafft ein Lerner sich oftmals durchaus selbst, und zwar immer dann, wenn er im Rahmen der Anwendung einer kreativen Kommunikationsstrategie über sein aktuelles lernersprachliches System hinausgeht und Äußerungen produziert, die dieses System (noch) nicht zuläßt.

Darüberhinaus existiert noch eine andere Art der Beziehung zwischen Lern- und Kommunikationsstrategien: Die Wahrnehmung von Diskrepanzen zwischen Kommunikationszielen und sprachlichen Möglichkeiten des Lerners, vor allem dann, wenn es sich um wiederkehrende, gleiche Diskrepanzen handelt, kann für den Lerner eine Motivation schaffen, nicht ständig nach neuen ad-hoc-Lösungen zu suchen, sondern seine Lernersprache langfristig zu verändern, also weiterzulernen.

4.4.2 Lernprozesse und Lernstrategien

Lernen als ein Vorgang, bei dem ein Lerner auf der Basis zweitsprachlicher Daten lernersprachliche Hypothesen über die Struktur der zu erlernenden L2 bildet, an weiteren Daten überprüft, ggf. revidiert und in sein lernersprachliches System integriert, d. h. behält und bei Produktion und Rezeption verwendet, involviert die Wahrnehmung zweitsprachlicher Eigenschaften, ihre Verarbeitung zu Hypothesen sowie deren Speicherung zur produktiven und rezeptiven Verfügung. Wie oben in der Unterscheidung von Prozessen und Strategien eingeführt, kann Lernen auf zweierlei Weise geschehen: zum einen durch automatisch ablaufende, vom Lerner selbst nicht beeinflußbare Lernprozesse, zum anderen durch zielgerichtete, in ihrer Anwendung vom Lerner selbst beeinflußbare Lernstrategien.

Wir möchten an dieser Stelle betonen, daß sich die Unterscheidung von Lernstrategien und Lernprozessen nicht mit der *learning-acquisition*-Dichotomie bei Krashen deckt. Während mit Krashens Modell die Vorstellung der Aneignung unterschiedlicher, nicht aufeinander beziehbarer Wissensbestände verknüpft ist, bezeichnen wir mit Lernprozessen und Lernstrategien zwar auch unterschiedliche Weisen der Aneignung, gehen aber davon aus, daß sie zu einem einheitlichen lernersprachlichen Wissensbestand führen, der einem Lerner unabhängig von der Art der Aneignung zur Verfügung steht. Darüber hinaus ist das Vorkommen von Lernprozessen und Lernstrategien nicht an unterschiedliche Erwerbskontexte gebunden.

Wenn wir davon ausgehen, daß *Lernprozesse* durch den Lerner nicht beeinflußbar sind, so impliziert dies nicht, daß Ablauf, Richtung und Geschwindigkeit des Zweitsprachenerwerbs allein durch eine Beeinflussung des Lerners hinsichtlich der Anwendung von Lern*strategien* gesteuert werden können. Da Lernprozesse als automatisch ablaufende Operationen zu verstehen sind, bei denen der Lerner auf der Basis vorliegender zweitsprachlicher Daten lernersprachliche Hypothesen bildet, kann man die Auslösung von Lernprozessen bzw. die Resultate ihres Ablaufs durch eine Manipulation der Bedingungen variieren, unter denen sie vorkommen, etwa durch eine Variation der Art und des Umfangs zweitsprachlicher Daten, denen der Lerner ausgesetzt ist. Weitere Faktoren, die die Auslösung von Lernprozessen und ihre Resultate determinieren, haben wir oben in Abschn. 4.3.1 dargestellt.

Lernprozesse laufen ab, wenn eine zweitsprachliche Eigenschaft von einem Lerner automatisch, z. B. aufgrund ihrer perzeptuellen Prominenz im Input, unbewußt wahrgenommen wird und der Lerner daraufhin eine neue lernersprachliche Hypothese im Zusammenhang mit dieser Eigenschaft bildet und speichert. Eine solche automatisch ablaufende Operation kann auch stattfinden, wenn eine wahrgenommene zweitsprachliche Eigenschaft in ein bestehendes System lernersprachlicher Hypothesen hineinpaßt, d. h. einem vorhandenen kognitiven Schema subsumiert werden kann. Wie oben ausgeführt, ist allerdings noch weitgehend strittig, wie solche Lernprozesse im einzelnen ablaufen. Wir wollen deshalb hier nicht im Detail auf mögliche Lernprozesse eingehen, zumal sich unser Interesse hauptsächlich auf solche Verfahren richtet, die vom Lerner selbst beeinflußbar sind.

Lernprozesse können nur post hoc aus lernersprachlichen Daten erschlossen werden. Formulierungen vermuteter Verfahren wie Simplifizierung, Übergeneralisierung, Transfer, aber auch solcher Verfahren wie die Beversche »NVN-Strategie« sind deshalb gewöhnlich aus der Sicht des Analysators vorgenommen. Ob solche Verfahren tatsächlich als Lernprozesse gelten können, hängt u. a. davon ab, ob sie Vorgänge widerspiegeln, die sich *im Lerner* aufgrund des bei ihm möglichen lernersprachlichen Wissens vollziehen können. Deshalb kann Simplifizierung kein Lernprozeß in der Weise sein, daß der Lerner ein komplexes sprachliches System zu einem einfacheren *verarbeitet*, denn ein solcher Verarbeitungsprozeß würde voraussetzen, daß der Lerner bereits über ein komplexeres System verfügt. Das ist sachlich unlogisch und auch empirisch inadäquat. Allerdings könnte man unter Simplifizierung einen Wahrnehmungsprozeß verstehen, bei dem der Lerner aufgrund der ihm verfügbaren Strukturierungsprinzipien – die allgemein-kognitiver Art oder Resultate des bisherigen lernersprachlichen Systems sein können – eine Komplexitätsreduktion des Input für seinen *intake* vornimmt. Desgleichen ist es sehr problematisch, von Übergeneralisierung als einem Lernprozeß zu reden, denn sprachliche Regelmäßigkeiten könnten vom Standpunkt des Lerners nur dann als *über*generalisiert gelten, wenn dem Lerner die speziellen Kontexte, in denen sie vorkommen, bereits bekannt wären.[114] Man kann deshalb lediglich davon reden, daß Lerner Eigenschaften ihrer bisherigen Lernersprache generalisieren. Als Verarbeitungsprozesse, die im Lerner ablaufen, kommen also von den oben genannten, umfassenderen Kategorien nur interlinguale Generalisierungen, d. h. Transfer aus der L1, und intralinguale Generalisierungen, d. h. Verallgemeinerungen bisheriger lernersprachlicher Wissensbestände, in Frage. Simplifizierung kann im Lerner lediglich als ein Wahrnehmungsprozeß im Sinne einer Input-Reduktion vorkommen.

Auf der Basis nur dieser Prozesse kann sich aber nicht der gesamte Spracherwerb vollziehen. Wie in den vorangegangenen Abschnitten deutlich geworden ist, entwickeln Lerner im Verlauf ihres L2-Erwerbs auch Strukturen, die sich weder auf eine Verarbeitung durch interlinguale noch auf eine Verarbeitung durch intralinguale Generalisierungen zurückführen lassen. Dies trifft besonders für den Beginn des Spracherwerbs zu – worauf sollen Generalisierungen aufbauen? – und kennzeichnet ja gerade seinen kreativen Aspekt. Deshalb muß es noch andere Lernprozesse geben. Welche dies sind, ist allerdings noch weitgehend unklar. So läßt sich z. B. die Frage, ob und wieweit die Wahrnehmung und weitere Verarbeitung sprachlicher Eigenschaften, wie in der Nachfolge Chomskys angenommen, durch angeborene linguistische Kategorien bzw. linguistische Universalien, durch spracherwerbs- und sprachverarbeitungsspezifische kognitive Strukturierungsprinzipien wie z. B. die Beversche »NVN-Strategie« oder durch allgemeingültige kognitive Prinzipien geschieht, die für alle intellektuellen Fähigkeiten eine Rolle spielen, derzeit nur beschränkt bzw. auf der Basis von Plausibilitätsargumenten beantworten.

Die Bestimmung von Lernprozessen bedarf also noch umfangreicher weiterer Forschung. Aufgrund des derzeitigen unbefriedigenden Forschungsstandes auf dem Gebiet von Lernprozessen und der methodischen Schwierigkeiten, die dabei zu bewältigen sind, halten wir es kurz- und mittelfristig für ertragreicher, sich mit *Lernstrategien* zu befassen. Im Unterschied zu Lernprozessen sind *Lernstrategien* der Erforschung leichter zugänglich, da sie als vom Lerner bewußt gehandhabte Verfahren z. B. anhand von introspektiven Daten untersucht werden können.

Auch im Hinblick darauf, dem Lerner Verhaltensweisen zu vermitteln, mit denen er seine Lernersprache selbst aktiv weiterentwickeln kann, ist eine Aufstellung von Lernstrategien interessant. Dabei sind verschiedene Arten von Strategien zu unterscheiden:
A) Strategien der *Hypothesenfindung* und
B) Strategien des *Hypothesentestens*.

zu A:
Die Findung von Hypothesen kann geschehen
1. *auf der Basis von aktuellen zweitsprachlichen Daten*, und zwar indem der Lerner das Ergebnis eines Prozesses erkennt, dann die aus diesem Prozeß resultierende, zunächst unbewußte Hypothese rekonstruiert und schließlich diese Rekonstruktion einem Hypothesentestverfahren zugänglich macht. Diese Rekonstruktion kann bezogen sein auf ein einzelnes Produkt oder generalisiert sein auf andere zweitsprachliche Eigenschaften.
2. *auf der Basis von bisherigem Wissen*, einschließlich dessen, das auf der Kenntnis der Muttersprache und ggf. anderer zuvor erlernter Fremdsprachen und der allgemeinen Sprachlernerfahrung des Lerners basiert, und zwar indem der Lerner entweder Elemente und Regelmäßigkeiten ihm bekannter Sprachen als Hypothesen überträgt oder indem er vorhandene lernersprachliche Hypothesen auf neue zweitsprachliche Eigenschaften überträgt oder indem der Lerner unter Bezug auf das ihm verfügbare Wissen *neue* Hypothesen erschließt, die weder auf einer Übertragung aus bekannten Sprachen noch auf einer Generalisierung vorhandener lernersprachlicher Hypothesen beruhen.

zu B:
Die Überprüfung von Hypothesen kann geschehen
1. *rezeptiv*, indem der Lerner in seinem sprachlichen Input gezielt nach verifizierenden Daten sucht und die Angemessenheit seiner Hypothese aus diesen Daten erschließt.
2. *produktiv-interaktiv*, indem der Lerner unter Bezug auf eine seiner Hypothesen zweitsprachliche Äußerungen produziert und die Angemessenheit dieser Hypothesen aus dem positiven oder negativen Feedback auf seine Sprachproduktion ableitet.
3. *metasprachlich-interaktiv*, indem der Lerner die Angemessenheit seiner Hypothese durch Inanspruchnahme einer zweitsprachlichen Autorität (*native speaker*, Lehrer, Grammatik bzw. Wörterbuch) explizit metasprachlich abklärt.
4. *diskursiv-interaktiv*, indem der Lerner die Angemessenheit seiner Hypothese durch die Anwendung diskursiver Vergewisserungsstrategien überprüft. Diskursive Vergewisserungsstrategien sind solche sprachlichen oder außersprachlichen Verhaltensweisen, die in einer Gesprächssituation von einem Teilnehmer verwendet werden, um von

seinen Interaktionspartnern Zustimmung oder Korrekturen für seine
Äußerungen hervorzulocken oder um zu überprüfen, ob er seine Partner richtig verstanden hat. Mit derartigen Vergewisserungsstrategien
elizitiert der Lerner im Rahmen eines fortlaufenden Diskurses vom
Interaktionspartner gezielt Zustimmung bzw. Korrekturen zu den
Hypothesen, die er seiner Sprachproduktion oder seinem Verstehen
zugrundegelegt hat.[115]
Die bei A und B aufgeführten Strategien sind mit Ausnahme der metasprachlich-interaktiven und der diskursiv-interaktiven alle als inferentielle Strategien zu bezeichnen, weil sie für die Hypothesenbildung
und -überprüfung Generalisierungen bzw. Schlußfolgerungen voraussetzen, die vom Lerner ausschließlich auf der Basis seines bisherigen
ausgangs- und lernersprachlichen Wissens, der ihm vorliegenden zweisprachlichen Daten oder/und des außersprachlichen Kontexts und seines Wissens über die Welt vorgenommen werden. Die anderen Strategien involvieren in bezug auf Hypothesenüberprüfungen nicht in
derselben Weise Schlußfolgerungen des Lerners, sondern sind als *interaktive* Strategien primär vom Beitrag einer zweisprachlichen Autorität abhängig.
Inferentielle Strategien wendet jeder Sprecher auch in seiner Muttersprache an, z. B. wenn er den Sinn von ihm unbekannten oder akustisch unverständlichen Äußerungsbestandteilen in Redebeiträgen von
Gesprächspartnern aus dem sprachlichen Kontext, dem bisherigen oder
noch folgenden Gesprächszusammenhang oder aus seinem Wissen über
die Welt erschließt. Solche Strategien sind für die sprachliche Verständigung eine unabdingbare Voraussetzung, da nicht alle sprachlichen
Mittel, die Sprecher in der Interaktion mit anderen benutzen, von
allen Interaktionspartnern völlig identisch verstanden werden, aber
auch nicht alle im Detail jeweils für eine aktuelle Interaktion neu
definiert werden können. Inferentielle Strategien ermöglichen auch
das Verstehen unbekannter Äußerungsbestandteile in graphisch manifestierter Sprache. Soweit inferentielle Strategien schon mit der Muttersprache beherrscht werden, käme es für den Fremdsprachenunterricht darauf an, dem Lerner die Anwendung solcher Strategien auch
bei seinem Umgang mit der Zweitsprache nahezubringen.[116]
Inferentielle Strategien sind als Lernstrategien beim Zweitsprachenerwerb erstmals bei Carton (1971) als der Gebrauch von bekannten
Eigenschaften und Kontexten für das Erkennen und Verstehen von
nicht bekannten beschrieben worden. Die folgenden Aufforderungen,
die der Lerner an sich selbst richtet, können als beispielartige Umschreibungen dafür dienen, wie man sich inferentielle Strategien
denken könnte:
- Suche nach rekurrenten Elementen.
- Achte auf Worstellung.
- Achte auf das Ende von Wörtern, vor allem auf Flexionssuffixe.

139

- Nutze Wortbildungsregelmäßigkeiten.
- Suche nach dem Sinn einer Äußerung, ggfs. unter Bezug auf den sprachlichen Kontext, den Diskurszusammenhang, den außersprachlichen Kontext.

Beispiele für interaktive Strategien sind:
- die explizite Frage nach Informationen,
- die Bitte um Bestätigung der Korrektheit,
- das Ausnutzen von Diskursphänomenen; dazu zählt z. B. das Elizitieren von *Reparaturen** des Interaktionspartners, wie im folgenden Transkript:[117]

Zeile 1 [L: (...) an because I forgot to put the . erm . stopper(?) . erm]
Zeile 2 [L: pole(?) into   yes, the plug into the hole . (...)]
         [ns: mhm. the plug   ]

L = Lerner, ns = native speaker, . = kurze Pause, (?) = fragende Intonation beim vorangehenden Wort

Ebenso zählt zum Ausnutzen von Diskursphänomenen das Initiieren von *Vergewisserungsturns** durch den Lerner, mit denen er sein Verstehen überprüfen kann, etwa in der Form einer gleichsam im Hintergrund gesprochenen, aber vom Gesprächspartner wahrzunehmenden Paraphrase, wie z. B. im folgenden Transkript:

Zeile 1 [ns: (...) she wanted to marry him . because he was terribly]
Zeile 2 [ns: well off . and   yeah . he had an awful lot of money (...)]
         [L: he was so rich   ]

Zur besseren Übersicht wollen wir die Lernstrategien in der nachstehenden Abb. 1 zusammenfassend darstellen:

Abbildung 1

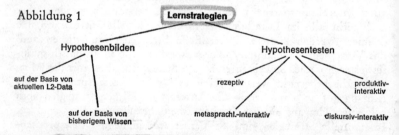

4.4.3 Kommunikationsstrategien

Kommunikationsstrategien hatten wir oben als Verfahren definiert, die ein Lerner zielgerichtet anwendet, um kurzfristige Diskrepanzen zwischen kommunikativen Anforderungen und seinen lernersprachlichen Möglichkeiten aufzulösen.[118] Diskrepanzen können sowohl bei der eigenen Produktion wie bei der Rezeption von Äußerungen seines Kommunikationspartners auftreten.

Rezeptive Kommunikationsstrategien entsprechen den oben diskutierten Strategien des Hypothesentestens. Ob ein Lerner ein Hypothesentestverfahren als eine rezeptive Kommunikations- oder Lernstrategie einsetzt, ist von seinen jeweiligen Zielen abhängig. Wir wollen uns im folgenden mit produktiven Kommunikationsstrategien befassen. Wie die Lernstrategien im vorangegangenen Abschnitt stellen wir die hier besprochenen Kommunikationsstrategien zur besseren Übersicht in Abb. 2 schematisch dar.

Abbildung 2

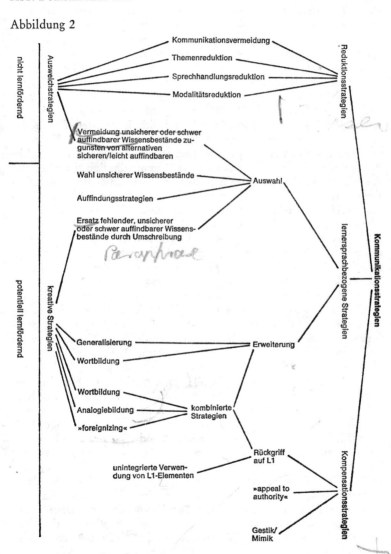

Wir unterscheiden zunächst drei große Gruppen von Kommunikationsstrategien: *Reduktionsstrategien, lernersprachbezogene Strategien* und *Kompensationsstrategien*. Eine Reduktionsstrategie wird von einem Lerner immer dann angewendet, wenn er die Diskrepanz zwischen kommunikativen Anforderungen und den Möglichkeiten seiner Lernersprache dadurch auszugleichen versucht, daß er die kommunikativen Anforderungen bzw. seine Kommunikationsziele reduziert oder gar seine Kommunikationsbemühungen völlig aufgibt (*communication avoidance*[119]). Eine Reduktion von Kommunikationsanforderungen bzw. -zielen kann sich auf verschiedenen Ebenen vollziehen. Am häufigsten sind unter den Bezeichnungen *topic avoidance*[120], *message abandonment*[121] und *meaning replacement*[122] in der Literatur bisher solche Reduktionsstrategien behandelt worden, die sich auf die *Inhalte* der Kommunikation beziehen. Lerner können aber auch auf die Realisierung bestimmter *Sprechakte* verzichten oder die Kennzeichnung von Äußerungen hinsichtlich ihrer *Modalität* reduzieren. Bei der Modalitätsreduktion, die besonders von Kasper[123] untersucht worden ist, reduzieren Lerner ihre Äußerungen um solche Bestandteile, die ihre Einschätzung der Kommunikationssituation, vor allem ihre Einschätzung der Beziehung zum jeweiligen Kommunikationspartner, ausdrücken. Sie verzichten also z. B. auf Höflichkeitsformeln und auf Gesprächseröffnungswendungen, die die Relation zwischen den Kommunikationspartnern definieren.

Statt ihre Kommunikationsziele *aufzugeben* oder doch zumindest zu reduzieren, können Lerner jedoch auch versuchen, die Diskrepanz zwischen kommunikativen Anforderungen und ihren sprachlichen Möglichkeiten unter Beibehaltung der Kommunikationsziele zu *bewältigen*. Wenn ein Lerner dies allein unter Rückgriff auf seine lernersprachlichen Wissensbestände tut, wollen wir von der Anwendung *lernersprachbezogener Strategien* reden. Wir unterscheiden diese Strategien in solche der *Auswahl* aus lernersprachlichen Wissensbeständen und solche der *Erweiterung* der Lernersprache. Lernertypische Strategien der Auswahl basieren auf der unterschiedlichen Sicherheit und Auffindbarkeit lernersprachlichen Wissens. Enthält die Sprache eines Lerners unsichere oder schwer auffindbare Wissensbestände zur Realisierung eines kommunikativen Ziels, so kann ein Lerner die Strategie verfolgen, diese als problematisch wahrgenommenen Wissensbestände zu vermeiden und stattdessen alternative sicherere oder leichter auffindbare zu wählen.[124] So kann z. B. ein Lerner des Englischen, der hinsichtlich der Verwendung der Relativpronomina *who* und *which* unsicher ist, die Realisierung dieser Pronomina vermeiden und dafür alternativ *that* verwenden. Die Anwendung dieser Strategie kann zu lernersprachlichem Verhalten führen, das durch eine Über- bzw. Unterrepräsentation bestimmter zielsprachlicher Strukturen charakterisiert ist.[125] Ein derartiges Vermeidungsverhalten ist z. B. von Kleinmann (1977) untersucht worden. Kleinmann fand dabei Indizien für eine Beziehung zwischen der Vorliebe für Vermeidung und Persönlichkeitsmerkmalen von Lernern. Ebenso wie die oben besprochenen *Reduktionsstrategien* kann die Anwendung einer solchen *Vermeidungsstrategie* nicht zum Lernen im Sinne einer Erweiterung oder Stabilisierung der Lernersprache führen. Wir rechnen sie daher ebenso wie die Reduktionsstrategien zu den *Ausweichstrategien*. Potentiell dem Lernen förderlich sind hingegen eine solche Strategie der Auswahl, bei der Lerner unsichere Hypothesen realisieren und damit Gelegenheiten zu ihrer Überprüfung nutzen, sowie solche Strategien, bei denen Lerner sich um das Wiederauffinden schwer zugänglicher Wissensbestände bemühen[126] und damit die Chance ihrer Auffindbarkeit für spätere Gelegenheiten erhöhen. Eine weitere potentiell lernförderne Strategie der Auswahl besteht im Ersetzen fehlender, unsicherer oder schwer auffindbarer Wissensbestände durch *Umschreibungen* auf der Basis der derzeitigen Lernersprache. In der Literatur sind bisher vor allem Umschreibungen für lexikalische Elemente behandelt worden.[127] Zur Illustration dieser Strategie möchten wir ein Beispiel aus der Untersuchung von Bialystok/Fröhlich (1980) zitieren: Das französische Lexem *pelle* wurde von Lernern z. B. umschrieben mit *quelque chose pour porter les charbons* und *quand il y a beaucoup de neige sur la terre et devant de ton garage, vous devez utiliser objet pour remuer le neige*.[128] Im Unterschied zur Strategie der Vermeidung unsicherer oder schwer auffindbarer Wissensbestände zugunsten von sichereren und leichter zugänglichen handelt es sich bei der Umschreibung nicht um die Verwendung einer aus der Sicht des Lerners sicheren, bewährten, gleichwertigen Alternative, sondern um eine kreative ad-hoc-Umschreibung mit den derzeit verfügbaren Mitteln der Lernersprache, die vom Kommunikationspartner eine treffendere, kürzere, weniger umständliche Formulierungsalternative (*ah, une pelle!*) elizitieren und damit zur Erweiterung der Lernersprache führen kann. Im Unterschied zu den beiden anschließend besprochenen Strategien impliziert die Umschreibung selbst keine Erweiterung der Lernersprache.

Von *lernersprachbezogenen Strategien* der *Erweiterung* wollen wir reden, wenn ein Lerner zur Bewältigung einer konkreten Kommunikationsaufgabe ausschließlich auf der Basis seines bisherigen lernersprachlichen Wissens kurzfristig neue Lösungen sucht und entsprechende Strukturen realisiert. Dies geschieht vor allem in der Form von *Generalisierungen* der bisherigen Wissensbestände auf neue Kontexte und in der Form von *Wortbildungen* auf der Basis bekannter lexikalischer Elemente und Wortbildungsregeln der Lernersprache (die mit denen der Zielsprache identisch sein können, es aber nicht sein müssen). Eine Generalisierung liegt z. B. dann vor, wenn ein Lerner des Englischen, dessen Lernersprache bisher keine Hypothese über die *past-tense*-Form von *swim* enthielt, unter dem Druck einer kommunikativen Anforderung seine bisherige lernersprachliche Hypothese über die Bildung von *past-tense*-Formen mit »*-ed*« auf das lexikalische Element *swim* erweitert und entsprechend *swimmed* produziert. Ebenso liegt eine Generalisierung vor, wenn z. B. ein Lerner des Deutschen, der die Begrüßungsformeln *guten Morgen* und *guten Abend* gelernt hat, angesichts der kommunikativen Anforderung, jemanden zur Mittagszeit zu begrüßen, *guten Mittag* produziert.

Die lernersprachbezogene Strategie Wortbildung wendet ein Lerner z. B. dann an, wenn er – als Lerner des Deutschen – einer kommunikativen Anforderung mit der ad-hoc-Erweiterung seiner Lernersprache durch das auf der Basis bisherigen lernersprachlichen Wissen konstruierte Lexem *Großheit* begegnet. Selbstverständlich kann Wortbildung ebenso wie Generalisierung auch zur Produktion zielsprachenkonformer Strukturen führen. Beide Erweiterungsstrategien, Generalisierung und Wortbildung, sind potentiell lernfördernd.

Als eine dritte große Strategiengruppe stehen Lernern schließlich *Kompensationsstrategien* zur Verfügung. So wollen wir Strategien bezeichnen, bei denen der Lerner ebenso wie bei lernersprachbezogenen Strategien sein kommunikatives Ziel beibehält, dies aber mit anderen Mitteln als dem Rückgriff auf sein lernersprachliches Wissen zu realisieren versucht. Möglichkeiten dazu bestehen im Rückgriff auf die Muttersprache (Transfer aus der L1) oder auch andere zuvor erlernte Fremdsprachen, dem Einsatz von *Gestik und Mimik* sowie im Einsatz einer Strategie, die wir dem Sprachgebrauch anderer Autoren[129] folgend als »*appeal to authority*« bezeichnen wollen: Zur Kompensation seines ungenügenden lernersprachlichen Wissens ersucht der Lerner eine zielsprachliche Autorität um Hilfe. Je nach Art der Kommunikationssituation kann es sich dabei z. B. um die Konsultation eines Wörterbuchs oder um die mehr oder weniger direkte Befragung eines zielsprachigen Kommunikationspartners handeln (*Wie heißt das?*).

Den Rückgriff auf die Muttersprache bezeichnen wir nur dann als eine reine Kompensationsstrategie, wenn er unintegriert in die Lernersprache erfolgt, also dann, wenn ganze Sätze oder Lexikonelemente aus der L1 übernommen werden. Häufig jedoch kombinieren Lerner ihren Rückgriff auf die L1 mit ihrem lernersprachlichen Wissen. Derartige *kombinierte Strategien* können z. B. solche der *Wortbildung*, der *Analogiebildung* und das sog. *foreignizing*[130] sein. Auf eine Strategie der Wortbildung, die lernersprachliches und muttersprachliches Wissen kombiniert, läßt sich z. B. die Lerner-Neuschöpfung *pocket-thief* (anstelle von engl. *pick-pocket* für *Taschendieb*) zurückführen. Analogiebildung liegt beispielsweise dann vor, wenn ein Lerner des Englischen zur Bewältigung einer kommunikativen Anforderung seine Lernersprache in Anlehnung an die L1 kurzfristig erweitert und – im Falle von Deutsch als L1 – die Äußerung *You have a hammer* (*Du hast 'nen Hammer*) produziert. Die Strategie des *foreignizing* bezieht sich

auf eine spezielle Art der Kombination mutter- und lernersprachlichen
Wissens: die Übernahme eines lexikalischen Elements aus der L1 bei
Angleichung an die Phonologie und eventuell auch Morphologie der
Lernersprache, etwa bei Lernern des Französischen *une blume* (/yn
blym/) für *eine Blume*. Sowohl die besprochenen Kompensationsstrategien als auch kombinierte lerner- und muttersprachbezogene Strategien können über Feedback-Reaktionen des Kommunikationspartners
zu Lernen führen, wenn auch – was im einzelnen zu demonstrieren
sich wohl erübrigt – mit unterschiedlicher Wahrscheinlichkeit.
Die theoretische Unterscheidung von Kommunikationsstrategien, die
wir hier vorgenommen haben, impliziert nicht, daß Lerner diese Strategien tatsächlich einzeln und getrennt voneinander anwenden. Vielmehr sind äußerst komplexe Abfolgen von Strategien zu erwarten.
Ein konstruiertes Beispiel mag diese Komplexität verdeutlichen. So ist
denkbar, daß ein Lerner des Englischen, in dessen Lernersprache das
lexikalische Element *pick-pocket* zu den schwer auffindbaren Wissensbeständen gehört und der unter der kommunikativen Anforderung,
sich über Taschendiebe zu äußern, sagt: *I don't think that, eh ... eh,
pocket ... What do you call people who take money from other
people's pockets?* nacheinander folgende Kommunikationsstrategien
verfolgt: Er wendet zunächst Auffindungsstrategien für das gesuchte
lexikalische Element an, versucht also z. B., sich an die Situation zu
erinnern, in der er dieses Element zum ersten Mal gehört hat. Da
diese Strategien nicht – zumindest nicht schnell genug – zum gewünschten Erfolg führen, versucht der Lerner es mit Wortbildung
als kombinierter lerner- und muttersprachbezogener Strategie. Diese
Strategie führt zur Bildung des Lexems *pocket-thief*. Nun tritt jedoch
ein neues Problem auf, das der Lerner erst wahrnimmt, als er bereits
pocket produziert hat: Er möchte das neu gebildete Lexem im Plural
verwenden, was aber die Wahl von morphologischen Wissensbeständen
zur Folge hätte, die für ihn unsicher sind, da seine Lernersprache nur
eine unsichere Hypothese über die Pluralform von *thief* enthält. Weil
unser gedachter Lerner aber aufgrund seiner Persönlichkeitsmerkmale
nur sehr ungern die Strategie verfolgt, unsichere Wissensbestände zu
wählen, sondern deren Realisierung lieber vermeidet, wechselt er nach
der Äußerung von *pocket* zu einer neuen Strategie – oder genauer:
Strategiekombination – über. Er wendet sich an seinen Kommunikationspartner in dessen Eigenschaft als L2-Autorität und verbindet
diesen *appeal to authority* mit der Strategie der Umschreibung.

4.4.4 Weitere Forschungsperspektiven

Aus den letzten beiden Abschnitten könnte der Eindruck entstanden
sein, als sei der Status bestimmter Verfahren als Strategie oder Prozeß
bzw. ihr Status als Lern- oder als Kommunikationsstrategie unklar.

So haben wir z. B. von Transfer aus der L1 sowohl im Zusammenhang mit Lernprozessen als auch im Zusammenhang mit Lernstrategien und Kommunikationsstrategien gesprochen. In der Tat wird aus der *Bezeichnung* eines Verfahrens nicht deutlich, ob es als Prozeß oder als Strategie und mit dem Ziel des Lernens oder zur Bewältigung von Kommunikationsproblemen vorkommt. Auch aus dem *Produkt* der Anwendung eines Verfahrens, einer lernersprachlichen Äußerung, ist meistens nicht ersichtlich, ob es durch einen Lernprozeß, aufgrund der Anwendung einer Lernstrategie oder der Anwendung einer Kommunikationsstrategie zustandegekommen ist. Wir möchten deshalb noch einmal betonen, daß das entscheidende Kriterium für unsere Differenzierung in Lernprozesse und Lernstrategien das der Zielgerichtetheit und Intentionalität ist und daß Lern- und Kommunikationsstrategien sich durch die Art der Ziele unterscheiden, die der Lerner jeweils erreichen will. Von daher haben der *Prozeß* »Transfer aus der L1«, die *Lernstrategie* »Transfer aus der L1« und die *Kommunikationsstrategie* «Transfer aus der L1« eine unterschiedliche Qualität, auch wenn man sie im *Produkt* nicht unterscheiden kann.

Wenn auch lernersprachliche Produkte im Einzelfall nicht eindeutig auf bestimmte Verfahren zurückführbar sind, erscheint es uns doch sinnvoll, Lernern prinzipiell die Anwendung solcher unterschiedlicher Verfahren zu unterstellen. Daß Lerner bei ihrem lernersprachlichen Verhalten unterschiedliche Ziele verfolgen und daß sie über manche Aspekte ihres Spracherwerbs und ihres kommunikativen Handelns reflektieren und auf Befragen darüber Auskunft geben können, über andere jedoch nicht, ist empirisch nachweisbar. Damit gewinnen unsere zunächst nur analytisch zu verstehenden Kategorien ihre Plausibilität. Darüberhinaus ist unsere Differenzierung in verschiedene Arten von Verfahren – wie schon oben erwähnt – aus dem Erkenntnisinteresse motivierbar, solche Verfahren zu isolieren, deren Anwendung der Lerner selbst beeinflussen kann.

Daß bisher noch nicht mehr Erkenntnisse über lernergesteuerte Verfahren vorliegen, hat neben der relativen Neuheit der Fragestellung einen wesentlichen Grund darin, daß sich die Anwendung von Verfahren nicht direkt beobachten läßt und ein entsprechendes methodisches Instrumentarium zur Rekonstruktion solcher Verfahren noch erarbeitet werden muß. Erst neuerdings sind Ansätze dazu mit der Verwendung introspektiver Methoden gegeben, auf die wir schon in Kap. 2 und Abschn. 3.4 eingegangen sind. Auf der Basis so gewonnener empirischer Daten könnte es möglich sein, die bisher isolierten Verfahren genauer voneinander abzugrenzen und u. U. weitere Verfahren aufzuzeigen. Darüberhinaus erscheint es uns erforderlich zu untersuchen, in welchem Umfang und unter welchen Bedingungen Lern- und Kommunikationsstrategien verwendet werden und in welcher Weise vorherige Lernerfahrungen, besonders Sprachlernerfahrun-

gen, Einfluß auf die Wahl bestimmter Strategien haben. Speziell für Kommunikationsstrategien ist zu erforschen, welche sich tatsächlich als lernfördernd erweisen und wieweit sie kommunikativ effizient sind. Schließlich ist für alle solcher Strategien zu erhellen, über welche ein Zweitsprachenlerner schon mit seiner Muttersprache verfügt und wie er sie lernen oder wie man sie lehren kann.
Erste Hinweise auf Bedingungen der Verwendung unterschiedlicher Kommunikationsstrategien geben die Untersuchungen von Tarone (1977) und Bialystok/Fröhlich (1980). Diese Arbeiten legen nahe, daß eine Beziehung zwischen dem Einsatz bestimmter Strategien und dem Stand der Sprachbeherrschung besteht, daß die Strategienwahl von der Art der jeweiligen Kommunikationsaufgabe abhängig ist und daß individuelle Präferenzen für bestimmte Strategien bestehen, die teilweise durch Persönlichkeitsmerkmale erklärt werden können. Auch Lernstrategien scheinen in Abhängigkeit vom jeweiligen Stand der Sprachbeherrschung angewandt zu werden: Nach Taylor (1975) tendieren Lerner in den Anfangsphasen des L2-Erwerbs dazu, eher Generalisierungen auf der Basis ihrer Muttersprache vorzunehmen, während sie in späteren Erwerbsphasen eher dazu neigen, Generalisierungen auf ihrem bisherigen lernersprachlichen Wissen zu basieren.[131]

4.5 Zusammenfassung

In den vorangegangenen Abschnitten dieses Kapitels haben wir eine Vielzahl von Ansätzen zur Erklärung des Zweitsprachenerwerbs kritisch dargestellt. Wir wollen nun die wichtigsten Ergebnisse dieser Forschung kurz zusammenfassen. Es kann dabei nicht darum gehen, einen Ansatz allen anderen prinzipiell vorzuziehen, denn wie in Abschn. 4.1 dargelegt, hängt die Beurteilung von Theorien und den daraus abgeleiteten Erklärungen außer von der methodischen Sorgfalt und der internen Konsistenz der Argumentation auch von dem jeweiligen Erkenntnisinteresse ab. Die dargestellte Vielfalt der Erklärungsansätze darf deshalb nicht als eine Schwäche der Forschung mißverstanden werden, denn sie reflektiert die Vielfalt der Interessen und Fragestellungen, mit denen man sich dem Phänomenbereich »Zweitsprachenerwerb« nähern kann. Da unser Erkenntnisinteresse darauf gerichtet ist, Ansatzpunkte für eine Steuerung des Zweitsprachenerwerbs zu finden, bevorzugen wir solche Erklärungsansätze, die Möglichkeiten einer Steuerung aufzeigen können.
Alle Erklärungsansätze stimmen darin überein, daß der Zweitsprachenerwerb als ein komplexer Vorgang abläuft, bei dem der Lerner kreativ sukzessiv Hypothesen über die Struktur der zu erlernenden Sprache bildet. Man kann weiterhin davon ausgehen, daß seine Hypothesen in einem systematischen Zusammenhang stehen, unterschiedlich

sicher sind und das lernersprachliche Wissen konstituieren, auf dem sein lernersprachliches Verhalten aufbaut. Dieses System ist durch Variabilität und Instabilität gekennzeichnet. Lernen besteht im Bilden neuer, Sichern »guter« und Verwerfen »schlechter« Hypothesen. Lernen läßt sich nicht als ein abrupter Wechsel von einem lernersprachlichen System zu einem anderen, zielsprachenkonformeren lernersprachlichen System verstehen, sondern muß als eine allmähliche Fortbewegung auf einem Kontinuum aufgefaßt werden, dessen Endpunkt eine – u. U. auch simplifizierte – Varietät der Zielsprache darstellt. Im Rahmen dieser Fortbewegung treten für einige sprachliche Strukturbereiche lernersprachliche Formen in geordneten Sequenzen auf, die allerdings einer gewissen Variation zu unterliegen scheinen. Welche Menge von Eigenschaften in Sequenzen erworben wird und wie groß das Ausmaß der Variation ist, bis zu dem man noch von geordneten Sequenzen reden kann, ist noch nicht hinreichend geklärt; daß *alle* sprachlichen Eigenschaften in geordneten Sequenzen erworben werden, ist äußerst unwahrscheinlich.

Die Entwicklung der Lernersprache variiert unstreitig außer in ihrem Verlauf auch in Erwerbsrichtung und Erwerbsgeschwindigkeit. Diese Variation ist abhängig von sprachlichen, individuellen und sozialen Faktoren. Die Entwicklung der Lernersprache wird *sprachlich* determiniert durch die vom Lerner angestrebte Zielvarietät, die Art der zweitsprachlichen Daten, denen er ausgesetzt ist, insbesondere deren perzeptuelle Prominenz, die Art der sprachlichen Interaktionen, an denen er partizipiert, insbesondere die Modellierung der Lerneräußerungen durch *native speakers*, und seine Ausgangssprache(n). Im Gegensatz zu einigen früher vertretenen Annahmen kann die Muttersprache also nicht als allein determinierender Faktor angesehen werden. Der Einfluß der Muttersprache kann sich nicht nur in einer Übertragung muttersprachlicher Strukturen, sondern auch in der Vermeidung zweitsprachlicher Strukturen manifestieren. Generalisierungen muttersprachlicher Eigenschaften treten auf als Lernprozeß, Lernstrategie und Kommunikationsstrategie. Art und Menge muttersprachlicher Generalisierungen sind abhängig davon, wie der Lerner die typologische Distanz zwischen Muttersprache und Zielsprache wahrnimmt und ob er sich in einer früheren oder fortgeschritteneren Phase des L2-Erwerbs befindet. Sprachliche Variablen beeinflussen Erwerbsverlauf, -richtung und -geschwindigkeit.

Darüberhinaus variiert der Zweitsprachenerwerb nach Alter sowie nach kognitiven und affektiven Individuenmerkmalen der Lerner. Individuenmerkmale determinieren vor allem die Erwerbsgeschwindigkeit und – mit den Variablen des kognitiven Stils – z. T. auch den Erwerbsverlauf. Im Unterschied zu früher vertretenen Auffassungen kann es heute als erwiesen gelten, daß für Lerner unterschiedlichen Alters keine unterschiedlichen Aneignungsweisen anzunehmen sind.

Allerdings wirkt der Altersfaktor in komplexer Weise mit anderen Individuenmerkmalen und sozialen Variablen zusammen. Von den affektiven Variablen scheinen vor allem Einstellung und Motivation einflußreich zu sein. Im Hinblick auf Effekte der Motivation ist weniger deren Art (instrumental/integrativ) entscheidend als ihre Stärke. Soziale Variablen bestimmen den Grad der sozialen Distanz zwischen einer Gruppe von Zweitsprachenlernern und einer Gruppe von Zweitsprachensprechern und determinieren mit Art und Ausmaß des sprachlichen Kontakts zwischen Mitgliedern dieser Gruppen neben der Geschwindigkeit des Erwerbs vor allem seine Richtung. Wirkungen sozialer Variablen sind naheliegenderweise am ehesten in Situationen des natürlichen Zweitsprachenerwerbs zu erwarten.

Wesentliche Determinanten des Erwerbsverlaufs sind die im Lerner ablaufenden Lernprozesse und die von ihm angewendeten Lernstrategien, indirekt auch die von ihm verfolgten Kommunikationsstrategien. Welche Lern- und Kommunikationsstrategien bevorzugt angewendet werden, scheint – bei aller Vorläufigkeit der bisherigen Forschungsergebnisse – wiederum von Individuenmerkmalen abhängig zu sein. Daran zeigt sich noch einmal, daß der Zweitsprachenerwerb als ein vielschichtiger Vorgang anzusehen ist, bei dem zahlreiche komplexe Variablen miteinander interagieren. Für die Steuerung des Zweitsprachenerwerbs hat dies zur Konsequenz, daß einerseits störende Effekte, die eine Variable auf die Beeinflussung anderer haben kann, berücksichtigt werden müssen, daß andererseits aber auch eine indirekte Beeinflussung von spracherwerbsdeterminierenden Faktoren möglich ist.

Teil II

Fremdsprachenunterricht

5. Lehren als Steuerung des Spracherwerbs

Nachdem wir im ersten Teil des Buches einen Überblick über die Erforschung des Erlernens zweiter Sprachen gegeben und einige Vorgänge beim L2-Erwerb, Bedingungen, die ihn beeinflussen, und lernertypische Verhaltensweisen zu erhellen versucht haben, möchten wir uns in diesem zweiten Teil mit Fragen des Lehrens von Fremdsprachen auseinandersetzen, also mit der Beeinflussung eines prinzipiell auch ohne solche Beeinflussung stattfindenden Vorgangs. Wir möchten dabei u. a. Antworten auf folgende Fragen versuchen: Ist das Lehren von Fremdsprachen überhaupt notwendig? Was kann gelehrt werden? Welche Ziele werden mit schulischem Fremdsprachenlernen und -lehren verbunden? Wie sind diese Ziele zu beurteilen? Auf welche Weise lassen sich Prozesse und Strategien des Erwerbs in welcher Richtung beeinflussen? Was spricht für, was spricht gegen bestimmte Verfahren der Beeinflussung? Wie lassen sich Lernprobleme diagnostizieren? Wie kann man Lernerfolg überprüfen?
In diesem 5. Kapitel geht es uns zunächst vor allem um zwei Dinge: Erstens wollen wir unser Verständnis der Beziehung zwischen Fremdsprachenlernen und Fremdsprachenlehren explizieren und damit die in diesem zweiten Teil behandelte Thematik abstecken. Zweitens geht es uns darum, den oftmals zu selbstverständlich vorausgesetzten Gedanken des Lehrens von Fremdsprachen zu problematisieren und zu präzisieren, worin »Lehren« bestehen kann.

5.1 Zur Thematik des zweiten Teils

Mit Gedanken über das Lehren von Fremdsprachen könnte man problemlos Hunderte von Seiten füllen, und noch immer nicht hätte man alle Fragen angesprochen, geschweige denn gelöst, auf die ein Fremdsprachenlehrer möglicherweise eine Antwort wissen möchte. Derartige Fragen, die mit dem Lehren zweiter Sprachen zu tun haben, können ja legitimerweise so unterschiedliche Dimensionen betreffen wie bildungspolitische Aspekte der Institution des Fremdsprachenunterrichts, das Verhältnis zwischen im engeren Sinne sprachlichen, landeskundlichen und literarischen Inhalten, Lernmaterialien, Lehrverfahren, die Planung konkreter Stundenabläufe, Hausaufgaben, Korrektur- und Bewertungspraktiken usw. Wir wollen eine nach welchen Kriterien auch immer zu bestimmende Vollständigkeit in der Behandlung fachdidaktischer Fragen gar nicht erst anstreben, sondern uns auf ausgewählte Aspekte des Lehrens fremder Sprachen konzentrieren. Unsere Auswahl ist vor allem durch die im ersten Teil des Buches behandelte Thematik determiniert: Wir beschäftigen uns im wesentlichen nur mit solchen Fragen des Lehrens, die einen erkennbaren Bezug zu bisherigen Forschungen über das *Lernen* von Fremdsprachen haben, und explizieren damit unser Verständnis von der Zweitspracherwerbsforschung als einer für den Fremdsprachenunterricht relevanten Bezugswissenschaft. Unsere Auswahl spiegelt darüber hinaus selbstverständlich auch persönliche Interessenschwerpunkte wider.

Um die Erwartungshaltung der Leser in adäquate Bahnen zu lenken, möchten wir hier einige Bereiche nennen, die man im Rahmen einer Didaktik der Fremdsprachen behandeln könnte, die wir aber ausdrücklich aus unserer Darstellung ausklammern wollen. So werden wir uns *nicht* mit Fragen der fremdsprachlichen Literaturdidaktik und der Didaktik der Landeskunde auseinandersetzen, sondern uns auf Aspekte des Lehrens von Sprachbeherrschung, wie in Abschn. 1.3 definiert, beschränken. Dies schließt nicht aus, daß wir die Möglichkeit einer gegenseitigen Beeinflussung von Sprachunterricht im engeren Sinne, Literaturunterricht und Landeskunde-Unterricht prinzipiell anerkennen. Wir werden uns weiterhin nicht mit bildungspolitischen Fragen des Fremdsprachenunterrichts und seiner institutionellen Rahmenbedingungen, z. B. seine Legitimation überhaupt, seine Dauer, den günstigsten Zeitpunkt für seinen Beginn etc. betreffend, auseinandersetzen. Wir wollen auch nicht auf schultypen- oder klassenstufenspezifische Probleme des Lehrens von Fremdsprachen eingehen, und auch Vorschläge für die konkrete Unterrichtsplanung oder Muster für gelungene oder weniger gelungene Unterrichtsstunden sollte man nicht in diesem Buch suchen.

Die Bezüge zwischen dem ersten und dem zweiten Teil des Buches sind mehrfacher Art. Neben der *Auswahl* der Inhalte dieses zweiten Teils ist auch die Art ihrer Behandlung von Methoden, Problemen und Erkenntnissen der Zweitspracherwerbsforschung beeinflußt. Dabei können folgende Beziehungen auftreten:

- Übliche didaktische Verfahren und Prinzipien sowie gängige Unterrichtspraxis werden auf der Basis von Teil I problematisiert.

- Didaktische Fragestellungen werden in einen neuen theoretischen Kontext gestellt. Sie erfahren mithilfe von Konzepten der L2-Erwerbsforschung eine neue, prägnantere Formulierung und werden so leichter einer Lösung zugänglich.
- Zur Lösung didaktischer Probleme werden Vorschläge gemacht, die sich aufgrund von in Teil I dargestellten Forschungsergebnissen nahelegen. Solche Lösungsvorschläge können auch die Form von Vorschlägen zu gezielten empirischen Untersuchungen unter den speziellen Bedingungen des Fremdsprachenunterrichts haben.
- Aus Teil I werden Konsequenzen für didaktische Entscheidungen abgeleitet. Aussagen im Rahmen dieser stärksten Beziehung zwischen L2-Erwerbsforschung und Fremdsprachendidaktik sind sicherlich am gefährlichsten und angreifbarsten, erscheinen uns gelegentlich aber durchaus gerechtfertigt.

5.2 Lernen und Lehren

Zum Sprachenlernen braucht man weder notwendig eine Schule noch einen Lehrer. Alltägliche Erfahrung und wissenschaftliche Forschung belegen überzeugend, daß nicht nur Erst-, sondern auch Zweitsprachenerwerb prinzipiell ohne Unterricht möglich ist. Angesichts dieser Situation stellt sich die Frage, welche Funktion Sprachlehrverfahren haben können, was sie überhaupt leisten können oder sollen.

Zunächst einmal ist zu bedenken, daß auch Spracherwerb ohne Unterricht nicht voraussetzungslos geschieht. Mindestbedingungen dafür, daß Spracherwerb stattfindet, sind – neben einem mit normalen geistigen Fähigkeiten ausgestatteten Lerner – die Konfrontation des Lerners mit sprachlichen Äußerungen in der zu erlernenden Sprache, also mit sprachlichem *Input*, und eine wie auch immer geartete *Motivation* zum Erlernen dieser Sprache. Von weiteren Faktoren kann man, wie wir in Teil I gezeigt haben, begründet annehmen, daß sie den Spracherwerb in der einen oder anderen Weise beeinflussen, jedoch kann man von ihnen – im Gegensatz zu Input und Motivation – nicht behaupten, daß sie *unentbehrlich* für Spracherwerb seien. Beide Grundvoraussetzungen für Spracherwerb sind nun z. B. für deutsche Lerner des Englischen oder Spanischen, die in Deutschland leben, nicht ohne weiteres gegeben. Eine *Minimalfunktion* von Sprachunterricht sehen wir daher in der Schaffung dieser beiden Grundvoraussetzungen durch regelmäßige, institutionalisierte Konfrontation des Lerners mit fremdsprachlichem Input und durch den Aufbau einer zumindest minimalen Lernmotivation, die entweder intrinsisch, d. h. auf die zu erlernende Sprache selbst und den Wunsch oder die Notwendigkeit, sie zu erlernen, bezogen, oder extrinsisch, z. B. auf dem Wunsch beruhend, gute Noten zu erhalten oder dem Lehrer zu gefallen, sein kann.

Wir sind im Unterschied zu von anderen Autoren gelegentlich geäußerten Auffassungen[1] der Meinung – und wenn wir das nicht wären, käme dieses Buch schon sehr bald zu einem Ende –, daß Fremdsprachenunterricht mehr als nur diese Minimalfunktion erfüllen kann und sollte. Dafür sprechen im wesentlichen zwei Gründe: Zum einen ist die Zeitdauer, während derer ein Lerner im institutionalisierten Fremdsprachenunterricht zweitsprachlichen Daten ausgesetzt ist, selbst dann, wenn dieser Unterricht 6–8 Stunden pro Woche stattfinden sollte, wesentlich kürzer, als sie es bei erfolgreichen Zweitsprachenlernern ist, die ungesteuert im fremden Land oder z. B. innerhalb einer mehrsprachigen Familie eine zweite Sprache erwerben. Die im Vergleich zum natürlichen Zweitsprachenerwerb normalerweise wesentlich kürzere Lernzeit sollte daher besonders sinnvoll und effektiv genutzt werden. Zum anderen können im Fremdsprachenunterricht die Bedingungen, die üblicherweise beim natürlichen Spracherwerb gegeben sind, insofern nicht simuliert werden, als sich unter den institutionellen Rahmenbedingungen von schulischem Unterricht die zahlenmäßige Relation von Input produzierenden *native speakers* und Lernern nicht so gestalten läßt, wie sie beim natürlichen L2-Erwerb meistens vorliegt: Im Unterricht steht typischerweise ein einzelner (Fast-)*native speaker* einer Gruppe von Lernern gegenüber, während beim außerschulischen L2-Erwerb diese Relation zugunsten der Zahl von *native speakers* verschoben ist, ja häufig sogar ein Lerner von mehreren *native speakers* umgeben ist, die fremdsprachlichen Input produzieren. Eine solche Relation sagt zwar noch nichts über die Menge des sprachlichen Input für sich genommen aus (in demselben Zeitraum kann *ein* Lehrer für mehrere Schüler genauso viele zweitsprachliche Lerndaten produzieren wie mehrere nacheinander sprechende *native speakers* für einen einzigen Lerner), sie wird aber sehr wohl relevant, wenn man sprachlichen Input als Lerndaten versteht, an denen der Lerner sich interaktiv beteiligen kann. M. a. W.: Wir gehen davon aus, daß sprachlicher Input, mit dem ein Lerner aufgrund einer ungünstigen Zahlenrelation zwischen Lernern und *native speakers* nicht so intensiv *interaktiv* umgehen kann, weniger gute Lernmöglichkeiten bietet.
Allein schon diese beiden nachteiligen Ausgangsbedingungen, kurze Lernzeit und ungünstiges Zahlenverhältnis zwischen Lernern und *native speakers*, lassen es unangebracht erscheinen, Fremdsprachenunterricht auf eine institutionalisierte Form der Input-Präsentation und eine Minimal-Motivierung von Lernern zum Fremdsprachenerwerb zu reduzieren und den Erwerb ansonsten völlig unbeeinflußt ablaufen zu lassen. Vielmehr rechtfertigt das Bemühen um einen Ausgleich dieser nachteiligen Bedingungen spezielle didaktische Maßnahmen, die – prinzipiell zwar auch unabhängig von ihnen stattfindende – Erwerbsverläufe abkürzen, beschleunigen, intensivieren und in ihrer Richtung beeinflussen können. Im einzelnen sehen wir folgende diskutierens-

werte Möglichkeiten, wie Fremdsprachenlehren dies leisten könnte. Die Nennung dieser Möglichkeiten impliziert noch nicht automatisch, daß wir sie auch immer für *gute* Möglichkeiten halten. Wir behalten uns eine kritische Diskussion für die folgenden Kapitel vor.

1. Steuerung der Input-Präsentation

Diese Möglichkeit hat zwei Aspekte: a) den der *Auswahl* von sprachlichen Eigenschaften, die der Input enthält, und b) den der *Organisation* dieser Eigenschaften innerhalb des Inputs.

zu a)
Angesichts der knappen Zeit, die für das Erlernen einer Fremdsprache im Unterricht zur Verfügung steht, ist es realistisch anzunehmen, daß schulischer Spracherwerb nicht zu einer Sprachbeherrschung führen wird, wie sie *native speakers* dieser Sprache haben. Eine Möglichkeit, dieser Tatsache Rechnung zu tragen, besteht darin, Lernern von vornherein einen reduzierten sprachlichen Input anzubieten, der nur ausgewählte Eigenschaften der zu erlernenden Sprache enthält. Die Kriterien für eine solche Auswahl können vielfältig sein: Man könnte z. B. solche Eigenschaften auswählen, die man für relativ leicht zu erlernen hält, solche, die von Sprechern der Zielsprache besonders häufig verwendet werden, solche, die man als besonders relevant für die Sprachverwendungssituationen ansieht, denen ein Lerner voraussichtlich begegnen wird, usw. Auf derartige Fragen der Auswahl werden wir in dem Kapitel über Lernziele noch zu sprechen kommen.

zu b)
Man kann versuchen, den Spracherwerb in der Weise durch Lehren zu erleichtern, daß man − evtl. im Sinne von a) reduzierten − Input nicht unstrukturiert präsentiert, sondern ihn so organisiert, daß dem Lerner möglichst gute Hilfen für das Erkennen der Regelmäßigkeiten der Zweitsprache gegeben werden, m. a. W.: daß er möglichst schnell möglichst sicher »gute« (d. h. den Regelmäßigkeiten der zu erlernenden Sprache entsprechende) lernersprachliche Wissensbestände erwirbt, die er möglichst selten revidieren muß. Man kann sich z. B. bemühen, dies durch eine nach bestimmen Kriterien vorgenommene Progression sprachlicher Strukturen zu erreichen, d. h. durch eine spezielle *Anordnung* und *Verteilung* sprachlicher Eigenschaften, z. B. durch eine Häufung gleicher Strukturen innerhalb eines Input-Abschnitts[2] oder durch eine Reduktion der Zahl der in einem Input-Abschnitt vorkommenden verschiedenen Strukturen usw. Unter Anordnung sprachlicher Eigenschaften verstehen wir hier mit Wienold[3] die Reihenfolge, in der sie in Äußerungen eines Lehrgangs erstmals auftreten, und unter Verteilung sprachlicher Eigenschaften ihr Vorkommen über den gesamten Lehrgang hinweg. Derartige Möglichkeiten der Lernerleichterung werden wir in den Kapiteln über Lernmaterial und über sprachliche Interaktion im Unterricht ausführlicher diskutieren.

2. Kommunikatives Feedback
Zustimmende, korrigierende oder andere Reaktionen des Lehrers auf seine lernersprachlichen Äußerungen können einem Lerner wichtige Informationen über die Güte seiner lernersprachlichen Wissensbestände, die Brauchbarkeit seiner Strategien zur Aktualisierung dieses Wissens und den Erfolg seiner Kommunikationsstrategien geben. Wir werden uns im Rahmen der Diskussion von Korrektur- und Bewertungsverfahren im Abschnitt über sprachliche Interaktion im Unterricht mit dieser Funktion von Lehren auseinandersetzen.

3. Verfahren zur Unterstützung der Verarbeitung des sprachlichen Input
Derartige Verfahren, die Hilfen zum Erkennen von Regelmäßigkeiten der zu erlernenden Sprache und zum schnellen Aufbau möglichst »guter« Wissensbestände bieten sollen, werden wir in dem Kapitel über Unterrichtsverfahren kritisch diskutieren. Dazu gehören z. B. der Einsatz von Bildern und das Hinzuziehen der Muttersprache zur Erleichterung der Bedeutungszuordnung oder explizite Regelformulierungen als Vorgriff auf Generalisierungen des Lerners.

4. Vermittlung effektiver Lern- und Kommunikationsstrategien
Diese mögliche Funktion des Fremdsprachenlehrens unterscheidet sich von den bisher genannten dadurch, daß sie in einem indirekteren, weniger spezifischen Einfluß auf das Lernen besteht: Fremdsprachenlehren als Unterstützung des Fremdsprachenlernvorgangs kann auch bedeuten, unabhängig von bestimmten sprachlichen Inhalten die Lern- und Kommunikationsweisen von Lernern günstig zu beeinflussen und die Lernfähigkeiten des Lerners zu aktivieren. Diese Art der Steuerung hat den Vorteil, daß sie auch außerhalb des Unterrichts selbst wirksam bleibt und den Lerner beim Spracherwerb unterstützen kann, der neben oder nach dem Unterricht stattfindet. Wir werden diese Gedanken in den Abschnitten über Lernziele und über Lehrverfahren näher erläutern.

5. Beeinflussung von Faktoren, die ihrerseits den Spracherwerb fördern
Wir sprechen mit diesem Punkt eine weitere Art der indirekten Beeinflussung des Fremdsprachenerwerbs an und denken dabei insbesondere an eine Erhöhung der Motivation zum Erlernen der Fremdsprache, die dann ihrerseits den Verlauf des Spracherwerbs positiv beeinflussen kann. Wir hatten den Faktor »Motivation« im Zusammenhang mit den Mindestvoraussetzungen für das Ingangkommen von Spracherwerbsprozessen ja bereits genannt. Eine Erhöhung der Motivation könnte z. B. über die Vermittlung einer positiven Einstellung zur Zielkultur oder durch die Schaffung persönlicher Kontakte zu *native speakers* der Zielsprache erfolgen.

Wieweit eine Nutzung derartiger Einflußmöglichkeiten tatsächlich zu einer Verbesserung des Lernerfolgs führt, bedarf langfristig einer Kontrolle durch umfangreiche empirische Untersuchungen im schulischen Kontext. In Teilbereichen hat die Sprachlehr- und -lernforschung hier schon beachtenswerte Resultate erzielt. Wir werden in den folgenden Kapiteln – wieder ohne Anspruch auf Vollständigkeit – auf derartige Untersuchungen eingehen, sofern sie sich in unseren selbstgesteckten thematischen Rahmen einordnen lassen.

6. Ziele

Daß Fremdsprachenunterricht in erster Linie dazu befähigen soll, eine fremde Sprache zu beherrschen, und daß sich diese Sprachbeherrschung in der Fähigkeit zur Kommunikation mit native speakers *manifestiert, darin besteht heute zwischen Fachdidaktikern weitgehend Einigkeit. Deshalb ist »Kommunikationsfähigkeit in der L2« als oberstes fachspezifisches Lernziel für den Fremdsprachenunterricht allgemein anerkannt.[1] Allerdings herrscht durchaus Dissens hinsichtlich der Frage, was »Kommunikationsfähigkeit in der L2« konkret ausmacht und wie sie im Detail durch Unterricht erreicht werden kann: Unterschiedliche Auffassungen von »Kommunikationsfähigkeit« führen mit entsprechend unterschiedlichen Begründungen zu verschiedenen Lernzielkatalogen, mit denen dieses Ziel konkret ausgefüllt wird.*

Neben dem fachspezifischen Ziel »Kommunikationsfähigkeit« unterliegt Fremdsprachenunterricht aufgrund seiner schulischen Institutionalisiertheit weiteren Zielsetzungen, die nur mit anderen als sprach(erwerbs)theoretischen Begründungen zu legitimieren sind.[2] Wir wollen uns nach einer kurzen Einführung in die Terminologie der Lernzieldiskussion jedoch auf die Behandlung solcher Lernziele beschränken, die mit Ergebnissen der Zweitsprachenerwerbsforschung begründet werden können. Dazu zählen das Lernziel »Kommunikationsfähigkeit« (Abschn. 6.2), einstellungsbezogene Lernziele (6.3) und schließlich das Lernziel »Weiterlernen« (6.4).

6.1 Lernziele im Fremdsprachenunterricht

Lernziele sind in den Lehrplänen und Richtlinien der Kultusbürokratie, in Kurskonzeptionen von Lernmaterialherstellern usw. vorfindliche Formulierungen, die vorgeben, was ein Lerner nach Ablauf des Unterrichts an Wissen, Fähigkeiten und Fertigkeiten oder auch an Einstellungen erworben haben soll. Damit nachprüfbar ist, ob und in welchem Ausmaß Lerner die dem Unterricht vorgegebenen Ziele erreichen, wird heute an Lernzielformulierungen gewöhnlich die Anforderung gestellt, *operationalisierbar* zu sein. Das bedeutet, daß Lernziele so als Operationen eines Lerners, als Handlungs- und Verhaltensweisen beschrieben werden müssen, daß klar erkennbar ist, was er nachweisbar können muß, wenn er das Lernziel erreicht haben soll.[3] Da Lernziele damit letztlich auch im Detail festlegen müssen, welche Inhalte, Handlungen und Verhaltensweisen gelehrt werden sollen, und – weil für das Erreichen bestimmter Ziele nicht alle Lehrverfahren und Medien in gleicher Weise taugen – da von den Zielen auch die Wahl der jeweiligen methodischen Mittel abhängt, ist die Auswahl und Begründung von Lernzielen auch für die Fremdsprachendidaktik von zentralem Stellenwert.

In der Diskussion um Lernziele des Fremdsprachenunterrichts steht das *Richtziel* der Kommunikationsfähigkeit im Vordergrund. Es kann über *Grobziele* etwa der Art »Der Lerner soll in mündlicher Kommunikation einfache Sachverhalte, die seinen alltäglichen Lebenskontext betreffen, darstellen können« bis hin zu *Feinzielen*, die eindeutig einzelne sprachliche Eigenschaften oder Verhaltensweisen auflisten, z. B. »Der Lerner soll die Relativpronomen *who* und *which* korrekt verwenden können«, bis ins Detail konkretisiert und damit – auf der Ebene der Feinziele – auch operationalisiert werden. Da die Menge der Feinziele eindeutig festlegt, was das abstrakte Richtziel »Kommunikationsfähigkeit« konkret ausfüllt, werden unterschiedliche Auffassungen darüber, was dieses Richtziel inhaltlich bedeuten soll, schnell manifest. Zielvorstellungen wie »Mündigkeit«, »Emanzipation« etc., die als allgemeine schulische Lernziele auch für den Fremdsprachenunterricht gelten, lassen sich dagegen nicht in derselben Weise operationalisierbare Feinziele zuordnen.

Da, wie schon oben in Kap. 1 dargelegt, kein *native speaker* einer Sprache diese Sprache »vollständig« beherrscht, sondern immer nur eine Teilmenge ihrer Varietäten, und da Fremdsprachenunterricht hinsichtlich der für ihn verfügbaren Zeit und Mittel Beschränkungen unterworfen ist, erfordert die Konkretisierung des allgemein akzeptierten Richtziels »Kommunikationsfähigkeit in der L2« durch Feinziele Entscheidungen über die *Auswahl* der zu lehrenden zweitsprachlichen Mittel. Für diese Auswahl sind in der Vergangenheit hauptsächlich zwei Arten von Kriterien herangezogen worden: Zum einen Kriterien der *Nützlichkeit*, auf deren Grundlage mithilfe von Analysen bekannter oder antizipierter zukünftiger Lebenssituationen für bestimmte Lernergruppen deren Bedarf an zweitsprachlichen Fähigkeiten und Fertigkeiten festgelegt wird; zum anderen Kriterien der *Lehrbarkeit*, auf deren Grundlage zweitsprachliche Mittel u. a. danach ausgewählt werden, wieweit sie Voraussetzung für das Lehren anderer Mittel sind.[4] Die *Lernbarkeit* zweitsprachlicher Mittel im Sinne ihrer Funktion für den Verlauf des Zweitsprachenerwerbs hat dagegen bei Auswahlentscheidungen bislang kaum eine Rolle gespielt.

Diese grobe Übersicht mag hier genügen, um aufzuzeigen, welche Arten von Zielentscheidungen für den Fremdsprachenunterricht zu treffen und zu begründen sind. Für unsere weiteren Darstellungen wollen wir uns im folgenden auf die Behandlung solcher Ziele beschränken, die aus Ergebnissen der Zweitsprachenerwerbsforschung begründbar sind.[5] Um die Möglichkeiten, die diese Forschung zur Lösung von Auswahlproblemen bietet, darstellen zu können, und um weitere spracherwerblich begründete Vorschläge zur Setzung realistischer Ziele bei begrenzter zur Verfügung stehender Lernzeit vorzustellen, erscheint es uns notwendig, zunächst die Hauptargumentationsstränge der in der Fremdsprachendidaktik geführten Lernzieldiskussion zu skizzieren. Dabei steht natürlich die konkrete Ausfüllung des Lernziels »Kommunikationsfähigkeit in der L2« im Vordergrund.

6.2 Lernziel »Kommunikationsfähigkeit«

»Kommunikationsfähigkeit« als Richtziel für den Fremdsprachenunterricht ist unumstritten; es taucht entsprechend in allen Richtlinien und Lehrplänen für den Fremdsprachenunterricht auf und ist im Grunde nur eine Leerformel. Schon auf der nächsten Ebene der Verfeinerung dieses obersten Richtziels wird die Diskussion jedoch kontrovers. Für manche Didaktiker ist Kommunikationsfähigkeit schon erreicht, wenn Lerner über eine Sprachbeherrschung verfügen, die sich im wesentlichen auf die in Kap. 1 definierte *Linguistische Kompetenz* beschränkt; andere Didaktiker fordern für das Erfüllen dieses Richtziels in Anlehnung an neuere Entwicklungen in der Linguistik und ihren Nachbardisziplinen eine Sprachbeherrschung, die sich als die ebenfalls in Kap. 1 definierte *Kommunikative Kompetenz* manifestiert.

Es ist weithin üblich, das Lernziel »Kommunikationsfähigkeit« in die vier Teilziele Hörverstehen, Sprechen, Leseverstehen und Schreiben zu differenzieren. Oft wird gefordert, diese *vier Fertigkeiten* in eben dieser Reihenfolge zu lehren und die Priorität der mündlichen Sprachausübung betont. Obwohl diese Unterscheidung der vier Fertigkeiten – gelegentlich wird als eine fünfte auch noch Übersetzen aufgeführt[6] – als Teilziele des Fremdsprachenunterrichts allgemein akzeptiertes Gedankengut der Fachdidaktik ist, kann man aber bei genauerer Betrachtung nicht umhin, diese Lernzieldifferenzierung als sehr problematisch aufzufassen. Zwar lassen sich die graphische (schriftliche) und die phonische (mündliche) Repräsentation von Sprache ebenso wie Produzieren und Rezipieren von Sprache theoretisch unterscheiden und auf der Basis dieser Unterscheidung auch Kurse konzipieren, die – um spezifischen Bedürfnissen bestimmter Lernergruppen zu genügen – sich z. B. darauf beschränken, nur die Rezeption der graphischen Repräsentation, d. h. Leserverstehen, zu lehren.[7] Es macht jedoch wenig Sinn, eine solcherart isolierte Fertigkeit als Teilziel dem Ziel »Kommunikationsfähigkeit in der L2« zu subsumieren. Nimmt man nämlich Kommunikationsfähigkeit ernst, d. h. versteht man darunter die Fähigkeit zu verbaler Interaktion, so sind zumindest Hörverstehen und Sprechen stets direkt aufeinander bezogen. Dieser wechselnde Bezug charak-

terisiert ja gerade Interaktion – die Isolierung dieser Fertigkeiten steht also der Entwicklung von Kommunikationsfähigkeit entgegen. Auch – darauf hat Wienold (1973) hingewiesen – können Sprecher einer Sprache gewöhnlich die graphische und die phonische Repräsentation jeweils in die andere überführen.[8] Man kann diese Fertigkeiten also *nicht* als voneinander unabhängige Bestandteile der Sprachbeherrschung auffassen.[9] Dies zeigt sich zum einen darin, daß sich diese Fertigkeiten als solche gar nicht operationalisieren lassen, sondern nur in Verbindung mit syntaktischen, morphologischen, semantischen und lexikalischen Eigenschaften vorkommen können. Zum anderen wird dies daran deutlich, daß man die Beherrschung einer Fertigkeit kaum ohne Rückgriff auf eine andere untersuchen kann: So werden z. B. in Hörverstehenstests Lerner gewöhnlich dazu aufgefordert, Fragen zu einem akustisch dargebotenen fremdsprachlichen Text in der L2 zu beantworten, was von den Lernern eine mündliche oder schriftliche produktive Fertigkeit erfordert, oder auf einem Testbogen vorgegebene inhaltliche Aussagen über den gehörten Text als zutreffend bzw. nicht zutreffend anzukreuzen, was wiederum Lesefertigkeit voraussetzt. Die Vierfertigkeitenklassifizierung führt also zu Lernzielformulierungen, die weitestgehend offenlassen, welches sprachliche Verhalten als Kriterium für das Erreichen dieser Ziele gilt. Die Diskussion um die konkrete Ausfüllung des Lernziels »Kommunikationsfähigkeit« und ihre Begründung kann auf dem Niveau derartiger Grobziele prinzipiell nicht sehr ertragreich sein. Dagegen erfordert die Bestimmung von Feinzielen detailliertere Auswahlen von sprachlichen Mitteln und genauere Begründungen dafür, die jeweils ein bestimmtes Verständnis von Sprachbeherrschung und bestimmte Annahmen darüber implizieren, wie man sie erwirbt.
Kommunikationsfähigkeit im Sinne von Linguistischer Kompetenz wurde noch bis vor wenigen Jahren in Lehrplänen, Richtlinien und anderen Lernzielkatalogen auf der Ebene der Feinziele durch Listen ausgewählter phonologischer, morphologischer und syntaktischer Strukturen bzw. Regeln und durch Wortlisten konkretisiert. Diesen Listen wurden dann nachträglich – teils unter Bezug auf vermutete zukünftige Gelegenheiten der Lerner zur L2-Verwendung – Themen und Situationen zugeordnet (z. B. *in der Klasse, beim Bäcker, am Bankschalter* etc.), die außersprachliche Kontexte für die Verwendung der ausgewählten sprachlichen Mittel schaffen sollten. Solche unterschiedlichen Themen und Situationen wurden jedoch gewöhnlich nicht zum Anlaß genommen, Lerner in einen sozial oder funktional variierenden Gebrauch der L2 in realistischer Kommunikation einzuführen. Dies geht nicht zuletzt auch auf spracherwerbliche Annahmen zurück, die auf behavioristischen Theorien basieren: Um zu verhindern, daß Lerner falsche *habits* entwickeln, mußten die Feinziele für ihre Abfolge bei der Präsentation so formuliert sein, daß das Erreichen des einen Vor-

aussetzung für die Inangriffnahme des nächsten war. Diese Anforderung, die Linguistische Kompetenz von L2-Lernern durch eine sukzessive Realisierung von Feinzielen systematisch aufzubauen, resultierte auch aus dem Richtziel, Lerner zur *korrekten* Sprachverwendung zu befähigen. Daß das Ziel *korrekter* Sprachverwendung unter spracherwerblichem Gesichtspunkt durchaus diskussionsbedürftig ist, soll uns weiter unten noch beschäftigen.

Z. T. in bewußter Gegensetzung zu dieser Art der auf die Linguistische Kompetenz bezogenen Lernzielbestimmung wurden in der Fachdidaktik in jüngerer Vergangenheit Vorstellungen entwickelt, die sich unter der Bezeichnung *Kommunikative Didaktik* zusammenfassen lassen. Ihnen ist der Anspruch gemeinsam, durch die Auswahl anderer als nur strukturbezogener Feinziele und damit zusammenhängend durch veränderte Lehrmaterialien und -verfahren Lerner zu einer realitätsgerechten Zweitsprachenbeherrschung zu führen, die, über die bloße Linguistische hinausgehend, zu Kommunikativer Kompetenz führen müsse. Die heute gängige Forderung nach Kommunikativer Kompetenz geht auf verschiedene Entwicklungen zurück, die wir hier nicht detailliert darstellen können.[11] Erwähnt sei hier nur die sich in den linguistischen Disziplinen durchsetzende Erkenntnis, daß Sprachbeherrschung sich nicht auf die Kenntnis sprachlicher Mittel beschränkt, sondern auch die Kenntnis der Angemessenheitsbedingungen ihrer Verwendung und die Fähigkeit zum Vollzug und zum Verstehen sprachlicher Handlungen einschließt.

Lernzielkataloge, die dem Richtziel Kommunikative Kompetenz verpflichtet sind, wurden zuerst im Rahmen von Sprachprojekten des Europarats entwickelt. Diese Projekte zielten darauf ab, vergleichbare, ausbaufähige Minimalkenntnisse verschiedener europäischer Sprachen zu beschreiben, die jeweils anderssprachigen Europäern private, wirtschaftliche und politische Kontakte ermöglichen. Die daraus hervorgegangenen Curricula bzw. Lernzielkataloge – zunächst für den Unterricht mit Erwachsenen[12], später auch für den Unterricht an allgemeinbildenden Schulen[13] – sind rein nützlichkeitsorientiert: Sie listen sprachliche Mittel auf, die eine bestimmte Zielgruppe, zumeist Touristen, für die elementare sprachliche Bewältigung vorhersehbarer Situationen und Themen beherrschen sollte. Die Auswahl und Zusammenstellung dieser Mittel geschieht allerdings völlig anders als in traditionellen, strukturbezogenen Lehrplänen: Auswahleinheiten sind nicht strukturelle, sondern funktionale und notionale Kategorien. Dieses Vorgehen basiert auf Arbeiten von Wilkins (1973, 1976).

Nach Wilkins sind für Auswahlentscheidungen die antizipierten kommunikativen Bedürfnisse der Adressaten zunächst als *Notionen* und Sprachfunktionen zu spezifizieren, denen dann in einem zweiten Schritt jeweils sprachliche Mittel zugeordnet werden. Notionen lassen sich als semantisch-funktionale, oberbegriffartige Kategorien verstehen, wie z. B. »Zeit«, »Ort«, »Menge«, »logische Relationen«, »Ursache« usw., denen jeweils grammatische Strukturen und auch entsprechende Redewendungen und Vokabular zugeordnet sind. Zu den Notionen kommen noch Sprachfunktionen, die die Adressaten ausüben können sollen. Dazu zählen solche Kategorien wie »Fragen«, »Auffordern«, »Bitten«, »Zustimmen« etc., die dann durch die Auflistung entsprechender sprachlicher Mittel, z. B. syntaktischer Strukturen, inhaltlich konkretisiert werden.[14] Notionale wie funktionale Kategorien erscheinen in den Entwürfen von *notional syllabuses* oft noch detaillierter subkategorisiert.

In der Entwicklung und Anwendung dieses *notional/functional approach* waren (und sind) vor allem englischen Didaktiker engagiert.[15] Dies ist allein schon deshalb wenig erstaunlich, weil die britische Sprachwissenschaft anders als die anderer Länder stets an der Untersuchung des *usage*, des Sprachgebrauchs im situativen Kontext, interessiert war.[16] Weniger bekannt ist jedoch, daß diese Didaktiker auf Erfahrungen mit der Entwicklung von Sprachkursen und -lernmaterialien zurückgreifen konnten, die seit Ende der 60er Jahre speziell für den Englischunterricht mit Immigranten aus dem karibischen Raum und aus Asien erstellt wurden.[17] Da die Immigranten teilweise bereits über mehr oder weniger rudimentäre, meist vom Standard des britischen Englisch abweichende Sprachkenntnisse verfügen, da sie außerhalb des Unterrichts einem nicht zu kontrollierenden zweisprachlichen Input ausgesetzt und – vor allem – da sie von Beginn ihres Großbritannienaufenthalts an mehr oder weniger intensiv mit *native speakers* des britischen Englisch kommunizieren müssen, kann für solche Lerner ein traditioneller, an einem sukzessiven systematischen Aufbau zielsprachlicher Strukturen orientierter Kurs nicht in Frage kommen. Deshalb wurden die zu erlernenden zweisprachlichen Mittel in funktionalen Einheiten präsentiert, beginnend mit solchen, mit denen Lerner als einer Art *survival English* ihre dringendsten kommunikativen Bedürfnisse befriedigen konnten. Durch das Lehren von Mitteln, mit denen man, wie z. B. mit Begrüßungsformeln, Fragen und Antworten etc., elementare sprachliche Funktionen ausdrücken kann, hoffte man, den Unterricht an den natürlichen Zweitsprachenerwerb anzubinden. Inzwischen liegen Erfahrungen zur Leistungsfähigkeit solcher kommunikativ angelegter Sprachkurse vor. In diesem Bereich des *English for Immigrants* waren und sind auch verschiedene der Befürworter einer kommunikativen Fremdsprachendidaktik engagiert.[18]

Vor diesem Hintergrund lassen sich – verallgemeinernd und unter Abstraktion von durchaus vorhandenen unterschiedlichen Auffassungen – die Zielvorstellungen der an der Kommunikativen Kompetenz orientierten Didaktik[19] wie folgt charakterisieren:

1. Auswahleinheiten für Feinziele dürfen nicht strukturelle, sondern

müssen funktional-notionale Kategorien sein. D. h. Feinziele werden als Äußerungen, Redewendungen etc. formuliert, die jeweils eine bestimmte kommunikative Funktion bzw. eine Mitteilungsintention realisieren. Da kommunikativ angemessene Sprachverwendung die Bewältigung längerer sprachlicher Interaktionsabläufe einschließt, sind als Ziele auch die Einheiten zur Organisation von Diskursabläufen vorzugeben.

2. Die ausgewählten sprachlichen Mittel müssen schon im Anfangsunterricht *authentisch* sein. D. h., daß schon von Anfang an idiomatisch angemessene Mittel präsentiert werden, die einer realitätsgerechten Sprachverwendung in echten Lebenssituationen entsprechen. Wegen des Zusammenhangs von Zielen und Verfahren bedeutet dies, daß von einem systematischen Aufbau der Linguistischen Kompetenz durch eine sukzessive Präsentation von Strukturen abgesehen wird – in der Abfolge der Feinziele werden Äußerungen allein nach dem Kriterium ihrer kommunikativen Angemessenheit präsentiert, unabhängig davon, ob die ihnen zugrundeliegenden Strukturen und Regelmäßigkeiten schon eingeführt bzw. gerade »dran« sind.

3. Absolute Korrektheit der Zweitsprachenverwendung wird als Richtziel abgelehnt. Vielmehr wird, auch um Lerner schon möglichst früh realistische Kommunikation zu ermöglichen, *Fehlertoleranz* gefordert. Maßstab für die Fremdsprachenbeherrschung soll die kommunikative Effizienz bei der Verwirklichung eigener Redeabsichten der Lerner sein. Dabei wird nicht auf strikter Einsprachigkeit des Unterrichts bestanden.

4. Die im Unterricht bzw. mit dem Lernmaterial präsentierten Themen und Situationen, die Redeanlässe für die Lerner und damit Vorkommenskontexte für authentische zweitsprachliche Mittel bilden, sollen lebensnah und den aktuellen Interessen der jeweiligen Lerner angemessen sein. Von verschiedenen Didaktikern wird unter Bezug auf fachübergreifende Lernziele gefordert, daß die mit Situationen und Themen gegebenen Redeanlässe *emanzipatorisch* angelegt sind und es den Lernern erlauben, »als sie selbst« zu kommunizieren, d. h. eigene Mitteilungsintentionen im Unterricht zu realisieren.

Diese Lernzielvorstellungen sind trotz durchaus positiv einzuschätzender Intentionen nicht unkritisiert geblieben.[21] Wir wollen uns hier im wesentlichen auf Argumente aus spracherwerblicher Sicht beschränken und nur auf einen linguistisch motivierten Kritikpunkt eingehen, da er später im Zusammenhang mit Fragen der Progression (Kap. 7) relevant wird. Diese Kritik bezieht sich auf die Schwierigkeit, einzelne Notionen und Funktionen präzise voneinander abzugrenzen und ihnen eindeutig sprachliche Mittel zu ihrer Realisierung zuzuordnen. So ist z. B. unklar, ob die in einer Liste von Piepho[22] aufgeführten Ziele »Fragen stellen«, »sich erkundigen bzw. nachfragen«, »interessierte, kritische, erstaunte Fragen einwerfen« können unterschiedliche Funktionen repräsentieren oder ob z. B. »Fragen stellen« als ein den beiden anderen übergeordnetes Lernziel anzusehen ist. Außerdem stehen in einer Sprache gewöhnlich mehrere Mittel zur Realisierung einer Funktion zur Verfügung, wie sich an der folgenden Liste für englischsprachige Realisierungen der Funktion »ein Angebot machen« demonstrieren läßt:

- *Have a cup of tea.*
- *Would you like a cup of tea?*
- *Do you want a cup of tea?*
- *May I offer you a cup of tea?*
- *Why not have a cup of tea?*
- *You like some tea, don't you?*
- *You don't mind a cup of tea, do you?*
- *Let's have a cup of tea.*

Um die Fähigkeit zur Kommunikation mit *native speakers* zu erreichen, ist es zwar unstreitig notwendig und sinnvoll, auch idiomatische Wendungen zu lehren und ebenso auch jene routinisierten *patterns*, die in der Zweitsprache bei der Alltagsinteraktion konventionellerweise zur Organisation des Gesprächsablaufs und zur Signalisierung der sozialen Beziehungen zwischen Gesprächspartnern benutzt werden. Gerade im Hinblick auf das verbale Management von Gesprächen und die Behandlung sozialer Beziehungen in der Interaktion weisen Zweitsprachenlerner oft erhebliche Defizite auf.[23] Vom Standpunkt der Zweitsprachenerwerbsforschung ist es aber sehr problematisch, Kommunikationsfähigkeit – wie es in programmatischen Schriften zur Kommunikativen Didaktik suggeriert wird – primär auf die Fähigkeit zur Realisierung von kommunikativen Funktionen beschränkt zu sehen und deshalb das Lehren hauptsächlich auf funktionsbezogene, formelhafte Wendungen zu konzentrieren, ohne auch die Systemhaftigkeit, die *vor* der Gerinnung hochfrequenter funktionsindizierender Äußerungen zu Routinen vorhanden ist, ausreichend zu berücksichtigen.

So ergaben Untersuchungen der Sprachbeherrschung von Immigrantenkindern in Großbritannien, die auf der Basis der oben erwähnten funktional angelegten Materialien speziellen, fördernden Englischunterricht erhielten, daß diese Kinder nicht über ausreichend differenzierte sprachliche Mittel verfügten, mit denen sie komplexe Sachverhalte sprachlich verarbeiten konnten. Auch wurde festgestellt, daß viele dieser Kinder über nur diffuse semantische Konzepte verfügten, so daß sie nicht in der Lage waren, in der Alltagssprache vorkommende logische und begriffliche Differenzierungen zu vollziehen.[24] Bei näherer Betrachtung erweist sich ihre *native-like-fluency* bloß als ein geschicktes Jonglieren mit den erlernten kommunikativen Versatzstückchen. Man kann also offensichtlich nicht einmal in einer Spracherwerbssituation, in der Lerner neben dem Unterricht die zweite Sprache auch noch ungesteuert erwerben können, davon ausgehen, daß sich die Beherrschung des sprachlichen Systems und damit die Möglichkeit zur Verarbeitung differenzierter sprachlicher Mittel gleichsam von selbst einstellt.

Dies steht durchaus in Einklang mit den in Kap. 4 behandelten Erklärungen des Zweitsprachenerwerbs, denen gemeinsam ist, daß sich der L2-Erwerb als sukzessive, *kreative* Rekonstruktion der Struktur der zu erlernenden Sprache vollzieht. Gerade der Beginn des Erwerbs ist oft durch das Vorkommen von ganzheitlich gelernten formelhaften Wendungen (*prefabs*) charakterisiert, ohne daß der Lerner die solchen *prefabs* zugrundeliegenden Strukturen produktiv verwenden kann. Selbst wenn man unterstellt, daß solche Formeln Vorläufer produktiver, kreativer Sprachverwendung sind,[25] sagt ihr Vorkommen jedoch wenig über den Stand der Sprachbeherrschung aus, denn die kann sinnvoll nur aus den Strukturen und Regelmäßigkeiten erschlossen werden, die der Lerner *produktiv* bei der Formulierung und beim Verstehen neuer Äußerungen verwendet. Im Extremfall könnte die Lernersprache ja nur aus einer Addition von Formeln bestehen.

Daß Lerner beim natürlichen Zweitsprachenerwerb zunächst *prefabs* als Routineformeln verwenden, ist aufgrund ihrer Spracherwerbssituation nicht verwunderlich: da sie von Anfang an mit *native speakers* kommunizieren müssen, benutzen Lerner derartige Formeln als schnell verfügbare, pragmatische handhabbare Mittel, mit denen bei einem Minimum an Sprachbeherrschung soziale Interaktion in der L2 bewältigt werden kann. Neben diesem sozialen Aspekt, der Möglichkeit zu fremdsprachlichem Handeln schon zu Beginn des Erwerbs, kommt nach Fillmore (1976) der formelhaften Sprache von Anfängern des natürlichen L2-Erwerbs auch noch eine wichtige spracherwerbliche Funktion zu: diese Art der Sprache suggeriert *native speakers*, daß der Lerner die Zweitsprache zumindest soweit beherrscht, daß sie den sprachlichen Kontakt mit ihm aufrechterhalten und ihm so zweitsprachlichen Input schaffen, der seinem Erwerb zugute kommt.

Die Forderung der Kommunikativen Didaktik, schon im Anfangsunterricht Ausdrücke und Wendungen zu lehren, mit denen formelhaft bestimmte kommunikative Funktionen realisiert werden können, scheint also auch mit Gegebenheiten beim natürlichen Zweitsprachenerwerb vereinbar zu sein. Wenn mit dem Lernziel »Kommunikative Kompetenz« jedoch die Vorstellung verbunden ist, daß ein Lerner »als er selbst« fremdsprachlich handeln und sich verwirklichen können soll, dann ergibt diese Forderung allerdings nur einen Sinn, wenn man ganzheitlich gelernte Formeln als Voraussetzung und/oder Vorläufer der Entwicklung kreativer analytischer bzw. synthetischer Sprachverwendung auf der Basis von produktiven Elementen und Regelmäßigkeiten auch der Sprachstruktur behandelt: gerade dann bedarf es solcher Feinziele, die die Realisierung *nicht-stereotyper* sprachlicher Handlungen erlauben.

Die Anforderungen, die an die fremdsprachliche Kompetenz unterschiedlicher Lernergruppen gestellt werden, sind allerdings nicht in jedem Fall so hoch. Dies ist – wie wir im ersten Teil dieses Buches gezeigt haben – ja auch beim natürlichen Zweitsprachenerwerb der Fall: Je nach dem Grad ihrer Akkulturation fossilisiert die Sprache von Lernern in mehr oder weniger großem Abstand vom zielsprachlichen Standard, einem Abstand, der gleichwohl die Realisierung ihrer Kommunikationsbedürfnisse zuläßt. Wieweit der Didaktiker bei seinen Lernzielformulierungen die für einen geringeren Akkulturationsgrad und für ein sehr frühes Erwerbsstadium charakteristischen formelhaften Wendungen in den Vordergrund rückt oder eher die bei größerer Akkulturation bzw. in fortgeschritteneren Erwerbsstadien anzutreffenden produktiv und kreativ verwendbaren zweitsprachlichen Mittel, gehört also zu den Optionen, die ihm im Hinblick auf die Adressaten des Lehrgangs vor dem Hintergrund zweitsprachenerwerblicher Forschungsergebnisse offenstehen.

In der Tat stellen sich – das möchten wir hier besonders hervorheben – gerade auch unter Bezug auf die Zweitsprachenerwerbsforschung sehr unterschiedliche Alternativen für die Realisierung des Lernziels »Kommunikationsfähigkeit« innerhalb der institutionellen Rahmenbedingungen des Fremdsprachenunterrichts. Hier wird deutlich, daß eine Reduktion von Lernzielen durch eine nach bestimmten Kriterien vorgenommene Auswahl sprachlicher Mittel (vgl. Abschn. 6.1) nicht die einzige Möglichkeit darstellt, der Begrenztheit der Zeit, die für das Lernen einer Sprache im Unterricht zur Verfügung steht, Rechnung zu tragen. Eine Option ergibt sich z. B. aus der Möglichkeit, den Umfang des zu erlernenden Materials bzw. der zu erlernenden Handlungsrealisationsweisen, vereinfacht gesagt, der *Lernzielsprache*[26], und die Zielanforderung der Korrektheit entsprechend den Variablen der Lerner und ihren Bedürfnissen aneinander auszurichten. So ist es denkbar, eine im Umfang kleine Lernzielsprache vorzugeben, deren Erlernen mit der Forderung nach größtmöglicher Korrektheit verbunden ist, oder eine im Umfang weitgesteckte Lernzielsprache vorzugeben, ohne dabei auf zielsprachenkonformer Sprachverwendung durch den Lerner zu bestehen, sondern ihm die Möglichkeit zu lassen, auf einer frühen Erwerbsstufe zu fossilisieren. Die Forderung nach Korrektheit läßt sich nicht kategorisch stellen, sondern muß stets speziell im Hinblick auf andere Zielsetzungen und die im Unterricht gegebenen Lernmöglichkeiten variabel entschieden werden.

Die Zielanforderung nach standardsprachlicher Korrektheit der Lerneräußerungen läßt sich noch mit einem anderen Befund der Zweitsprachenerwerbsforschung relativieren: Üblicherweise wird im Fremdsprachenunterricht als Zielsprache eine als Standard angesehene Varietät der Zweitsprache vorgegeben, wobei oft strittig ist, welche sprachlichen Eigenschaften im einzelnen diesen Standard charakterisieren. Wir können auf diese und andere Probleme von Sprachnormen im Fremdsprachenunterricht hier nicht ausführlicher eingehen.[27] Angesichts des in Abschn. 4.3 dargestellten Erwerbsmodells des ZISA-Projekts wäre es auch denkbar, eine von Lernern angestrebte, gegenüber dem Standard simplifizierte Varietät als Erfüllung der Norm zu akzeptieren oder – soweit die Eigenschaften solcher simplifizierter Zielvarietäten hinreichend genau bestimmt sind – selbst als Norm zu präsentieren.

Im Zusammenhang mit alternativen Normsetzungen auf der Basis von Befunden der Zweitsprachenerwerbsforschung ist auch die pädagogische Bewertung lernersprachlichen Verhaltens im bzw. im Anschluß an Unterricht neu zu sehen. Abweichungen der Lernersprache von der zielsprachlichen Norm können nicht alle gleichermaßen als Fehler bewertet werden, denn wie aus den Sequenzstudien hervorgeht, durchlaufen Lerner beim Erwerb bestimmter Strukturbereiche unterschiedliche, die zielsprachliche Norm sukzessiv approximierende Stadien. Abweichungen, die auf den Erwerbsvorgang zurückzuführen sind, müssen anders bewertet werden als Fehler, die nicht darin angesiedelt sind. Wir kommen darauf in Kap. 9 zurück.

6.3 Erwerbseffekte einstellungsbezogener Lernziele

Die für die Kommunikative Didaktik zentralen Forderungen nach lernerbezogenen Themen und authentischer, idiomatisch angemessener Sprache werden gewöhnlich primär damit begründet, daß ihre Erfüllung Lernunlust vermeiden und eine positive Einstellung gegenüber dem Fremdsprachenunterricht aufbauen hilft.[28] Authentizität der Sprache und Lernerbezogenheit der Themen beeinflussen den Verlauf des Zweitsprachenerwerbs nicht im Sinne eines direkten steuernden Eingriffs, sondern sie wirken indirekt im Sinne einer Förderung der Motivation der Lerner. Insoweit sind diese Zielvorschläge auch vor dem Hintergrund der Zweitsprachenerwerbsforschung zu vertreten.

Allerdings ist Authentizität der ausgewählten zweitsprachlichen Mittel keine notwendige Bedingung, um eine lernfördernde Motivation zu erreichen. Wie wir in Abschn. 4.3 gesehen haben, ist für eine möglichst erfolgreiche Annäherung der Lernersprache an den zielsprachlichen Standard allein die *Stärke* der Motivation ausschlaggebend. *Wie* eine hohe Motivation im Unterricht erreicht wird, ist aus spracherwerblicher Sicht gleichgültig. Das kann auch geschehen, indem andere als auf den Erwerb von Fremdsprachenkompetenz ausgerichtete Ziele des Fremdsprachenunterrichts zur Motivierung der Lerner ausgenutzt werden, so daß Schüler z. B. eine starke instrumentale Motivation entwickeln, um in der L2 geschriebene Literatur zu rezipieren, oder eine starke integrative Motivation, die aus landeskundlichen Aspekten des Unterrichts oder dem Richtziel, Verständnis für andere Völker zu schaffen, herrührt.

In diesem Zusammenhang wollen wir hier – ohne ausführliche Diskussion – nur kurz auf einige Probleme verweisen, die sich aus der Forderung nach Authentizität und Idiomatizität ergeben. Diese Forderung impliziert die Vorstellung, daß Lerner die Zweitsprache außerhalb der Schule hauptsächlich im Umgang mit *native speakers* verwenden. Für eine solche Verwendungsweise haben Kenntnisse idiomatischer Sprache auch zweifellos ihren Sinn. Allerdings werden – vor allem von älteren Lernern – Fremdsprachen verbreitet mit der Absicht gelernt, sie als *lingua franca* im Kontakt mit Sprechern verschiedenster Ausgangssprachen verwenden zu können.[29] Deshalb erscheint uns die Frage durchaus bedenkenswert, ob im Verkehr mit *native speakers* angebrachte idiomatische Sprache unbedingt ein zentrales Lernziel für den Fremdsprachenunterricht sein muß, da sie im Gebrauch als *lingua franca* durchaus auch hinderlich sein kann.

6.4 Lernziel »Weiterlernen«

Wie wir im letzten Abschnitt gezeigt haben, weisen neuere fachdidaktische Ansätze, die das Lernziel »Kommunikationsfähigkeit« im Sinne von »Kommunikative Kompetenz« interpretieren, neben unbestreitbaren Vorzügen vor allem vor dem Hintergrund der Zweitsprachenerwerbsforschung auch zahlreiche Probleme auf. Zum Abschluß dieses Kapitels wollen wir nun auf ein weiteres Problem aufmerksam machen, das bisher kaum zur Kenntnis genommen wurde, das jedoch die Einlösung dieses obersten Lernziels außerordentlich erschwert.

Wie in den traditionellen Lehrplänen wird auch in Entwürfen, die dem Lernziel der Kommunikativen Kompetenz verpflichtet sind, dieses oberste Ziel in Form von Lernzielkatalogen konkretisiert, die eine endliche Liste von – in diesem Fall nach funktionalen/notionalen Kategorien zusammengestellten – sprachlichen Eigenschaften enthalten, durch deren Erwerb Lerner in ihrer Zukunft erfolgreich in der Fremdsprache kommunizieren können sollen. Das gilt auch dann, wenn solche Listen als »offen« deklariert werden, wenn also über die darin explizit aufgeführten hinaus im Unterricht noch weitere sprachliche Eigenschaften berücksichtigt werden sollen. Man scheint also davon auszugehen, daß die Beherrschung einer ausgewählten, finiten Menge von sprachlichen Eigenschaften Lerner für die Bewältigung fremdsprachlicher Kommunikation in zukünftigen Lebenssituationen qualifiziert.

Das Aufstellen solcher Listen setzt voraus, daß man den Bedarf an fremdsprachlichen Mitteln, über die ein Lerner in zukünftigen Lebenssituationen produktiv und rezeptiv verfügen können soll, hinreichend genau vorherbestimmen kann, und ferner, daß die Verwendungsweise und Bedeutung der ausgewählten Mittel eindeutig und quasi endgültig festlegt, so daß man sie von den in der Schule durchgespielten Situationen auf außerschulische übertragen kann. Diese Voraussetzungen sind jedoch nicht haltbar.

Zukünftige Lebenssituationen, die ein Lerner zweitsprachlich bewältigen muß, und die konkreten sprachlichen Anforderungen, denen er darin jeweils begegnet, lassen sich jedoch nur sehr beschränkt antizipieren. Als eine weitere Schwierigkeit für die Transferierbarkeit des in der Schule Erlernten kommt hinzu, daß Verwendungsweisen und Bedeutungen sprachlicher Mittel in der Interaktion nie wirklich eindeutig festliegen, sondern – wie sprachsoziologische Forschungen erwiesen haben[30] – von den Interaktionspartnern in einem kooperativen Prozeß unter Bezug auf die gemeinsame kulturelle Erfahrung und auf der Basis ihrer Deutungen des bisherigen Verlaufs der gemeinsamen Interaktionsgeschichte immer erst neu ausgehandelt werden. So variiert die Art bzw. der Grad der Konventionalisiertheit sprachlicher Mittel und ihrer Verwendung je nach der Analyseebene, auf der man ihre Bedeutungshaltigkeit untersuchen kann: von dem an Wörterbuchdefinitionen orientierten Verstehen einzelner Lexeme über Routineformeln, explizite performative Formeln*, indirekte Sprechakte* bis hin zur diskursiven *face-to-face*-Interaktion wird die Interpretation der Äußerungen eines Kommunikationspartners zunehmend von der Interpretation der gesamten Interaktionssituation und des darin eingebrachten, implizierten und neugeschaffenen Wissensbestandes abhängig.

Da also sprachliche Verständigung als eine kultur- und situationsabhängige kooperative Leistung der Interaktionspartner anzusehen ist, können bestenfalls Strategien, mit denen Verständigung erreicht wird, antizipiert werden, nicht jedoch für jede beliebige Kommunikationssituation die spezifische, gemeinsam zu konstituierende Bedeutung der darin verwendeten sprachlichen Mittel. Dieser dynamische Handlungscharakter von sprachlicher Verständigung kann von Lernzielllisten prinzipiell nicht erfaßt werden, denn in ihnen verdinglicht »Kommunikative Kompetenz« zu einem Inventar isolierter sprachlicher Ausdrücke. Wenn man jedoch diese Kompetenz als Fähigkeit zu sprachlicher Verständigung in der Fremdsprache auffaßt und nicht auf die bloße Fähigkeit zur Produktion und zum Verstehen einzelner, quasi bedeutungsinvarianter Äußerungen reduziert, dann stellt sich das Problem, wieweit in der spezifischen Situation des schulischen Fremdsprachenunterrichts das »authentische« Aushandeln von Verständigung mit *native speakers* außerhalb der Schule überhaupt gelehrt werden kann.

Wegen dieser grundsätzlichen Beschränkungen, denen auch ein kommunikativ orientierter Fremdsprachenunterricht unterworfen ist, kann ein Lerner zwangsläufig bei außerschulischer, realer fremdsprachlicher Interaktion nicht mit dem Erlernten auskommen, sondern er muß *weiterlernen*. Deshalb ist das Lernziel »Kommunikationsfähigkeit« so zu interpretieren, daß es die Beherrschung von Strategien einschließt, die Lernern ein autonomes Weiterlernen in bzw. aufgrund von realer fremdsprachlicher Interaktion ermöglichen.

Weiterlernen müssen Lerner aber auch allein schon deshalb, weil für Unterricht prinzipiell immer nur eine beschränkte Zeit zur Verfügung steht und darum auch immer nur eine begrenzte Menge von sprachlichen Mitteln gelehrt werden kann. Diese für den Unterricht ausgewählte Menge kann wohl nie all die sprachlichen Eigenschaften vollständig umfassen, die ein Lerner in natürlicher fremdsprachlicher Interaktion in seiner Zukunft produktiv oder rezeptiv verarbeiten muß – allein schon deshalb, weil sich sein Bedarf an fremdsprachlichen Kenntnissen und Fertigkeiten für sein späteres Privat- und Berufsleben kaum schon in der Schulzeit absehen läßt. Um die begrenzte Unterrichtszeit sinnvoll zu nutzen, ist es ratsam, Lernern für ihre Zukunft möglichst weitreichend verwertbare sprachliche Fähigkeiten zu vermitteln. Dazu gehören nicht zuletzt Strategien des autonomen Weiterlernens.

Dies gilt vor allem dann, wenn Lerner nur wenig Unterricht in der L2 erhalten und danach sofort natürlichen Kontakt mit der Zweitsprache haben oder wenn sie gleichzeitig mit einem Sprachunterricht diese Sprache auch auf natürlichem Wege durch Kontakt mit *native speakers* erwerben. Derartige Situationen sind z. B. für Immigranten und Gastarbeiter charakteristisch. Gerade für solche Lernergruppen ist die Notwendigkeit, den außerschulischen Spracherwerb an den schulisch gesteuerten anbinden zu können, besonders groß. Eine potentiell recht fruchtbare Möglichkeit, den Spracherwerb in beiden Situationen aufeinander zu beziehen, scheint uns dann gegeben, wenn diesen Lernern in der Schule auch vermittelt wird, wie sie auf der Basis des im Unterricht Erworbenen selbständig in außerschulischem Sprachkontakt weiterlernen können.

Alle diese Überlegungen lassen es als sinnvoll erscheinen, Fremdsprachenunterricht auch das Ziel zu setzen, wie man autonom seine fremdsprachlichen Fähigkeiten und Kenntnisse erweitern kann. Deshalb erscheint es uns unabdingbar, daß Strategien wie die in Abschn. 4.4 behandelten Lern- und Kommunikationsstrategien Gegenstand des Unterrichts werden. Für einige dieser Strategien, vor allem für die inferentiellen und metasprachlich-interaktiven Lernstrategien, ist explizites Wissen über die Regelmäßigkeiten der zu erlernenden Sprache und Kenntnis metasprachlich bzw. metakommunikativ verwendbarer zweitsprachlicher Mittel Voraussetzung. Gerade im Hinblick auf das Lernziel »autonomes Weiterlernen« dürfte deshalb auch im Rahmen des obersten Ziels »Kommunikationsfähigkeit« die Präsentation und Übung solcher Regelmäßigkeiten und Mittel durchaus angebrachter sein, als manche dem Ziel einer »Kommunikativen Kompetenz« verpflichteten Didaktiker glauben machen möchten.

So hätte das Lernziel »Weiterlernen« auf der Ebene der konkreten Feinziele z. B. die Konsequenz, das Verarbeiten aller Verstehenshinweise, die die zu erlernende Sprache für unbekannte Vokabeln bietet, systematisch zu trainieren. Dazu zählen in erster Linie Wortbildungsregelmäßigkeiten, mit deren Hilfe eine fremde Vokabel auf dem Lerner bereits bekannte lexikalische Elemente zurückgeführt werden kann, aber auch phonologische Regelmäßigkeiten, aufgrund derer man die Verwandtschaft zwischen phonologisch unterschiedlichen Morphemen erkennen kann, wie sie etwa für die Vokalqualität in engl. *finite* vs. *infinite* vorliegt. Ähnliche Verstehenshinweise, aus denen dann Weiterlernen folgen kann, ergeben sich aus syntaktischen Regelmäßigkeiten, z. B. aus der Wortklassenzugehörigkeit, die für eine unbekannte Vokabel aus dem Kontext ihres Vorkommens erschlossen werden kann.[31]

7. Lernmaterial und Lehrverfahren

Im ersten Teil dieses Buches ist deutlich geworden, daß der zweitsprachliche Input eine der Hauptvoraussetzungen für den Zweitsprachenerwerb darstellt und daß die Art des Inputs den Ablauf der lernersprachlichen Entwicklung beeinflußt. Im Fremdsprachenunterricht ist dieser Input inhaltlich determiniert durch die ausgewählten Lernziele, auf deren Findung und Begründung aus zweitsprachenerwerblicher Sicht wir im letzten Kapitel eingegangen sind. In welcher Form die für den Input ausgewählten sprachlichen Eigenschaften Lernern zur Verarbeitung angeboten werden, ist maßgeblich determiniert durch das dem Unterricht zugrundegelegte Lernmaterial und die teils damit vorgegebenen, teils unabhängig davon verwendeten Lehrverfahren. Wir wollen deshalb in diesem Kapitel der Frage nachgehen, welche Konsequenzen aus der Zweitsprachenerwerbsforschung für diese Variablen der Steuerung des Erwerbs durch Input-Präsentation gefolgert werden können; zunächst bezogen auf Lernmaterial (Abschn. 7.1), dann bezogen auf Lehrverfahren (7.2).

7.1 Lernmaterial

Wie wir schon in Kap. 5 angedeutet haben, besteht eine wichtige Steuerungsvariable für den schulischen Zweitsprachenerwerb darin, den zweitsprachlichen Input so zu organisieren, daß dem Lerner möglichst gute Hilfen für das Erkennen der Regelmäßigkeiten der L2 gegeben werden, die einen möglichst umwegfreien Ablauf seiner lernersprachlichen Hypothesenbildungen in Richtung auf die Zielsprache erlauben. Die Frage, wie der Input im Fremdsprachenunterricht beschaffen sein sollte, um die Lernersprachentwicklung entsprechend zu optimieren, zielt in erster Linie auf die Prinzipien, nach denen das dem Unterricht zugrundegelegte Lernmaterial aufgebaut ist, denn vor allem im Anfangsunterricht ist der Input der Lerner entscheidend durch das jeweilige Lernmaterial determiniert – sei es direkt, indem Lerner damit arbeiten, z. B. lesen oder vorgegebene Übungen ausführen, oder sei es indirekt, indem das Lernmaterial die Unterrichtsinteraktion vorstrukturiert. Natürlich ist diese Frage auch im Zusammenhang mit interaktivem Input zu stellen, der lernmaterialunabhängig im Unterricht vorkommt: Wie die Struktur der Interaktion zwischen Lerner und *native speaker* beeinflußt auch die Struktur der Unterrichtsinteraktion den Spracherwerb. Wir wollen darauf ausführlicher in Kap. 8 eingehen und uns hier auf Steuerungseinflüsse des Lernmaterials konzentrieren.

Diese Steuerungseinflüsse ergeben sich aus zwei lernmaterialspezifischen Faktoren: aus den *Verarbeitungsanweisungen,* die dem im Lernmaterial präsentierten zweitsprachlichen Material beigegeben sind, und aus der *Anordnung* und *Verteilung*[1] der durch Lernzielentscheidungen ausgewählten zweitsprachlichen Elemente und Regelmäßigkeiten innerhalb des mit dem Lernmaterial gegebenen Lehrgangs. Beide Eigenschaften von Lernmaterial zielen auf Eingriffe in den Ablauf des Erwerbs. Sie müssen durch Theorien, zumindest jedoch durch empirisch abgesicherte Einzelbefunde zum gesteuerten Zweitsprachenerwerb abgesichert sein.

Verarbeitungsanweisungen geben vor, wie Lerner mit im Lernmaterial enthaltenem sprachlichem Material umgehen sollen. Sie charakterisieren Lernmaterial damit als eine spezielle Sorte von Text. Typische Beispiele für Verarbeitungsanweisungen sind *Fill in one of the following words* oder *Complete these sentences.* Bei diesen Beispielen handelt es sich um einen bestimmten Typ von Verarbeitungsanweisung, den wir mit Knapp-Potthoff (1979 a, 1979 b) *explizite* Verarbeitungsanweisung nennen wollen, weil durch sie der Benutzer des Lernmaterials explizit zum Üben von Sprache aufgefordert wird. Aber auch auf eine andere, weniger direkte Weise kann durch Lernmaterial die übende Verwendung von Sprache nahegelegt werden; so z. B. durch unvollständige Sätze (bzw. Satzfragmente), die einer Ergänzung bedürfen. In derartigen Fällen sprechen wir analog zu Knapp-Potthoff (1979 a, 1979 b) von *impliziten* Verarbeitungsanweisungen.

Explizite und implizite Verarbeitungsanweisungen haben für die Entwicklung lernersprachlicher Wissensbestände normalerweise[2] die Funktion, die Aufmerksamkeit des Lerners auf bestimmte Elemente und Regelmäßigkeiten der L2 zu lenken, um damit lernersprachliche Hypothesen zu initiieren oder zu sichern. Gleichwohl können Verarbeitungsanweisungen für die Entwicklung der Lernersprache auch problematisch sein: Je detaillierter sie die Verarbeitung des vorgegebenen sprachlichen Materials vorschreiben, desto weniger geben sie Lernern Gelegenheit, die derartig herausgehobenen sprachlichen Eigenschaften in einem von ihnen selbst geschaffenen Äußerungs- oder gar Diskurszusammenhang zu verwenden. Vor allem dann, wenn hauptsächlich solche Verarbeitungsanweisungen vorkommen, die nur einzelne sprachliche Eigenschaften hervorheben, andere jedoch nicht (wie z. B. in Einsetzübungen), besteht die Gefahr, daß Lerner nur isolierte lernersprachliche Hypothesen aufbauen, die sie nicht zu einem zusammenhängenden Bestand lernersprachlichen Wissens integrieren können. Darüberhinaus haben viele Verarbeitungsanweisungen die Tendenz, bestimmte sprachliche Eigenschaften zu bevorzugen und das Üben anderer zu vernachlässigen.[3] Wir kommen auf diese Probleme im nächsten Abschnitt ausführlicher zurück, da Verarbeitungsanweisungen zumeist an bestimmte Lehrverfahren gebunden sind. Wegen dieses Zusammenhangs werden Verarbeitungsanweisungen – wenn überhaupt – mit jenen allgemeinen linguistischen und psychologischen Theorien gerechtfertigt, mit denen man in der Vergangenheit behavioristische oder kognitive Lehrverfahrenskonzeptionen begründete.[4] Wegen dieses Zusammenhangs beschränken sich bisher vorfindliche Verarbeitungsanweisungen auch darauf, Lerner zur Verwendung von Elementen und Regelmäßigkeiten der L2 in Übungen aufzufordern. Damit ist der Einfluß dieser Anweisungen auf die Hypothesenbildungen der Lerner eher indirekt. Vor dem Hintergrund der Ergebnisse der Zweitsprachenerwerbsforschung erscheint es uns allerdings auch plausibel, Verarbeitungsanweisungen zu verwenden, die direkter auf die Hypothesenbildungen einwirken, etwa indem Materialien für die Verarbeitung der vorgegebenen sprachlichen Eigenschaften zur Verwendung inferentieller Lernstrategien auffordern.

Wenig folgenreich war die Zweitsprachenerwerbsforschung bislang auch im Hinblick auf die anderen Steuerungsvariablen, die mit Lernmaterial verbunden sind, obwohl Fragen der Anordnung und Verteilung der ausgewählten Elemente und Regelmäßigkeiten der Zielsprache unter dem Oberbegriff »Progression« gerade in jüngster Zeit besonders intensiv diskutiert wurden. Diese Diskussion bewegte sich – auf die zentralen Unterscheidungen vergröbert – um die Alternative *strukturelle* vs. *pragmatische Progression*.

Wie wir bereits im letzten Kapitel aufgezeigt haben, fordern Anhänger der sog. Kommunikativen Didaktik, bei der Präsentation der ausgewählten zielsprachlichen Mittel von einer Sequenz notional-funktionaler Kategorien auszugehen, die an den jeweils akuten kommunikativen Bedürfnissen und thematischen Interessen der Lerner ausgerichtet ist. Die Sequenz, in der die sprachlichen Strukturen präsentiert werden, mit denen sich die ausgewählten Notionen und Funktionen realisieren lassen, sei allenfalls der notional-funktionalen nachgeordnet zu entscheiden.[5] Wir haben die Argumente, mit denen diese Auffassung begründet wird, in Kap. 6 schon genannt. Dabei hat sich gezeigt, daß die dort gegebenen Begründungen hauptsächlich auf die Motivierung der Lerner zielen, weniger auf die Verwendung von Progression als einem Mittel zur Steuerung der Hypothesenbildung der Lerner. Wie wir in Abschn. 4.3 ausgeführt haben, ist eine starke Motivation eine wichtige Randbedingung für einen erfolgreichen L2-Erwerb. Deshalb haben Bemühungen, Schüler im Fremdsprachenunterricht stärker zu motivieren, unstreitig ihren Sinn. Unangebracht wäre es jedoch, daneben Maßnahmen zu vernachlässigen, die durch direkte steuernde Eingriffe in den Ablauf der lernersprachlichen Entwicklung mithilfe der Input-Präsentation den Spracherwerb fördern können.

Deshalb ist die Überbetonung notional-funktionaler Kategorien bei Sequenzierungsentscheidungen, wie sie in den Forderungen nach »pragmatischen Progressionen« zum Ausdruck kommt, aus spracherwerblicher Sicht zu kritisieren. Schon im vorigen Kapitel wurde darauf hingewiesen, daß diese Kategorien oft nicht klar genug voneinander abgrenzbar sind, ebenso auf die Schwierigkeit, ihnen jeweils eindeutig bestimmte sprachliche Mittel zuzuordnen. Da es aus Erkenntnissen über den Spracherwerb auch keine Argumente für eine bestimmte Sequenz von Notionen oder Funktionen gibt[6] und da sich außerdem die Kommunikationsbedürfnisse von Lernern kaum in einer für den Erwerb relevanten Weise systematisieren lassen, muß all dies dazu führen, daß der zweitsprachliche Input nicht in einer begründeten Progression dargeboten wird, sondern in einer akzidentellen Addition von Notionen, Funktionen bzw. den sprachlichen Mitteln zu deren Realisierung. Man könnte zwar argumentieren, daß dies beim natürlichen Zweitsprachenerwerb teilweise genauso ist, sollte jedoch bedenken, daß beim natürlichen L2-Erwerb sehr viel mehr Lernzeit und eine größere Variation von Situationen, die Transfer erleichtert, zur Verfügung stehen. Der Fremdsprachenunterricht sollte gerade angesichts der Beschränktheit der verfügbaren Zeit alle Möglichkeiten nutzen, den Hypothesenbildungsprozeß der Lerner zu beschleunigen. Wenn Eigenschaften der Sprachstruktur wegen der vorrangigen Ausrichtung der Präsentation an notionalen und funktionalen Kategorien nicht mehr in ihrem systemhaften Zusammenhang präsentiert werden können, dann besteht die Gefahr, daß das Lernen unökonomisch verläuft; zudem begibt man sich der Möglichkeit, Anordnung und Verteilung sprachlicher Eigenschaften als Strukturierungshilfen zur Input-Verarbeitung auszunutzen.[7]

Daß auf der Ebene der Sprachstrukturen Steuerungsmöglichkeiten mithilfe von Sequenzierungen gegeben sind, legen ja die Arbeiten nahe, die für den natürlichen L2-Erwerb aufgewiesen haben, daß ein Teil zweitsprachlicher Eigenschaften – wenn auch mit einer gewissen Variationsbreite – in geordneten Sequenzen erworben wird. Solche Befunde lassen es vernünftig erscheinen, Progressionen mit Erwerbssequenzen in Einklang zu bringen. Aber auch schon bevor sich das Paradigma der L2-Erwerbsforschung entwickelte, wurden in der Fremdsprachendidaktik durchaus nicht erfolglose Überlegungen angestellt, Sequenzierungsvariablen zu einer Optimierung des Sprachenlernens zu nutzen.[8] Neue empirische Arbeiten konnten zeigen, daß Variationen von Anordnungen und Verteilungen sprachlicher Eigenschaften z. T. erhebliche Variation hinsichtlich der Beherrschung dieser Eigenschaften nach sich zogen.[9] So zeigte sich an der Untersuchung von Knapp (1980 a), daß sprachliche Eigenschaften dann besser gelernt wurden, wenn sie durch die Plazierung innerhalb eines Input-Abschnitts für die Wahrnehmung des Lerners deutlich herausgehoben wurden, z. B. indem sie am Anfang oder am Schluß eines Abschnitts präsentiert wurden. Allerdings hat es sich in der Vergangenheit als sehr schwierig erwiesen, für die praktische Lernmaterialkonstruktion ausreichend konkrete und vor allem empi-

risch validierte Kriterien zu entwickeln.[10] Gerade deshalb mag es naheliegend erscheinen, bei der Präsentation zweitsprachlicher Eigenschaften nach einer Anordnung zu verfahren, die der Sequenz entspricht, mit der diese Eigenschaften ungesteuert erworben werden. Diese Anwendung von Ergebnissen der Zweitsprachenerwerbsforschung schlagen z. B. Krashen/Madden/Bailey (1975) für das Lehren der grammatischen Morpheme des Englischen vor, für die in den in Abschn. 4.2 geschilderten Querschnittstudien Erwerbssequenzen aufgewiesen wurden. Ein solcher Vorschlag ist jedoch nicht allein deshalb problematisch, weil die Reliabilität der aufgewiesenen Sequenzen diskutabel ist, sondern auch, weil er zur Folge hätte, daß nicht-zielsprachenkonforme Äußerungen im Unterricht präsentiert würden. Da nach Krashen et al. beim Erwerb des Englischen als erstes das *progressive '-ing'*, eine Form des Auxiliars jedoch erst an fünfter Stelle in der Erwerbssequenz auftritt, würde man also im Unterricht mit Äußerungen wie *Tom going* beginnen müssen. Wollte man die Präsentation derartig unvollständiger Äußerungen vermeiden, würde sich die Erwerbssequenz der Morpheme bei der Darbietung nicht einhalten lassen. Für bedenkenswerter hielten wir es dagegen, bei der Sequenzierung syntaktischer Strukturen (im Gegensatz zu den grammatischen Morphemen) in der Reihenfolge vorzugehen, in der ihr Erlernen beim natürlichen Zweitsprachenerwerb in Angriff genommen wird, d. h. zielsprachenkonforme Strukturen jeweils von dem Stadium an zu präsentieren, in dem Lerner beginnen, sie zu verwenden, selbst wenn die betreffende Struktur erst später, über eine Reihe von zunehmenden Annäherungen, zielsprachenkonform realisiert wird.[11] Bei einem solchen Vorgehen würde sich das Problem eines nicht-zielsprachenkonformen Input nicht stellen. Wie wir in Kap. 4 gesehen haben, liegen allerdings nur für wenige syntaktische Strukturen ausreichend reliabel bestimmte Erwerbssequenzen vor. Deshalb wäre hier noch weitere Forschung notwendig, auch natürlich zur Evaluation von an solchen Sequenzen ausgerichteten Progressionen. Für alle die sprachlichen Eigenschaften, für die keine Sequenzen des natürlichen Erwerbs aufgewiesen werden können und für deren Plazierung in einer Progression deshalb keine derartigen Sequenzen heuristisch zur Verfügung stehen, muß es ohnehin dabei bleiben, ihre möglichst lernerfolgsfördernde Anordnung und Verteilung mithilfe von speziellen Untersuchungen der Sprachlehr- und -lernforschung empirisch herauszufinden.
In weniger auf programmatische Abgrenzung bedachten Arbeiten zur Kommunikativen Didaktik wird die Notwendigkeit, den Erwerb sprachlicher Strukturen durch deren Sequenzierung zu erleichtern, durchaus gesehen, und darum dafür argumentiert, neben der Progression von Notionen, Funktionen und Themen auch eine Progression der Strukturen vorzunehmen. Innerhalb der fachdidaktischen Diskussion ist gegenwärtig die Auffassung akzeptiert, daß man sowohl auf dieser

Ebene als auch auf der Ebene der Sprachstrukturen die Präsentation sorgfältig sequenzieren müsse. Dabei ist jedoch kontrovers, über welche dieser Progressionen der anderen nachgeordnet zu entscheiden ist.[12] Diese Frage erscheint aus spracherwerblicher Sicht müßig. Die ihr zugrunde liegende Präsupposition, daß über diese Ebenen nur in völliger Abhängigkeit voneinander entschieden werden könnte, ist so nicht gegeben. Wie oben schon erwähnt, gibt es keine Evidenz für die Annahme, daß Lerner notionale und funktionale Kategorien in der L2 in einer durch die kognitiven Prozesse des Erwerbs determinierten invarianten Erwerbssequenz verwenden; vielmehr dürfte auch beim natürlichen L2-Erwerb die Reihenfolge der Verwendung solcher Kategorien, die die Lerner ja schon größtenteils aus ihrer Muttersprache kennen, von ihrer individuellen Lerngeschichte, genauer: von der Geschichte ihres Inputs, abhängen. Da Notionen und Funktionen gewöhnlich viele verschiedene sprachliche Strukturen zugeordnet werden können und da – wie wir in Abschn. 4.3 gesehen haben – *native speakers*, wenn sie mit Lernern als mit Lernenden reden, ihren Input dem vermuteten Kenntnisstand der Lerner anpassen, kann man davon ausgehen, daß sie ihre kommunikativen Intentionen mit denjenigen der möglichen Strukturen realisieren, die der Lerner in seinem jeweiligen Erwerbsstadium beherrscht. Dies würde eher dafür sprechen, die Progression der *Strukturen* als vorrangig zu betrachten.

Allerdings ist beim natürlichen Zweitsprachenerwerb nicht der gesamte Input im Hinblick auf die Erwerbsstadien der Lerner geordnet, weder auf der Ebene der Sprachstrukturen noch hinsichtlich notionaler und funktionaler Kategorien. Form und Inhalt des Inputs übersteigen den Stand der lernersprachlichen Entwicklung oft bei weitem – ohne daß der Spracherwerb deshalb unmöglich wäre. Da der *intake*, der spracherwerblichen Gesetzmäßigkeit folgt, normalerweise kleiner ist als der Input, erscheint es uns deshalb sinnvoll, auch bei der Planung von Unterricht nicht von einer Gleichsetzung von Input und *intake* auszugehen, sondern zwischen dem, was insgesamt im Input präsentiert werden soll, und dem, was durch besondere didaktische Maßnahmen davon als *intake* in lernersprachliche Wissensbestände integriert werden soll, zu unterscheiden. Analog zur Heterogenität der sprachlichen Umgebung beim natürlichen L2-Erwerb halten wir es für durchaus vertretbar, sprachliche Mittel, die man zur Realisierung bestimmter kommunikativer Intentionen im Unterricht benötigt, ohne Rücksicht darauf einzuführen, ob sie in einer Strukturenprogression bereits »dran« waren oder gerade »dran« sind. Da eine Sequenzierung von Notionen und Funktionen aus spracherwerblicher Sicht nicht begründet werden kann, dürfte die Reihenfolge des Vorkommens derartiger Eigenschaften beliebig sein und den vermuteten Bedürfnissen des jeweiligen Unterrichts folgen können. Davon abzuheben ist jedoch die Sequenz, in der sprachliche Strukturen aus diesem heterogenen

Input *geübt* werden. Diese Sequenz, in der sprachliche Eigenschaften aus dem Input herausgehoben werden und durch Üben gezielt Lernern zur Abkürzung ihres Hypothesenbildungsverlaufes angeboten werden, sollte daran orientiert sein, was man über die Entwicklung der Lernersprache und die Möglichkeiten ihrer Beeinflussung durch Anordnungen und Verteilungen weiß.

Der Vorteil dieser Unterscheidung von Lerngegenständen, die den jeweiligen Kommunikationsanlässen entsprechend *präsentiert* werden, und der Teilmenge davon, die gezielt in einer spracherwerbsrelevanten Progression *geübt* wird, ist evident: Ein solches Vorgehen schafft schon im Fremdsprachenunterricht Input-Bedingungen, wie sie den Lerner in der natürlichen fremdsprachlichen Interaktion außerhalb der Schule erwarten, und ermöglicht es darüberhinaus früh, in den Unterricht Strategien des autonomen Weiterlernens einzubringen. Gleichzeitig bleibt es damit möglich, den zeitlichen Beschränkungen von Fremdsprachenunterricht entsprechend Lernern die systemhaften Bestandteile der Zielsprache in einer Weise zur Verarbeitung anzubieten, die zu einer Beschleunigung der Entwicklung zielsprachenkonformer lernersprachlicher Hypothesen führen können.

Voraussetzung dafür ist allerdings, daß bestimmte traditionelle Erwartungen – auch solche, die die Lerner selbst einbringen – bezüglich dessen, was man nach dem Absolvieren von Unterricht können muß, modifiziert werden: Dieses Vorgehen hat ja zur Folge, daß Lerner nicht alles das »können« müssen, was im Lernmaterial vorkommt, allenfalls den Teil, der systematisch geübt wurde.

Auf einen möglicherweise wichtigen Unterschied zwischen der Input-Präsentation beim natürlichen Zweitsprachenerwerb und der durch Lernmaterial im Fremdsprachenunterricht sind wir bisher noch nicht eingegangen: Bei Lernmaterial handelt es sich – sofern nicht in den Anfangsphasen des Fremdsprachenunterrichts ganz auf Lehrbücher verzichtet wird – zu einem großen Teil, gelegentlich sogar ausschließlich, um *graphisch repräsentierten*, also *geschriebenen* Input. Beim außerschulischen L2-Erwerb kann zwar auch graphisch repräsentierter Input vorkommen, z. B. in Form von Zeitungs- und Reklametexten, Packungsaufschriften etc., soweit Input-Variablen jedoch von der Zweitsprachenerwerbsforschung bisher berücksichtigt wurden, handelt es sich eigentlich immer um gesprochene Sprache.

Während es Evidenz dafür gibt, daß eine frühe Darbietung graphisch repräsentierten Inputs für den Erwerb der Aussprache hinderlich sein kann, läßt sich über eventuelle andere Effekte der Repräsentationsform des Inputs gegenwärtig nur spekulieren. Es erscheint zumindest plausibel, daß graphische Repräsentation in besonderem Maße Verarbeitungshilfen geben kann. Zunächst einmal steht geschriebener Input Lernern länger zur Verarbeitung und Strukturierung zur Verfügung als gesprochener Input, weiterhin bietet er spezifische Strukturierungshilfen: So sind bei geschriebenen Texten sprachliche Einheiten wie Wörter und Sätze leichter identifizierbar als bei gesprochenen Texten. Weiterhin sind manche morphologischen Eigenschaften in der graphischen Repräsentationsform deutlicher markiert als in der phonischen. (Vgl. z. B. die französischen Sätze *leur livre est ouvert* und *leurs livres sont ouverts*, bei denen der Unterschied zwischen Singular und Plural in der Schrift viermal markiert ist, in der Aussprache jedoch nur einmal.[12a]) Schließlich kann die graphische Repräsentation Hilfen für die Differenzierung gleichlautender, aber strukturell unterschiedlicher Äußerungselemente geben (vgl. z. B. engl. *there, their* und *they're*). Insgesamt läßt sich vermuten, daß die graphische Repräsentationsform aufgrund ihrer längeren Verfügbarkeit und der Strukturierungshilfen, die sie liefert, bessere Voraussetzungen für die Anwendung inferentieller Strategien bietet als die phonische Repräsentation.

7.2 Lehrverfahren

Im Fremdsprachenunterricht erfolgt die Steuerung der Entwicklung der Lernersprache außer durch die charakteristischen Eigenschaften der Input-Präsentation wesentlich durch den Einsatz von Lehrverfahren. Als Lehrverfahren wollen wir hier alle jene didaktischen Maßnahmen bezeichnen, die über die bereits behandelten Steuerungsvariablen der Lernzielauswahl und des Lernmaterials hinaus dazu dienen, Hilfen zum Erkennen von Regelmäßigkeiten der zu erlernenden Sprache zu geben und Sicherheit bei ihrer Verwendung zu fördern. Bezogen auf die Zweitspracherwerbsforschung kann man Lehrverfahren zum einen die Funktion zusprechen, die Hypothesenbildung der Lerner zu determinieren – sei es, indem sprachliche Eigenschaften durch Herausheben aus dem Input gezielt der Hypothesenbildung zugänglich gemacht werden oder indem durch das Anbieten vorformulierter Generalisierungen über Regelmäßigkeiten der Zielsprache Lernern bestimmte Hypothesen explizit nahegebracht werden – und zum anderen, durch das Vorgeben von Anlässen der Verarbeitung sprachlicher Eigenschaften zum Zwecke des Übens die Hypothesen sicherer oder leichter wiederauffindbar zu machen. Hinsichtlich dieser Funktionen stehen Lehrverfahren in einem engen Zusammenhang mit den Steuerungsvariablen des Lernmaterials.

In der Fremdsprachendidaktik werden Lehrverfahren oft nicht isoliert diskutiert, sondern im Zusammenhang mit bestimmten *Methodenkonzeptionen*, die jeweils durch eine Kombination bestimmter, unter einem übergreifenden theoretischen Gesichtspunkt ausgewählter Verfahren gekennzeichnet sind. Für die Unterscheidung von Methodenkonzeptionen ist vielfach nicht allein die Auswahl von Verfahren relevant, mit denen die Bildung von Hypothesen determiniert und mit denen gebildete Hypothesen sicherer und/oder leichter auffindbar gemacht werden, sondern auch die Entscheidung, ob auf die Ausgangssprache der Lerner als Unterrichtssprache zurückgegriffen wird und ob und wieweit dabei technische Medien wie Tonband, Sprachlabor, Filme etc. eingesetzt werden sollen.

Es ist schwierig, die Vielfalt der in der fachdidaktischen Literatur propagierten unterschiedlichen Methodenkonzepte bzw. Verfahren vom Standpunkt der Zweitsprachenerwerbsforschung zuverlässig einzuschätzen. Z. T. ist dies darin begründet, daß die Zweitsprachenerwerbsforschung in dieser Hinsicht noch Forschungsdefizite aufweist. So haben bislang die Chronologie der Hypothesenbildung als solche und die sprachlichen und außersprachlichen Faktoren, die diesen Vorgang determinieren, im Vordergrund des Interesses gestanden. Wie Lerner dazu kommen, einzelne ihrer Hypothesen zu sichern und zu schnell auffindbaren Wissensbeständen zu machen, d. h. z. B., ob und wie sie die Aktualisierung ihrer Hypothesen *üben*, läßt sich ebenso wie die Frage, ob und – wenn ja – wie beim natürlichen Zweitsprachenerwerb Lernern von *native speakers* Hilfen gegeben werden, Regelmäßigkeiten der zu erlernenden Sprache zu erkennen und entsprechende Hypothesen zu bilden, allenfalls mit jener Beschränktheit beantworten, mit der bislang der Einfluß des zweitsprachlichen Inputs auf den L2-Erwerb untersucht wurde. Wir wollen uns deshalb hier auf einige ausgewählte Aspekte von Lehrverfahren beschränken, die immer wieder in der Fachdidaktik diskutiert werden und zu denen Aussagen auf der Basis der Zweitsprachenerwerbsforschung möglich sind. Sie betreffen die Fragen:

1. Sollten Methodenkonzepte oder einzelne Lehrverfahren für alle Lerner gleichermaßen angewendet werden?
2. Sollte beim gesteuerten Zweitsprachenerwerb auf die Ausgangssprache zurückgegriffen werden?
3. Welche der gängigen Übungsformen sind durch Befunde der Zweitsprachenerwerbsforschung gedeckt und welche sind u. U. erfolgreicher als andere?
4. Sollten Lernern Hypothesen über die L2 durch explizite Vorgabe von Regeln nahegelegt werden, und – wenn ja – wie sollten solche Regeln beschaffen sein?

Für die Darstellung der Antworten, die auf diese Fragen möglich sind, wollen wir im folgenden von zwei unterschiedlichen Methodenkonzeptionen ausgehen, der *audio-lingualen Methode* und der *Methode der kognitiven Strukturierung*. Diese Methodenkonzeptionen stehen zwar heute nicht mehr im Zentrum des fremdsprachendidaktischen Interesses – die Auseinandersetzung zwischen Befürwortern dieser Konzeptionen charakterisierte die Diskussion über Lehrverfahren gegen Ende der 60er Jahre – sie haben jedoch im Gegensatz zu aktuel-

leren Methodenentwürfen hier den Vorteil, daß ihnen eindeutig formulierte Annahmen über das Lernen von Sprache zugrunde liegen und daß ihre Leistungsfähigkeit in verschiedenen großangelegten empirischen Untersuchungen im direkten Vergleich miteinander überprüft wurde.
Die audio-linguale Methode basiert auf behavioristischen Theorien zum Sprachenlernen, wie wir sie bereits im Kap. 1 dargestellt haben, und auf der Theorie des taxonomischen Strukturalismus, nach der eine Sprache aus einer endlichen Menge von Satzmustern besteht, die aus der Menge der Lexikonelemente dieser Sprache variierend ausgefüllt werden können. Entsprechend sollen im Unterricht keine Regeln präsentiert, sondern die Satzbaumuster ausschließlich in imitativ-wiederholend angelegten Strukturübungen (*pattern drills*)[13] geübt werden. Um Interferenzen beim Erwerb der zweitsprachlichen *habits* möglichst von vornherein zu vermeiden, soll der Unterricht einsprachig, ohne Rückgriff auf die Ausgangssprache der Lerner, geführt werden. Zur Verdeutlichung dessen, was in der fremden Sprache gesagt wird, dient die Einbettung der dargebotenen Sprache in konkrete Situationen. Zwangsläufig besitzen die Fertigkeiten des Sprechens und Hörverstehens Priorität. Soweit zur Bestimmung der Bedeutung der präsentierten Sprache Bilder, einzeln verwendet oder als Film, benutzt werden, spricht man von *audio-visueller Methode*. Die Annahmen, die der so beschriebenen audio-lingualen (bzw. audio-visuellen) Methode zugrunde liegen, werden – als spracherwerbsbezogene Ausprägung behavioristischer Annahmen – oft als *Audio-Lingual-Habit-Theory* bezeichnet.
Ihr steht die *Cognitive-Code-Learning-Theory* als die Menge theoretischer Annahmen gegenüber, mit denen die *Methode der kognitiven Strukturierung* gerechtfertigt wird.[14] Grundlage dieser Methode sind kognitive Lerntheorien[15], die davon ausgehen, daß das Erlernen von Fähigkeiten und Fertigkeiten erleichtert wird, wenn Lerner deren besondere Merkmale bewußt wahrnehmen und verstehen. Bezogen auf den Spracherwerb bedeutet dies, daß er durch explizites Wissen über Regelmäßigkeiten der zu erlernenden Sprache gefördert wird. Entsprechend dieser theoretischen Basis zielt die Methode der kognitiven Strukturierung darauf ab, Lernprozesse oder die Anwendung von Lernstrategien zu beeinflussen, indem kognitive Strukturierungen des Lernmaterials gegeben werden, z. B. durch grammatische Erklärungen, Regeln, graphische Darstellungen grammatischer Relationen etc. Zur Erhellung der Bedeutung fremdsprachlicher Texte kann auf die Ausgangssprache der Lerner ebenso zurückgegriffen werden, wie auch die Bewußtmachung von Regelmäßigkeiten der zu erlernenden Sprache in expliziter Gegenüberstellung mit Eigenschaften der Ausgangssprache vorgenommen werden kann. Als Übungsformen sind deshalb Übersetzungen und Umformungs- bzw. Transformations-

übungen einschlägig.[16] *Pattern drills* und situative Einbettung der dargebotenen fremdsprachigen Äußerungen können auch in Unterricht vorkommen, der der Methode der kognitiven Strukturierung folgt, doch sind diese Verfahren keine konstitutiven Merkmale des kognitiven Methodenkonzepts.
Zur empirischen Validierung dieser beiden Methodenkonzepte wurden in der Vergangenheit mehrere aufwendige Untersuchungen durchgeführt, in denen die Auswirkungen verschiedener Varianten dieser beiden Konzeptionen über einen längeren Zeitraum vergleichend analysiert wurden.[17] Insgesamt gesehen kann man aus den Ergebnissen dieser Untersuchungen jedoch nicht die verallgemeinernde Schlußfolgerung ziehen, daß das kognitive oder das audio-linguale Konzept prinzipiell zu einem erfolgreicheren L2-Erwerb führt als das jeweils andere, denn bei den an einem der Experimente beteiligten Lernergruppen konnte bei längerer Beobachtungsdauer insgesamt kein wesentlicher Unterschied im Lernerfolg aufgewiesen werden. Allerdings sind die Aussagen dieser Arbeiten teilweise dadurch beeinträchtigt, daß die experimentell untersuchten Variablen, die Methodenkonzepte, nicht sehr präzise definiert, sondern pauschal verglichen wurden. So läßt sich kaum abschätzen, welchen Einfluß die einzelnen Verfahren haben, die ja erst zusammengenommen ein bestimmtes methodisches Vorgehen charakterisieren. Problematisch ist auch, daß andere lernerfolgsrelevante Variablen, wie die individuellen und sozialen Voraussetzungen der Schüler und Lehrer oder wie Steuerungsfaktoren des Lernmaterials, zumeist nicht ausreichend kontrolliert wurden. Dort, wo die Untersuchungsergebnisse nach Lernervariablen differenziert analysiert wurden, zeigten sich jedoch Unterschiede im Lernerfolg: Chastain/Woerdehoff (1968) fanden, daß stark verbal veranlagte Studenten mit kognitiver Strukturierung, weniger verbal veranlagte Studenten dagegen mit der audio-lingualen Methode erfolgreicher lernten. Die GUME-Projekte (Levin [1972], van Elek/Oskarsson [1973]) kommen zu dem Ergebnis, daß bei erwachsenen Zweitsprachenlernern Methoden der kognitiven Strukturierung zu einem besseren Lernerfolg führen, finden bei jüngeren Lernern aber keine einheitlichen Ergebnisse. Unklar bleibt aber auch dort, ob es sich bei den Erwachsenen nicht um einen Effekt von allgemeinen Lerngewohnheiten handelt, die aus der schulischen Sozialisation herrühren, und ob nicht die *Form* der in den GUME-Projekten verwendeten kognitiven Strukturierungen, insbesondere die Form der den Lernern präsentierten Regeln, eine Differenzierung der Ergebnisse entsprechend der verbalen Veranlagung, wie sie Chastain/Woerdehoff beobachtet haben, unterdrückt.
Man kann aus den bisher vorliegenden Versuchen, nach verschiedenen Methodenkonzepten gestalteten Unterricht zu evaluieren, also nur den Schluß ziehen, daß unterschiedliche Lerner mit unterschiedlichen Lehrverfahren unterschiedlich gut zurechtkommen. Ein solcher Befund

steht in Übereinstimmung mit den in Abschn. 4.3 behandelten Ergebnissen der Zweitsprachenerwerbsforschung, nach denen der Verlauf des Erwerbs nach individuellen und sozialen Faktoren variiert. Einige solcher Variablen, wie z. B. Einstellung und Motivation, sind durch unterrichtliche Maßnahmen beeinflußbar. Für jene Variablen, die didaktisch kaum oder gar nicht beeinflußt werden können, ist dagegen zu fordern, daß der Unterricht ihnen angepaßt wird. Zu diesen Faktoren zählt vor allem die Zugehörigkeit von Lernern zu verschiedenen Lernertypen. Aus zweitsprachenerwerblicher Sicht erscheint es deshalb ratsam, Lehrverfahren nach der verbalen Veranlagung, dem kognitiven Stil und ähnlichen Lernereigenschaften, die einen bestimmten Lernertypus charakterisieren, differenziert einzusetzen. Voraussetzung dafür wäre jedoch, daß Instrumente zur Verfügung stehen, mit denen man die jeweiligen Schüler eindeutig einem Lernertypus zuordnen kann. Die Entwicklung solcher Instrumente muß aber heute noch als ein Desiderat der Fremdsprachendidaktik angesehen werden. Soweit ein nach Lernertypen differenzierter Einsatz von Lehrverfahren nicht möglich ist – sei es mangels praktikabler Mittel, Schüler zuverlässig nach ihrem Lernertypus zu unterscheiden, oder sei es, weil die institutionellen Rahmenbedingungen des Fremdsprachenunterrichts oft allein schon aus materiellen Gründen eine Differenzierung nicht erlauben – erscheint, da man unterschiedlichen Bedürfnissen von Lernern Rechnung tragen muß, eine einseitige methodische Ausrichtung des Unterrichts nicht angebracht.

Kein Anlaß zu methodischem Dogmatismus besteht auch vom Standpunkt der Zweitsprachenerwerbsforschung im Hinblick auf die Fragen, ob der Unterricht ausschließlich einsprachig, d. h. in der zu erlernenden Sprache, abzuhalten sei und welche Übungsformen man zur Erreichung der intendierten Lernziele verwenden könne.

Mit der Rezeption der *Audio-Lingual-Habit-Theory* wurde auch innerhalb der deutschen Fremdsprachendidaktik die Auffassung vertreten, daß Fremdsprachenunterricht prinzipiell einsprachig durchzuführen sei.[18] Dieses Prinzip blieb nicht lange unumstritten. Zum einen erwies es sich in der Praxis als kaum durchhaltbar[19], zum anderen zeigten Experimente von Dodson (1967), daß vor allem beim Vokabellernen Verfahren, die Übersetzungen in die Muttersprache benutzten, einem einsprachigen Vorgehen überlegen waren. In Anlehnung an die Arbeiten Dodsons[20] hat in Deutschland besonders Butzkamm in zahlreichen Veröffentlichungen[21] eine »aufgeklärte Einsprachigkeit« engagiert verfochten, die einen teilweisen Gebrauch der Muttersprache vor allem bei der Semantisierung, d. h. der Verdeutlichung der Bedeutung fremdsprachiger Texte, zuläßt. Auch vor dem Hintergrund der im ersten Teil dieses Buches behandelten Forschung erscheint es wenig sinnvoll, den Rückgriff auf die Ausgangssprache im Fremdsprachenunterricht künstlich auszuschalten, ist er doch ein konstitutiver Bestandteil jedes natürlichen Zweitsprachenerwerbs. Zudem ist Übersetzen zwischen Ausgangs- und Zielsprache eine der sprachlichen Aufgaben, für die – wie die alltagspraktische Erfahrung zeigt – Lerner ihre fremdsprachlichen Kenntnisse außerhalb der Schule sehr häufig anwenden, so daß ein rigoroses Beharren auf dem Prinzip der Einsprachigkeit auch unter Lernzielgesichtspunkten kritisiert werden muß.

Dogmatische Einseitigkeit ist auch bei der Auswahl von Übungsformen nicht zu vertreten. Zwar läßt sich aufgrund der in Teil I dieses Buches dargestellten Forschungsergebnisse eindeutig sagen, daß behavioristische Theorien zur Erklärung des Spracherwerbs inadäquat sind, doch bedeutet dies nicht, daß im Fremdsprachenunterricht keine Übungsformen verwendet werden sollten, die man charakteristischerweise mit der *Audio-Lingual-Habit-Theory* assoziiert. Gegen eine derartige Einseitigkeit sprechen Befunde der Zweitsprachenerwerbsforschung: In Untersuchungen des Erstsprachenerwerbs wurden vielfach *pattern-drill*-artige Äußerungssequenzen von Kindern aufgewiesen, die nur als ein kontextunabhängiges spielerisches Üben gerade neu erworbener sprachlicher Mittel interpretiert werden können[22]; ebenso lassen sich bei Kindern, die von ihrem Sprachentwicklungsstand her längst über komplexe sprachliche Fähigkeiten verfügen, *pattern-drill*-artige verbale Spiele als Manifestationen ihrer Phantasien beobachten.[23] Die Wiederholung von syntaktischen Strukturen mit jeweils teilweise unterschiedlichen lexikalischen Elementen, die für die Übungsform des *pattern drill* kennzeichnend ist, ist offensichtlich ein normales sprachspielerisches Verhalten von Kindern im Verlauf ihres Muttersprachenerwerbs.[24] Dieses Verhalten hat keine kommunikative Funktion und kommt charakteristischerweise dann vor, wenn kein Kommunikationsdruck auf dem Kind lastet. Gleichzeitig erhöht es durch seinen übenden Charakter die Verfügbarkeit sprachlicher Wissensbestände. Analog dazu erscheint es auch für den Fremdsprachenunterricht plausibel, nicht ausschließlich kommunikative Aktivitäten von den Lernern zu fordern, sondern ihnen daneben und als Vorbereitung darauf Gelegenheit zu einem eher spielerischen »Probelaufen« einzelner sprachlicher Mittel zu geben.[25]

Während *pattern-drill*-artige Spiele unseres Wissens bislang beim natürlichen Zweitsprachenerwerb nicht beobachtet wurden[26], aber aus den genannten Gründen der Einsatz von *pattern drills* im Unterricht gleichwohl plausibel ist, kann man *Umformungsübungen*, wie man sie den kognitiven Methoden zurechnet, für den Zweitsprachenerwerb belegen: Interaktive Daten wie die in Abschn. 4.3 behandelten zeigen, daß L2-Lerner in der Interaktion mit *native speakers* oder mit anderen Lernern vorausgegangene Äußerungen ihrer Gesprächspartner sehr oft in Umformungen wiederholen. Dieses Verhalten läßt sich als eine Strategie zur Sicherung des Fortgangs der Interaktion trotz begrenzter sprachlicher Mittel auffassen; zugleich ist es natürlich auch eine Übung der jeweiligen sprachlichen Eigenschaften mit kommunikativer Funktion. Wie Peck (1980) zeigt, können derartige Umformungen bei L2-Lernern im Kindesalter auch ohne kommunikative Funktion vorkommen und als verbales Spiel zwischen dem Lerner und seinen gleichaltrigen *peers* dienen. Aus spracherwerblicher Sicht lassen sich also gängige Übungsformen, die in der fachdidaktischen Literatur als charakteristische Merkmale behavioristischer oder kognitiver Methodenkonzeptionen angesehen werden, gleichermaßen plausibilisieren. Um bestimmte Übungsformen aus spracherwerblicher Sicht wirklich stichhaltig begründen zu können, wären allerdings noch Untersuchungen notwendig, die aufweisen, wie Lerner beim natürlichen Zweitsprachenerwerb durch Üben ihre Hypothesen sichern und für die Produktion verfügbar machen.

Anders als bei gängigen fremdsprachenunterrichtlichen Übungsformen ist eine spracherwerbliche Rechtfertigung für die im Unterricht heute üblichen Regelangaben, die als Verfahren zur kognitiven Strukturierung eingesetzt werden, kaum möglich. Vor dem Hintergrund der Erkenntnis, daß kognitive Theorien adäquatere Erklärungen des L2-Erwerbs bieten, mag es unmittelbar naheliegend erscheinen, daß im Unterricht Verfahren zur kognitiven Strukturierung eingesetzt werden sollten. Die oben erwähnten vergleichenden Projekte lassen jedoch erkennen, daß nicht alle Lerner gleich gut mit solchen Verfahren, insbesondere mit Regeln, zurechtkommen. Dafür lassen sich verschiedene Ursachen annehmen: Zum einen hängt der spracherwerbliche Gewinn, den Lerner überhaupt aus Regelangaben ziehen können, davon ab, welchem Lernertyp sie angehören, zum anderen – bei einem für Regelangaben empfänglichen Lernertyp – sowohl von der Form der Regeln als auch vom Zeitpunkt ihrer Präsentation.

Während die Bedeutung des Lernertyps für die Wahl von Lehrverfahren in der Fremdsprachendidaktik bislang wenig Beachtung gefunden hat, werden Überlegungen zur geeigneten *Form* von Generalisierungen über die zu erlernende Sprache – also Regeln – die Lernern im Unterricht präsentiert werden sollen, im Zusammenhang mit der Anlage von *pädagogischen* bzw. *didaktischen Grammatiken* diskutiert.[27] Dabei herrscht heute allgemeine Übereinstimmung darin, daß Lernern keine Regeln in der Form dargeboten werden sollten, wie sie in linguistischen Sprachbeschreibungen verwendet werden. Dies gilt auch für die in diesem Zusammenhang besonders diskutierten Transformationsgrammatiken, obwohl diese ja mit dem Anspruch auftreten, das linguistische Wissen eines *native speaker* zu repräsentieren. Dafür gibt es u. a. die folgenden Gründe: Generative Transformationsgrammatiken beschreiben in einer technisch-formalen Weise das linguistische Wissen eines *native speaker*, der seine Sprache vollständig erworben hat. Zu diesem Wissen gehört auch, daß sprachliche Eigenschaften zueinander in einer engen Beziehung stehen, daß das Vorkommen einer bestimmten Eigenschaft in einem Satz vom Vorkommen spezieller anderer Eigenschaften abhängt, daß in gewissen grammatischen Zusammenhängen bestimmte Eigenschaften alternativ vorkommen können usw. Um solche komplexen Zusammenhänge innerhalb des vollständigen linguistischen Wissens eines *native speaker* zu erfassen, müssen linguistische Regeln entsprechend komplex formuliert werden. Dabei bedient man sich innerhalb der Linguistik aufgrund wissenschaftsimmanenter Kriterien wie Explizitheit und Widerspruchsfreiheit bestimmter formal definierter Beschreibungsbegriffe und technischer Beschreibungskonventionen, die eine relativ abgekürzte Darstellung der sprachinternen Zusammenhänge bei der Regelformulierung erlauben. Da sich das von generativen Transformationsgrammatiken beschriebene Wissen auf die Linguistische Kompetenz beschränkt, bleiben Aspekte der Verwendung sprachlicher Eigenschaften, die die Kommunikative Kompetenz ausmachen, unberücksichtigt.

Einem Lerner, der durch Unterricht dazu gebracht werden soll, ausgewählte sprachliche Mittel zielsprachenkonform zu verwenden, ist mit einem derartig komplexen Wissen über die zu erlernende Sprache wenig gedient, besonders nicht in den Anfängen seiner lernersprachlichen Entwicklung. Zudem würde die Präsentation solcher Regeln voraussetzen, daß im Unterricht zunächst einmal die Beschreibungsbegriffe und -techniken solcher Grammatiken gelehrt werden, was für den Unterrichtsverlauf recht unökonomisch wäre. Deshalb muß man Versuche, Transformationsgrammatiken einer Sprache direkt[28] oder vereinfacht[29] zur Grundlage des Unterrichts zu machen, als gescheitert ansehen.

Die Form didaktischer Regeln muß sich demgegenüber aus ihrer Funktion für den Spracherwerb ergeben. Hinsichtlich dieser Funktion lassen sich unterschiedlich weitreichende Annahmen vertreten. Uns erscheinen (mindestens) die folgenden drei diskutierenswert:

(1) die Annahme, daß didaktische Regeln, nachdem sie gelernt wurden, die Produktion bzw. Rezeption zweitsprachlicher Äußerungen im Lerner steuern;

(2) die (schwächere) Annahme, daß didaktische Regeln lediglich dazu dienen, dem Lerner durch das Angebot vorformulierter Generalisierungen bestimmte Hypothesen direkt nahezulegen;

(3) die (in diesem Zusammenhang schwächste) Annahme, daß didaktische Regeln lediglich dazu dienen, den Lerner auf bestimmte zu erlernende Eigenschaften der L2 aufmerksam zu machen und damit aufzufordern, Hypothesen über diese Eigenschaften zu bilden.

Die Annahme (1) ist aus spracherwerblicher Sicht nicht vertretbar, obwohl sie sicherlich vielen Didaktikern selbstverständlich erscheint. Sie würde nämlich strenggenommen voraussetzen, daß didaktische Regeln *psychologisch real* sein müßten, d. h. so formuliert, daß sie kognitive Prozesse bei der Produktion und Rezeption von Sprache wiedergeben. Über eine derartig psychologisch adäquate Form linguistischer Regeln wird schon seit Chomsky (1965) innerhalb der Linguistik intensiv diskutiert. Wir können auf diese Diskussion hier nicht eingehen; es läßt sich jedoch nicht bestreiten, daß man dabei bislang über das Stadium der Spekulation nicht hinausgekommen ist. In der Didaktik haben Überlegungen in dieser Richtung bisher kaum erst begonnen. Zudem ist diese Annahme mit jenen in Teil I dargestellten Ergebnissen der Zweitsprachenerwerbsforschung nicht vereinbar, wonach die vom Lerner *kreativ* gebildeten Hypothesen über die Struktur der L2 seine Sprachproduktion determinieren. Nach Annahme (1) dürfte es im Fremdsprachenunterricht nicht zu kreativen Eigenkonstruktionen der Lerner kommen, da im Unterricht ja immer nur zielsprachenkonforme Regeln präsentiert werden. Das ist, wie jeder Lehrer weiß, empirisch nicht haltbar. Daß Leräußerungen – entgegen dem in Abschn. 4.1 behandelten Monitor-Modell – selbst dann nicht notwendig durch bewußte Regeln gesteuert werden, wenn die Lerner Zeit zur verbalen Planung haben, geht aus einer Untersuchung von Seliger (1979) hervor. Seliger fand heraus, daß Lerner, die explizite Regeln für die Verwendung einer morphologischen Struktur des Englischen angeben konnten – auch solche Regeln, die sie zuvor im Fremdsprachenunterricht gelernt hatten – bei der Produktion dieser Struktur in Testäußerungen größtenteils von der Regel abwichen, die sie selbst angaben, obwohl sie genügend Zeit für die Planung ihrer Äußerungen und damit für einen Rückgriff auf ihr Regelwissen zugestanden bekamen.[30]

Wenn aber – was Seligers Untersuchung nahelegt – die Kenntnis der Regeln einer Zweitsprache auf das konkrete lernersprachliche Verhalten keinen direkten Einfluß hat, sondern es allenfalls indirekt steuert, dann können die möglichen Funktionen didaktischer Regeln lediglich durch Annahme (2) oder gar (3) abgedeckt werden. Welche dieser Annahmen zutrifft, läßt sich mangels ausreichender empirischer Befunde über die Effekte der Form von Regeln und des Zeitpunkts ihrer Präsentation nicht entscheiden.

Um die in Annahme (2) beschriebene Funktion zu erfüllen, nämlich bestimmte Eigenschaften der zu erlernenden Sprache herauszuheben und dazu vorformulierte Hypothesen zur Aufnahme in das jeweilige lernersprachliche Wissen anzubieten, müssen didaktische Regeln auf den jeweiligen Stand der lernersprachlichen Entwicklung Bezug nehmen: Wenn nämlich durch die Präsentation einer didaktischen Regel an einen Lerner ein Angebot zur Hypothesenbildung zu einem Zeitpunkt erfolgt, zu dem seine Lernersprache noch nicht ausreichend entwickelt ist, um die angebotene Hypothese in sein lernersprachliches Wissen integrieren zu können, dann kann er aus dieser Regel keinen Nutzen ziehen. Da Lerner, die in einer Klasse zusammengefaßt sind, sich gewöhnlich dennoch hinsichtlich des Entwicklungsstandes ihrer Lernersprache unterscheiden, ist aus zweitsprachenerwerblicher Sicht leicht erklärbar, daß unterschiedliche Lerner mit derartigen Angeboten unterschiedlich gut zurechtkommen. Damit didaktische Regeln in *jedem* Fall als Angebot zur Hypothesenbildung fungieren können, wäre eine – aus schulpraktischen Gründen kaum realisierbare – Differenzierung der Regelpräsentation nach dem individuellen Stand der lernersprachlichen Entwicklung notwendig. Wie wir im ersten Teil dieses Buches dargestellt haben, läßt sich der Verlauf des L2-Erwerbs jedoch allenfalls in den Grenzen voraussagen, in denen reliable Entwicklungssequenzen aufgewiesen wurden, was bedeutet, daß der individuelle Entwicklungsstand nur durch jeweils aktuelle Erhebungen des lernersprachlichen Wissens eines Lerners festgestellt werden könnte.

Es ist nicht auszuschließen, daß didaktische Regeln mitunter erfolgreich als Angebote zur Hypothesenbildung genutzt werden. Wegen der praktischen Probleme, ihre Form und den Zeitpunkt ihrer Präsentation mit den bei Annahme (2) zu erfüllenden spracherwerblichen Voraussetzungen in Übereinstimmung zu bringen, erscheint es uns aber wahrscheinlich, daß didaktische Regeln überwiegend nur die unter Annahme (3) beschriebene Funktion erfüllen können, Lerner auf bestimmte Eigenschaften der L2 aufmerksam zu machen und damit aufzufordern, dazu lernersprachliche Hypothesen zu bilden. In dieser Funktion stimmen Regeln mit anderen Lehrverfahren überein, ebenso mit Eigenschaften von Lernmaterial.

8. Unterrichtsinteraktion

Mit dem Thema »Unterrichtsinteraktion« gehen wir auf den neben Lernmaterial zweiten zentralen Faktor zur Steuerung der Input-Präsentation ein. Im Unterschied zum Kapitel über Lernmaterial werden hier zusätzlich solche Steuerungsmomente relevant, die Lernern in Form von kommunikativem Feedback Informationen über die Güte ihrer lernersprachlichen Wissensbestände und den Erfolg ihrer Kommunikationsstrategien vermitteln. In Ermangelung ausreichender gesicherter Erkenntnisse darüber, welche unterrichtlichen oder außerunterrichtlichen Interaktionsabläufe den Spracherwerb besonders fördern, beschränken wir uns in diesem Kapitel auf eine deskriptive Darstellung einiger Aspekte der Unterrichtsinteraktion, auf Plausibilitätsargumente aus spracherwerblicher Sicht und eine Zusammenstellung von Entscheidungsdimensionen für die Steuerung fremdsprachenunterrichtlicher Interaktion.

Wir beginnen mit einer Status-quo-Beschreibung einiger Charakteristika verbaler Interaktion im Fremdsprachenunterricht: der Doppelfunktion der Fremdsprache als Kommunikationsmittel und Lerngegenstand, der Lehrer- und der Lernmaterialzentriertheit fremdsprachenunterrichtlicher Interaktion. Mit dem letztgenannten Punkt berühren wir Fragen der Verknüpfung von Input-Steuerung durch Lernmaterial und Input-Steuerung durch Unterrichtsinteraktion. Wir greifen dann mit der Diskussion von Bewertungs- und Korrektursequenzen ein Beispiel für fremdsprachenunterrichtsspezifische Interaktionsabläufe zur ausführlichen Behandlung heraus, zum einen wegen seiner besonderen Beziehbarkeit auf die in Teil I des Buches behandelten Fragen, zum andern wegen der offensichtlichen Relevanz dieser Thematik für didaktische Überlegungen, die sich in einer im Vergleich zu anderen Aspekten unterrichtlicher Interaktion relativ umfangreichen Literatur manifestiert. Mit der abschließenden Zusammenstellung von Entscheidungsdimensionen für die Steuerung von Interaktionsabläufen möchten wir sowohl die Komplexität notwendiger Entscheidungsprozesse als auch Wege zu ihrer Strukturierung aufzeigen.

Als eine der wesentlichen Funktionen, die unterrichtliches Lehren für den Fremdsprachenerwerb hat, haben wir in Kap. 6 die Bereitstellung fremdsprachlichen Inputs herausgearbeitet. Dieser Input läßt sich im Prinzip auch ausschließlich durch Bücher und Tonbandmaterialien zum Selbststudium realisieren. Wenn wir jedoch an üblichen schulischen Unterricht mit einer Schulklasse und einem Lehrer denken, haben wir es – zumindest über weite Strecken des Unterrichts – mit *interaktivem*

Input zu tun, von dem wir ja angenommen haben, daß er tendenziell günstigere Bedingungen für den Spracherwerb bietet, da er über das bloße Angebot an zweitsprachlichen Daten hinaus dem Lerner die Möglichkeit gibt, seine aus dem Input gewonnenen Hypothesen in der Interaktion zu testen. Wenn man weiterhin die in Abschn. 4.3 dargestellten Ergebnisse der Input-Forschung berücksichtigt, kann man begründet annehmen, daß die Art der Unterrichtsinteraktion mit ihrer Datenpräsentation, ihren Möglichkeiten zum Hypothesentesten und den in ihr wirksamen Feedback-Mechanismen einen nicht unerheblichen Einfluß auf den Lernerfolg ausübt.

Sprachliche Interaktion im üblichen schulischen Fremdsprachenunterricht ist durch einige spezifische Merkmale gekennzeichnet, die sie nicht nur von nicht-schulischen, »natürlichen« Sprachlerninteraktionen, sondern auch von verbaler Interaktion in anderen Unterrichtsfächern abheben. Dies zu erwähnen, erscheint uns deshalb besonders wichtig, da angesichts der umfangreichen Forschungstätigkeit auf dem Gebiet der (nicht fremdsprachenunterrichtsspezifischen) Unterrichtsinteraktion[1] und in Anbetracht zahlreicher vorliegender Schemata zur Analyse von Kommunikationsprozessen zwischen Lehrer und Schülern[2] der trügerische Eindruck entstehen könnte, Interaktionsabläufe im Fremdsprachenunterricht – als einer Art von Unterricht – oder gar die Effekte verschiedener Interaktionsformen auf den Lernerfolg seien inzwischen gut untersucht. Zwar haben Forschungen zur Unterrichtsinteraktion, besonders seit sie sich von rein quantitativen zu mehr qualitativ orientierten Analysen entwickelt und von ihrem ursprünglich stark auf Lehrerverhalten bezogenen Vorgehen gelöst und auf die Analyse tatsächlicher *Interaktion* konzentriert haben, Ergebnisse erbracht, die auch für den *Fremdsprachenunterricht* relevant sind. Wir möchten hier nur auf die in den meisten Untersuchungen zutage tretende Dominanz des Lehrers und die auch qualitativ zu erfassende Asymmetrie unterrichtlicher Kommunikation sowie das Aufdecken unterrichtstypischer Kommunikationskonventionen und -rituale verweisen. Die spezifische Qualität sprachlicher Interaktion im Fremdsprachenunterricht ist mit solchen allgemeinen Analysen jedoch nicht erfaßt. Die Einsicht in die Besonderheit von Interaktionsabläufen im Fremdsprachenunterricht hat inzwischen zu einigen Arbeiten geführt, die speziell diese Art von Interaktion zum Gegenstand haben.[3] Wir werden auf derartige Arbeiten noch genauer eingehen.

8.1 Die Zweitsprache als Interaktionsmedium und Lerngegenstand

Was macht nun die spezifische Qualität fremdsprachenunterrichtlicher Interaktion aus? Zunächst einmal ist sie dadurch gekennzeichnet, daß in ihr die Zweitsprache[4] Lerngegenstand und Medium zugleich ist. Das unterscheidet Fremdsprachenunterricht von anderen Unterrichtsfächern[5], in denen Lerngegenstände unabhängig von der Sprache, in der über sie kommuniziert wird, existieren. Im Gegensatz zu anderen Unterrichtsfächern und zu den meisten Interaktionsformen außerhalb des Unterrichts gibt es hier vorab keine Inhalte für die Interaktion: Es besteht zunächst kein anderer Grund, die Sprache zu verwenden, als sie zu verwenden, um sie zu lernen bzw. zu lehren. Von den beiden in Kap. 3 unterschiedenen Funktionen, die die Verwendung der Zweitsprache für Lerner haben kann – Lernen und Kommunizieren – tritt im Fremdsprachenunterricht die Funktion des Lernens tendenziell stark, bis zur Ausschließlichkeit, in den Vordergrund. Es ist allerdings zu betonen, daß auch in manchen außerschulischen Sprachlernsituationen, sowohl beim Erst- als auch beim Zweitsprachenerwerb, die Funktion des Lernens gegenüber der des Kommunizierens stark übergewichtig ist.[6]

Um für die fremdsprachenunterrichtliche Interaktion Inhalte bereitzustellen, gibt es Verfahren verschiedener Art. In der Fremdsprachendidaktik werden sie häufig unter dem Stichwort »Schaffung von Sprechanlässen« diskutiert. Wir sehen hier im wesentlichen die folgenden Möglichkeiten:

1. Man legt der Interaktion einen vorbereiteten Text zugrunde, der Inhalte liefert, über die dann kommuniziert wird (z. B. eine Geschichte oder einen Zeitungsartikel).
2. Man simuliert reale Kommunikationssituationen, in denen die Interaktionspartner konkrete kommunikative Intentionen haben: Man stellt sich vor, man hätte eine bestimmte kommunikative Intention und wollte über bestimmte Inhalte reden.
3. Man versucht, möglichst realistische Kommunikationsanlässe und -inhalte entstehen zu lassen, z. B. indem man im Unterricht Situationen schafft, die Kommunikation provozieren, oder indem man reale Probleme der Lerner bzw. Inhalte aus ihrem Erfahrungshorizont als mögliche Themen für eine Interaktion in der Zweitsprache anbietet.
4. Man lehrt die Inhalte anderer Unterrichtsfächer über das Medium der Zweitsprache – und damit gleichzeitig die Zweitsprache selbst.[7]

Die letztgenannte Lösung dürfte sich unter den hierzulande gegebenen schulischen Rahmenbedingungen für deutsch-sprachige Schüler, die z. B. Englisch oder Französisch lernen, nur schwerlich in größerem Umfang realisieren lassen. Der Gedanke eines kombinierten Sprach- und Fachunterrichts – in bi- oder multilingualen Gesellschaften durchaus nicht neu und schon relativ intensiv in der Praxis erprobt[8] – könnte in der BRD jedoch besonders für den Unterricht mit Kindern ausländischer Arbeitnehmer attraktiv sein[9]: Zum ersten sind die schulischen Organisationsstrukturen in bezug auf diese Lernergruppe noch nicht so verfestigt wie für andere; zum zweiten ist es gerade für »Ausländerkinder« ein besonderes Desiderat, keine kostbare Lernzeit mit einigermaßen irrelevanten Inhalten zu vertun, so wie das häufig in einem Nur-Deutsch-Unterricht geschieht, mit der Konsequenz, daß sich Lerndefizite in anderen für Schulabschlüsse relevanten Fächern akkumulieren.

Abgesehen vielleicht von dieser letztgenannten Möglichkeit, die ja auch nicht mehr Fremdsprachenunterricht im herkömmlichen Sinne charakterisiert, bleibt bei allen anderen genannten Verfahren der Schaffung von Inhalten oder Sprechanlässen fremdsprachenunterrichtliche Interaktion doch immer etwas, das wir an anderer Stelle als »übende Interaktion«[10] bezeichnet haben: sprachliche Interaktion zwischen Lernern und Lehrer mit dem Hauptzweck des Lernens und Übens von Sprache.

Indizien dafür, daß die Lernfunktion vorgeschobene Anlässe überlagert, kann z. B. eine Analyse der Intonationskonturen von Leräußerungen in fremdsprachenunterrichtlicher Kommunikation bieten: Lerneräußerungen, die die Funktion von Antworten auf Lehrerfragen haben sollen, weisen häufig eine steigende Intonationskontur am Äußerungsende auf – eine Erscheinung, die weder in der deutschen Sprache noch in den in der Schule gelehrten Fremdsprachen üblich ist.[11] Wir interpretieren ein derartiges Vorkommen einer steigenden Intonationskontur als ein Zeichen dafür, daß ein Lerner in einem primär als *Lern*situation empfundenen Interaktionszusammenhang, in dem Kriterien für das Erfolgreichsein von Interaktionszügen durch den *Lehrer* festgelegt werden, unsicher ist, ob seine Äußerung den Lehrerkriterien genügt, und nach Bestätigung durch den Lehrer verlangt. Wir werden auf die Art der Kriterien, die Lehrer für das Erfolgreichsein von Interaktionszügen haben können, in Abschn. 8.4 zurückkommen.

8.2 Zur Lehrerzentriertheit fremdsprachenunterrichtlicher Interaktion

Schon in der Tatsache, daß es der Lehrer ist, der Erfolgskriterien für die Interaktion festlegt und der Schüleräußerungen danach beurteilt, wieweit sie diesen Kriterien genügen, manifestiert sich ein Aspekt ausgeprägter Lehrerzentriertheit. Diese Lehrerzentriertheit äußert sich darüberhinaus darin, daß den Lernern Menge und Art ihrer Äußerungsmöglichkeiten in der Fremdsprache weitgehend vom Lehrer zugeteilt werden[12]: Lehrer legen durch ihre Zuteilung von Äußerungsmöglichkeiten in großem Maße fest, welche Lerner welche sprachlichen Aufgaben bewältigen sollen. Sie verteilen damit Chancen des Übens und Hypothesentestens und programmieren Erfolgs- bzw. Mißerfolgserlebnisse für individuelle Lerner vor. Die vom Lehrer zugewiesenen

sprachlichen Aufgaben unterscheiden sich dabei voneinander mindestens in den folgenden Punkten:
- hinsichtlich Art und Menge der vom Lerner zu produzierenden sprachlichen Strukturen;
- hinsichtlich Art und Menge der Hilfen, die für die Lösung einer sprachlichen Aufgabe zur Verfügung stehen;
- darin, ob die vom Lerner zu produzierenden Äußerungen neu eingeführte oder schon länger geübte sprachliche Strukturen enthalten;
- darin, ob es sich um einen ersten, einen zweiten oder um einen weiteren Versuch zur Lösung einer sprachlichen Aufgabe handelt;
m. a. W.: hinsichtlich der Plazierung einer Äußerungsmöglichkeit in einem größeren Interaktionszusammenhang.

Es gibt Hinweise darauf, daß Lehrer Zuweisungen von Äußerungsmöglichkeiten nicht zufällig vornehmen, sondern daß solche Zuweisungen von impliziten Annahmen über die Fähigkeiten einzelner Schüler gesteuert werden. So fanden Achtenhagen/Wienold (1977) in ihren Untersuchungen u. a. heraus, daß Lehrer bei der Einführung neuer Inhalte oder beim Auftreten von Lernschwierigkeiten bestimmte Schüler bevorzugt aufrufen. Weitere detaillierte Untersuchungen zum Ausmaß des Vorkommens und zu den Wirkungen einer solchen Steuerung des Interaktionsablaufs erscheinen uns notwendig. Dabei ließe sich auch aufdecken, ob in der differenzierten Zuweisung von Äußerungsmöglichkeiten an bestimmte Schüler in bestimmten Phasen der Interaktion einer der Gründe für das allgemein in der Unterrichtsforschung diskutierte Phänomen des Entstehens von Erwartungseffekten[13] zu suchen ist.

Eine starke Dominanz des Lehrers haben, wie bereits erwähnt, Analysen von Unterrichtsinteraktion generell aufgewiesen. Speziell für den Fremdsprachenunterricht und unter Hinweis auf die Kehrseite der Lehrerzentriertheit, eine weitgehende sprachliche Abhängigkeit und Unselbständigkeit der Lerner, ist sie kürzlich in einer Untersuchung von Hüllen/Lörscher (1979) bestätigt worden. Während unter allgemein-didaktischen Gesichtspunkten eine überaus starke Dominanz des Lehrers zu Recht kritisiert wird und für eine Verringerung dieser Dominanz durch veränderte Sozialformen des Unterrichts, z. B. Gruppen- und Partnerarbeit, sowie durch stärker schülergesteuerte Unterrichtsgespräche überzeugende Argumente gefunden werden können, stellt sich uns die Lehrerzentriertheit fremdsprachenunterrichtlicher Interaktion nicht in derselben Weise als nur negativ dar. Denn für den Fremdsprachenunterricht resultiert ein besonderes Dilemma aus der schon hervorgehobenen Doppelfunktion der Zweitsprache als Lerngegenstand und Medium der Interaktion: Der Lehrer steuert mit seinen Interaktionsbeiträgen ja nicht nur den Interaktionsablauf und vermittelt damit nicht nur Inhalte, die die Schüler sich ohne weiteres und vielleicht sogar mit besserem Lernerfolg selbständig erarbeiten

könnten, sondern mit seinen Interaktionsbeiträgen liefert er sprachlichen Input und Feedback, auf denen Sprachlernprozesse der Schüler aufbauen. Eine Zurücknahme der Lehrerdominanz, z. B. durch verstärkten Einsatz von Gruppen- oder Partnerarbeit[14], läßt sich deshalb nicht ohne weiteres mit denselben Argumenten rechtfertigen, die für andere Unterrichtsfächer gelten. Gruppen- oder Partnerarbeit, aus der sich der Lehrer zurückzieht, hat für Fremdsprachenlerner zur Folge, daß der sprachliche Input, dem sie ausgesetzt sind, weit weniger *zweit*sprachlicher als vielmehr *lerner*sprachlicher Input ist. Daß das Testen von Hypothesen über die Struktur der Zweitsprache und das Feedback der Interaktionspartner in Lerner-Lerner-Interaktionen nicht unbedingt zu denselben Konsequenzen für die Entwicklung der Lernersprache führt wie in Interaktionen zwischen Lernern und einem (Fast-)*native speaker*, dürfte einleuchten. Überlegungen zur Verringerung der Lehrerzentriertheit fremdsprachenunterrichtlicher Interaktion sollten daher berücksichtigen, daß die Rolle des Lehrers als Input- und Feedback-Lieferant prinzipiell erhalten bleiben muß.[15] Innerhalb dieses einschränkenden Rahmens existiert allerdings noch ein breites Spektrum von Möglichkeiten, Lehrerdominanz zu reduzieren. Wir wollen hier nur einige nennen:
- Schülern kann die Möglichkeit gegeben werden, in stärkerem Maße selbst kommunikativ *initiativ* zu werden und nicht nur auf Lehreräußerungen (vor allem Fragen) zu *reagieren*.
- Die Erfolgskriterien von Lehrern können sich weitgehend auf solche Kriterien beschränken, die aus den Regelmäßigkeiten der zu erlernenden Zweitsprache resultieren. M. a. W.: Der Lehrer kann auf spezielle, außerhalb der Unterrichtsinteraktion irrelevante Erfolgskriterien verzichten, also z. B. auf das der »Vollständigkeit« von Lerneräußerungen (»ganzer Satz«) oder der Einhaltung bestimmter Antwortschemata.[16]
- Die Unterrichtsinteraktion kann vom Lehrer so gestaltet werden, daß optimale Möglichkeiten zur lernerbestimmten Anwendung von diskursiv-interaktiven Lernstrategien (vgl. Abschn. 4.4.2) gegeben sind.

Allerdings kann es durchaus auch gute Gründe geben, Lehrerdominanz nicht auf diese Weise zu reduzieren, z. B. dann, wenn ein Lehrer einen Schüler veranlassen will, bestimmte sprachliche Strukturen zu produzieren und damit zu üben, die er unter freieren Interaktionsbedingungen vermeiden würde.

Die besondere Situation, daß fremdsprachenunterrichtliche Interaktion normalerweise zwischen einem einzigen (Fast-)*native speaker* und mehreren Lernern stattfindet und somit nur einer der an der Interaktion Beteiligten zweitsprachlichen Input im engeren Sinne[17] liefert, wirft Forschungsfragen bezüglich der Effekte einer solchen Interaktionskonstellation auf, die sich für die meisten Situationen natür-

lichen L2-Erwerbs so nicht stellen, wohl aber unter Bezug auf Untersuchungen zum natürlichen L2-Erwerb formuliert werden können. Solche Forschungsfragen sind z. B.:
- Welchen Einfluß haben die *lernersprachlichen* Äußerungen, die *zusätzlich* zum im engeren Sinne zweitsprachlichen Input in solchen Interaktionen produziert werden, auf den Lernerfolg? Werden sie zusammen mit den Lehreräußerungen und Lernmaterialtexten als zweitsprachlicher Input verarbeitet? Werden sie nur unter bestimmten Bedingungen als zweitsprachlicher Input verarbeitet, z. B. nur dann, wenn sie vom Lehrer nicht als nicht-zielsprachenkonform zurückgewiesen werden?
- (im Vorgriff auf Abschn. 8.4:) Welche Funktion hat »indirektes Feedback«, also solches Feedback, das ein *anderer* Lerner vom Lehrer erhält? Profitieren Lerner vom »stellvertretenden Hypothesentesten« durch andere Lerner? Eine Untersuchung von Allwright (1980) gibt Hinweise darauf, daß nicht unbedingt diejenigen Fremdsprachenlerner die erfolgreichsten sind, die sich am stärksten aktiv an der Interaktion beteiligen. Was und wie lernen also solche äußerlich wenig aktiven Lerner aus Interaktionszügen anderer?[18]

8.3 Zur Lernmaterialzentriertheit fremdsprachenunterrichtlicher Interaktion

Ein weiteres Merkmal fremdsprachenunterrichtlicher Interaktion ist es, daß sie über weite Strecken auf der Basis von vorbereiteten Texten (Lernmaterialien) stattfindet.[19] Die Kommunikation im Fremdsprachenunterricht ist also auch in hohem Maße *lernmaterialzentriert*. Lernmaterialien steuern dabei nicht nur die sprachlichen Strukturen, die den Input für den Lerner charakterisieren, sondern auch die Art des Umgehens mit diesem Input durch den Lerner: Lernmaterialien für den Fremdsprachenunterricht enthalten typischerweise explizite (*Answer the following questions, Complete the following sentences*) und implizite (z. B. in Form von Lückensätzen oder unbeantworteten Fragen) Verarbeitungsanweisungen, die die Unterrichtsinteraktion vorstrukturieren, indem sie festlegen, in welcher Weise Lerner mit den Strukturen des sprachlichen Input umgehen, sie üben sollen[20]: ob sie z. B. ein passendes von mehreren vorgegebenen Elementen in einen lückenhaften Satz einfügen sollen, ob sie eine Frage unter Berücksichtigung der Kommunikationssituation, in die eingebettet sie laut Lernmaterial zu denken ist, beantworten sollen oder z. B. einen längeren, zusammenhängenden Text relativ selbständig produzieren sollen.

Sicherlich sind nicht alle Fremdsprachenunterrichtsstunden in gleichem Maße lernmaterialzentriert, ebenso wie auch im Grad der Lehrerzentriertheit erhebliche Variation bestehen dürfte. Wir nehmen an, daß

der Grad der Anlehnung unterrichtlicher Interaktion an Lernmaterialien u. a. von folgenden Faktoren abhängig ist:
- von dem Maß der Übereinstimmung zwischen den in das Lernmaterial eingegangenen didaktischen Entscheidungen und der »naiven, vorwissenschaftlichen Unterrichtstheorie«[21] des jeweiligen Lehrers;
- von der internen Konsistenz des Lernmaterials;
- von der Brauchbarkeit der Informationen in den zugehörigen Lehrerbegleitheften;
- von den im jeweiligen Lernmaterial angelegten Möglichkeiten seiner Umsetzbarkeit in konkrete Unterrichtsinteraktion;
- von Persönlichkeitsmerkmalen des jeweiligen Lehrers, z. B. seinem Sicherheitsbedürfnis, seiner Innovationsfreudigkeit usw.

8. 4 Feedback im Fremdsprachenunterricht

Eines der konstitutiven Merkmale fremdsprachenunterrichtlicher Interaktion ist das Auftreten mehr oder weniger ausgedehnter Bewertungs- und Korrektursequenzen[22]. Formal sind derartige Sequenzen häufig am massierten Vorkommen von *Wiederholungen* identifizierbar, wobei solche Wiederholungen sowohl vom Lehrer als auch von Lernern produziert werden können, und zwar in mehreren Varianten: z. B. als vollständige Wiederholungen, als partielle Wiederholungen, mit oder ohne Modifikation. Rehbein (1976) hat unterschiedliche Typen und Funktionen von Wiederholungen im Fremdsprachenunterricht in ihrem interaktiven Zusammenhang herausgearbeitet und dabei u. a. ein Merkmal von Wiederholungen aufgedeckt, auf das wir in diesem Abschnitt als generelles Problem von Bewertungs- und Korrekturverfahren noch eingehen werden: ihre funktionale Mehrdeutigkeit.

Wir gehen davon aus, daß Bewertungs- und Korrektursequenzen Lernern prinzipiell die Gelegenheit geben, *explizites Feedback* hinsichtlich der Adäquatheit ihrer lernersprachlichen Äußerungen zu erhalten. Daneben existieren für Lerner selbstverständlich noch andere Feedback-Mechanismen, die wir *implizit* nennen wollen: Speziell positives Feedback, also solches Feedback, das den Erfolg lernerseitiger Kommunikationsbemühungen bestätigt, kann implizit dadurch erfolgen, daß sich ein Kommunikationsziel für den Lerner als offensichtlich erreicht erweist (z. B., indem der Kommunikationspartner eine Arbeit nach den Anweisungen des Lerners korrekt ausführt)[23], oder dadurch, daß sich die Interaktion auf einer Äußerung des Lerners aufbauend weiterentwickelt.[24]

Beim augenblicklichen Stand der Forschung ist jedoch die Überlegung, daß Feedback den Zweitsprachenerwerb potentiell fördert, nicht mehr als eine plausible Annahme. Weder für den natürlichen noch für den durch Unterricht gesteuerten L2-Erwerb liegen Untersuchungen vor, die einen positiven Einfluß von Feedback auf den Spracherwerb überzeugend belegen oder widerlegen. Die wenigen uns bekannten empirischen Untersuchungen zu diesem Thema beziehen sich entweder auf Korrekturen *schriftlicher* Lernerarbeiten[25], sind also in unserem Zusammenhang nicht ohne weiteres einschlägig, oder sie legen, wie Chaudron (1977), mit dem Kurzzeiteffekt einer Korrektur auf die nächstfolgende Leueräußerung ein sehr problematisches Erfolgskriterium zugrunde.

Gleichwohl läßt sich die Annahme, daß Feedback, das noch näher zu charakterisierenden Anforderungen genügt, zumindest unter bestimmten, ebenfalls noch genauer zu spezifizierenden Bedingungen für den Lernerfolg förderlich ist, auf der Basis unserer in Teil I präsentierten modellhaften Vorstellungen über Prozesse des L2-Erwerbs theoretisch plausibilisieren: Um seine Lernersprache in Richtung auf die Zielsprache zu verändern, um also unsichere »gute« Wissensbestände (zutreffende Hypothesen über die Struktur der Zielsprache) zu stabilisieren und »schlechte« Wissensbestände zu destabilisieren und durch bessere Hypothesen zu ersetzen, benötigt der Lerner Informationen über die Güte seiner Wissensbestände. Solche Informationen kann er beziehen – und damit auch seine Hypothesen testen – indem er die Vereinbarkeit seiner Hypothesen mit weiteren zweitsprachlichen Daten prüft. Daneben – und möglicherweise ökonomischer – läßt sich solches Hypothesentesten auch über die Reaktionen von Interaktionspartnern vollziehen. Die früher erwähnten impliziten Feedback-Mechanismen haben den Nachteil, daß sie dem Lerner zwar Erfolgreichsein oder Nicht-Erfolgreichsein signalisieren, im Falle des Nicht-Erfolgreichseins jedoch nicht näher spezifizieren, welcher Teil der in die Produktion der jeweiligen Leueräußerung eingegangenen Wissensbestände dafür verantwortlich ist und in welche Richtung die betreffende(n) Hypothese(n) verändert werden sollte(n). Explizites Feedback bietet hingegen die Möglichkeit, Verfahren zur genauen Identifizierung korrekturbedürftiger Wissensbestände und Hinweise auf die *Art* ihrer Korrekturbedürftigkeit einzubauen. Dabei können dann z. B. gezielt solche Strukturen perzeptuell prominent gemacht werden, die der Lerner zur Revision seiner lernersprachlichen Wissensbestände benötigt. Für einen positiven Effekt perzeptueller Prominenz von Input-Eigenschaften auf ihren Erwerb bietet die L2-Erwerbsforschung ja durchaus Anhaltspunkte, wie wir in Abschn. 4.3 gezeigt haben. Aufgrund der hier dargestellten Überlegungen halten wir es außerdem für plausibel anzunehmen, daß Feedback um so effektiver ist, je eindeutiger es vom Lerner auf bestimmte Elemente seiner Lernersprache bezogen werden kann und je deutlicher ihm wird, in welche Richtung er seine Hypothesen verändern muß.

Eine theoretische Plausibilisierung der Wirksamkeit von Feedback auf den Sprachlernerfolg liefern auch Vigil/Oller (1976). Sie sehen Feedback sogar als den primären Faktor an, der die Entwicklung der Lernersprache determiniert, indem er unter gewissen Bedingungen zu Fossilisierung und unter anderen zu Nicht-Fossilisierung führt. Sie vertreten die These, daß beim Fehlen von korrektivem Feedback eine Tendenz zur Fossilisierung lernersprachlicher Strukturen (sowohl zielsprachenkonformer als auch nicht-zielsprachenkonformer) besteht. Für Vigil/Oller ist dabei die Unterscheidung von *affektivem* und *kognitivem* Feedback wesentlich: Affektives Feedback betrifft die *persönliche Beziehung* zwischen den Interaktionspartnern und wird vor allem durch paralinguistische Mittel realisiert; kognitives Feedback ist dagegen auf den *Inhalt* von Äußerungen bezogen. Vigil/Oller nehmen nun für unterschiedliche Kombinationen von positivem bzw. negativem affektivem und kognitivem Feedback unterschiedliche Effekte an. Am interessantesten erscheinen uns die folgenden Annahmen: 1. Bei einer Kombination von positivem affektivem und positivem kognitivem Feedback besteht eine Tendenz zur Fossilisierung. Wenn diese Feedback-Kombination auf Lerneräußerungen hin erfolgt, die nicht zielsprachenkonform sind, könnte man also unerwünschte Fossilisierungseffekte erwarten. 2. Eine Kombination von positivem affektivem und negativem kognitivem Feedback führt tendenziell zur Weiterentwicklung der Lernersprache. 3. Eine Kombination von negativem affektivem und negativem kognitivem Feedback führt tendenziell zur Aufgabe der Kommunikationsbemühungen des Lerners.

Die Überlegungen von Vigil/Oller verweisen schon darauf, daß von Feedback nicht generell, sondern nur *unter bestimmten Bedingungen* wünschenswerte Effekte zu erwarten sind. Um diese Bedingungen etwas weiter zu erhellen, möchten wir einige ernstzunehmende Argumente aufführen, die gelegentlich gegen den zu häufigen Einsatz von Bewertungs- und Korrekturverfahren bzw. gegen ihren Einsatz unter bestimmten Umständen vorgebracht werden. Dazu reduzieren wir unsere Diskussion von Feedback allgemein hier auf solche Bewertungs- und Korrekturverfahren, die Formen expliziten negativen Feedbacks darstellen, und damit auf einen Aspekt, der für die Interaktion im Fremdsprachenunterricht besondere Bedeutung hat.

Argumente, die gegen den ständigen und undifferenzierten Einsatz von Bewertungs- und Korrekturverfahren sprechen, sind z. B.:

- Zu häufige Korrekturen können andere Interaktionsziele unerreichbar werden lassen.
- Wenn eine Lerneräußerung mehrere Korrekturen gleichzeitig erfordert, können sowohl Lehrer als auch Lerner sie häufig nicht gleichzeitig verarbeiten, besonders dann nicht, wenn die Korrekturbedürftigkeit einer Äußerung auf mehreren Ebenen gleichzeitig besteht, also z. B. auf der phonetischen, morphologischen und der semantischen Ebene.

- Zumindest in einigen Phasen der Entwicklung der Lernersprache können Korrekturen, die sich auf eine zielsprachliche Norm beziehen, einen erfolgreichen Hypothesenbildungsprozeß eher behindern als fördern. Da – wie wir in Teil I des Buches dargestellt haben – »Fehler« durchaus auch Zeichen für Lernfortschritt sein können (wir möchten hier nur an das Beispiel der »falschen« regelmäßigen Pluralbildung *foots* erinnern) und der L2-Erwerb sich eben nicht als der Erwerb von zunehmend umfangreicheren Teilmengen der Zielsprache vollzieht, sondern in seinem Verlauf spezifische lernersprachliche Strukturen auftreten, kann korrektives Feedback, das ausschließlich an der Norm der Zielsprache orientiert ist, die Bildung produktiver lernersprachlicher Zwischenhypothesen u. U. stören.[26] Es gibt also durchaus gute Argumente dafür, die Antwort auf die Frage, ob auf eine nicht-zielsprachenkonforme lernersprachliche Äußerung korrektives Feedback erfolgen sollte, davon abhängig zu machen, ob die betreffende lernersprachliche Struktur sich auf eine entwicklungsfähige Lernerhypothese zurückführen läßt oder nicht und ob der Lerner zu dem betreffenden Zeitpunkt schon bereit ist, diese Hypothese in Richtung auf größere Zielsprachenkonformität zu modifizieren. Uns ist selbstverständlich bewußt, daß eine solche Entscheidung, die auch dann im Einzelfall nur schwer zu treffen ist, wenn die Möglichkeit zu längerem Nachdenken besteht und weitere Lerneräußerungen hinzugezogen werden können, unter dem Handlungsdruck einer konkreten Unterrichtssituation vom Lehrer kaum gefällt werden kann.
- Zu häufige negative Bewertung und Korrektur können demotivierend auf den Lerner wirken und ihn veranlassen, sich möglichst wenig an der weiteren Unterrichtsinteraktion zu beteiligen oder, wenn er dies dennoch tut, Ausweichstrategien anstelle von lernfördernden kreativen Kommunikationsstrategien einzusetzen. Damit wäre jedoch genau das Gegenteil dessen erreicht, was Feedback bezwecken soll: Der Lerner versucht gar nicht mehr, überprüfungsbedürftige Hypothesen zu testen.

Als Gegenargument zu dem letztgenannten Einwand bieten sich allerdings die Überlegungen von Vigil/Oller an: Ein Rückzug des Lerners aus der Interaktion läßt sich u. U. dadurch vermeiden, daß ihm bei negativem kognitivem Feedback positives affektives Feedback zuteil wird.

Wir gehen davon aus, daß die Einstellung von Lehrern zu so relativ grundsätzlichen Argumenten für und gegen korrektives Feedback Umfang und Art ihres Bewertungs- und Korrekturverhaltens maßgeblich beeinflußt. Darüberhinaus ist die Entscheidung eines Lehrers für ein spezielles Bewertungs- und Korrekturverfahren in einer bestimmten Phase einer Unterrichtsinteraktion von weiteren Faktoren abhängig. Die Optionen, die Lehrern bei einer solchen Entscheidung offenstehen,

haben mehrere Autoren modellhaft deskriptiv zu erfassen versucht, so z. B. Allwright (1975), Chaudron (1977), Long (1977). Bei unserer nun folgenden Skizzierung von Entscheidungsdimensionen nehmen wir auf diese Arbeiten Bezug.
Zunächst einmal ist die Entscheidung eines Lehrers über positive oder negative Bewertung und ggf. Korrektur – neben seiner allgemeinen Einstellung zu explizitem Feedback – davon abhängig, welche Erfolgskriterien zu einem gegebenen Zeitpunkt für ihn gültig sind. Diese Feststellung ist nicht so trivial, wie sie im ersten Augenblick erscheinen mag, wenn man bedenkt, daß Erfolgskriterien auf mindestens drei Ebenen wirksam sein können. Eine Lerneräußerung kann vom Lehrer als nicht-erfolgreich eingestuft werden, wenn sie nicht der Norm der Zielsprache entspricht und/oder wenn sie inhaltlich nicht korrekt ist (also z. B. bei einer Bildbeschreibung ein grüner Pullover als rot bezeichnet wird) und/oder wenn sie den durch eine Lehreraufgabe gestellten speziellen Anforderungen nicht genügt (also z. B. nicht einem vorgegebenen Antwortmuster entspricht, das sowohl eine Orts- als auch eine Zeitangabe vorsieht)[27]. Untersuchungen von Mehan (1974), Stokes (1975), Fanselow (1977) und Walmsley (o. J.) deuten auf eine bemerkenswerte Inkonsistenz des Lehrerverhaltens hinsichtlich der Gültigkeit ihrer Erfolgskriterien hin: In verschiedenen Phasen des Unterrichts und in bezug auf verschiedene Schüler gelten anscheinend unterschiedliche Kombinationen von Erfolgskriterien, und zwar ohne daß Lehrer ihren Schülern dies explizit mitteilten. Zumindest ein Teil solcher Inkonsistenz ist zwar durchaus erklärbar[28]: Sie kann ein Effekt differierender Erwartungshaltungen des Lehrers in bezug auf unterschiedliche Schüler sein[29] oder auf dem Bestreben des Lehrers basieren, überlange Korrektursequenzen zu vermeiden. Dennoch ist anzunehmen, daß es zur Verunsicherung von Lernern führt, wenn ihre Äußerungen nach unterschiedlichen Maßstäben beurteilt werden.
Hat ein Lehrer sich entschieden, auf eine Lerneräußerung mit explizitem negativem Feedback zu reagieren, so besteht für ihn die Wahl, dies sofort im Anschluß an die Produktion des korrekturbedürftigen Teils der Lerneräußerung zu tun oder das Feedback auf einen späteren Zeitpunkt zu verschieben. Für sofortiges Feedback spricht die Annahme daß es in enger zeitlicher Relation zu der Eigenschaft, auf die es sich bezieht, am wirkungsvollsten ist, dagegen spricht der störende Effekt von Unterbrechungen auf die verbale Planung des Lerners.[30] Weiterhin bestehen für den Lehrer die Optionen, negative Bewertung und Korrektur selbst durchzuführen oder aber diese beiden Feedback-Komponenten voneinander zu trennen und die Korrektur an einen oder mehrere andere Lerner zu delegieren. Aus der letztgenannten Möglichkeit entwickeln sich häufig längere Korrektursequenzen, da die Korrekturversuche anderer Lerner oft neue Korrekturanlässe bieten. Entscheidet sich ein Lehrer für das Nicht-Delegieren von Feedback, so steht

ihm eine Fülle von Möglichkeiten zu dessen Realisierung zur Verfügung, die dem Lerner in unterschiedlichem Ausmaß Informationen über den Grund des Scheiterns seines Äußerungsversuchs geben: Long (1977) gibt einige Beispiele für mögliche Feedback-Reaktionen. Auf die korrekturbedürftige Lerneräußerung *He go to the park on Saturdays* kann ein Lehrer z. B. auf folgende Weisen reagieren:
a) *No.*
b) *He go to the park on Saturdays?*
c) *He g o to the park on Saturdays?*
d) *He w h a t to the park?*
e) *'Go' or 'goes'?*
f) *You missed the third person 's' of 'goes'.*[31]

Leicht lassen sich dieser Liste weitere Möglichkeiten hinzufügen, z. B.:
g) *He g o e s to the park on Saturdays.*
h) *Once again. He ...*
i) *Now look. We had: He w r i t e s a letter every Sunday. So it's: He ...*
k) *What's the next word after 'He'?*
l) *G o ?*

In den Fällen a) und b) wird dem Lerner lediglich die Korrekturbedürftigkeit seiner Äußerung signalisiert; c), d), h), k) und l) grenzen darüberhinaus die korrekturbedürftige Stelle der Lerneräußerung genauer ein, h) dabei etwas weniger eindeutig als die anderen; e), f), g) und i) geben zusätzlich mehr oder weniger deutliche Hinweise auf die Art der erforderlichen Korrektur.[32]

In mehreren der erwähnten deskriptiven Arbeiten zum Bewertungs- und Korrekturverhalten von Lehrern wird auf die mangelnde Eindeutigkeit von Feedbackverfahren hingewiesen, die leicht zu Fehlinterpretationen seitens der Lerner führen kann. So kann z. B. die Wiederholung einer Lerneräußerung durch den Lehrer sowohl die Funktion der Zustimmung (positives Feedback) als auch die der Zurückweisung (negatives Feedback) haben. Einen Anhaltspunkt zur Interpretation der jeweiligen Funktion einer Lehrer-Wiederholung gibt lediglich die Intonation. Weiterhin kann z. B. eine Teilwiederholung einer korrekturbedürftigen Lerneräußerung entweder den korrekturbedürftigen Teil selbst enthalten (vgl. oben, Bsp. l) oder aber den der korrekturbedürftigen Stelle vorausgehenden Äußerungsteil (vgl. oben, Bsp. h). Insgesamt scheint uns, daß die Vielzahl von Möglichkeiten korrektiven Lehrerverhaltens, die mit den Beispielen a) bis l) sicherlich noch nicht ausgeschöpft sind, dazu führt, daß Lerner äußerst komplexe Interpretationsleistungen vollbringen müssen, um das Feedback-Potential voll auszuschöpfen.

Wenn derzeit auch noch keine brauchbaren empirischen Befunde zu den Effekten bestimmter Bewertungs- und Korrekturverfahren vorliegen, so lassen uns die bisherigen Ausführungen, die auf der Deskrip-

Sprecher:

L: Lehrerin; S_A, S_H usw.: jeweils ein namentlich identifizierter Schüler
S₁: ein namentlich nicht identifizierter Schüler; SS: mehrere Schüler

1 L : Now, when does the train leave London? ... Anita.
   S_A: The train leaves
2 L :   That's right. But, ah, when we speak of a
   S_A: at a quarter past nine.
3 L : time-table we don't say a quarter past nine. What can you say now?
4 L :   Or? Shorter. ... You
   SS: fifteen, fifteen minutes
   S_A: at fifteen past nine
5 L : can say at nine fifteen. You see: nine fifteen. ... Now, when, when
6 L : does the train arrive at Nottingham? ... When does the train arrive
7 L : at Nottingham? ... Yes, Heiko.   Answer in a comple
   S_H: Eleven thirteen.
8 L : sentence please. The train.   No, no.
   S_H: The train arrive Nottingham
   SS: at   at
9 L :   No, ar- arrival is a noun. The train, now arrive, think of the
   S_H: arrival
10 L : ending.   No, no, no, no. Arrive?   Th
   S_H: arrive Nottingham   arrives
   S₁: arrives
11 L : it. And what is the next word after arrive, Heiko?   What's the
   S₁: at kommt
12 L : next word after arrive? Yes.   Right. That's it. Now your answer,
   S_A: at
13 L : Heiko.   the train, [ð] please.
   S_H: [zə] train   The train arrives Nottingham
14 L :   Heiko, are you not listening? Ah, Annemarie, can you
   S_H: eleven thirteen.
15 L : repeat that? Ah, in a correct way. The train.
   S_H: The train arrives at
16 L :   Hm.   Yes. But where does the train arrive?
   S_A: eleven eleven ... thirteen.
17 L : The train arrives where? Matthias.   when?
   S_M: at Nottingham   at eleven
18 L :   Yes. Now listen very well so that you can repeat it with
   S_M: thirteen
19 L : the other names. Stephan, why are you not listening? So, the train
20 L : arrives at Nottingham at eleven thirteen. Now, who can ask the next

tion gängiger Bewertungs- und Korrekturpraxis beruhen, doch zwei Hypothesen plausibel erscheinen:
1. Potentiell positive Effekte von Feedback werden durch Unklarheit der Erfolgskriterien und Inkonsistenz in ihrer Handhabung zumindest partiell aufgehoben.
2. Potentiell positive Effekte von Feedback werden zumindest partiell durch Mißverständnisse aufgehoben, die aus mangelnder Eindeutigkeit des Feedback-Verhaltens resultieren.

Wir wollen zum Abschluß dieses Abschnitts einige der diskutierten Punkte an einem Beispiel illustrieren (s. S. 202). Wir wählen dazu einen kurzen Ausschnitt aus einer Englischstunde, die an einem deutschen Gymnasium mit Schülern im ersten Jahr Englischunterricht gehalten wurde.[33] Es handelt sich dabei keineswegs um eine »besondere« Stunde – weder um eine besonders schlechte noch um eine besonders gute. In dem ausgewählten Interaktionsausschnitt geht es um die Bearbeitung einer Lehrbuch-Übung.[34]

Anstelle einer ausführlichen Analyse dieses Interaktionsausschnitts möchten wir nur kurz auf einige seiner Eigenschaften hinweisen, die im Zusammenhang mit den oben diskutierten Fragen stehen:

– Das Verhalten der Lehrerin zeigt, daß für sie mehrere Erfolgskriterien gleichzeitig gültig sind: Eine erfolgreiche Lerneräußerung muß a) der zielsprachlichen Norm entsprechen, sie muß b) aus einem vollständigen Satz bestehen, der sowohl Orts- als auch Zeitangabe enthält, und sie muß c) darüberhinaus vermutlich auch inhaltlich korrekt sein. Die Gültigkeit des letztgenannten Kriteriums läßt sich anhand des hier präsentierten Interaktionsausschnitts nicht belegen, da keine inhaltlich inkorrekten Lerneräußerungen vorkommen. Für zumindest einen Schüler stellen sich diese Erfolgskriterien jedoch nicht ganz eindeutig dar, zumal die Lehrerin selbst eine Äußerung produziert, die Kriterium b) verletzt (Zeile 5).
– Die Lehrerin verwendet schon in diesem kurzen Interaktionsausschnitt mehrere unterschiedliche Bewertungs- und Korrekturverfahren. Wir überlassen es den Lesern, Entsprechungen zu den oben genannten Möglichkeiten a)–l) zu finden.
– Mindestens eine der Korrekturen (Zeile 9: *arrive*) wird von einem Schüler (S$_H$) fehlinterpretiert.
– Dieses Beispiel macht besonders deutlich, wie aus der Mehrfachkorrekturbedürftigkeit einer Lerneräußerung, die vom Lehrer komplett aufgegriffen wird, äußerst komplexe und lange Korrektursequenzen resultieren können. S$_H$ startet immerhin sieben Antwortversuche auf die ursprüngliche Lehrerfrage in Zeile 5–7, von denen letztlich keiner akzeptiert wird. Daß auch sein letzter Antwortversuch scheitert, ist vermutlich auch durch die ablenkende erneute Lehrerkorrektur, die sich nun auf einen ganz anderen Aspekt der Schüleräußerung bezieht (Aussprache von *the*), bedingt.

Uns erscheint es sehr zweifelhaft, ob Lerner sich in derart ausgedehnten, komplexen und mit Mehrdeutigkeiten befrachteten Korrektursequenzen noch zurechtfinden und die gegebenen Feedback-Informationen zur Revision bzw. Stabilisierung ihres lernersprachlichen Wissens ausnutzen können.

8.5 Entscheidungsdimensionen für die Steuerung des fremdsprachlichen Input

Wir möchten zum Abschluß dieses Kapitels Dimensionen zusammenstellen, innerhalb derer Lehrer, die unterrichtliche Interaktion steuern, Entscheidungen zu treffen haben. Wir greifen damit die in den vorangegangenen Abschnitten diskutierten Punkte auf und ergänzen sie durch einige weitere Aspekte. Die Reihenfolge, in der wir diese Dimensionen aufführen, ist willkürlich und impliziert keinen Versuch, die Aufeinanderfolge tatsächlich ablaufender Entscheidungsprozesse abzubilden.

1. Lehrer müssen entscheiden, in welchem Ausmaß sie sich bei der Steuerung unterrichtlicher Interaktion an vorgefertigten Lernmaterialien und den durch sie nahegelegten Interaktionsabläufen orientieren wollen. Mögliche Gründe für eine mehr oder weniger starke Anlehnung an Lernmaterialien haben wir in Abschn. 8.3 aufgeführt.

2. Bei Abweichungen vom Lernmaterial und bei allen Interaktionszügen, die nicht durch Lernmaterial prädeterminiert werden können, müssen Lehrer entscheiden, wie lernmaterialkonform sie ihren selbstproduzierten Input gestalten wollen. D. h., sie müssen entscheiden, ob sie ihren selbstproduzierten Input so gestalten wollen, daß er möglichst kein Vokabular und keine syntaktischen Strukturen enthält, die im bisherigen Lernmaterial-Input noch nicht vorgekommen sind, oder ob sie den sprachlichen Input über das Lernmaterial hinausgehend auch qualitativ erweitern wollen.

3. Bei selbstproduziertem, lernmaterialunabhängigem Input müssen Lehrer weiterhin entscheiden, ob sie ihn normaler außerunterrichtlicher Kommunikation unter *native speakers* möglichst annähern, ob sie ihn in einer Weise steuern wollen, wie das *native speakers* typischerweise in außerschulischer Interaktion mit Zweitsprachenlernern tun, oder ob sie ihn nach ganz anderen Kriterien strukturieren. Bei der an zweiter Stelle genannten Möglichkeit, der Simulation von außerschulischen Interaktionen zwischen *native speakers* und Zweitsprachenlernern, denken wir z. B. an das in Abschn. 4.3 dargestellte Verfahren der Input-Gestaltung, das Hatch/Long (1980) beobachtet haben: eine Reduktion von Ansprüchen an einen Lerner, wenn offensichtlich wird, daß er mit dem zunächst produzierten Input und den Anforderungen, die dieser Input an ihn stellt, nicht zurechtkommt (z. B. eine schritt-

weise Modifikation einer Frage durch den *native speaker*, bis daß sie erfüllbare Ansprüche an den Lerner stellt). Weiterhin sind hier Verfahren zu erwähnen, wie sie Corder (1978) unter dem Stichwort »*rhetorical control*« vorschlägt: eine Beschränkung hinsichtlich der im Input realisierten kommunikativen Funktionen und Themen, eine im Vergleich zur Kommunikation mit *native speakers* geringere Länge von Äußerungen, langsameres Sprechtempo, eine Vielzahl von Wiederholungen und Paraphrasen sowie ein großes Maß an Redundanz.

4. Lehrer müssen weiterhin entscheiden, in welchem Maße sie Lernern Äußerungsmöglichkeiten zuweisen oder Lerner selbst darüber bestimmen lassen wollen, wie häufig, zu welchen Zeitpunkten und in welcher Weise sie sich in der Zweitsprache äußern. Sofern ein Lehrer Äußerungsmöglichkeiten zuweist, muß er entscheiden, welchem Lerner er welche Möglichkeiten zuweist. Wir haben diese Fragen in Abschn. 8.2 näher erläutert.

5. Lehrer müssen über die Art der von ihnen angewendeten Bewertungs- und Korrekturverfahren und über das Ausmaß ihrer Verwendung entscheiden. Im einzelnen heißt das, mindestens folgende Fragen zu beantworten:
– Soll überhaupt explizites Feedback gegeben werden?
– Wenn ja, welche Erfolgskriterien sollen in der jeweiligen Phase der Unterrichtsinteraktion gültig sein?
– Sollen diese Kriterien den Lernern offengelegt werden oder nicht?
– Wann soll bewertet/korrigiert werden?
– Wer soll bewerten/korrigieren?
– Welche Bewertungs- und Korrekturverfahren sollen angewendet werden?

Zu diesen Fragen haben wir uns in Abschn. 8.4 ausführlich geäußert.

Es ist charakteristisch für den gegenwärtigen Forschungsstand auf dem Gebiet fremdsprachenunterrichtlicher Interaktion, daß unsere Darstellung lediglich in der Formulierung von Fragen und Hypothesen, der Deskription von Entscheidungsdimensionen und der Entwicklung von Plausibilitätsargumenten für die eine oder andere Entscheidung bestehen konnte. Wir sehen dies jedoch als eine wichtige Voraussetzung für die dringend erforderliche empirische Überprüfung der Effekte unterschiedlicher Interaktionsformen auf den Lernerfolg an.

9. Testverfahren

Mit dem Kapitel »Testverfahren« gehen wir auf einen Bestandteil fremdsprachenunterrichtlicher Tätigkeiten ein, der oft als das letzte Glied einer Kette von didaktischen Maßnahmen angesehen wird. Auch wir haben dieses Kapitel nicht von ungefähr am Ende des Buches plaziert. Eine »Endposition« kommt Testverfahren jedoch nur im Hinblick auf einen Teilbereich ihrer möglichen Funktionen zu. Im Sinne einer Rückkopplung auf Ziele und Lehrverfahren können Tests durchaus auch initiierend sein: Lernziele können sich nach dem Einsatz von Testverfahren als nicht realisierbar erweisen und revidiert werden, und auf der Basis von Testergebnissen können Lehrverfahren überprüft und modifiziert werden.
Wir knüpfen mit diesem Kapitel besonders an Kap. 2 des ersten Teils an und stellen in Abschn. 9.1 Tests als Datenerhebungsverfahren dar. Dabei werden einige wichtige Termini der Testdiskussion eingeführt. In Abschn. 9.2 gehen wir auf unterschiedliche Funktionen von Testverfahren ein und konzentrieren uns dann auf Aspekte, die sich aus zweitsprachenerwerblicher Sicht für die diagnostische Funktion von Tests ergeben. Wir stellen dabei die Fehlerzentriertheit und die Produktorientiertheit gängiger schulischer Testverfahren als Hindernisse für eine optimale Erfüllung der diagnostischen Funktion heraus.
Unsere Ausführungen in diesem Kapitel sind im wesentlichen grundsätzlicher Art; auf eine detaillierte Diskussion einzelner Testverfahren verzichten wir.

9.1 Tests als Datenerhebungsverfahren

Aus verschiedenen Gründen, auf die wir noch näher eingehen werden, ist es immer wieder erforderlich, daß Lehrer Informationen über die fremdsprachlichen Fähigkeiten und Fertigkeiten ihrer Lerner erhalten. Alle Verfahren, die mit dem Ziel eingesetzt werden, solche Informationen zu liefern, bezeichnen wir im folgenden als Tests. Wir reduzieren den Begriff »Test« also nicht, wie es gelegentlich getan wird, auf objektivierte, standardisierte Verfahren der Leistungsmessung[1], sondern beziehen auch informellere Verfahren ein.
Tests lassen sich als Datenerhebungsverfahren auffassen, für die im Prinzip das gilt, was wir in Kap. 2 dargestellt haben. Wir erinnern hier insbesondere an unsere Ausführungen zum Beobachterparadox, zu möglichen Lehreffekten durch die Datenerhebung und zur Proble-

matik des Fehlerbegriffs. Allerdings sind im Fremdsprachenunterricht und in der Spracherwerbsforschung nicht dieselben Erhebungsverfahren üblich. Dies resultiert zum einen aus den unterschiedlichen Funktionen, denen die jeweiligen Verfahren dienen sollen, zum anderen aus bestimmten Traditionen (im Fall des Fremdsprachenunterrichts) und wissenschaftsgeschichtlichen Zusammenhängen. Als Konsequenz dieser unterschiedlichen Hintergründe werden fremdsprachenunterrichtliche Tests auch üblicherweise anders klassifiziert als Datenerhebungsverfahren in der Spracherwerbsforschung. So wird in der Fremdsprachendidaktik häufig eine Untergliederung von Tests nach den schon in Kap. 6 besprochenen »vier Fertigkeiten« (Hörverstehen, Leseverstehen, Sprechen, Schreiben) vorgenommen. Seit einiger Zeit ist darüberhinaus die Unterscheidung zwischen *integrativen* und *discrete-point*-Tests für die Diskussion relevant geworden. Als *discrete-point*-Tests werden solche Verfahren bezeichnet, mit denen isolierte Komponenten der Fremdsprachenbeherrschung getestet werden sollen, also z. B. einzelne Struktur- oder Lexikonelemente, die Beherrschung von Syntax oder von Semantik oder eine der vier Fertigkeiten. Integrativ werden demgegenüber solche Tests genannt, mit denen die Sprachbeherrschung von Lernern als ein komplexes, nicht zerlegbares Ganzes überprüft werden soll. Hinter dem Plädoyer für integrative Tests, das besonders mit dem Namen Oller verbunden ist, steht der Gedanke, daß es eine globale geistige Fähigkeit, einen allgemeinen Sprachfähigkeitsfaktor, gibt, den es mit einem solchen Test zu erfassen gilt. Diese nicht ganz unumstrittene Annahme können wir hier nicht näher diskutieren.[3] Als integrative Verfahren, die den Vorteil haben, leicht handhabbar und schnell auswertbar zu sein, sind von Oller vor allem das Diktat und die *cloze*-Technik[4] hervorgehoben worden. Wir werden auf integrative Tests noch zurückkommen. Weiterhin klassifiziert man Tests nach ihren Funktionen. Wir gehen darauf näher in Abschn. 9.2 ein.
An einen guten Test werden normalerweise die Anforderungen gestellt, *reliabel* und *valide* zu sein.[5] Unter der *Reliabilität* eines Tests versteht man die Stabilität seiner Ergebnisse. Bei einem reliablen Test dürfen sie weder vom Zeitpunkt und den äußeren Bedingungen der Testdurchführung beeinflußt werden, noch davon, wann und durch wen er ausgewertet wird. Die Unempfindlichkeit eines Tests gegenüber seinem Auswerter und dessen subjektiver Einschätzung bezeichnet man auch als seine *Objektivität*.[6] Es ist offensichtlich, daß objektive Tests präzise Auswertungskriterien erfordern. Die Kriterien zur Auswertung von Testaufgaben sind damit integrale Bestandteile von Testverfahren.
Die *Validität* eines Tests betrifft seine Qualität im Hinblick auf die Frage, wie gut er tatsächlich das mißt, was er messen soll. Tests sollen normalerweise ja nicht nur Auskunft darüber geben, wie Lerner sich

sprachlich bei eben diesem Test verhalten, sondern Generalisierungen auf andere, vor allem außerschulische Situationen der Sprachverwendung erlauben. Wie valide ein Test ist, hängt immer davon ab, welche Art von Generalisierung man anstrebt. So kann man mit der Testform Nacherzählung sicherlich zu einigermaßen genauen Aussagen darüber gelangen, wie gut ein Lerner Nacherzählungen schreiben kann – diese Feststellung ist nicht so trivial, wie man zunächst meinen mag – es ist jedoch sehr zweifelhaft, ob Nacherzählungen valide Verfahren zur Überprüfung der Fähigkeit von Lernern sind, mit Sprechern der Fremdsprache zu kommunizieren. Die Testform Nacherzählung mißt zu einem erheblichen Teil Gedächtnisleistung, kann hingegen die Fähigkeit z. B. zum Einsatz von Kommunikationsstrategien nur sehr unvollkommen erfassen. Letzteres gilt für andere Testformen in noch ausgeprägterer Weise.

Die Forderung nach Validität und die nach Objektivität stehen oft im Widerspruch zueinander. So ist z. B. für *multiple-choice*-Tests[7], bei denen durch die Vorgabe einer begrenzten Zahl von Lösungsmöglichkeiten die Reaktionen der Testpersonen in einem vorhersehbaren Rahmen gehalten werden und somit hohe Objektivität gewährleistet ist, sehr fraglich, ob sie valide Instrumente darstellen, um die Fähigkeit von Lernern zur Kommunikation in der Fremdsprache zu messen. Während *discrete-point*-Tests besonders große Objektivität beanspruchen[8], wird von Befürwortern integrativer Verfahren immer wieder auf deren vorgeblich höhere Validität abgehoben.[9] Abgesehen von methodischen Schwächen der Beweisführung, die Vollmer/Sang (1980) aufgedeckt haben und die darzustellen uns hier in zu diffizile statistische Details führen würde, kann jedoch die behauptete größere Validität gerade der von den Verfechtern integrativer Tests favorisierten Verfahren *cloze* und Diktat höchstens für einen Teil der Funktionen gelten, die Tests haben können. Wir kommen in Abschn. 9.2 noch darauf zurück.

Validitätsprobleme ergeben sich für Tests im Fremdsprachenunterricht prinzipiell aus dem Umstand, daß sie als schulisch institutionalisierte Tests durchgeführt werden müssen, letztendlich aber Informationen über fremdsprachliches Verhalten in außerschulischer Kommunikation ermöglichen sollen.[10] Wir haben es hier im Grunde also mit einer besonders stark ausgeprägten Version des Beobachterparadoxes zu tun.[11] Die Tatsache der systematischen Beobachtung von Sprachverhalten in Form von Tests läßt sich im Unterricht nur schwerlich verschleiern.

Daß diese Art von Validitätsproblem besteht, daß also unter schulischen Bedingungen erhobene Lernerdaten nicht uneingeschränkt Rückschlüsse auf das Lernerverhalten im »kommunikativen Ernstfall« erlauben, ist nicht zuletzt durch die Lernersprachenforschung erhellt worden: Wie wir in Kap. 3 dargestellt haben, ist Variation ein wesentliches Merkmal lernersprachlichen Verhaltens; unter anderem variiert lernersprachliches Verhalten mit der Erhebungssituation. Über die *Feststellung* der Variation lernersprachlichen Verhaltens hinaus bietet die Lernersprachenforschung auch Ansätze zu ihrer *Erklärung*. So kann man davon ausgehen, daß verschiedene Testverfahren dazu tendieren, unterschiedliche Arten lernersprachlichen Wissens zu aktivieren und sich darin wiederum mehr oder weniger von Kommunikationssituationen außerhalb von Testsituationen unterscheiden. Wir möchten diesen Gedanken unter Bezug auf einige gängige Testverfahren konkretisieren.

Eine wichtige Rolle dürfte die für die Bewältigung einer Testaufgabe zur Verfügung stehende Zeit spielen: Steht relativ viel Zeit zur Verfügung oder können die Lerner zumindest ihre Zeit frei auf die Produktion lernersprachlicher Äußerungen verteilen (das ist eigentlich bei allen schriftlichen Tests ohne den Druck einer *face-to-face*-Interaktion der Fall), so besteht z. B. mehr Gelegenheit zum Einsatz von Auffindungsstrategien. Weiterhin kann, wenn genügend Zeit vorhanden ist, eher die Realisierung unsicherer lernersprachlicher Wissensbestände vermieden und statt dessen in Ruhe nach alternativen sichereren Wissensbeständen gesucht werden. Hinsichtlich der Möglichkeiten des Ausweichens unterscheiden sich Testverfahren auch unabhängig vom Zeitfaktor erheblich: Testaufgaben, die das Einsetzen zweitsprachlicher Elemente in einen Lückensatz erfordern, lassen z. B. kaum Raum für Ausweichstrategien – im Gegensatz etwa zum Essayschreiben. Die Unterschiede in den Testresultaten bei der Verwendung von Verfahren, die viel an Ausweichmöglichkeiten bieten, und solchen, die das weniger tun, dürften um so größer ausfallen, je ausschließlicher die Auswertung von Tests auf der Zählung von Fehlern beruht und je relevanter die auf dieser Auswertung basierende Bewertung von Schülerleistungen für den Schulerfolg und damit für Sozialchancen ist. Die Kenntnis von Bewertungspraktiken und ihren Konsequenzen veranlaßt viele Schüler zu einer *risk-avoiding*-Strategie[12] bei der Bearbeitung von Tests oder verstärkt bereits vorhandene Tendenzen dazu. Wenn diese Strategie vom Verhalten in Testsituationen auf das gesamte Verhalten in der Zweitsprache transferiert wird, können andere, lernfördernde Strategien unterdrückt werden. Da schulische Testverfahren in unterschiedlichem Maße Möglichkeiten zur Vermeidung von Risiken bieten, kann man vor diesem Hintergrund eine institutionsspezifische Tendenz zur Verstärkung der Variation von Lernersprache unter verschiedenen Testbedingungen erwarten.

Weitere Erklärungen für lernersprachliche Variation bei verschiedenen Testverfahren können die unterschiedlichen Möglichkeiten zum Einsatz von Kommunikationsstrategien darstellen (reichlich vorhanden z. B. bei der Testform [mündliches] Interview) sowie die ungleichen Möglichkeiten zur Produktion von *prefabs*, die Lerner aus Textvorgaben bei der Aufgabenstellung übernehmen können (besonders ausgeprägt im Fall von Nacherzählungen).

9.2 Testfunktionen

Über die Validität eines Tests läßt sich immer nur im Hinblick auf die Funktion, die er haben soll, urteilen.[13] Wir sind bisher davon ausgegangen, daß schulische Tests im wesentlichen die Funktion haben sollen, etwas über die Fähigkeiten von Lernern auszusagen, außerhalb des Unterrichts mit der Fremdsprache umzugehen. Dies bedarf jedoch der Erweiterung und Differenzierung.

Die Assoziationen, die sich bei den meisten Schülern und wohl auch bei vielen Lehrern beim Gedanken an schulische Tests zuerst einstellen, sind »Klassenarbeiten«, »Noten«, »Zeugnisse«, »Versetzung«. Eine erste Korrektur der mit diesen Assoziationen nahegelegten Funktionsbestimmung bietet die weithin übliche Klassifizierung von Tests in *achievement tests*[14] (Leistungstests, Lernfortschrittstests), *proficiency tests* (Sprachfähigkeitstests; auch: Qualifikationstests), *aptitude tests* (Eignungstests) und *diagnostic tests* (diagnostische Tests).[15] Zur Verdeutlichung der Unterschiede zwischen diesen vier Testtypen übernehmen wir ein Schaubild von Davies (1977, 45):

```
Achievement:   ←——— X
Proficiency:   ←······ X ———→ Y
Aptitude:           (X) ———→ Y
Diagnostic:    ←——— X ———→
```

In diesem Schaubild symbolisiert ein nach rechts weisender Pfeil zukünftige Zeit, ein nach links weisender Pfeil vergangene Zeit und X den Zeitpunkt, an dem der Test durchgeführt wird.

Achievement tests sind ausschließlich auf die Lernvergangenheit orientiert. Mit ihnen wird gemessen, welcher Teil eines Sprachlehrgangs, den ein Lerner durchlaufen hat, wie gut gelernt worden ist. *Achievement tests* sind also auf die spezifischen Inhalte eines Lehrgangs bezogen. Mit *proficiency tests* werden sprachliche Fähigkeiten und Fertigkeiten im Hinblick darauf erhoben, wie gut sie den Lerner zur Bewältigung einer nicht sprachbezogenen Aufgabe (Y im Schaubild), etwa eines Studiums im Ausland, qualifizieren. Ein *proficiency test* kann dabei an einen bestimmten Sprachlehrgang anschließen oder auch völlig unabhängig davon sein. Bei einem *aptitude test* geht es weniger um die zum Testzeitpunkt erhobenen sprachlichen Fähigkeiten und

Fertigkeiten selbst, sondern darum, wie gut diese Fähigkeiten und Fertigkeiten den Lerner zu weiterem Spracherwerb befähigen.[16] Mit *diagnostic tests* sollen Lernprobleme erhoben werden (also z. B. Elemente eines Sprachlehrgangs identifiziert werden, die ein Lerner noch nicht beherrscht), um darauf remediale Lehrmaßnahmen aufbauen zu können.

Eine andere Aufstellung von Testfunktionen, die weitere Aspekte enthält, findet sich bei Fehse (1979, 169). Er unterscheidet zunächst zwischen pädagogisch-didaktischen und administrativen Funktionen schulischer Sprachtests und benennt dann im einzelnen folgende Funktionen:

1. *Diagnosefunktion:* Tests geben »Lehrern, Schülern und Eltern Aufschluß über individuelle Lernerfolge bzw. -defizite in einzelnen Lernzielbereichen«.
2. *Prognosefunktion:* Tests stellen »verläßliche Daten bereit für die Voraussage des Lernerfolgs, die als Entscheidungshilfe bei der Einstufung von Schülern in unterschiedliche Leistungskurse dienen können«.
3. *Steuerungsfunktion:* Tests liefern »dem Lehrer die notwendige Rückmeldung hinsichtlich der Effektivität des Unterrichts«.
4. *Verstärkung der Lernmotivation,* indem durch häufige Zwischentests »Lernerfolge und Leistungsfortschritte bestätigt, Schwächen regelmäßig auf(ge)deckt und damit zu zusätzlichen Lernanstrengungen an(ge)regt« wird.
5. *Notengebung und Erteilung von Berechtigungen*

Wir gehen bei unseren weiteren Ausführungen näher auf die *diagnostische Funktion* von Testverfahren ein, da ihr eine besondere Rolle für die Steuerung von Lernprozessen zukommt. Die Argumente, die wir dazu aus spracherwerblicher Sicht anführen, gelten allerdings teilweise auch für andere Testfunktionen.

Besonders für die Erfüllung der diagnostischen Funktion erweist sich als nachteilig, daß unterrichtliche Tests die Tendenz haben, *produktorientiert* und *fehlerzentriert* zu sein. Die Diagnose reduziert sich damit im wesentlichen darauf, festzustellen, welche zweitsprachlichen Eigenschaften ein Lerner nicht beherrscht, obwohl sie gelehrt wurden. Über die Identifizierung solcher Lernlücken hinaus sind aus spracherwerblicher Sicht jedoch noch andere Informationen diagnostisch interessant. Man kann diagnostizieren,

a) welche unzutreffenden, nicht-zielsprachenkonformen lernersprachlichen Hypothesen ein Lerner aufgebaut hat,
b) ob es sich bei nicht-zielsprachenkonformen lernersprachlichen Hypothesen um entwicklungsfähige Hypothesen handelt oder nicht,
c) welche Lern- und Kommunikationsstrategien ein Lerner anwendet,
d) um welchen Lernertyp es sich handelt.

zu a):
Im Gegensatz zu einer bloßen Diagnose von Lernlücken im Sinne einer Sammlung zielsprachlicher Eigenschaften, die ein Lerner noch nicht beherrscht, bietet diese Form der Diagnose Anhaltspunkte für brauchbare remediale Maßnahmen, die über ein einfaches Repetieren von Input, in dem die betreffenden sprachlichen Eigenschaften enthalten sind, und dem Bereitstellen beliebiger weiterer Übungsmöglichkeiten hinausgeht: Lehrmaßnahmen, die auf solche diagnostischen Tests folgen, können die identifizierten nicht-zielsprachenkonformen lernersprachlichen Hypothesen gezielt revidieren. Es versteht sich von selbst, daß diagnostische Tests, die die leisten sollen, so aufgebaut sein müssen, daß sie auch tatsächlich die jeweiligen lernersprachlichen Hypothesen erfassen. Am einfachsten läßt sich dieser Zusammenhang am Beispiel von *multiple-choice*-Testaufgaben verdeutlichen: Wenn sich unter den vorgegebenen Antwortmöglichkeiten keine befindet, die den lernersprachlichen Hypothesen der Testperson entspricht, so läßt sich u. U.[17] zwar feststellen, daß ein Lerner eine zielsprachliche Eigenschaft nicht beherrscht; remediale Maßnahmen, die auf einer falsch gewählten Antwortmöglichkeit basieren, gehen aber dann an den tatsächlichen Problemen des Lerners vorbei, wenn er zu dieser Antwort – da er »seine« Version nicht vorfand – nach dem Zufallsprinzip oder über eine Negativauswahl gekommen ist.
Mit Hinblick auf die diagnostische Funktion von Tests, insbesondere, wenn man die Möglichkeit in Betracht zieht, durch Testverfahren nicht-zielsprachenkonforme lernersprachliche Hypothesen aufzudecken, läßt sich auch die These von der generellen Überlegenheit integrativer Testverfahren gegenüber *discrete-point*-Verfahren, so wie Oller (1976 a und 1976 b) sie aufgestellt hat, nicht mehr aufrechterhalten. Gerade die von Oller favorisierten Verfahren *cloze* und Diktat erlauben nur sehr begrenzte diagnostische Erkenntnisse. Wenn man auch davon ausgehen muß, daß Diktate nicht ausschließlich Rechtschreibkenntnisse überprüfen – die Wahrnehmung des diktierten Textes ist auch von syntaktischen, semantischen und morphologischen Bestandteilen lernersprachlichen Wissens determiniert – so lassen sich mithilfe von Diktaten syntaxbezogene lernersprachliche Hypothesen, besonders solche, die die Wortstellung betreffen, kaum überprüfen.[18] Ähnlich eingeschränkt ist die diagnostische Aussagekraft von *cloze*-Tests einzuschätzen.

zu b):
Auf die Möglichkeit des differenzierten Eingehens auf entwicklungsfähige und nicht entwicklungsfähige lernersprachliche Hypothesen sind wir schon im Kapitel »Unterrichtsinteraktion« eingegangen, und wir haben dort auch auf die Schwierigkeit hingewiesen, über Entwicklungsfähigkeit zu entscheiden. Sofern weitere Erkenntnisse über typi-

sche Zweitsprachenerwerbsverläufe vorliegen, sehen wir für die Auswertung schriftlicher Tests aber doch bessere Möglichkeiten als für die *face-to-face*-Interaktion im Unterricht, die Entwicklungsfähigkeit von Hypothesen einzuschätzen und entsprechende didaktische Maßnahmen darauf aufzubauen. Wird mithilfe eines Tests diagnostiziert, daß ein Lerner Formen verwendet, die Vorstufen zu zielsprachenkonformen Strukturen darstellen, so kann man eher auf spezielle Eingriffe in den Erwerbsverlauf verzichten, als wenn ersichtlich wird, daß sich irrige Erwerbsverläufe anbahnen. Im letzteren Fall kann ein Lerner durch gezielte korrektive Eingriffe frühzeitig zur Aufgabe unökonomischer Lernwege veranlaßt werden.

Der Gedanke, die von Lernern in Tests produzierten Äußerungen differenziert nach der Art der ihnen zugrundeliegenden lernersprachlichen Hypothesen zu behandeln, läßt sich übrigens auch auf andere Testfunktionen übertragen. Dienen Tests der Notengebung oder ist mit ihnen aus anderen Gründen eine *Bewertung* der Fähigkeiten und Fertigkeiten von Lernern verbunden, so läßt sich eine solche Bewertung im Vergleich zur einfachen Fehlerzählung vielleicht gerechter vornehmen, wenn berücksichtigt wird, ob es sich bei einer lernersprachlichen Form um eine Struktur handelt, die typischerweise beim natürlichen Zweitsprachenerwerb auftritt oder nicht und ob sie ggf. für eine frühe oder eine späte Phase des Erwerbsverlaufs charakteristisch ist.

zu c):

Die Zweitsprachenerwerbsforschung hat deutlich werden lassen, daß lernersprachliche Äußerungen als Produkte eines Zusammenspiels von strukturiertem lernersprachlichem Wissen, das durch den Ablauf von Lernprozessen und die Anwendung von Lernstrategien zustandegekommen ist, *prefabs* sowie Strategien des Umgehens mit beschränktem lernersprachlichem Wissen in Kommunikationssituationen (Kommunikationsstrategien) aufzufassen sind. Wenn diagnostische Tests so angelegt sind, daß sie *Ursachen* für das Zustandekommen lernersprachlicher Produkte aufzudecken vermögen – also etwa die Verwendung ineffektiver, nicht lernfördernder Kommunikationsstrategien oder eine unvollkommene Ausnutzung potentieller Lernstrategien – können auf dieser Basis sehr viel grundlegendere und wirksamere didaktische Maßnahmen eingeleitet werden, als sie die Ergebnisse rein produktorientierter Tests ermöglichen: Die Vermittlung besserer Lern- und Kommunikationsstrategien kann nicht nur punktuell zu Korrekturen des L2-Erwerbs führen, sondern den gesamten Erwerbsverlauf positiv beeinflussen. Zum gegenwärtigen Zeitpunkt kann allerdings niemand eine Batterie von Tests präsentieren, die diesen Anspruch zu erfüllen vermöchte. Wir meinen allerdings, daß Erhebungsverfahren, wie sie im Rahmen der Zweitsprachenerwerbsforschung zunehmend entwickelt und verfeinert werden – besonders metasprachlich-reflektive Verfahren – wertvolle Anregungen bei der Erstellung von diagnostischen Tests für den Fremdsprachenunterricht bieten werden.

zu d)
Bei dieser speziellen Ausprägung der diagnostischen Funktion handelt es sich in ähnlicher Weise wie bei c) im Grunde um ein Desiderat, wenn auch von erfahrenen Lehrern informell durchaus Diagnosen bezüglich des jeweiligen Lernertyps gestellt werden. Falls es gelingen sollte, unter Bezugnahme auf Forschungen zum Zweitsprachenerwerb zuverlässige Tests zu entwickeln, die zu nicht nur intuitiven Erkenntnissen über Lernertypen führen, ließen sich auf dieser Basis unterrichtliche Differenzierungsmaßnahmen treffen, die hinsichtlich der Art der Input-Präsentation und bei der Auswahl von Lehrverfahren, wie z. B. Strukturierungshilfen, unterschiedlichen Lernertypen Rechnung tragen.

Unsere gegen Ende zunehmend spekulativ gewordenen Überlegungen zu Möglichkeiten diagnostischen Testens im Fremdsprachenunterricht haben uns vom engeren Bereich »Testverfahren« zurückgeführt auf den Zusammenhang zwischen Lernprozessen und Lern- und Kommunikationsstrategien einerseits und Verfahren zur Steuerung von L2-Erwerbsverläufen durch Unterricht andererseits. Wir haben dabei versucht, einiges von dem aufzuzeigen, was sich durch diese Steuerung – durch Lehren – bewirken läßt, und deutlich zu machen, daß Lehren nicht zuletzt heißt: Lerner zu besseren Lernern zu machen.

Anmerkungen

Teil I

Kapitel 1

1 Weil jeder Sprecher selbst bis in sein hohes Alter neue Ausdrücke zu verwenden lernt und an der historischen Entwicklung seiner Sprache teilnimmt, kann man eigentlich nicht davon reden, daß der Spracherwerb jemals vollständig abgeschlossen ist.
2 Dies sicher auch, weil sich die Zweitsprachenerwerbsforschung erst seit Anfang der 70er Jahre in größerem Umfang als eine eigenständige Forschungsrichtung etabliert hat.
3 Mitreisende Ehepartner von zeitweise sich im Ausland aufhaltenden Geschäftsleuten, Wissenschaftlern etc. tendieren oft dazu, den alltäglichen Kontakt mit der Zweitsprache auf das Notwendigste zu beschränken (z. B. für shopping) und sozialen Kontakt vorzugsweise mit anderen im selben Land lebenden *native speakers* ihrer Muttersprache zu pflegen. Ähnliches gilt z. B. für Gastarbeiter, die die zweite Sprache nur im Rahmen der elementarsten alltäglichen Verrichtungen benutzen können und in Situationen, die größere Zweitsprachenkenntnisse verlangen, auf dolmetschende Gruppenmitglieder zurückgreifen können.
4 Wir werden später ausführlicher auf Probleme eines Modells eingehen, das Unterschiede im fremdsprachlichen Verhalten von Lernern, die sich die zweite Sprache durch Unterricht oder auf natürliche Weise, ungesteuert, angeeignet haben, unter Rückgriff auf die »Lernen/Erwerben«-Dichotomie erklären will.
5 Vgl. dazu z. B. Müller (1977), Waterson/Snow (1978).
6 In der Erstsprachenerwerbsforschung wird der Spracherwerb zunehmend als ein interaktiver Prozeß aufgefaßt, in dem die Bezugsperson des Kindes an elementarem Lehrverhalten an den Tag legt, etwa indem sie Äußerungen wiederholt, auch wenn dies keine Funktion für das interaktive Handeln mehr hat, z. B.:
  Mother: »*Get the ball.*«
  Child: *(Picks up ball and approaches mother)*
  Mother: »*That's right. Get the ball. Get it*«.
  (aus: Berko-Gleason [1977, 202]).
Wie wir später zeigen werden, spielen solche interaktiven Prozesse auch für die Entwicklung des natürlichen Zweitsprachenerwerbs eine Rolle.
7 Für einen historischen Überblick zur Übertragung allgemeiner psychologischer Theorien auf den Fremdsprachenunterricht cf. Apelt (1976). Versuche, auf der Basis allgemeiner Lerntheorien, Theorien der pädagogischen Psychologie und Modellen der (Psycho-)Linguistik eine eigenständige »Fremdsprachenlerntheorie« zu entwickeln, finden sich z. B. in Arndt (1973) und Heuer (1976).
8 Zum *common core* und den Problemen seiner Bestimmung vgl. Quirk/Greenbaum/Leech/Svartvik (1972, 13–32).
9 Ebensowenig läßt sich allgemein gültig eine Liste von Elementen und Regeln der Zweitsprache aufstellen, deren Beherrschung als Beherrschung

der Zweitsprache gelten soll. Wir kommen auf dieses Problem im zweiten Teil des Buches im Zusammenhang mit der Lernzielbestimmung zurück.
10 Eine Edition mithilfe einer Ellipse liegt z. B. vor, wenn ein Gastgeber fragt »Milch und Zucker?« statt »Möchten Sie Milch und Zucker in den Kaffee?«
11 Beispiele für indirekte Sprechhandlungen sind z. B. die Verwendung einer Aussage als Aufforderung oder Befehl, etwa »Es zieht« als Aufforderung an jemand anderen, die Tür zu schließen, oder eine Feststellung wie »Du bist ja heute sehr pünktlich« als Vorwurf gegenüber jemand, der sich verspätet hat. Zu indirekten Sprechakten vgl. z. B. Franck (1975).
12 Ansätze zu einer Erklärung finden sich in Cicourel (1975).
13 Einer der bekanntesten Integrationsversuche ist Gagné (1965).
14 Zur Kritik an der Übertragung allgemeiner Lerntheorien auf das Fremdsprachenlernen vgl. Bieritz/Denig (1975), Hüllen (1976).
15 Dieser Neuansatz firmiert unter *Sprachlehr- und -lernforschung*. Seine Charakteristika sind *Lernerzentriertheit*, Interesse an der *Unterrichtsinteraktion* und interdisziplinäre, empirische Arbeitsweise; vgl. Bausch (1974), Koordinierungsgremium (1977).
16 Die folgende Darstellung ist notwendig stark vereinfacht, entspricht aber dem Argumentationsniveau durchaus, mit dem Theorien und Ergebnisse von Lerntheorien in weiten Kreisen der Didaktik verarbeitet wurden.
17 Der Forschungsstand der Kontrastiven Linguistik ist in zahlreichen Publikationen dokumentiert, z. B. in Kongreßberichten (z. B. Nickel [1971 a], [1972 a], [1972 b], [1974], Whitman/Jackson [1971]); in Monographien (z. B. di Pietro [1971], Kohn [1974], Burgschmidt/Götz (1974); in Veröffentlichungen von Projekten (z. B. Ferguson [1962–1966], Raabe [1974 a], [1976]; in Bibliographien (z. B. Gutknecht [1978]).
18 Z. B. »Welche Eigenschaften sind als *linguistische Universalien* allen Sprachen gemeinsam?«; »Welche linguistischen Eigenschaften charakterisieren Sprachen, die zu einer Sprachfamilie gehören?« usw.
19 Besonders deutlich dargestellt auch in Lee (1972); in neuerer Zeit sind diese Hypothesen vertreten worden z. B. von Siegrist (1977).
20 Z. B. von di Pietro (1971).
21 Vgl. Stockwell/Bowen/Martin (1965).
22 Vgl. dazu Nemser/Slama-Cazacu (1970), Rattunde (1977).
23 Zum Problem *difference = difficulty* vgl. auch Higa (1966), Juhász (1970), Kielhöfer (1976).
24 Die *linguistischen* Defizite hier darzustellen, ist unmöglich; vgl. dazu ausführlicher Knapp (1980 a), Kohn (1974), wo auch auf das Problem des »tertium comparationis« (was soll eigentlich womit auf welcher Vergleichsbasis verglichen werden?) eingegangen wird.
25 Vgl. dazu Zabrocki (1970), Nickel (1971 b), Corder (1978), Kellermann (1979).
26 Vgl. Knapp (1979 a). Strukturen, die in zwei zu vergleichenden Sprachen übereinstimmen, bezeichnet man als parallel.
27 So z. B. Brière (1966), Whitman/Jackson (1972), Tran (1975). Um die Schwierigkeiten, die sich für die Bestimmung von »Schwierigkeit« konkret ergeben, einmal zu demonstrieren: Englische Relativsätze im Objektsfall unterscheiden sich strukturell von ihren deutschen Übersetzungsäquivalenten dadurch, daß das Relativpronomen getilgt werden kann *(The man I saw ...)* und daß die Form des Pronomens, d. h. hier *whom* oder *which*, gemäß einer Unterscheidung *menschlich/nicht menschlich* zu wählen ist. Diese Unterscheidung ebenso wie die Pronomentilgung gibt es im Deutschen nicht, folglich sind beide Sätze *(The man I*

saw ... und *The man whom I saw ...)* kontrastiv zu ihren deutschen Übersetzungsäquivalenten. Die Kontraste sind jedoch unterschiedlicher Art, und man kann kein Kriterium angeben, nach dem der eine Kontrast größer oder schwieriger wäre als der andere.
28 Vgl. Levenston (1972); zum Problem der Vermeidung s. auch Kap. 3.
29 Vgl. dazu auch Beispiele in Richards (1971), (1974 b).
30 Nach Wardhaugh (1970).
31 Für einen Überblick über die Entwicklung der Erstsprachenerwerbsforschung vgl. Bloom (1976), Müller (1977).

Kapitel 2

1 Corder (1973, 272 f.).
2 Von dem Problem, daß Fehler immer in bezug auf einen bestimmten sprachlichen Standard definiert werden und daß Äußerungen, die in bezug auf diesen Standard fehlerhaft sind, in anderen Varietäten der zu erlernenden Sprache (vgl. Abschn. 1.2) möglicherweise durchaus akzeptabel sind, wollen wir hier einmal absehen.
3 Taucht eine verdeckt fehlerhafte Äußerung z. B. im Rahmen einer Übersetzungsaufgabe auf, ist der Fehler natürlich schnell erkennbar.
4 Vgl. dazu auch die Bemerkungen bei Hatch (1978 a, 41 f.).
5 Obwohl dies schon seit langer Zeit verschiedentlich betont worden ist, so z. B. von Mikeš (1967), hat man nur selten Konsequenzen aus dieser Erkenntnis gezogen.
6 Da dieser Satz und die weiter unten folgenden Satzmengen Beispiele für *Lernersprache* (s. Kap. 3) darstellen sollen, verzichten wir auf die sonst übliche Konvention, »fehlerhafte« bzw. vom Standard abweichende Sätze durch ein Asterisk zu kennzeichnen.
7 Zu dieser Entwicklung vgl. Corder (1973) und Hakuta/Cancino (1977).
8 Vgl. Labov (1970); für eine knappe Darstellung von Möglichkeiten zur Überwindung des Beobachterparadoxes vgl. auch Dittmar (1973, 235 ff.).
9 Vgl. Heidelberger Forschungsprojekt »Pidgin-Deutsch« (1975, 45 ff.). Zum Verfahren der teilnehmenden Beobachtung allgemein vgl. Kluckhohn (1972).
10 Vgl. z. B. Stern/Stern (1907) und Leopold (1939–1949).
11 Vgl. z. B. die Argumentation für Tagebuchstudien bei Ochsner (1979).
12 Ansätze dazu z. B. bei Tran (1975); einen weiteren, wenn auch noch sehr oberflächlichen und wenig detaillierten Versuch in dieser Richtung stellt die Arbeit von Schumann/Schumann (1977) dar.
13 Vgl. auch Hatch (1978 a, 36).
14 In bezug auf den Erstsprachenerwerb hat z. B. Cazden (1972) auf diese Probleme hingewiesen.
15 S. dazu auch die Bemerkungen bei Meisel et al. (1979, 9).
16 Pienemann (1979, 61).
17 Labov (1976), Kap. 1: Die soziale Stratifikation des (r)in New Yorker Kaufhäusern.
18 Kielhöfer/Börner (1979) verweisen z. B. auf testformspezifische Fehler in Nacherzählungen – ein Hinweis, der für die Frage der Angemessenheit und gegenseitigen Ersetzbarkeit schultypischer Erhebungsverfahren von Interesse ist.
19 Ohne weitere Informationen über die Kommunikationssituation ist z. B. eine Lerneräußerung wie *hier s große* (aus Pienemann [1979, 211]) kaum verständlich. Die erste grammatische Studie zum Spracherwerb, in der explizit auch nicht-linguistische Informationen berücksichtigt wurden, war die Untersuchung von Bloom (1970).

20 Vgl. auch Keller-Cohen (1979).
21 So z. B. im ZISA-Projekt; vgl. Meisel et al. (1979).
22 Von *memorized chunks* spricht z. B. Hatch (1978 a); ein anderer gelegentlich auftauchender Terminus zur Beschreibung desselben Phänomens ist *formula utterances*.
23 Vgl. z. B. Zydatiß (1974 b).
24 Vgl. z. B. Kohn (1979).

Kapitel 3

1 Vgl. z. B. Corder (1972) und Nemser (1971).
2 Die meisten Vertreter des Lernersprachen-Gedankens haben dabei durchaus gesehen, daß sich bei weitem nicht alle sprachlichen Daten von Lernern als systematisch beschreiben lassen. Auf Versuche, auch die Tatsache unsystematischer Daten mit dem Konzept »Lernersprache« zu vereinbaren, werden wir noch eingehen.
3 Vgl. z. B. Richards/Sampson (1974, 12); vgl. auch Nemser (1971).
4 Wir wollen an dieser Stelle darauf verzichten, den Grad der Ähnlichkeit genauer zu spezifizieren.
5 Vgl. z. B. Corder (1978).
6 Obwohl der Begriff »Fossilisierung« schnell von anderen Autoren aufgegriffen wurde und auch Eingang in die fremdsprachendidaktische Diskussion gefunden hat, ist vieles an diesem Konzept noch unklar, z. B.: Wann genau kann man von Fossilisierung sprechen? Kann Fossilisierung grundsätzlich nicht aufgebrochen werden, auch nicht durch spezielle didaktische Maßnahmen? Worin besteht – falls ein Aufbrechen doch möglich sein sollte – ihre »Beständigkeit«? (vgl. zu diesen Fragen auch Bausch [1977]). Was wird eigentlich fossilisiert? Strukturen? Regeln? Strategien (s. u.)? Zu den Ursachen von Fossilisierung vgl. auch Vigil/Oller (1976); wir gehen weiter unten noch darauf ein.
7 Über ihre Relation zur Muttersprache wollen wir uns an dieser Stelle nicht äußern.
8 Bei *fossilisierten* Lernersprachen handelt es sich dementsprechend um *stabile* Systeme.
9 Vgl. Selinker/Swain/Dumas (1975).
10 Daß ein Zusammenhang zwischen *backsliding* und Fossilisierung besteht, ist evident. Eine Charakterisierung dieses Zusammenhangs bzw. eine Abgrenzung beider Erscheinungen voneinander ist u. E. jedoch noch nicht zufriedenstellend gelungen.
11 Selbstverständlich gilt das oben angeführte Argument III für die Systemhaftigkeit von Lernersprache bei dieser Interpretation nicht mehr.
12 Diese Überlegungen verweisen schon darauf, daß »Systemhaftigkeit von Lernersprache« auch noch etwas anderes bedeuten kann als das Zugrundeliegen eines sprachlichen Regelsystems.
13 Vgl. Tarone (1979).
14 Für ein Instrumentarium zur Beschreibung von Aufgaben, so wie sie Lernern durch Sprachlernmaterialien gestellt werden, vgl. Knapp-Potthoff (1979).
15 In dieser Beziehung wirft die Beschreibung von Lernersprache Probleme auf, die denen ähneln, mit denen sich die Soziolinguistik in den letzten Jahren auseinandergesetzt hat.
16 Die Verknüpfung des Gedankens der Systemhaftigkeit von Lernersprache mit ihr zugrundeliegenden Strategien und Prozessen ist übrigens schon bei Selinker (1974) angelegt, vgl. Abschn. 4.4.

17 Lernersprache in einem *nicht* ganz engen und damit trivialen Sinn (vgl. die unterschiedlich engen Interpretationen auf S. 57 f.).
18 Vgl. z. B. Richards/Sampson (1974, 12) und Dickerson (1975).
19 Bei geringem Umfang des Datenkorpus kann das einem einzigen Vorkommen entsprechen.
20 Vgl. z. B. Klein (1976).
21 Vgl. auch Tarone (1978) und die Untersuchung von Odlin (1978).
22 Vgl. z. B. Corder (1978, 74): »Interlanguage ... is a continuum of more or less smooth change, and we can locate learners ... along the continuum of change or development.« Vgl. auch Corder (1977) sowie Hatch (1978 a).
23 Vgl. Meisel et al. (1979) und Pienemann (1979).
24 Vgl. z. B. Cancino/Rosansky/Schumann (1974), Selinker/Swain/Dumas (1975), Bertkau (1974).
25 Vgl. auch die Kritik von Adjemian (1976).
26 Vgl. auch Tarone (1979).
27 Linguistisch vorgebildete Leser werden bemerkt haben, daß die übliche Kompetenz/Performanz-Unterscheidung in bezug auf Lernersprache zunehmend als inadäquat erscheint. Vgl. dazu auch Seliger (1980, 32 f.).
28 Wir möchten hier und im weiteren Verlauf dieses 3. Kapitels davon absehen, den Begriff »Strategie« genauer zu explizieren. Wir verweisen dafür auf Abschn. 4.4.
29 Vgl. z. B. Faerch (1979).
30 *topic avoidance* (vgl. z. B. Tarone/Cohen/Dumas [1976] und Váradi [1980]).
30a Diesen Hinweis verdanken wir Lienhard Legenhausen.
31 Wichtige Überlegungen zu diesem Themenkomplex hat vor allem Kohn angestellt (vgl. z. B. Kohn [1977], [1979 a] und [1979 b]).
32 Vgl. Glahn (1980).
33 Zur Strategie der Vermeidung vgl. z. B. Schachter (1974), Kleinmann (1977), Tarone/Cohen/Dumas (1976), Færch/Kasper (1980), Knapp-Potthoff (1980). In diesem Zusammenhang sind auch die Erscheinungen *over-indulgence* und *under-representation* (z. B. untersucht von Zydatiß [1974 a]) zu erwähnen.
34 So z. B. Schachter/Tyson/Diffley (1976), Zydatiß (1974 b), Kohn (1979 a) und (1979 b), Cohen/Robbins (1976), Bialystok (1979).
35 Kohn (1979 a) und (1979 b); ansatzweise z. B. auch Schlue (1977).
36 Verzögerungsphänomene, *false starts* und Selbstkorrekturen sind in der Linguistik zumeist als irrelevante Performanz-Phänomene abgetan worden, haben jedoch für psycholinguistische Untersuchungen zur verbalen Planung schon lange eine Rolle gespielt. Vgl. auch Dechert/Raupach (1980 a, 1980 b) sowie Færch/Kasper (1982 b).
37 So arbeiten u. a. Færch/Kasper (1980) mit einem Lernersprachenbegriff, der Lernerwissen in dieser Weise differenziert.

Kapitel 4

1 Vgl. z. B. die Tabellen in Wode (1981, 42) oder Hatch (1977, 11–14), in denen für einen teilweise schon länger zurückliegenden Forschungsstand weit über 150 verschiedene Projekte verzeichnet sind, zu denen zum größten Teil jeweils mehrere Veröffentlichungen vorliegen.
2 Vgl. Chomsky (1965), (1972), (1976).
3 Vgl. z. B. Labov (1966), (1970).
4 Vgl. z. B. die Arbeiten von Snow/Ferguson (1977).
5 Ausführliche Argumente dazu in Bever (1970) und Slobin (1973).

5a Vgl. Inhelder/Piaget (1958).
6 Dokumentiert z. B. in Ferguson/Slobin (1973). Insgesamt war man dabei, was das Funktionieren das LAD betrifft, jedoch nicht sehr erfolgreich.
7 Vgl. dazu z. B. Brown/Cazden/Bellugi (1973).
8 So z. B. McNeill (1965), Corder (1967) und Newmark/Reibel (1968).
9 Vgl. z. B. George (1972).
10 D. h. insbesondere zum Erwerb der DO-Umschreibung.
11 D. h. mit *which*, *who*, *what* etc.; vgl. Ravem (1974).
12 Wir gehen auf die Problematik des Begriffs »Strategie« in Abschn. 4.4 genauer ein.
13 Vgl. Dulay/Burt (1972), (1974 a), (1975). Der in Dulay/Burt (1974 a) aufgewiesene geringe Prozentsatz von Interferenzfehlern wird oft als Beleg für die Ausgangssprachunabhängigkeit des Zweitsprachenerwerbs angeführt. Bei näherer Betrachtung dieser Untersuchung zeigt sich allerdings, daß man diese Aussage nicht unkritisch rezipieren sollte. In ihrer Analyse klassifizierten Dulay/Burt Fehler danach, ob sie 1. als »entwicklungsbedingt«, d. h. als auch aus dem Erstspracherwerb belegte Übergeneralisierungen innerhalb der zu erlernenden Sprache, 2. als »interferenzbedingt«, 3. als *»unique«*, d. h. als erratische Einzelfälle, und 4. sowohl als entwicklungsbedingt als auch als interferenzbedingt zu erklären waren. Fehler der letzten Art, d. h. solche, die nicht eindeutig der 1. oder 2. Kategorie zugeordnet werden konnten, waren annähernd so häufig wie Übergeneralisierungsfehler! Die Tatsache, daß man diese Fehler nicht eindeutig klassifizieren kann, rechtfertigt aber kaum die Behauptung, daß für ihre Genese Interferenz irrelevant ist.
14 Die Unabhängigkeit der Sequenzen von Faktoren der Umgebung wurde besonders von Brown/Hanlon (1970) und Brown (1973) betont.
15 Es handelte sich dabei um Kinder aus Kindergärten und Schulanfänger. Wenn sie auch keinen besonderen Englisch-als-Zweitsprache-Unterricht erhielten, ist natürlich nicht auszuschließen, daß ihr Englischerwerb durch Kindergartenaktivitäten und allgemeinen Unterricht (auch in Englisch) beeinflußt wurde.
16 Dulay/Burt bezeichnen die konkreten Formen als *product-level*, den es vom *process-level* zu unterscheiden gelte.
17 Mit solchen Befunden ist allerdings zunächst nur die These der vollständigen Identität von Erst- und Zweitsprachenerwerb zurückgewiesen. Isoliert und ohne ihre Einbettung in einen längeren Abschnitt des Erwerbsverlaufs kann man für einzelne zwischen den Spracherwerbstypen übereinstimmende oder sich unterscheidende Formen kaum sinnvoll auf die Erwerbsprozesse schließen, die ihrer Herausbildung zugrundeliegen.
18 Vgl. u. a. Wode (1975), (1977 a), (1978 a), Tarone (1978).
19 S. ausführlicher Abschn. 4.3.1.
20 Die wichtigsten Arbeiten dieses Projekts sind dokumentiert in Hatch (1978 b).
21 Vgl. dazu Cancino/Rosansky/Schumann (1975).
22 Wir kommen darauf unten ausführlicher zurück.
23 Umfassend dargestellt in Felix (1978) und Wode (1981).
24 Z. Zt. am ausführlichsten dokumentiert in Meisel/Clahsen/Pienemann (1979). ZISA = Zweitsprachenerwerb *i*talienischer und *s*panischer *A*rbeiter.
25 Ausführlich dargestellt u. a. in Heidelberger Projekt »Pidgin-Deutsch« (1975), (1976) und in Klein/Dittmar (1979). Das Heidelberger Projekt kann man im Zusammenhang mit der Erwerbssequenzhypothese aufführen, weil einige seiner Ergebnisse mit denen der anderen Projekte vergleichbar sind. Es hat sich jedoch weniger mit der Analyse des Erwerbs-

verlaufs befaßt und der Erhellung der psychologischen Prozesse, die ihm zugrundeliegen, sondern hat hauptsächlich geprüft, wieweit die von Gastarbeitern erworbene Beherrschung des Deutschen von bestimmten sozialen Variablen abhängt. Vgl. dazu auch Dittmar (1980). Insofern weist dieses Projekt schon von seiner Anlage her über die engen Erklärungsziele der Sequenzhypothese hinaus.
26 Z. B. wird das Bild eines sehr dicken Jungen gezeigt und gefragt *Why is he so fat?*, worauf von den Kindern spontan Antworten geäußert werden wie *He eats too much, He eats all day, He eats junk, He drinks too much beer* oder ähnliche Kommentare zu den Eßgewohnheiten des Abgebildeten gegeben werden, in denen man das Vorkommen des ›-s‹ der 3. Pers. sing. Präsens erwarten kann.
27 Vgl. Dulay/Burt (1974 c), (1975). Die ausführlichste Darstellung ihrer Forschungen, einschließlich ihrer methodischen Vorgehensweisen, findet sich in Dulay/Burt (1980).
28 Hinsichtlich einzelner Morpheme unterscheiden sich die in diesen Arbeiten aufgewiesenen Sequenzen allerdings doch, es handelt sich eben nur um eine weitgehende Übereinstimmung, aus der vorsichtigere Forscher sicherlich keine Universalität ableiten würden. Zu den Unterschieden cf. Dulay/Burt (1980, 289 f.).
29 Diese Forscher, zu denen auch Dulay und Burt gehören, generalisieren die Ergebnisse ihrer Forschungen auf Syntaxerwerb allgemein.
30 So Dulay/Burt (1973); ähnlich argumentiert auch Krashen in seinen Arbeiten zum Monitor-Modell (s. u. Abschn. 4.2.3).
31 Z. B. in Kennedy/Holmes (1976), Hatch (1977), (1978 a), Knapp (1979 b), Wode (1981, Kap. 4).
32 Zu diesem Problem vgl. auch unsere Ausführungen in Abschn. 2.2 und 3.2.
33 Diese »Erklärung« wird gewöhnlich in den Arbeiten von Dulay/Burt und Krashen angeführt.
34 und in diesem Sinne eigentlich Artefakte des Tests.
35 Dieser Befund steht auch nicht im Widerspruch zur Erstsprachenerwerbsforschung. Durch eine sorgfältige Reanalyse der Brown'schen Daten konnte Moerk (1980) nachweisen, daß auch bei der von Brown aufgewiesenen Sequenz ein Einfluß der Häufigkeit der Morpheme im Input gegeben war.
36 Wir folgen in unserer Darstellung Wode (1981) und Felix (1977 a).
37 nach Wode (1981, 98). Wir geben hier zur Illustration nur ca. die ersten beiden Drittel der dort aufgeführten Strukturen wieder.
38 nach Wode (1981, 104). Auch hier geben wir nur den ersten Teil der Tabelle Wodes wieder.
39 nach Wode (1981, 105).
40 Wode (1981, 97).
41 Zu lösen wäre dieser Widerspruch dann, wenn man davon ausgeht, daß ein Lerner die Gesamtmenge der Strukturalternativen zunächst rezeptiv beherrscht, bevor er ein Element daraus als erstes produktiv verwendet. Allerdings gäbe es dann wegen das auf bloße Produktion ausgerichteten Erwerbskriteriums ein außerordentlich unvollkommenes Bild vom Erwerbsverlauf. Wie weiß man, was der Lerner weiß, aber nicht sagt? – Vgl. auch unsere Ausführungen in Kap. 3 zur Problematik des Aufspürens lernersprachlicher Wissensbestände.
42 also Erstsprachenerwerb, natürlicher Zweitsprachenerwerb oder Fremdsprachenunterricht.
43 Vgl. Wode (1981), Kap. 11, 22, 24.
44 Felix (1977 a, 36).

45 Der Unterschied besteht lediglich darin, daß bei Chomsky die linguistischen Strukturen selbst, bei Wode dagegen die kognitiven Strategien, die die Herausbildung dieser Strukturen determinieren, als angeboren angesehen werden.
46 Vgl. Cancino/Rosansky/Schumann (1975), Hatch (1977), Meisel/Clahsen/ Pienemann (1979), Pienemann (1979); allgemein zur Variation in der Lernersprache vgl. Abschn. 3.2.
47 Vgl. auch Abschn. 2.2. Zu *prefabs* beim Zweitsprachenerwerb vgl. z. B. Hakuta (1974 b), Fillmore (1976), für den Erstsprachenerwerb z. B. R. Clark (1974).
48 Vgl. Wode (1977 b).
49 Vgl. Wode (1978 b).
50 Dieser Terminus entstammt dem Kieler Projekt.
51 Vgl. Vander Brook/Schlue/Campbell (1980).
52 Dies gilt zumindest für Lerner, die sich auf einem fortgeschritteneren kognitiven Entwicklungsstand befinden. Bei Kleinkindern mag es durchaus sein, daß auch beim Zweitsprachenerwerb zunächst z. B. nur Nomina erlernt werden, welche konkrete Dinge bezeichnen, die in der unmittelbaren Umgebung des Kindes real vorkommen. Aber auch hier gilt: Welche Dinge dies jeweils sind, ist allenfalls kulturabhängig, ansonsten aber beliebig.
53 Wir folgen hier der Darstellung des Monitor-Modells in Krashen (1977), (1978 a), 1978 b).
54 Vgl. Krashen (1978 a).
55 Die gründlichste kritische Auseinandersetzung mit dem Monitor-Modell in den USA stammt von McLaughlin (1978); sie hat eine z. T. sehr polemische Reaktion von Krashen (1979) zur Folge gehabt.
56 Vgl. Krashen et al. (1978).
57 D. h. in ihren strukturellen Aufbauprinzipien.
58 Zabrocki (1970) schlägt z. B. vor, beim Fremdsprachenunterricht typologisch verwandter Sprachen zunächst die kontrastiven Eigenschaften der Zielsprache zu präsentieren, um die Aufmerksamkeit der Lerner auf deren Andersartigkeit zu lenken und unzulässige Transfers zu vermeiden. Beim Unterricht typologisch wenig verwandter Sprachen solle man dagegen mit parallelen Eigenschften der Zielsprache beginnen, um Lernern durch die Hervorhebung der Gemeinsamkeiten den Anfang des Zweitsprachenerwerbs durch die anfänglichen Transfermöglichkeiten zu erleichtern.
59 Natürlich beschränkt sich der Einfluß der Ausgangssprache nicht auf die Ebene syntaktischer und phonologischer Strukturen. Er äußert sich auch und z. T. recht drastisch in der Verwendung von sprachlichen Routineformeln wie Höflichkeitsbezeigungen und von Emotionen anzeigenden Ausdrücken wie Ausrufen, Warnungen etc., aber auch in der Art der Gesprächsorganisation. Vgl. dazu Schachter/Rutherford (1979), Scarcella (1979), Kasper (1979 a), (1979 b), (1981). Diese Art kontrastiver Beziehungen zwischen Sprachen ist allerdings erst in den Blick geraten, als sich die Linguistik das weitergehende, kommunikatives Verhalten einschließende Verständnis von Sprachbeherrschung zu eigen machte.
60 Vgl. dazu die schon in Kap. 1 erwähnte Arbeit von Levenston (1972) sowie Zydatiß (1974 a).
61 Vgl. dazu Knapp (1980 a).
62 Vgl. Heidelberger Forschungsprojekt »Pidgin-Deutsch« (1975), (1976).
63 Vgl. Brown (1973, 409). Andere Inputfaktoren, die in der Literatur als ausschlaggebend für die Wahrnehmbarkeit von sprachlichen Formen angesehen werden, sind z. B. deren phonetischer Umfang bzw. deren Länge, der Grad ihrer Betontheit und die Exponiertheit ihrer Stellung

im Satz (Stellung am Satzanfang oder -ende gilt als exponierter als Stellung in der Satzmitte). Vor diesem Hintergrund kann man die Tatsache, daß die kontrahierte Kopula wie in *Tom's swimming* später erworben wird als die nicht-kontrahierte Form wie in *Tom is swimming* mit der geringen perzeptuellen Prominenz der kontrahierten Form erklären.

64 Daß *native speakers* ihre Sprache dem vermuteten Kenntnisstand von Nicht-*native speakers* anpassen, ist inzwischen auch in empirischen Untersuchungen nachgewiesen worden, z. B. in Arthur/Weiner/Culver/Lee/Thomas (1980).
65 Wir werden auf diese Annahme im Zusammenhang mit Corders Zweitsprachenerwerbsmodell im nächsten Abschnitt ausführlicher eingehen.
66 Dokumentiert u. a. in Larsen-Freeeman (1980), Hatch (1978 c, d).
67 Die Zweitsprachenerwerbsforschung orientiert sich damit an der Interaktions- bzw. Diskurs- bzw. Konversationsanalyse. Diese Termini können in diesem Zusammenhang als synonym betrachtet werden; vgl. auch die Darstellung in Kap. 2.
68 Vgl. dazu Hatch (1978 d).
69 Nach Hatch/Long (1980).
70 Vgl. Hatch (1978 d), Wagner-Gough/Hatch (1975).
71 Solche kreativen Konstruktionen kommen in den Datenkorpora aller Untersuchungen zum Zweitsprachenerwerb vor, auch in denen der Hatch-Gruppe. Sie sind auch für den Fremdsprachenunterricht belegt. Valdman (1974) stellte bei englischsprachigen College-Studenten fest, daß sie im Verlauf ihres Französischerwerbs zeitweilig eine Frageform verwendeten, die im Unterricht nicht eingeführt worden war und die auch nicht durch Rückgriff auf das Englische gebildet sein konnte.
72 Z. B. *Do you live in New York?* statt *Where do you live?*
73 Z. B. *Was hast Du gesehen? Ein Auto? Einen VW, einen Opel oder einen Mercedes?*
74 Vgl. Hatch (1978 c), Hatch/Long (1980).
75 Für einen umfassenden Überblick über solche Strategien vgl. Færch/Kasper (1980).
76 Vgl. Krashen (1975).
77 Vgl. Carroll (1973).
78 Vgl. Inhelder/Piaget (1958).
79 Das Sprachzentrum befindet sich normalerweise in der linken Gehirnhälfte bzw. *linken Hemisphäre.*
80 Vgl. Fromkin/Krashen/Curtiss/Rigler/Rigler (1974).
81 Vgl. Seliger (1978).
82 Am umfassendsten wurden die affektiven und kognitiven Charakteristika bisher in der kanadischen *Good-Language-Learner*-Forschung untersucht, vgl. Naiman/Fröhlich/Stern (1975).
83 Wir beschränken uns aus Raumgründen auf diese Aspekte. Darüberhinaus gibt es noch weitere, deren Bedeutung für den Zweitsprachenerwerb allerdings noch nicht geklärt ist; vgl. z. B. H. D. Brown (1976, 1977), Schumann (1978 a).
84 Wenn aber Schüler im Fremdsprachenunterricht langsamer als andere lernen, d. h. länger dazu brauchen, bis sie im Vergleich zu Mitschülern ein bestimmtes Lernziel erreicht haben, so bedeutet dies nicht, daß sie grundsätzlich schlechtere Lerner sind. Flechsig (1968) konnte zeigen, daß sich in einem Fremdsprachenlehrprogramm drei Gruppen von Schülern nach ihrer Erwerbsgeschwindigkeit unterscheiden ließen. Die erste Gruppe erreichte schnell die erwartete Leistung, zeigte dann aber über längere Zeit keinen Leistungsanstieg, während die dritte Gruppe erst nach einer erheblich längeren Zeit dieselben Leistungen wie die erste Gruppe er-

reichte. Wienold (1973) weist deshalb darauf hin, daß es verhängnisvoll sein könnte, den Zeitpunkt von Leistungsüberprüfungen ohne Berücksichtigung unterschiedlicher Lerngeschwindigkeiten zu wählen.
85 Feldunabhängige Individuen scheinen prinzipiell sprachliche Aufgaben besser bewältigen zu können; vgl. dazu De Fazio (1973), Lefever/Ehri (1976) und H. D. Brown (1977).
86 So u. a. den *Modern Language Aptitude Test* von Carroll/Sapon (1958), für deutsche Lerner bearbeitet unter dem Titel FTU 4–6, die *Language Aptitude Battery* von Pimsleur (1968), die Heidelberger Tests, vgl. dazu Bryggman et al. (1976). Die Annahme einer kritischen Periode ist für Carroll mit der Annahme einer spezifischen Sprachlernneigung vereinbar: Unterschiede hinsichtlich der Sprachlernneigung sind für ihn darauf zurückführbar, daß es Unterschiede in dem Ausmaß gibt, zu dem die während der kritischen Periode bestehende Fähigkeit zum Erwerb jeder beliebigen Sprache mit dem Lebensalter abnimmt; vgl. Carroll (1973, 6).
87 Die prognostische Kraft von Sprachlernneigungstests ist deshalb auch nicht sehr groß. Zu Problemen der Vorhersagegenauigkeit des FTU vgl. z. B. Scheibner-Herzig/Pieper (1977) und Schütt (1974).
88 Man müßte hier noch ergänzen, daß natürlich auch die Art des Unterrichts – sei es über die Auswahl der Lehrinhalte oder über die Wahl optimierter Lehrverfahren – die Effekte der Sprachlerneignung verstärken oder abschwächen kann.
89 Für einen ausführlichen Überblick über Motivation und andere affektive Faktoren im Fremdsprachenunterricht vgl. die Arbeiten in Solmecke (1976).
90 Vgl. dazu Schumann (1978 a). Solmecke (1979) stellte fest, daß bei erwachsenen deutschen Englischlernern eine instrumentale Motivation überwiegt.
91 Burstall (1975) stellt bei englischen Schülern fest, daß Art und Stärke der Motivation davon abhingen, wie sehr die Eltern Fremdsprachenkenntnisse als für die berufliche Zukunft ihrer Kinder nützlich ansahen und wie stark sie deshalb die Kinder zum Fremdsprachenlernen anhielten. Dabei schlagen offensichtlich geschlechtsspezifische Rollenklischees durch: bei Jungen wurden Fremdsprachenkenntnisse als weniger relevant betrachtet, entsprechend hatten Jungen eine geringere Motivation als Mädchen.
92 Vgl. dazu Gardner/Lambert (1972) und die Arbeiten in Solmecke (1976).
93 Belege dazu z. B. in Burstall (1977).
94 In verschiedenen Experimenten konnte inzwischen nachgewiesen werden, daß die Aussprachegenauigkeit bei erwachsenen Lernern steigt, wenn man die Grenzen ihres Sprach-Ego durch Alkohol oder Drogen »aufweicht«, vgl. Guiora et al. (1980). Es ist allerdings noch unklar, wieweit die spezielle Version der Hypothese von der »kritischen Periode« auch für andere Bereiche der Sprache als den phonischen greift.
95 Taylor et al. (1971) führten in einer Untersuchung der Aussprachegenauigkeit 50 % der Unterschiede im Lernerfolg auf den Grad der jeweiligen Empathiefähigkeit zurück.
96 Wir folgen hier der Darstellung dieser Faktoren in Schumann (1978 b).
97 Vgl. Cancino/Rosansky/Schumann (1975), Schumann (1976 a, 1976 b, 1978 b).
98 Allerdings relativiert Stauble ihr Ergebnis mit dem Hinweis auf die Vorläufigkeit des von ihr verwendeten Instrumentariums zur Erhebung des Grades der Akkulturation. In der Tat dürfte es sehr schwierig sein, ein zuverlässiges Maß zu entwickeln, mit dem man den Grad der Akkulturation und den Grad der Zweitsprachenbeherrschung aufeinander beziehen kann.

99 Die Antwort darauf hängt davon ab, von welcher Pidgin-Definition man ausgeht; vgl. dazu z. B. Meisel (1975) und Schumann (1978 c). Zu einer ersten Einführung in die Pidgin/Kreol-Forschung s. Bollée (1977).
100 Vgl. Meisel et al. (1979), Pienemann (1979), Clahsen (1979).
101 Das Zeichen »∅« zeigt nach üblichen linguistischen Konventionen an, daß ein Element einer Struktur bzw. ein Teil einer Äußerung ausgelassen (getilgt) ist.
102 Nach Pienemann (1979).
103 Vgl. z. B. Fodor/Bever/Garrett (1974).
104 Vgl. dazu Richards (1971, 1974 b), Taylor (1975).
105 Das gilt für phonologische, morphologische, syntaktische und lexikalische Strukturen, vgl. z. B. Jain (1974), Blum/Levenston (o. J.), Richards (1975), Selinker/Swain/Dumas (1975), Widdowson (o. J.).
106 Schon an dieser Stelle fällt auf, daß die hier besprochenen Verfahren nicht leicht voneinander abgegrenzt werden können. Wir gehen auf diese Problematik später noch ausführlicher ein.
107 Selinker nimmt an, daß dem Menschen eine latente Psychostruktur angeboren sei, die analog zu dem nach Lenneberg nur bis zur Pubertät funktionsfähigen LAD den Zweitsprachenerwerb postpubertärer Lerner determiniert und dafür verantwortlich ist, daß solche älteren Lerner fast nie *native-like*-Kompetenz in der L2 erreichen. Angesichts des gegenwärtigen Kenntnisstands zum Alterseinfluß auf den L2-Erwerb ist dies eine recht problematische Auffassung, vgl. Abschn. 4.2. Die fünf zentralen Prozesse sind für Selinker Bestandteil der latenten Psychostruktur.
108 Vgl. z. B. Levenston (1972), George (1972), Jain (1974); Richards (1971) führt ein Beispiel mit serbo-kroatischen Lernern des Englischen an, die als Personalpronomen im Englischen nur *he* verwendeten, obwohl es auch in der Ausgangssprache eine der englischen entsprechende männlich/weiblich-Unterscheidung gibt. Dieses Lernerverhalten beruhte darauf, daß im Lernmaterial fast nur *he* in den Übungen vorkam.
109 Vgl. auch Jain (1974, 190 f.): »The learning *strategy* to reduce speech to a simpler system seems to be employed by every learner (...) both the native child and the second language learner use the same *process* of speech reduction.« Taylor (1975, 87): »... overgeneralization and transfer learning *strategies* appear to be two distinctly different manifestations of one psychological *process*.« (Hervorhebungen von uns, AKP/KK).
110 Vgl. z. B. Schachter (1974, 212): »The learner apparently constructs hypotheses about the target language based on a knowledge he already has about his own language. If the *constructions* are similar in the learner's mind, he will transfer his native language *strategy* to the target language«; oder auch Tarone/Cohen/Dumas (1976, 80): »The third communications *strategy* we observe is the prefabricated *pattern*.« (Hervorhebungen von uns, AKP/KK).
111 So z. B. bei Selinker/Swain/Dumas (1975, 150), die nach einer Analyse von kurzen, in Französisch durchgeführten Konversationen mit englischsprachigen Schülern im zweiten Jahr Französischunterricht zu der Folgerung kommen: »We have considered a number of examples of the speech of children as they *attempt to express* meaning in French ... From these examples, several *learning strategies* have been inferred ...«.
112 Ähnlich gehen auch Færch/Kasper (1980) und Knapp (1980 c) vor, an denen wir uns hier – allerdings nur teilweise – orientieren.
113 Wir erinnern hier noch einmal daran, daß der Zweitsprachenerwerb als ein kreativer Vorgang aufzufassen ist, bei dem der Lerner aus den zweitsprachlichen Daten, denen er ausgesetzt ist, hypothetische Regel-

mäßigkeiten induziert, die er anhand von weiteren Daten testet und ggfs. modifiziert
114 Vgl. dazu auch Corder (1978), Færch/Kasper (1980). Simplifizierung und Übergeneralisierung können deshalb auch keine Lern*strategien* sein. Wenn ein Lerner in einer Kommunikationssituation sein ihm verfügbares lernersprachliches System »simplifiziert«, liegt eine *Kommunikationsstrategie* vor, s. u. Abschn. 4.4.3.
115 Die Bedeutung diskursiv-interaktiver Strategien wird besonders an den in Abschn. 4.3 behandelten Arbeiten der Inputforschung deutlich.
116 Vgl. Knapp (1980 b).
117 Die folgenden Transkript-Beispiele sind in der »Partiturschreibweise« abgefaßt (vgl. dazu Ehlich/Rehbein [1976 b]), die eine Darstellung der Gleichzeitigkeit und des Sich-Überschneidens von Äußerungen erlaubt.
118 Ähnlich definieren auch einige andere Autoren Kommunikationsstrategien, so z. B. Bialystok/Fröhlich (1980), Váradi (1980) und Færch/Kasper (1980). Jedoch wird der Begriff »Kommunikationsstrategie« in der Literatur nicht einheitlich verwendet: Tarone/Cohen/Dumas (1976) beziehen ihn auf den Versuch des Lerners, Bedeutungen auszudrücken, für die ihm keine *ziel*sprachlichen Regeln zur Verfügung stehen; Hamayan/Tucker (1979) bezeichnen damit generell die Mittel, die ein Lerner zur Realisierung einer Kommunikationsabsicht einsetzt. Einige der in der Literatur besprochenen »Kommunikationsstrategien« haben wir bewußt nicht in unsere Darstellung aufgenommen, da sie uns entweder als zu vage definiert oder als mit dem hier zugrundegelegten Strategiebegriff nicht kompatibel erscheinen.
119 Vgl. Færch/Kasper (1980, 79).
120 Vgl. Tarone/Frauenfelder/Selinker (1976), Tarone/Cohen/Dumas (1976), Tarone (1977).
121 Vgl. Tarone/Cohen/Dumas (1976), Tarone (1977). Im Unterschied zur *topic avoidance*, bei der ein Lerner von vornherein vermeidet, über bestimmte problematische Inhalte zu kommunizieren, gibt ein Lerner im Falle von *message abandonment* bestimmte inhaltliche Ziele erst nach einem anfänglichen Versuch zu ihrer Realisierung auf, weil er die auftretende Diskrepanz nicht antizipiert hat oder weil er während seiner Sprachproduktion erkennt, daß eine andere, zunächst gewählte Kommunikationsstrategie (s. u.) nicht zum Erfolg führt.
122 Vgl. Váradi (1980). In Fällen von *meaning replacement* verzichtet ein Lerner nicht völlig auf die Kommunikation über bestimmte Inhalte, sondern er realisiert von seinen ursprünglichen Intentionen mehr oder weniger abweichende, z. B. generellere oder auch speziellere, Inhalte.
123 Vgl. Kasper (1979 b).
124 Selbstverständlich handelt es sich hier wie in den vorangegangenen Ausführungen nicht um einen kategorischen Unterschied zwischen sicheren und unsicheren bzw. leicht und schwer auffindbaren Wissensbeständen, sondern um graduelle Unterschiede.
125 Vgl. Levenston (1972) und Zydatiß (1974 a). Ein Problem bei den Begriffen »Überrepräsentation« (auch *overindulgence*) und »Unterrepräsentation« sehen wir darin, daß sie sinnvoll nur auf eine Häufigkeitsnorm im Verhalten von *native speakers* bezogen werden können, die erstens nur schwer zu bestimmen ist und zweitens nicht die Möglichkeit des Vermeidens von oder Ausweichens auf lernersprachliche Strukturen zuläßt.
126 Vgl. Abschn. 3.4 und Glahn (1980).
127 Vgl. z. B. Tarone (1977), Færch/Kasper (1980), Bialystok/Fröhlich (1980).
128 Bialystok/Fröhlich (1980, 23) verwenden den Terminus *description* für diese Art von Umschreibung.

129 Vgl. z. B. Tarone/Cohen/Dumas (1976), Færch/Kasper (1980). Tarone (1977) spricht von *appeal for assistance*. Für ein Beispiel dafür, daß *appeal to authority* in Kombination mit der Wahl unsicherer Wissensbestände zum Lernen führen kann, vgl. auch Færch (1979, 71 f.).
130 Vgl. Færch/Kasper (1980).
131 Taylors Ergebnis könnte als eine weitere Erklärung für den in Abschn. 4.3 geschilderten Sachverhalt dienen, daß Lerner in fortgeschritteneren Lernstadien dazu neigen, Ähnlichkeiten zwischen ihrer Muttersprache und der Zielsprache für unwahrscheinlich zu halten und entsprechend parallele Strukturen vermeiden.

Teil II

Kapitel 5

1 So besonders von Dulay/Burt (1973), in neuerer Zeit tendenziell von Corder (1978).
2 Vgl. z. B. Wienold (1976, 21).
3 Unter »Input-Abschnitt« wollen wir eine beliebige, zeitlich aufeinanderfolgende Menge von Input-Daten verstehen.

Kapitel 6

1 Das gilt in dieser Weise natürlich nicht für bestimmte Arten von Fremdsprachenunterricht, die wie z. B. Lesefertigkeitsunterricht auf spezifische, sehr eingeschränkte Ziele ausgerichtet sind.
2 Vgl. dazu z. B. Finkenstaedt/Schröder (1977).
3 Entsprechend wird eine Zielsetzung wie »Der Lerner soll den Bildungswert der französischen Sprache und Literatur kennen« als sinnlos angesehen, da weder klar angebbar ist, was man unter Bildungswert verstehen soll, noch, wie sich ein Lerner konkret verhalten können soll, der den »Bildungswert« kennt.
4 Diese Kriterien werden allerdings nur selten expliziert. Eine Ausnahme machen z. T. jedoch jene Richtlinien für das Fach Französisch, die sich auf das *Français Fondamental* oder verwandte Wort- und Strukturlisten berufen. Hier ist die Häufigkeit des Gebrauchs eines Wortes oder einer Struktur in der L2 Kriterium für seine/ihre Auswahl. Damit ist die Vorstellung verbunden, daß ein Lerner, der möglichst häufige Wörter und Strukturen lernt, damit eine möglichst große Menge von kommunikativen Aufgaben bewältigen kann. Zu Auswahlkriterien im einzelnen vgl. Wienold (1973, 149 ff.) und Scherfer (1977, 11 ff.).
5 Für die Aufnahme einer Fremdsprache in den Fächerkanon des öffentlichen Schulwesens, die Aufwendungen an Zeit und Mitteln für den Sprachunterricht sind ebenso wie für die fachübergreifenden und fachunabhängigen Zielsetzungen politisch-sozial und allgemein-pädagogisch begründete Entscheidungen zu treffen, die wir hier – wie auch die Begründungen für literarische und landeskundliche Ziele – nicht behandeln können. Zur Information dazu s. u. a. Finkenstaedt/Schröder (1977), Heuer/Buttjes (1979), Multhaup (1979); dort findet sich auch weiterführende Literatur.
6 Vgl. z. B. Heuer/Buttjes (1979, 5).

7 Wieweit ein durchschnittlich intelligenter Lerner dabei nicht auch wenigstens ansatzweise die Fertigkeit des Schreibens erlernt, ist sicher eine bedenkenswerte Frage.
8 D. h. Gehörtes aufschreiben und Geschriebenes vorlesen.
9 Vgl. Wilkinson (1971, 115 ff.); vgl. dazu auch Ollers Überlegungen zu einem allgemeinen Sprachfähigkeitsfaktor, auf die wir in Kap. 9 zurückkommen werden.
10 Vgl. dazu die in Abschn. 4.3 erwähnten Arbeiten von Hatch.
11 Für eine Darstellung dieser Entwicklungen s. z. B. Quetz (1979) und Edelhoff (1980).
12 Für Englisch s. van Ek (1975), das VHS-Zertifikat Englisch (1977), für Französisch s. Coste et al. (1976).
13 Vgl. van Ek (1977).
14 Besonders in diesem Bereich wird der Einfluß der linguistischen Pragmatik deutlich: Die Listen solcher Funktionen orientieren sich erkennbar an den Klassifizierungen von Sprechakten bzw. sprechaktbezeichnenden Verben, die *eine* der in der Pragmatik verfolgten Fragestellungen ausmachen. Auf die Probleme dieser Verwertung der Pragmatik kommen wir weiter unten noch zu sprechen.
15 Vgl. z. B. Candlin (1973), Allen/Widdowson (1974), Littlewood (1975).
16 Hier sind vor allem die Arbeiten von Halliday zu nennen; vgl. z. B. Halliday (1973).
17 So wurde an der University of Leeds 1966 bis 1971 ein staatlich gefördertes Projekt »The Teaching of English to Immigrant Children« durchgeführt, aus dem Materialien für asiatische Kinder hervorgingen, 1967 bis 1973 an der University of Birmingham das Projekt »Teaching English to West Indian Children«, aus dem Materialien für Kinder aus der Karibik entwickelt wurden. Vgl. dazu Knapp/Knapp-Potthoff (1980).
18 So z. B. Candlin; vgl. Candlin/Derrick (1972).
19 Als maßgeblich auslösend für diese Richtung in der deutschen Fremdsprachendidaktik können die Arbeiten von Piepho angesehen werden, der in Piepho (1974) die Vorstellungen der Europaratprojekte in Deutschland bekannt machte und die Positionen dieser Didaktik mit engagiertem Eifer vertritt; vgl. z. B. Piepho (1979).
20 Vgl. z. B. Edelhoff (1979).
21 Ausführlicher zu dieser notwendigen Kritik vgl. u. a. Knapp-Potthoff (1977), Melenk (1977), Müller (1977), Mindt (1978), Hüllen (1979).
22 Vgl. Piepho (1974, 109).
23 Darauf haben vor allem die Arbeiten aus dem Bochumer Projekt »Kommunikative Kompetenz als realisierbares Lernziel« hingewiesen; vgl. dazu z. B. Kasper (1979 a, 1981). Als Beispiel für Lernmaterialien, die sich mit Defiziten von Englischlernern bei sprachlichen Konventionen (etwa Höflichkeitsformen) zur Steuerung sozialer Beziehungen und des Ablaufs von Gesprächen befassen, vgl. Edmondson/House (1981).
24 Vgl. DES (1979) sowie Master (1979).
25 Dies ist nicht unumstritten; vgl. dazu die Argumente in Krashen/Scarcella (1978).
26 Diesen Terminus entlehnen wir Heuer (1978).
27 Ausführlicher dazu vgl. die Arbeiten in Rattunde (1979).
28 Vgl. z. B. Edelhoff (1980).
29 Wir erinnern in diesem Zusammenhang an die schon früher erwähnte Arbeit von Solmecke (1979).
30 Vgl. Cicourel (1975), Kallmeyer/Schütze (1976).
31 Ausführlicher dazu vgl. Knapp (1980 b).

Kapitel 7

1 Vgl. Kap. 5.
2 Dies gilt nicht für unspezifische explizite Verarbeitungsanweisungen, wie z. B. *Racontez une histoire.*
3 Knapp-Potthoff (1979 a) zeigt an der Analyse eines verbreiteten Englischlehrwerks, daß Lerner dort durch einseitige Verarbeitungsanweisungen u. a. überwiegend üben, Fragen zu beantworten, kaum jedoch, selbst Fragen zu stellen.
4 Zur linguistischen Begründung von Lehrverfahren vgl. z. B. Hüllen (1972).
5 In manchen dieser Richtung zuzurechnenden Veröffentlichungen werden die jeweils aktuellen Interessen der Lerner so sehr zum Organisationsprinzip der Input-Präsentation gemacht, daß eine vorausgeplante Progression letztlich unmöglich wird, so z. B. in Piepho (1979).
6 Abgesehen davon, daß L2-Lerner über die im Anfangsunterricht zu behandelnden Notionen und Funktionen schon aus ihrer Muttersprache verfügen, dürfte beim natürlichen Zweitsprachenerwerb die Begegnung mit solchen Kategorien nur von der individuellen Lernerbiographie abhängen. Ob man zunächst lehrt, jemandem Tee anzubieten oder nach dem Weg zu fragen, ist keine Frage, auf die die Spracherwerbsforschung eine begründete Antwort geben könnte.
7 In neueren Arbeiten zur kommunikativen Didaktik wird dieses Problem allerdings wieder erkannt, s. u.
8 Vgl. etwa die umfangreichen Darstellungen zu *grading, sequencing* und *staging* in W. F. Mackeys *Language Teaching Analysis* (Mackey [1965]).
9 Vgl. z. B. Politzer (1968), Valdman (1974), Knapp (1980 a) und Achtenhagen/Wienold (1981). Wode (1981) stellte fest, daß sich die Sequenzen des ungesteuerten Zweitsprachenerwerbs bei der Lernersprachentwicklung im Fremdsprachenunterricht unter dem Einfluß von Lehrprogressionen nicht einstellten, was darauf hindeutet, welch starker Steuerungsfaktor mit der Progression gegeben ist. Gleichwohl lassen sich auch im Unterricht lernersprachliche Formen beobachten, wie sie in Erwerbssequenzuntersuchungen aufgewiesen wurden, was ein weiterer Beleg dafür ist, daß beim L2-Erwerb prinzipiell nur *ein* zusammenhängender Bestand an lernersprachlichem Wissen gebildet wird.
10 Die auch heute noch verbreiteten Forderungen nach z. B. einer Anordnung »vom Leichten zum Schwierigen« (de Vriendt/de Vriendt [1974]) und nach einer Verteilung z. B. »in Spiralen« oder »in konzentrischen Kreisen« (Zemb [1974]) u. ä. sind unbrauchbar, da sie – weil viel zu vage – es nicht zulassen, die Menge aller in einem Kurs zu behandelnden sprachlichen Eigenschaften in eine begründete Abfolge zu bringen. Vgl. dazu ausführlicher Porquier (1974) und Knapp (1980 a).
11 So sind Erwerbsstadien im ZISA-Projekt definiert; vgl. Abschn. 4.3.
12 Vgl. z. B. die Position von Vielau (1980), der eine notional-funktionale Progression als vorrangig sieht, mit der Konzeption des VHS-Lehrwerks »Englisch für Erwachsene«.
12a Ausführlicher dazu vgl. Wienold (1973, 70 f.).
13 Eine verbreitete Form von *pattern drills* besteht darin, daß vom Lehrer eine mögliche Teilstruktur eines Beispielsatzes vorgegeben wird, die die Schüler in dem Beispielsatz substituieren müssen, z. B.:
Lehrer: *Ted hasn't got a car.*
   a sister
Schüler: *Ted hasn't got a sister.*
Lehrer: *a pencil*

Schüler: *Ted hasn't got a pencil.*
usw.
Für andere Formen von *pattern drills* vgl. Heindrichs/Gester/Kelz (1980), Kap. 2.

14 Die didaktischen Vorgehensweisen, die dieses Methodenkonzept ausmachen, sind in der Literatur nicht so eindeutig eingegrenzt wie bei der audio-lingualen Methode. Insofern läßt sich die Methode der kognitiven Strukturierung am besten in Opposition zur audio-lingualen Methode verstehen; genaugenommen könnte man von verschiedenen Methoden der kognitiven Strukturierung sprechen, die bestimmte Züge gemeinsam haben. Auf diese gemeinsamen Züge wollen wir uns hier konzentrieren.
15 Z. B. Ausubel (1968); vgl. Kap. 1.
16 Letztere werden oft mit den Beschreibungstechniken der Generativen Transformationsgrammatik motiviert; vgl. z. B. Jakobovits (1970).
Umformungsübungen fordern vom Lerner, einen oder mehrere Sätze in einen anderen zu überführen, z. B. *Tom wants a hamburger and I want a hamburger* in *Tom wants a hamburger and I do, too; Bill is having tea and I am having tea* in *Bill is having tea and I am, too* usw.
17 Vgl. Scherer/Wertheimer (1964), Chastain/Woerdehoff (1968), das Pennsylvania-Experiment (Smith-Berger [1968]) und das GUME-Projekt (Levin [1972], van Elek/Oskarsson [1973]).
18 Vgl. z. B. Denninghaus (1965), Gutschow (1968), Lohmann (1969).
19 Z. B. indem Lerner nach den umständlichen, oft nur unter Verweis auf Gegenstände und Bilder möglichen einsprachigen Erklärungen des Lehrers von sich aus eine Übersetzung der neuen Vokabel in die Muttersprache artikulieren: »*Aha, eine Birne!*« (vgl. Rattunde [1971]).
20 Diese Arbeiten sind nur eingeschränkt als fremdsprachendidaktische zu verstehen, da es für Dodson darum ging, über die Zweisprachigkeit in der Schule eine Zweisprachigkeit in der umgebenden Region, nämlich die von Englisch und Walisisch in Wales, zu stützen.
21 Vgl. z. B. Butzkamm (1973, 1980 a).
22 Vgl. z. B. die bekannten Beispiele aus Weir (1962, 109):
what colour
what colour blanket
what colour mop
what colour glas
23 Vgl. Butzkamm (1980 b, 237):
Gisa: *Ich habe Hunger auf ein Haus!*
Ich hab Hunger auf ein Haus!
Volkmar: *Ich hab Hunger auf eine Ampel!*
Gisa: *Ich hab Hunger auf den Zaun!*
24 Vgl. auch Halliday, z. B. Halliday (1973, 15 f.).
25 Auch die Forderung, Schüler im Unterricht kommunikativ handeln zu lassen, läßt sich nicht verwirklichen, ohne daß zuvor die Verwendung sprachlicher Mittel zu kommunikativen Zwecken in simulierten Situationen, d. h. spielerisch, geübt wurde. Übungen, in denen mögliche Abfolgen sprachlicher Handlungen in (simulierten) Kommunikationssituationen durchgespielt werden, finden sich z. B. in Grewer/Moston/Sexton (1978).
26 Das bedeutet nicht, daß ein derartiges Verhalten beim natürlichen L2-Erwerb nicht vorkommt. Es ist einleuchtend, daß es aufgrund des Beobachterparadoxes (vgl. Kap. 2) schwierig sein dürfte, vor allem bei älteren Lernern ein derartiges monologisches Sprachverhalten zu beobachten.
27 Exemplarisch für diese Diskussion vgl. die Arbeiten in Bausch (1979).
28 Ein Beispiel dafür ist Petersen (1971).

29 Für eine »didaktisch vereinfachte« Transformationsgrammatik für den Fremdsprachenunterricht vgl. Peuser (1973).
30 Für Seliger ist dies eine weitere Widerlegung des Monitor-Modells (vgl. Abschn. 4.2).

Kapitel 8

1 Wir möchten hier nur beispielhaft verweisen auf Roeder/Schümer (1976), Goeppert (1977) und Krumm (1977 a); für einen kurzen Überblick vgl. Krumm (1977 b).
2 Vgl. z. B. Flanders (1970), Bellack/Kliebard/Hyman/Smith (1966), Sinclair/Coulthard (1975), Brophy/Good (1976); für eine kritische Diskussion verschiedener Analyseansätze vgl. Achtenhagen/Wienold u. a. (1975, 71 ff.) und Ehlich/Rehbein (1976 a).
3 Vgl. z. B. Rehbein (1976), Achtenhagen/Wienold u. a. (1975, 70 ff.), Allwright (1980), Hüllen/Lörscher (1979).
4 Wenn wir hier und im folgenden von Verwendung der Fremd- oder Zweitsprache durch den Lerner reden, so ist das eine verkürzte Redeweise für den präziseren, aber umständlicheren Ausdruck »Verwendung der auf die zu erlernende Zweitsprache bezogenen jeweiligen Lernersprache«.
5 Auf Gemeinsamkeiten und Unterschiede zwischen Fremd- und Muttersprachenunterricht wollen wir hier nicht eingehen.
6 Für den Erstsprachenerwerb vgl. Halliday (1975); vgl. auch Butzkamm (1980 a).
7 Diese Lösung wird z. B. von Krumm (1978) vorgeschlagen.
8 Für die Situation in Kanada vgl. besonders das groß angelegte »St. Lambert Experiment« zu bilingualem Unterricht (s. z. B. Lambert/Tucker (1972); vgl. auch Stern (1973). Für Kinder von Immigranten in Großbritannien sind z. B. von Leclerc (o. J.) Materialien zu einem kombinierten Englisch- und Mathematikunterricht entwickelt worden.
9 Vgl. dazu z. B. das an der Universität Bremen durchgeführte Projekt »Lernen in der Fremdsprache«, in seinen Grundzügen dargestellt in Kurth/Menk (1979).
10 Knapp-Potthoff (1979 a).
11 Vgl. Knapp-Potthoff (1979 a, 59).
12 Vgl. auch die Arbeiten von Achtenhagen und Wienold, z. B. Achtenhagen/Wienold (1977), die von »Zuweisung von Lernobjekten durch den Lehrer« sprechen.
13 Vgl. dazu Rosenthal/Jacobson (1968) und Brophy/Good (1976).
14 Schwerdtfeger (1980) argumentiert z. B. für eine stärkere Variation in den Sozialformen des Fremdsprachenunterrichts und fordert, daß neben dem Großgruppen-(Frontal-)Unterricht den Formen Gruppen-, Partner- und Individualarbeit mehr Platz eingeräumt wird.
15 Zum Teil können natürlich auch Medien diese Funktion ersatzweise übernehmen.
16 Ausführlicher beschäftigen wir uns mit solchen Kriterien in Abschn. 8.4.
17 d. h. hier: nicht-lernersprachlichen Input.
18 Vgl. auch Allwright (1975, 96 f.).
19 Vgl. auch Achtenhagen/Wienold u. a. (1975, 74) sowie Wienold/ Achtenhagen/van Buer/Rösner/Schluroff (1976).
20 Ausführlicher dazu Knapp-Potthoff (1979 a) und (1979 b).
21 Vgl. Abschn. 4.1.
22 Vgl. z. B. Krashen/Seliger (1975), die das Vorkommen irgendeiner Art von Feedback, von Fehleridentifizierung oder -korrektur als eines von nur

zwei Merkmalen identifiziert haben, die allen erfolgreichen Sprachlehrmethoden gemeinsam sind.
23 Im Schaffen von Gelegenheiten, derartige Erfolgskriterien im Unterricht wirksam werden zu lassen, besteht eine weitere Möglichkeit der Reduktion der Lehrerzentriertheit (s. o.). Vgl. dazu auch Walmsley (o. J.).
24 Für außerunterrichtliche Kommunikation, an der Lerner teilnehmen, ist außerdem ein wichtiges, sich nicht explizit manifestierendes Erfolgskriterium, ob der/die Kommunikationspartner des Lerners sich weiterhin an der Interaktion mit dem Lerner interessiert zeigen. Da Lehrer zur zweitsprachlichen Interaktion mit ihren Schülern verpflichtet sind, erweist sich dieses Kriterium für den Fremdsprachenunterricht als weniger brauchbar.
25 So z. B. Cohen/Robbins (1976) und Sharwood Smith (o. J.).
26 In diese Richtung argumentieren z. B. Wode (1978 b) und Felix (1977 c).
27 Vgl. dazu das Beispiel weiter unten.
28 Vgl. Allwright (1975).
29 Vgl. Long (1977).
30 Vgl. auch Long (1977).
31 Long (1977, 291).
32 Wir meinen hier: vom *Lerner* vorzunehmende Korrektur. In einem anderen Sinne ist natürlich die Lehreräußerung selbst schon eine Korrektur. Wir wollen hier darauf verzichten, eine eigentlich notwendige terminologische Differenzierung vorzunehmen.
33 Wir danken Gertrud Schelly für die Tonbandaufnahme und die Erstellung des Transkripts.
34 Zur Partiturschreibung vgl. Ehlich/Rehbein (1976 b).

Kapitel 9

1 In der fachdidaktischen Literatur sind Artikel, die sich mit Tests befassen, häufig mit »Leistungsmessung« oder »Lernkontrolle« überschrieben. Sie beschränken sich damit auf einen Ausschnitt aus der Menge von Funktionen, die Testverfahren haben können (s. u.).
2 Vgl. dazu z. B. Oller (1973), (1976 a), (1976 b), (1979).
3 Vgl. dazu aber z. B. Sang/Vollmer (1978) und Vollmer/Sang (1980).
4 Bei der cloze-Technik besteht die Testaufgabe darin, einen fortlaufenden Text zu ergänzen, in dem jedes n-te (meistens jedes 5te, 6te oder 7te) Wort fortgelassen wurde.
5 Vgl. dazu z. B. Harris (1969, 13 ff.) und Ingram (1977).
6 Die mangelnde Objektivität der im Fremdsprachenunterricht gängigen Verfahren Nacherzählung und Übersetzung von der Fremd- in die Muttersprache haben Legenhausen (1973 und 1975) bzw. Klegraf (1977) eindrucksvoll belegt.
7 Als Beispiel für einen *multiple-choice*-Test wählen wir eine spanische Testaufgabe aus Valette (1971, 21):
»Wähle für jeden der folgenden Sätze ein Wort aus, das den Satz jeweils am besten vervollständigt. Trage den Kennbuchstaben für deine Antwort auf dem Antwortbogen ein.
1. ¿... dinero tiene Ud?
2. ¿... Cuentas paga el Sr. Gonzáles? usw.
A. *Cuántos*
B. *Cuántas*
C. *Cuánto*
D. *Cuánta*«
Vgl. auch die Ausführungen Valettes zu objektiven Testaufgaben.

8 Vgl. z. B. Oller (1976 b).
9 Fehse (1979) warnt mit Recht vor einer Überschätzung des Begriffs »objektiv«; auch in scheinbar objektive Tests gehen subjektive Entscheidungen ein.
10 Zumindest gilt dies für die meisten Funktionen, die Tests im Fremdsprachenunterricht haben (s. u.).
11 Die spezifische Art der Interaktion in Testsituationen schließt für manche Vertreter der ethnomethodologischen Richtung der Soziologie die Möglichkeit objektiver Sprachtests überhaupt aus. (Vgl. z. B. Cicourel [1974]; s. dagegen aber auch Knapp [1980 d]).
12 Vgl. Corder (1978).
13 Wie die Güte von Erhebungsverfahren von den Zielen, denen sie dienen sollen, abhängt, haben wir in Kap. 2 ausführlich dargelegt.
14 Auch: *attainment*.
15 Vgl. z. B. Davies (1977). Wir wählen für unsere Darstellung die englischsprachigen Termini, da sie sich auch in der deutschen fachdidaktischen Diskussion eingebürgert haben, und geben deutsche Äquivalent-Termini in Klammern an.
16 Davies weist darauf hin, daß die Grenze zwischen *proficiency* und *aptitude tests* nicht immer klar zu ziehen ist und daß in der Literatur die Unterscheidung zwischen *proficiency* und *aptitude tests* auch nach anderen Kriterien getroffen wird.
17 Nicht notwendig, denn gerade bei dieser Testform kann eine richtige Lösung auch durch Raten zustandekommen.
18 Angelis (1974) zeigt in einer Untersuchung von Diktatfehlern, daß syntaktische Fehler nur einen geringen Prozentsatz aller Fehler ausmachen und Wortstellungsfehler dabei besonders selten vorkommen.

Glossar

Creole-Sprachen
vor allem durch Handels- und damit verbundene Sprachkontakte entstandene Sprachen, die im Unterschied zu → Pidgin-Sprachen die gesamte Bandbreite von Kommunikationsfunktionen erfüllen können und als Muttersprachen erworben werden

deiktische Elemente
sprachliche Mittel, mit denen in konkreten Kommunikationssituationen auf Zeit, Ort und Person verwiesen werden kann (z. B. *heute, gestern, hier, dort, ich, er*)

explizit performative Formeln
sprachliche Mittel, mit denen jeweils ausgeführte Sprechakte explizit gemacht werden, z. B. *Ich verspreche dir, ...* oder *Ich begrüße Sie sehr herzlich* oder *Ich verbiete Ihnen, ...* usw.

indirekte Sprechakte
Äußerungen, bei denen der intendierte Sprechakt nicht mit dem oberflächlich durch sprachliche Mittel indizierten Sprechakt übereinstimmt; so ist z. B. die Äußerung *Haben Sie Feuer?* normalerweise nicht als Frage, sondern als Bitte intendiert

Inversion
Umkehrung der in einem Aussagesatz üblichen Wortstellung, z. B. zur Bildung einer Frage *(this is ... → is this ...)*

Konnotationen
Nebenbedeutungen eines Wortes oder einer Aussage, die assoziativ mit der Hauptbedeutung verknüpft sind

Konstituente
jede Folge von Morphemen, die durch sukzessive Zerlegung eines Satzes entsteht; so sind z. B. *Die berühmte Künstlerin* und *lehnte den Preis ab* Konstituenten des Satzes *Die berühmte Künstlerin lehnte den Preis ab*

Kopula
Verb (im Deutschen meist eine Form von *sein*, im Englischen von *be*, aber auch z. B. *scheinen* oder *werden* bzw. *seem, appear, become* oder *grow*), das ein Adjektiv oder Nomen als Komplement haben kann, wie z. B. in *Rüdiger ist Lehrer* oder *She is growing old*

Korrelation
statistisches Maß für den Grad des Zusammenhangs zwischen Variablen; je höher die Korrelation (maximal 1), desto enger ist der Zusammenhang zwischen den Variablen

lingua franca
Sprache, die als gemeinsame Verkehrssprache für Gesprächspartner mit unterschiedlichen Muttersprachen dient; gegenwärtig wird häufig Englisch als lingua franca mit der Funktion einer internationalen Verkehrssprache verwendet

Operationalisierung
Verfahren, mit dem theoretische Konstrukte so definiert werden, daß sie empirisch zugänglich werden, sich also als eine beobachtbare Erscheinung oder als ein beobachtbares Verhalten manifestieren

Pidgin-Sprachen
Sprachen mit begrenztem Wortschatz und begrenzter Syntax, die aus dem – meist durch Handelsbeziehungen verursachten – Kontakt zweier Sprachen entstanden sind und deren Funktion auf ganz bestimmte Kommunikationssituationen beschränkt ist; Pidgin-Sprachen trifft man meist in (ehemaligen) europäischen Kolonien an; im Unterschied zu → Creole-Sprachen werden sie nie als Muttersprache erlernt

Population
die Gesamtheit aller Beobachtungsdaten oder Personen, über die in einer empirischen Untersuchung auf der Basis einer Stichprobe (z. B. der Menge der Daten von Teilnehmern an einem Experiment) Aussagen gemacht werden sollen

postvokalisches /r/
r-Laut, der nach einem Vokal gesprochen wird; in unserem Zusammenhang geht es um die für manche → Varietäten des amerikanischen Englisch typische Aussprache eines geschriebenen »r« nach Vokalen (wie z. B. in *first*)

Reparatur
Begriff der Konversations- bzw. Diskursanalyse, mit dem die vom Sprecher selbst oder einem Gesprächspartner im Gespräch vorgenommene inhaltliche oder formale Berichtigung einer Äußerung bezeichnet wird.

semantisches Feld
strukturiertes Subsystem innerhalb des Vokabulars einer Sprache, z. B. »Verwandtschaft«, »Maße und Gewichte« etc.

Sprachgemeinschaft
eine soziale Gruppe, Nation, Institution usw. mit spezifischer gesellschaftlicher Struktur, die über ein gemeinsames Sprachsystem verfügt

synchronisch
Merkmal eines in der Linguistik üblichen Typs von Sprachbeschreibung, bei der die sich de facto ständig verändernden Sprachen als statische Systeme aufgefaßt und in ihrem jeweiligen Ist-Zustand beschrieben werden

turn
Beschreibungseinheit der Konversations- bzw. Diskursanalyse, mit der die zusammenhängende Menge von Äußerungen bezeichnet wird, die in einem Gespräch von einem Gesprächspartner produziert wird, bevor der nächste zu Wort kommt; der Vorgang des Sprecherwechsels wird als *turn-taking* bezeichnet

Varianz
statistisches Maß für die Streuung von Daten um einen Mittelwert

Varietäten
Ausprägungen des sprachlichen Verhaltens von Teilmengen der Mitglieder einer größeren Sprachgemeinschaft, etwa der Sprecher des Deutschen, nach regionalen (regionale Varietäten, Dialekte), sozialen (soziale Varietäten) oder verwendungssituations- bzw. funktionsabhängigen (funktionale Varietäten) Parametern; eine Sprache wie »das Deutsche« läßt sich als aus einer Menge solcher Varietäten zusammengesetzt denken

Literaturverzeichnis

Um dem Leser die Möglichkeit zu geben, sich auch über andere Fragestellungen der Fremdsprachendidaktik als die hier von uns behandelten, z. B. literaturdidaktische, und über andere Standpunkte zu informieren, führen wir im folgenden einige Bibliographien und Nachschlagewerke zur Fremdsprachendidaktik sowie wichtige Fachzeitschriften auf.

Bibliographien

Bibliographie Moderner Fremdsprachenunterricht (1970 ff.), hrsg. v. Informationszentrum Fremdsprachenforschung (IFS). München.
Dokumentation neusprachlicher Unterricht (1976 ff.), hrsg. v. Informationszentrum für Fremdsprachenforschung (IFS). München.
Language Teaching and Linguistics: Abstracts (1967 ff.). Cambridge.

Nachschlagewerke

Köhring, K. H./Beilharz, R. (1973): Begriffswörterbuch Fremdsprachendidaktik und -methodik. München.
Schröder, K./Finkenstaedt, Th. (1977): Reallexikon der englischen Fachdidaktik. Darmstadt.

Fachzeitschriften

Anglistik und Englischunterricht (= a & e). Trier 1977 ff.
Arbeiten aus Anglistik und Amerikanistik (= AAA). Graz/Tübingen 1976 ff.
Applied Linguistics (= AL). Cambridge 1980 ff.
Der fremdsprachliche Unterricht (= DfU). Stuttgart 1967 ff.
Die Neueren Sprachen, Neue Folge (= DNS). Frankfurt 1952 ff.
Englisch-Amerikanische Studien (= EASt). Münster 1979 ff.
Etudes de Linguistique Appliquée (= ELA). Paris 1958 ff.
Fremdsprachenunterricht (= FU). Berlin/DDR 1956 ff.
International Review of Applied Lingustics (= IRAL). Heidelberg 1963 ff.
Interlanguage Studies Bulletin – Utrecht (= ISBU). Utrecht 1977 ff.
Language Learning (= LL). Ann Arbor, Mich. 1948 ff.
Linguistik und Didaktik (= LuD). München 1970 ff.
Linguistische Berichte (= LB). Braunschweig/Wiesbaden 1969 ff.
Modern Language Journal (= MLJ). Boulder 1916/17 ff.
Neusprachliche Mitteilungen aus Wissenschaft und Praxis (= NM). Berlin 1948 ff.
Praxis des neusprachlichen Unterrichts (= Praxis). Dortmund 1953 ff.
Studium Linguistik (= SL). Kronberg/Königstein 1976 ff.
Studies in Second Language Acquisition (= SSLA). Bloomington, Ind. (o. J.) (1978 ff.).
Teaching English to Speakers of Other Languages – Quarterly Review (= TESOL-Quarterly). Washington 1967 ff.
Wuppertaler Arbeitspapiere zur Sprachwissenschaft (= WAS). Wuppertal 1979 ff.
Working Papers on Bilingualism (= WPOB). Toronto 1–19, 1971–1979.

Die hier aufgeführten Abkürzungen werden im nachfolgenden Literaturverzeichnis verwendet.

Achtenhagen, F./Wienold, G. et al. (1975): Lehren und Lernen im Fremdsprachenunterricht. Bd. 1: Didaktische Analysen und Transformationsgrammatik als Instrumente der Curriculumforschung. München.
Achtenhagen, F./Wienold, G. (1977): Lernmaterial und Lehrer-Schüler-Verhalten im Fremdsprachenunterricht: Bericht über eine Felduntersuchung. *Folia Linguistica* 11, 339–345.
–/– (1981): Abschlußbericht des SYNTAKO-Projekts. Ms. Konstanz.
Adjemian, Ch. (1976): On the nature of interlanguage systems. *LL* 26, 297–320.
Allen, J. P. B./Widdowson, H. G. (1974): Teaching the communicative use of English. *IRAL*, 12, 11–22.
– /Davies, A. (1977) (eds.): Testing and experimental methods. (The Edinburgh Course in Applied Linguistics, Vol. 4) London.
Allwright, R. L. (1975): Problems in the study of the teacher's treatment of learner error. In: Burt/Dulay (1975), 96–109.
– (1980): Turns, topics, and tasks: Patterns of participation in language learning and teaching. In: Larsen-Freeman (1980), 165–187.
Andersen, R. W. (1977): The impoverished state of cross-sectional morpheme acquisition/accuracy methodology (or: The leftovers are more nourishing than the main course). In: Henning (1977), 308–319.
– (1978): An implicational model for second language research. *LL* 28, 221–282.
Angelis, P. (1974): Listening comprehension and error analysis. In: Nickel (1974), 1–11.
Apelt, W. (1976): Positionen und Probleme der Fremdsprachenpsychologie. Halle/Saale.
Arndt, H. (1973): Zum gegenwärtigen Stand einer Fremdsprachenlerntheorie. In: Hüllen, W. (Hrsg.): Neusser Vorträge zur Fremdsprachendidaktik. Berlin, 7–29.
Arthur, B./Weiner, R./Culver, M./Lee, Y. J./Thomas, D. (1980): The register of impersonal discourse to foreigners: Verbal adjustments to foreign accent. In: Larsen-Freeman (1980), 111–124.
Ausubel, D. P. (1968): Educational psychology: A cognitive view. New York.

Bailey, N./Madden, C./Krashen, S. D. (1974): Is there a »natural sequence« in adult second language learning? *LL* 24, 235–243.
Bausch, K.-R. (1974) (Hrsg.): Sprachlehrforschung. *Zeitschrift für Literaturwissenschaft und Linguistik*, Heft 13.
– (1977): Hilft das Konstrukt der latenten Psychostruktur die Krise der angewandten kontrastiven Linguistik überwinden? In: Christ, H./Piepho, E. (Hrsg.): Kongreßdokumentation der 7. Arbeitstagung der Fremdsprachendidaktiker in Gießen, 1976. Limburg, 266–269.
– (1979) (Hrsg.): Beiträge zur Didaktischen Grammatik. Königstein/Ts.
– /Kasper, G. (1979): Der Zweitsprachenerwerb: Möglichkeiten und Grenzen der »großen« Hypothesen. *LB* 64, 3–35.
– /Raabe, H. (1978): Zur Frage der Relevanz von kontrastiver Analyse, Fehleranalyse und Interimsprachenanalyse für den FSU. In: Wierlacher, A. et al. (Hrsg.): Jahrbuch Deutsch als Fremdsprache. Heidelberg. Bd. 4, 56–78.
Bellack, A./Kliebard, H. M./Hyman, R. T./Smith, F. L. Jr. (1966): The language of the classroom. New York.
Berko-Gleason, J. (1977): Talking to children: Some notes on feedback. In: Snow/Ferguson (1977), 199–205.
Bertkau, J. S. (1974): An analysis of English learner speech. *LL* 24, 179–286.

Bever, T. G. (1970): The cognitive basis for linguistic structures. In: Hayes (1970), 279–362.
Bialystok, E. (1979): Explicit and implicit judgements of L2 grammaticality. *LL* 29, 81–103.
– /Fröhlich, M. (1980): Oral communication strategies for lexical difficulties. *ISBU* 5/1, 3–30.
Bieritz, W. D./Denig, F. (1975): Der Filter »Lernpsychologie« in einer Lehrergrammatik. In: Zentrales Fremdspracheninstitut der Ruhruniversität Bochum (Hrsg.): Beiträge und Materialien zur Ausbildung von Fremdsprachenlehrern. Bd. 2, 441–460.
Bloom, L. V. (1976): Language development. In: Wardhaugh/Brown (1976), 8–43.
Blum, S./Levenston, E. A. (o. J.): Lexical simplification in second language acquisition. *SSLA* 2/2, 43–64.
Börner, W./Kielhöfer, B./Vogel, K. (1976): Französisch lehren und lernen. Kronberg.
Bollée, A. (1977): Pidgins und kreolische Sprachen. *SL* 3, 48–76.
Brière, E. (1966): An experimentally defined hierarchy of difficulty of learning of phonological categories. *Language* 42, 768–796.
Brophy, J. E./Good, T. L. (1976): Die Lehrer-Schüler-Interaktion, hrsg. von D. Uhlich. München, Berlin, Wien.
Brown, H. D. (1976): Affektive Variablen des Zweitsprachenerwerbs. In: Solmecke (1976), 70–84.
– (1977): Cognitive and affective characteristics of good language learners. In: Henning (1977), 349–354.
– /Yorio, C. A./Crymes, R. H. (1977) (eds.): On TESOL '77. Washington.
Brown, R. (1973): A first language: The early stages. Cambridge, Mass.
– /Hanlon, C. (1970): Derivational complexity and order of acquisition in child speech. In: Hayes (1970), 11–53.
– /Cazden, C. B./Bellugi, U. (1973): The child's grammar from I to III. In: Ferguson/Slobin (1973), 298–323.
Bryggman, B./Dietrich, R./Friggieri, A./Storch, G. (1976): Die Meßbarkeit der Sprachlerneignung bei einer sprachlich heterogenen Lernergruppe. In: Dietrich (1976), 61–82.
Burgschmidt, G./Götz, D. (1974): Kontrastive Grammatik: Deutsch-Englisch. München.
Burstall, C. (1975): Factors affecting foreign language learning: A consideration of some recent research findings. *Language Teaching and Linguistics: Abstracts*, 1975, 5–25.
Burt, M. K./Dulay, H. C. (1975) (eds.): New directions in second language learning, teaching and bilingual education. Washington.
Butzkamm, W. (1973): Aufgeklärte Einsprachigkeit: Zur Entdogmatisierung der Methode im Fremdsprachenunterricht. Heidelberg.
– (1980 a): Praxis und Theorie der bilingualen Methode. Heidelberg.
– (1980 b): Verbal play and pattern practice. In: Felix (1980), 233–248.

Cancino, H./Rosansky, E./Schumann, J. (1974): Testing hypotheses about second language acquisition: The copula and negative in three subjects. *WPOB* 3, 90–96.
– (1975): The acquisition of the English auxiliary by native Spanish speakers. *TESOL-Quarterly* 9, 421–430.
Candelier, M. (1974): Les critères de détermination de la progression grammaticale dans diverses méthodes d'Allemand: Essai de classification. *ELA* 16, 14–32.

Candlin, Ch. (1973): The status of pedagogical grammars. In: Corder, S. P./ Roulet, E. (eds.): Theoretical linguistic models in applied linguistics. Brüssel, Paris, 55–64.
- /Derrick, J. (1972): Education for a multicultural society, 2: Language. London.
Carroll, J. B. (1962): The prediction of success in intensive foreign language training. In: Glaser, R. (ed.): Training research and education. Pittsburgh, hiernach Neudruck New York 1965, 87–136.
- (1973): Implications of aptitude test research and psycholinguistic theory for foreign language teaching. *International Journal of Psycholinguistics* 2, 5–14.
- /Sapon, S. M. (1958): The MLAT. New York.
Carton, A. S. (1971): Inferencing: A process in using and learning language. In: Pimsleur, P./Quinn, T. (eds.): The psychology of second language learning. Cambridge, 45–58.
Cazden, C. B. (1968): The acquisition of noun and verb inflections. *Child Development* 39, 433–448.
- (1972): Child language and education. New York etc.
Chaudron, C. (1977): A descriptive model of discourse in the corrective treatment of learners' errors. *LL* 27, 29–46.
Chastain, K. D./Woerdehoff, F. T. (1968): A methodological study, comparing the audio-lingual habit theory and the cognitive code learning theory. *MLJ* 52, 268–279.
Chomsky, N. (1959): Review of B. F. Skinner, Verbal Behavior. New York 1957. *Language* 35, 26–58.
- (1965): Aspects of a theory of syntax. Cambridge, Mass.
- (1972): Language and mind. New York.
- (1976): Reflections on language. New York.
Cicourel, A. V. (1974): Some basic theoretical issues in the assessment of the child's performance in testing and classroom settings. In: Cicourel, A. V. et al.: Language use and school performance. New York, 300–351.
- (1975): Sprache in der sozialen Interaktion. München.
Clahsen, H. (1979): Psycholinguistic aspects of L2-acquisition: Word-order phenomena in foreign workers' interlanguage. *WAS* 2, 54–79.
Clark, R. (1974): Performing without competence. *Journal of Child Language* 1, 1–10.
Cohen, A./Robbins, M. (1976): Toward assessing interlanguage performance: The relationship between selected errors, learners' characteristics, and learners' explanations. *LL* 26, 45–66.
Corder, S. P. (1967): The significance of learners' errors. *IRAL* 5, 161–169.
- (1972): Zur Beschreibung der Sprache des Sprachenlerners. In: Nickel (1972 a), 175–184.
- (o. J.): »Simple codes« and the source of second language learners' initial heuristic hypotheses. *SSLA* 1/1, 1–10.
- (1977): Language continua and the interlanguage hypothesis. In: Corder, S. P./Roulet, E. (eds.): Actes du 5ème colloque de linguistique appliquée de Neuchâtel. Neuchâtel, 11–17.
- (1978): Language learner language. In: Richards (1978 a), 71–93.
Coste, D./Courtillon, J./Ferenczi, V./Martins-Baltar, M./Papo, E./Roulet, E. (1976): Un niveau-seuil. Council of Europe, Strasbourg.

Davies, A. (1977): The construction of language tests. In: Allen/Davies (1977), 38–104.
Dechert, H. W./Raupach, M. (1980 a) (eds.): Temporal variables in speech: Studies in honour of Frieda Goldman-Eisler. Den Haag.

–/– (1980 b) (eds.): Towards a cross-linguistic assessment of speech production. Frankfurt.
Denninghaus, F. (1965): Probleme der einsprachigen Bedeutungserklärung. *Praxis* 12, 9–22.
DES – Department of Education and Science (1979) (ed.): An inquiry into the West Indian community. London.
Dickerson, L. (1975): The learner's interlanguage as a system of variable rules. *TESOL-Quarterly* 9/4, 401–407.
Dietrich, R. (1976): (Hrsg.): Aspekte des Fremdsprachenerwerbs. Kronberg/Ts.
Dittmar, N. (1973): Soziolinguistik – Exemplarische und kritische Darstellung ihrer Theorie, Empirie und Anwendung. Frankfurt a. M.
– (1980): Ordering adult learners according to language abilities. In: Felix (1980), 205–231.
Dodson, C. J. (1967): Language teaching and the bilingual method. London.
Dulay, H. C./Burt, M. K. (1972): Goofing: An indicator of children's second language learning strategies. *LL* 22, 235–252.
–/– (1973): Should we teach children syntax? *LL* 23, 245–258.
–/– (1974 a): Errors and strategies in child second language acquisition. *TESOL-Quarterly* 8, 129–136.
–/– (1974 b): Natural sequences in child second language acquisition. *LL* 24, 37–53.
–/– (1974 c): A new perspective on the creative construction process in child second language acquisition. *LL* 24, 235–278.
–/– (1975): Creative construction in second language learning and teaching. In: Burt/Dulay (1975), 21–32.
–/– (1980): On acquisition orders. In: Felix (1980), 265–327.

Edelhoff, Ch. (1979): Englisch an Gesamtschulen. *EASt* 1, 8–17.
– (1980): Gesamtschulentwicklung und Kommunikationsdidaktik im Englischunterricht. *EASt* 2, 344–351.
Edmondson, W./House, J. (1981): Let's talk and talk about it. München usw.
Ehlich, K./Rehbein, J. (1976 a): Sprache im Unterricht – Linguistische Verfahren und schulische Wirklichkeit. *SL* 1, 47–69.
–/– (1976 b): Halbinterpretative Arbeitstranskriptionen. *LB* 45, 21–41.
van Ek, J. (1975): The threshold level. Council of Europe, Strasbourg.
– (1977): The threshold level for modern language learning in schools. With contributions by L. G. Alexander. Council of Europe, Strasbourg/Groningen.
van Elek, T./Oskarsson, M. (1973): Teaching foreign language grammar to adults. Stockholm.
Ervin-Tripp, S. (1974): Is second language learning like the first? *TESOL-Quarterly* 8, 111–127.

Færch, C. (1979): Describing interlanguage through interaction: Problems of systematicity and permeability. *WPOB* 19, 60–86.
– /Kasper, G. (1980): Processes and strategies in foreign language learning and communication. *ISBU* 5/1, 47–118.
–/– (1982 a) (eds.): Strategies in interlanguage communication. London.
–/– (1982 b): On identifying communication strategies in interlanguage production. In: Færch/Kasper (1982 a), 000–000.
Fanselow, J. (1977): The treatment of error in oral work. *Foreign Language Annals* 10/4.
Farhady, H. (1979): The disjunctive fallacy between discrete-point and integrative tests. *TESOL-Quarterly* 13, 347–357.

Fathman, A. (1975): The relationship between age and second language productive ability. *LL* 25, 245–253.
de Fazio, V. J. (1973): Field articulation differences in language abilities. *Journal of Personality and Social Psychology* 25, 351–356.
Fehse, K.-D. (1979): Lernkontrolle und Leistungsmessung im Englischunterricht. In: Hunfeld/Schröder (1979), 167–188.
Felix, S. (1977 a): Natürlicher Zweitsprachenerwerb: Ein Überblick. *SL* 4, 25–40.
– (1977 b): Interference, interlanguage and related issues. In: Molony, C./Zobl, H./Stölting, W. (Hrsg.): Deutsch im Kontakt mit anderen Sprachen. Kronberg, 237–258.
– (1977 c): Entwicklungsprozesse im natürlichen und gesteuerten Zweitsprachenerwerb. *a & e* 1, 39–60.
– (1978): Linguistische Untersuchungen zum natürlichen Zweitsprachenerwerb. München.
– (1980) (Hrsg.): Second language development: Trends and issues. Tübingen.
Ferguson, Ch. A. (1962–1966) (ed.): Contrastive structure series. Washington.
– (1971): Absence of copula and the notion of simplicity: A study of normal speech, baby talk, foreigner talk, and pidgins. In: Hymes, D. (ed.): Pidginization and creolization of languages. London, 141–150.
– /Slobin, D. I. (1970) (eds.): Studies of child language development. New York.
Fillmore, L. W. (1976): The second time around: Cognitive and social strategies in language acquisition. Ph. D. Dissertation, Stanford University.
Finkenstaedt, Th./Schröder, K. (1977): Eintrag »Ziele«. In: Schröder, K./Finkenstaedt, Th. (Hrsg.): Reallexikon der englischen Fachdidaktik. Darmstadt, 302–307.
Flanders, N. A. (1970): Analyzing teaching behavior. Reading, Mass.
Flechsig, K. H. (1968): Zur Entwicklung und Erprobung von Tonbandprogrammen für den Fremdsprachenunterricht. *Zeitschrift für erziehungswissenschafliche Forschung* 2, 12–29.
Fodor, J./Bever, T. G./Garrett, M. (1974): The psychology of language. New York.
Franck, D. (1975): Zur Analyse indirekter Sprechakte. In: Ehrich, V./Finke, P. (1975) (Hrsg.): Beiträge zur Grammatik und Pragmatik. Kronberg, 219–231.
Fromkin, V./Krashen, S./Curtiss, S./Rigler, D./Rigler, M. (1974): The development of language in Genie: A case of language acquisition beyond the »critical period«. *Brain and Language* 1, 81–107.
FTU 4–6: Fremdspracheneignungstest für die Unterstufe. Deutsche Parallelentwicklung zur Elementarform des Modern Language Aptitude Tests von J. B. Carroll/S. M. Sapon, von W. Correll/K. H. Ingenkamp. Weinheim usw., o. J.

Gagné, R. M. (1965): The conditions of learning. New York.
Gardner, R. C./Lambert, W. E. (1959): Motivational variables in second language acquisition. *Canadian Journal of Psychology* 13, 266–272.
–/– (1972): Attitudes and motivation in second language learning. Rowley, Mass.
George, H. V. (1972): Common errors in language learning. Rowley, Mass.
Gingras, R. C. (1978) (ed.): Second language acquisition and foreign language teaching. Arlington, Va.
Glahn, E. (1980): Introspection as a method of elicitation in interlanguage studies. *ISBU* 5/1, 119–128.
Goeppert, H. C. (1977) (Hrsg.): Sprachverhalten im Unterricht. München.

Grewer, U./Moston, T./Sexton, M. (1978): Übungstypologie zum Lernziel kommunikative Kompetenz. In: Bundesarbeitsgemeinschaft Englisch an Gesamtschulen (Hrsg.): Kommunikativer Englischunterricht: Prinzipien und Übungstypologie. München, 69–102.
Guiora, A. Z. (1972): Construct validity and transpositional research in the clinical process. *Comprehensive Psychiatry* 13, 139–150.
- /Acton, W. R./Erard, R./Strickland, F. W. (1980): The effects of Benziodiazepine (Valium) on permeability of language ego boundaries. *LL* 30, 351–363.
Gutknecht, Ch. (1978): Kontrastive Linguistik, Zielsprache Englisch. Stuttgart.
Gutschow, H. (1968): Englisch an Hauptschulen. Berlin.

Habermas, J. (1971): Vorbereitende Bemerkungen zu einer Theorie der kommunikativen Kompetenz. In: Habermas, J./Luhmann, N. (1971) (Hrsg.): Theorie der Gesellschaft oder Sozialtechnologie – Was leistet die Systemforschung? Frankfurt, 101–141.
Hakuta, K. (1974 a): A preliminary report on the development of grammatical morphemes in a Japanese girl learning English as a second language. *WPOB* 3, 18–43.
- (1974 b): Prefabricated patterns and the emergence of structure in second language acquisition. *LL* 24, 287–297.
- /Cancino, H. (1977): Trends in second-language-acquisition research. *Harvard Educational Review* 47/3, 294–316.
Halliday, M. A. K. (1973): Explorations in the functions of language. London.
- (1975): Learning how to mean – Explorations in the development of language. London.
- /Hasan, R. (1976): Cohesion in English. London.
Hamayan, E. V./Tucker, G. R. (1979): Strategies of communication used by native and non-native speakers of French. *WPOB* 17, 83–96.
Harris, D. P. (1969): Testing English as a second language. New York etc.
Hatch, E. (1977): An historical overview of second language acquisition research. In: Henning (1977), 1–14.
- (1978 a): Acquisition of syntax in a second language. In: Richards (1978), 34–70.
- (1978 b) (ed.): Second language acquisition: A book of readings. Rowley, Mass.
- (1978 c): Discourse analysis and second language acquisition. In: Hatch (1978 b), 401–435.
- (1978 d): Discourse analysis, speech acts, and second language acquisition. In: Ritchie (1978), 137–155.
- /Long, M. H. (1980): Discourse analysis: What's that? In: Larsen-Freeman (1980), 1–40.
Hayes, J. (1970) (ed.): Cognition and the development of language. New York.
Heidelberger Forschungsprojekt »Pidgin-Deutsch« (1975): Sprache und Kommunikation ausländischer Arbeiter: Analysen, Berichte, Materialien. Kronberg.
- (1976): Arbeitsbericht III: Untersuchungen zur Erlernung des Deutschen durch ausländische Arbeiter. Germanistisches Seminar der Universität Heidelberg.
Heindrichs, W./Gester, F. W./Kelz, H. P. (1980): Sprachlehrforschung: Angewandte Linguistik und Fremdsprachendidaktik. Stuttgart.
Henning, C. A. (1977) (ed.): Proceedings of the Los Angeles Second Language Research Forum. Los Angeles, UCLA.

Hermann, G. (1978): Lernziele im affektiven Bereich. Paderborn.
Heuer, H. (1976): Lerntheorie des Englischunterrichts. Heidelberg.
- (1978): Lernzielsprache und Lernersprache. *LuD* 34/35, 181–187.
- /Buttjes, D. (1979): Ziele des Englischunterrichts. In: Hunfeld/Schröder (1979), 1–17.
Higa, M. (1966): The psycholinguistic concept of ›difficulty‹ and the teaching of foreign language vocabulary. *LL* 16, 167–179.
Hüllen, W. (1972): Zur linguistischen Begründung fremdsprachlicher Übungsformen. *LuD* 3, 32–41.
- (1976): Fremdsprachendidaktik und linguistische Pragmatik. *DNS* 75, 217–229.
- (1979): Sprachfunktionen in einer didaktischen Grammatik. In: Bausch (1979), 117–137.
- /Lörscher, W. (1979): Lehrbuch, Lerner und Unterrichtsdiskurs. *Unterrichtswissenschaft* 4, 313–326.
Hunfeld, H./Schröder, K. (1979) (Hrsg.): Grundkurs Didaktik Englisch. Königstein.
Hyltenstam, K. (1977): Implicational patterns in interlanguage syntax variation. *LL* 27, 283–411.
Hymes, D. (1972): Towards communicative competence. Philadelphia, Pa.

Ingram, E. (1977): Basic concepts in testing. In: Allen/Davies (1977), 11–37.
Inhelder, B./Piaget, J. (1958): The growth of logical thinking from childhood to adolescence: An essay on the construction of formal operational structures. New York.

Jain, M. P. (1974): Error analysis: Source, cause, and significance. In: Richards (1974 a), 189–215.
Jakobovits, L. A. (1970): Foreign language learning – A psycholinguistic analysis of the issues. Rowley, Mass.
Jushász, J. (1970): Probleme der Interferenz. München.

Kallmeyer, W./Schütze, F. (1976): Konversationsanalyse. *SL* 1, 1–28.
Kasper, G. (1979 a): Pragmatische Defizite im Englischen deutscher Lerner. *LuD* 40, 370–379.
- (1979 b): Communication strategies: Modality reduction. *ISBU* 4/2, 266–283.
- (1981): Pragmatische Aspekte in der Interimsprache. Tübingen.
Keller-Cohen, D. (1979): Systematicity and variation in the non-native child's acquisition of conversational skills. *LL* 29, 27–44.
Kellermann, E. P. (1978): Giving learners a break: Native language intuitions as a source of predictions about transferability. *WPOB* 15, 59–92.
- (1979): The problem with difficulty. *ISBU* 4, 27–44.
Kennedy, G./Holmes, J. (1976): Discussion of ›creative construction‹ in second language learning and teaching. In: Brown, H. D. (ed.): Papers in second language acquisition. *LL* special issue no. 4, 81–92.
Kessler, C./Idar, J. (1977): The acquisition of English syntactic structures by a Vietnamese child. In: Henning (1977), 295–307.
Kielhöfer, B. (1976): Sprachkontrast und Lernschwierigkeit. In: Börner/Kielhöfer/Vogel (1976), 82–112.
- /Börner, W. (1979): Lernersprache Französisch. Tübingen.
Klegraf, J. (1977): Untersuchungen zur »Objektivität« der Bewertung von Übersetzungen aus der Fremdsprache Englisch. *a & e* 1, 81–112.
Klein, W. (1976): Sprachliche Variation. *SL* 1, 29–46.
- /Dittmar, N. (1979): Developing grammars: The acquisition of German syntax by foreign workers. Berlin usw.

Kleinmann, H. H. (1977): Avoidance behavior in adult second language acquisition. *LL* 27, 93–107.
Kluckhohn, F. (1972): Die Methode der teilnehmenden Beobachtung. In: König, R. (1972) (Hrsg.): Beobachtung und Experiment in der Sozialforschung. Köln (1956), ⁸1972, 97–114.
Knapp, K. (1979 a): Aspekte der Entwicklung von Lehrsequenzen. *LB* 59, 101–115.
– (1979 b): Natürlicher Zweitsprachenerwerb im Fremdsprachenunterricht? *Bulletin CILA* 30, 23–48.
– (1980 a): Lehrsequenzen für den Zweitsprachenerwerb. (Schriften zur Linguistik, Bd. 13). Wiesbaden.
– (1980 b): Weiterlernen. *LuD* 43/44, 257–271.
– (1980 c): Weiterlernen lehren. Ms. Düsseldorf, Anglistisches Institut.
– (1980 d): Sind Sprachtests sinnlos? Ms. Düsseldorf, Anglistisches Institut.
– /Knapp-Potthoff, A. (1980): Farbige Immigranten in Großbritannien – Linguistische und soziale Aspekte einer multi-ethnischen Gesellschaft. *SL* 8/9, 144–162.
Knapp-Potthoff, A. (1977): Linguistische Pragmatik und Fremdsprachenunterricht – Probleme eines Verwertungszusammenhangs. *LB* 50, 58–75.
– (1979 a): Fremdsprachliche Aufgaben: Ein Instrument zur Lernmaterialanalyse. Tübingen.
– (1979 b): Ein Analyseinstrument für Aufgaben in Sprachlernmaterial. In: Kongreßbericht der 9. Jahrestagung der Gesellschaft für Angewandte Linguistik. Bd. 1: Sprachlern- und -lehrmaterialien. Heidelberg, 23–31.
– (1980): Probleme der empirischen Zugänglichkeit von Vermeidung als Lerner-Kommunikationsstrategie. Ms. Aachen.
Kohn, K. (1974): Kontrastive Syntax und Fehlerbeschreibung. Kronberg.
– (1976): Abschlußbericht der Forschungsgruppe »Fehler im gesteuerten Zweitsprachenerwerb«. Ms. Konstanz.
– (1977): Regelmäßigkeiten lernersprachlichen Verhaltens. *LB-Papier* 50.
– (1979 a): Was der Lerner nicht weiß, macht ihn nicht heiß. *LB* 64, 82–94.
– (1979 b): Aspekte lernersprachlichen Verhaltens. Ms. Konstanz.
Koordinierungsgremium im DFG-Schwerpunkt »Sprachlehrforschung« (1977) (Hrsg.): Sprachlehr- und Sprachlernforschung: Eine Zwischenbilanz. Kronberg.
Krashen, S. D. (1975): The critical period for language acquisition and its possible bases. In: Aaronson, D./Rieber, R. W. (eds.): Developmental psycholinguistics and communication disorders. New York, 211–224.
– (1977): Some issues relating to the monitor model. In: Brown/Yorio/Crymes (1977), 144–158.
– (1978 a): The monitor model for second language acquisition. In: Gingras (1978), 1–26.
– (1978 b): Individual variation in the use of the monitor. In: Ritchie (1978), 175–183.
– (1979): A response to McLaughlin »The monitor model: some methodological considerations«. *LL* 29, 151–167.
– /Madden, C./Bailey, N. (1975): Theoretical aspects of grammatical sequencing. In: Burt/Dulay (1975), 44–54.
– /Seliger, H. (1975): The essential contributions of formal instruction in adult second language learning. *TESOL-Quarterly* 9/2, 173–183.
– /Sferlazza, V./Feldman, L./Fathman, A. (1976): Adult performance on the SLOPE test: More evidence for a natural sequence in adult second language acquisition. *LL* 26, 145–151.
– /Houck, N./Giunchi, P./Bode, S./Birnbaum, R./Strei, G. (1977): Difficulty order for grammatical morphemes for adult second language performers using free speech. *TESOL-Quarterly* 11, 338–341.

- /Butler, J./Birnbaum, R./Robertson, J. (1978): Two studies in language acquisition and language learning. *IRAL* 16, 73–92.
- /Scarcella, R. (1978): On routines and patterns in language acquisition and performance. *LL* 28, 283–300.

Krumm, H.-J. (1977 a) (Hrsg.): Kommunikationsprozesse im Unterricht. Thementeil der Zeitschrift *Unterrichtswissenschaft*.
- (1977 b): Zum Diskussionsstand im Problembereich »Pädagogische Kommunikation«. *Unterrichtswissenschaft* 5/3, 193–196.
- (1978): Lehrerverhalten im Hinblick auf Lernerverhalten: Entwicklungsgemäßer Fremdsprachenunterricht? In: Kongreßberichte der 8. Jahrestagung der Gesellschaft für Angewandte Linguistik, 1977. Bd. 1: Spracherwerb. Stuttgart, 29–41.

Kurth, J./Menk, A. K. (1979): Lernen in der Fremdsprache. *Deutsch lernen* 4/2, 3–11.

Labov, W. (1966): The social stratification of English in New York City. Washington, D. C.
- (1970): The study of language in its social context. *Studium Generale* 19, 30–87.
- (1976): Sprache im sozialen Kontext. Beschreibung und Erklärung struktureller und sozialer Bedeutung von Sprachvariation, hrsg. von N. Dittmar und B. O. Rieck, Kronberg.

Lado, R. (1957): Linguistics across cultures. Ann Arbor.

Lambert, W. E./Tucker, G. R. (1972): Bilingual education of children: The St. Lambert experiment. Rowley, Mass.

Larsen-Freeman, D. (1975): The acquisition of grammatical morphemes by adult ESL students. *TESOL-Quarterly* 9, 409–420.
- (1976): An explanation for the morpheme acquisition order of second language learners. *LL* 26, 125–134.
- (1980) (ed.): Discourse analysis in second language acquisition research. Rowley, Mass.

Lauerbach, G. (1977): Lernersprache – Ein theoretisches Konzept und seine praktische Relevanz. *NM* 30, 208–214.

Leclerc, M. R. (o. J.): Mathematical topics and language work, ed. by City of Bradford Metropolitan Council, Directorate of Educational Services.

Lee, W. R. (1972): Überlegungen zur kontrastiven Linguistik im Bereich des Sprachunterrichts. In: Nickel (1972 a), 157–166.

Legenhausen, L. (1973): Die Testkriterien »Objektivität«, »Reliabilität« und »Validität« bei der Beurteilung von englischen Nacherzählungen: Untersuchungen an Reifeprüfungsarbeiten des Landes Baden-Württemberg. In: Paks-Arbeitsbericht 7, Bielefeld, 133–156.
- (1975): Fehleranalyse und Fehlerbewertung: Untersuchungen an englischen Reifeprüfungsnacherzählungen. Berlin.

Lenneberg, E. H. (1967): Biological foundations of language. New York.

Lefever, M. M./Ehri, L. C. (1976): The relationship between field independence and sentence disambiguation ability. *Journal of Psycholinguistic Research* 5, 99–106.

Leopold, W. J. (1939–1949): Speech development of a bilingual child. 4 vols. Evanston, Ill.

Levenston, E. A. (1972): Über- und Unterrepräsentation – Aspekte der muttersprachlichen Interferenz. In: Nickel (1972 a), 167–174.

Levin, L. (1972): Comparative studies in foreign language teaching. Stockholm.

Littlewood, W. T. (1975): The acquisition of communicative competence in an artificial environment. *Praxis* 22, 13–21.

Lohmann, Chr. (1969): Englischer Anfangsunterricht an Volks-, Real- und Höheren Schulen: Eine vergleichende Untersuchung anhand von Richtlinien, Fachdidaktiken und Schulbüchern. Bad Heilbrunn.
Long, M. H. (1977): Teacher feedback on learner error: mapping cognitions. In Brown/Yorio/Crymes (1977), 278–293.

Mackey, W. F. (1965): Language teaching analysis. London.
McLaughlin, B. (1978): The monitor model: Some methodological considerations. *LL* 28, 309–332.
McNeill, D. (1965): Some thoughts on first and second language acquisition. Ms. Harvard University.
Master, F. (1979): Patterns of bilingualism amongst children of Gujarati parentage in Leeds. Ms. Department of Psychology. University of Leeds.
Mehan, H. (1974): Accomplishing classroom lessons. In: Cicourel, A. V. et al.: Language use and school performance. New York, 76–142.
Meisel, J. M. (1975): Ausländerdeutsch und Deutsch ausländischer Arbeiter: Zur möglichen Entstehung eines Pidgin in der BRD. *Zeitschrift für Literaturwissenschaft und Linguistik* 18, 9–53.
– /Clahsen, H./Pienemann, M. (1979): On determining developmental stages in natural second language acquisition. *WAS* 2, 1–53.
Melenk, H. (1977): Der didaktische Begriff der ›Kommunikativen Kompetenz‹. *Praxis* 24, 3–12.
Mikeš, M. (1967): Acquisition des catégories grammaticales dans le langage de l'enfant. *Enfance* 20, 289–298.
Mindt, D. (1978): Probleme des pragmalinguistischen Ansatzes in der Fremdsprachendidaktik. *DNS* 27, 224–253.
Moerk, E. L. (1980): Relationships between parental input frequencies and children's language acquisition. *Journal of Child Language* 7, 105–118.
Müller, F. (1977): Erstspracherwerb: Theoretische Ansätze, Methoden, Untersuchungen. *SL* 4, 1–24.
Müller, R. M. (1977): Kommunikative Kompetenz und Arbitrarität – Pragmalinguistische Irrwege der Fremdsprachendidaktik. *LuD* 29, 63–77.
Multhaup, U. (1979): Einführung in die Fachdidaktik Englisch. Heidelberg.

Naiman, N./Fröhlich, M./Stern, H. H. (1975): The good language learner. Ontario Institute for Studies in Education. Toronto.
Nemser, W. (1974): Approximative systems of foreign language learners. In: Richards (1974 a), 55–63.
– /Slama-Cazacu, T. (1970): A contribution to contrastive analysis: A psycholinguistic approach – contact analysis. *Revue Roumaine de Linguistique* 15, 101–128.
Newmark, L./Reibel, D. (1968): Necessity and sufficiency in language learning. *IRAL* 6, 145–164.
Nickel, G. (1971 a) (ed.): Papers on contrastive linguistics. London.
– (1971 b): Variables in a hierarchy of difficulty. In: Whitman/Jackson (1971), 185–194.
– (1972 a) (Hrsg.): Reader zur kontrastiven Linguistik. Stuttgart.
– (1972 b) (ed.): Papers from the International Symposium on Applied Contrastive Linguistics. Bielefeld.
– (1974) (ed.): Proceedings of the 3rd AILA-Congress, Copenhagen 1972. Vol. 1, Heidelberg.

Ochsner, R. (1979): A poetics of second language acquisition. *LL* 29, 53–80.
Odlin, T. M. (1978): Variable rules in the acquisition of English contractions. *TESOL-Quarterly* 12/4, 451–458.

Oller, Jr. J. W. (1973): Discrete-point tests versus tests of integrative skills. In: Oller, Jr., J. W./Richards, J. C. (eds.): Focus on the learner: Pragmatic perspectives for the language teacher. Rowley, Mass., 184–199.
- (1976 a): Language testing. In: Wardhaugh/Brown (1976), 275–300.
- (1976 b): A program for language testing research. In: Brown, H. D. (ed.): Papers in second language acquisition. *LL* Special Issue No. 4, 141–165.
- (1979): Language tests at school. London.
Oyama, S. C. (1973): A sensitive period for the acquisition of language. Unpubl. Ph. D. Diss., Harvard University.

Peck, S. (1980): Language play in child second language acquisition. In: Larsen-Freeman (1980), 154–164.
Penfield, W./Roberts, L. (1959): Speech and brain mechanisms. Princeton.
Petersen, H. (1971): Zur Anwendung der generativen Transformationsgrammatik im Englischunterricht an deutschen Schulen. *LB*-Papier Nr. 11, Braunschweig.
Peuser, G. (1973): Eine Transformationsgrammatik für den Französischunterricht. Freiburg.
di Pietro, R. J. (1971): Language structures in contrast. Rowley, Mass.
Pienemann, M. (1979): Der Zweitsprachenerwerb ausländischer Arbeitnehmerkinder. Diss. Wuppertal. (erschienen 1981, Schriftenreihe Linguistik, 4, GHS Wuppertal. Bonn).
Piepho, H.-E. (1974): Kommunikative Kompetenz als übergeordnetes Lernziel im Englischunterricht. Dornburg-Frickhofen.
- (1979): Kommunikative Didaktik des Englischunterrichts. Limburg.
Pimsleur, P. (1968): Language aptitude testing. In: Davies, A. (1968) (ed.): Language testing symposium. London, 98–102.
Politzer, R. L. (1968): An experiment in the presentation of parallel and contrasting structures. *LL* 18, 35–43.
- (1974): Developmental sentence scoring as a method of measuring second language acquisition. *MLJ* 58, 245–250.
Porquier, R. (1974): Progression didactique et progression d'apprentissage: Quels critères? *ELA* 16, 105–111.

Quetz, J. (1979): Kommunikativer Fremdsprachenunterricht – Tradition und Wandel. *NM* 32, 141–156.
Quirk, R./Greenbaum, S./Leech, G./Svartvik, J. (1972): A grammar of contemporary English. London.

Raabe, H. (1974 a) (Hrsg.): Trends in kontrastiver Linguistik I. Tübingen.
- (1974 b): Interimsprache und kontrastive Analyse. In: Raabe (1974 a), 1–50.
- (1976) (Hrsg.): Trends in kontrastiver Linguistik II. Tübingen.
Raasch, A. (1979): Lernersprachen im Französischunterricht: Begriffe und praktische Probleme. *Französisch heute* 1, 19–34.
Rattunde, E. (1971): »Aha, eine Birne!« – Zum Problem einsprachiger Worterklärungen. *DNS* 20, 571–576.
- (1977): Transfer – Interferenz? Probleme der Begriffsdefinition bei der Fehleranalyse. *DNS* 26, 4–14.
- (1979) (Hrsg.): Sprachnormen im Fremdsprachenunterricht. Frankfurt/M.
Ravem, R. (1968): Language acquisition in a second language environment. *IRAL* 6, 175–185.
- (1974): The development of wh-questions in first and second language learners. In: Richards (1974), 134–155.
Rehbein, J. (1976): Wiederholen im Fremdsprachenunterricht. (KidS Arbeitspapier VIII) Düsseldorf.

Richards, J. C. (1971): Error analysis and second language strategies. *Language Sciences* 17, 12–22.
- (1974 a) (ed.): Error analysis: Perspectives on second language acquisition. London.
- (1974 b): A non-contrastive approach to error analysis. In: Richards (1974 a), 172–188.
- (1975): Simplification: A strategy in the adult acquisition of a foreign language. An example from Indonesian/Malay. *LL* 25, 115–126.
- (1978 a): (ed.): Understanding second and foreign language learning: Issues and approaches. Rowley, Mass.
- (1978 b): Introduction: Understanding second and foreign language learning. In: Richards (1978 a), 1–14.
- /Sampson, G. P. (1974): The study of learner English. In: Richards (1974 a), 3–18.

Ritchie, W. C. (1978) (ed.): Second language acquisition research: Issues and implications. New York.
Roeder, P. M./Schümer, G. (1976): Unterricht als Sprachlernsituation. Düsseldorf.
Rosansky, E. (1976): Methods and morphemes in second language acquisition research. *LL* 26, 409–425.
- (1977): Explaining morpheme accuracy orders: Focus on frequency. In: Henning (1977), 320–330.
Rosenthal, R./Jacobson, C. (1968): Pygmalion in the classroom: Teacher expectation and pupils' intellectual development. New York.

Sang, F./Vollmer, H. (1978): Allgemeine Sprachfähigkeit und Fremdsprachenerwerb: Zur Struktur von Leistungsdimensionen und linguistischer Kompetenz des Fremdsprachenlerners. Diskussionsbeiträge aus dem Institut für Bildungsforschung. Berlin.
Scarcella, R. (1979): ›Watch up‹: A study of verbal routines in adult second language performance. *WPOB* 19, 79–88.
Schachter, J. (1974): An error in error analysis. *LL* 24, 205–214.
- /Tyson, A. F./Diffley, F. F. (1976): Learner intuitions of grammaticality. *LL* 26, 67–76.
- /Rutherford, W. (1979): Discourse functions and language transfer. *WPOB* 19, 1–12.
Scheibner-Herzig, G./Pieper, A. (1977): Beispiel einer Eignungsvoraussage im Fremdsprachenunterricht. In: Christ, H./Piepho, H.-E. (Hrsg.): Kongreßdokumentation der 7. Arbeitstagung der Fremdsprachendidaktiker, Gießen 1976, 284–287.
Scherer, G. A./Wertheimer, M. (1964): A psycholinguistic experiment in foreign-language teaching. New York etc.
Scherfer, P. (1977): Funktionale Sprachvarianten. Kronberg/Ts.
Schlue, K. (1977): An inside view of interlanguage. In: Henning (1977), 342–348.
Schütt, H. (1974): Fremdsprachenbegabung und Fremdsprachenleistung. Frankfurt.
Schumann, J. H. (1976 a): Social distance as a factor in second language acquisition. *LL* 26, 135–143.
- (1976 b): Second language acquisition: The pidginization hypothesis. *LL* 26, 391–408.
- (1978 a): Social and psychological factors in second language acquisition. In: Richards (1978 a), 163–178.
- (1978 b): The acculturation model for second language acquisition. In: Gingras (1978), 27–50.

- (1978 c): The relationship of pidginization, creolization and decreolization in second language acquisition. *LL* 28, 367–379.
- /Schumann, J. (1977): Diary of a language learner: An introspective study of second language learning. In: Brown/Yorio/Crymes (1977), 241–249.

Schwerdtfeger, I. C. (1980): Sozialformen im kommunikativen Fremdsprachenunterricht. *DfU* 14, 8–21.

Seliger, H. W. (1977): A study of interaction patterns and L2 competence. In: Henning (1977), 118–131.
- (1978): Implications of a multiple critical period hypothesis for second language learning. In: Ritchie (1978), 11–19.
- (1979): On the nature and function of language rules in language teaching. *TESOL-Quarterly* 13, 359–369.
- (1980): Data sources and the study of L2 speech performance: Some theoretical issues. *ISBU* 5/1, 31–46.

Selinker, L. (1969): Language transfer. *General Linguistics* 9, 67–92.
- (1974): Interlanguage. In: Richards (1974 a), 31–54.
- /Swain, M./Dumas, G. (1975): The interlanguage hypothesis extended to children. *LL* 25, 139–152.

Sharwood-Smith, M. (o. J.): Optimalizing interlanguage feedback to the foreign language learner. *SSLA* 2/2, 17–28.

Siegrist, L. (1977): Kontrastive Linguistik – Methodische Aspekte. Vortrag gehalten auf der 8. GAL-Tagung, Mainz 1977.

Sinclair, J. McH./Coulthard, R. M. (1975): Towards an analysis of discourse: The English used by teachers and pupils. London.

Skinner, B. F. (1957): Verbal behavior. New York.

Slama-Cazacu, T. (1976): Die Regularisierung: Eine der Universalien beim Zweitsprachenerwerb. In: Raabe (1976), 255–304.

Slobin, D. I. (1973): Cognitive prerequisites for the development of grammar. In: Ferguson/Slobin (1973), 175–208.

Smith, Ph. D. Jr./Berger, E. (1968): An assessment of three foreign language strategies utilizing three language laboratory systems. Washington, U. S. Dept. of Health, Education and Welfare.

Snow, C. A./Ferguson, C. A. (1977) (eds.): Talking to children – Language input and acquisition. Cambridge.

Snow, C. A./Hoefnagel-Höhle, M. (1978): Age differences in second language acquisition. In: Hatch (1978 b), 333–344.

Solmecke, G. (1976) (Hrsg.): Motivation im Fremdsprachenunterricht. Paderborn.
- (1979): Einige Charakteristika der Einstellung erwachsener Lernender gegenüber der Zielsprache Englisch. *Unterrichtswissenschaft* 4, 327–333.

Stauble, A.-M.-E. (1978): The process of decreolization: a model for second language development. *LL* 28, 29–54.

Stern, C./Stern, W. (1907): Die Kindersprache. Leipzig.

Stern, H. H. (1973): Bilingual schooling and second language teaching: A review of recent North American experience. In: Oller/Richards (1973), 274–282.

Stockwell, R. P./Bowen, J. D./Martin, J. W. (1965): The grammatical structures of English and Spanish. Chicago.

Stokes, A. (1975): Errors and teacher-student interaction. In: Allwright, R. L. (ed.): Working papers: Language teaching classroom research. University of Essex, Department of Language and Linguistics.

Tarone, E. (1977): Conscious communication strategies in interlanguage. In: Brown/Yorio/Crymes (1977), 194–203.
- (1978): The phonology of interlanguage. In: Richards (1978 a), 15–33.
- (1979): Interlanguage as chameleon. *LL* 29, 181–191.

- /Cohen, A. D./Dumas, G. (1976): A closer look at some interlanguage terminology: A framework for communication strategies. *WPOB* 9, 76–90.
- /Frauenfelder, M./Selinker, L. (1976): Systematicity/variability and stability/instability in interlanguage systems. In: Brown, H. D. (ed.): Papers in second language acquisition. *LL* Special Issue No. 4, 93–134.

Taylor, B. T. (1975): The use of overgeneralization and transfer learning strategies by elementary and intermediate students of ESL. *LL* 25, 73–105.

Taylor, L./Catford, J./Guiora, A./Lane, H. (1971): Psychological variables in the ability to pronounce a second language. *Language and Speech* 14, 146–157.

Tran-Thi-Chau (1975): Error analysis, contrastive analysis and students' perception: A study of difficulty in second language learning. *IRAL* 13, 119–143.

Valdman, A. (1974): Error analysis and pedagogical ordering. Paper pre-published by L. A. U. T., Trier.

Valette, R. (1971): Tests im Fremdsprachenunterricht. Berlin. (Übersetzung von Modern Language Testing, New York 1967).

Vander Brook, S./Schlue, K./Campbell, Ch. (1980): Discourse and second language acquisition of yes/no-questions. In: Larsen-Freeman (1980), 56–74.

Vàradi, T. (1980): Strategies of target language learner communication: Message-adjustment. *IRAL* 18, 59–72.

VHS-Zertifikat Englisch (1977), 5. völlig neu bearb. Aufl., hrsg. von der Pädagogischen Arbeitsstelle des Deutschen Volkshochschulverbandes. Frankfurt/M.

Vielau, A. (1980): Kommunikativer Englischunterricht: Typologie alternativer Lehrwerkkonzeptionen. *EASt* 2, 351–365.

Vigil, N./Oller, J. W. (1976): Rule fossilization: a tentative model. *LL* 26, 281–295.

de Villiers, J./de Villiers, P. (1973): A cross-sectional study of the acquisition of grammatical morphemes in child speech. *Journal of Psycholinguistic Research* 2, 267–278.

Vollmer, H. J./Sang, F. (1980): Zum psycholinguistischen Konstrukt einer internalisierten Erwartungsgrammatik. *LuD* 42, 122–148.

de Vriendt, M.-J./de Vriendt, S. (1974): Pour une conception réaliste de la progression en didactique des langues. *ELA* 16, 33–40.

Wagner-Gough, J./Hatch, E. (1975): The importance of input data in second language acquisition. *LL* 25, 297–308.

Walmsley, J. B. (o. J.): »Cloud-Cuckoo-Land« or: Feedback as the central component in foreign-language teaching. *SSLA* 2/2, 29–42.

Wardhaugh, R. (1970): The contrastive analysis hypothesis. *TESOL-Quarterly* 4, 123–130.

- /Brown, H. D. (1976) (eds.): A survey of applied linguistics. Ann Arbor.

Waterson, N./Snow, C. A. (1978) (eds.): The development of communication. New York.

Weir, R. (1962): Language in the crib. Den Haag.

Whitman, R./Jackson, K. (1971) (eds.): Working papers in linguistics. The PCCLLV-Papers, vol. III, no. 4. Department of Linguistics, Honululu, Hawaii.

- (1972): The unpredictability of contrastive analysis. *LL* 22, 29–41.

Widdowson, H. G. (o. J.): The significance of simplification. *SSLA* 1/1, 11–21.

Wienold, G. (1973): Die Erlernbarkeit der Sprachen. München.
- (1976): Zur ›Progression‹ von Lernmaterial im Fremdsprachenunterricht. In: Dietrich (1976), 15–33.
- /Achtenhagen, F. (1976): Lernobjekt und didaktische Handlungsempfehlung: Instrumente der Curriculumforschung für kontrollierte Feldversuche im Fremdsprachenunterricht. *LB* 44, 88–92.
- /Achtenhagen, F./van Buer, J./Rösner, H./Schluroff, M. (1976): Die Rolle des Lernmaterials in institutionalisierten Lehr-Lern-Prozessen: Dargestellt am Beispiel des Englischunterrichts. *Zeitschrift für Pädagogik* 22, 411–426.
Wilkins, D. A. (1973): The linguistic and situational content of the common core in a unit/credit system. In: Council of Europe, Council for Cultural Cooperation (ed.): Systems development in adult language learning, Strasbourg, 1973, 129–143.
- (1976): Notional syllabuses. London.
Wilkinson, A. (1971): The foundations of language: Talking and reading in young children. London.
Wode, H. (1975): L2 phonological acquisition. Working Papers on Language Acquisition No. 10. Englisches Seminar der Universität Kiel.
- (1977 a): The L2 acquisition of /r/. *Phonetica* 34, 200–217.
- (1977 b): On the systematicity of L1 transfer on L2 acquisition. In: Henning (1977), 160–169.
- (1978 a): The beginnings of non-schoolroom L2 phonological acquisition. *IRAL* 16, 109–125.
- (1978 b): Fehler, Fehleranalyse und Fehlerbewertung im Lichte des natürlichen L2-Erwerbs. *LuD* 34/35, 233–245.
- (1981): Learning a second language. Tübingen.

Zabrocki, L. (1970): Grundfragen der kontrastiven Grammatik. In: Probleme der kontrastiven Grammatik. Jahrbuch des Instituts für deutsche Sprache, 1969. Düsseldorf, 31–52.
Zemb, J.-M. (1974): Les deux sens d'une spirale. *ELA* 16, 41–49.
Zydatiß, W. (1974 a): Some instances of ›over-indulgence‹ and ›under-representation‹ in German learners' English. *LB* 33, 47–53.
- (1974 b): Some test formats for elicitation procedures. *IRAL* 12, 281–287.

Sachregister

Anordnung s. Progression
Akkomodation 75, 125
Akkulturation *119 f.*, 126, 166
Alter 56, 83, 91, 108 ff., 148, 182
approximative systems 51, 53, 55
Assimilation 75, 125
audio-lingual-habit-theory 180 ff.
Ausgangssprache s. Muttersprache
Auswahl 154, 158, 166

backsliding 55
Beobachterparadox 41, 47, 206, 208
Bewertung 155, 196, 198 f., 205, 209, 213

cognitive-code-learning-theory 181 f.
creative construction process 83

Datenerhebung *33 ff.*, 55, 56 ff., 72, 83 f., 86, 93, 98, 206 f.
Daten, metasprachlich-reflektive 42, 48 f., 66 f., 213 f.
Differenzierung 183, 188, 214
Diktat 208, 212
Distanz, psychologische 120 f., 127
–, soziale 118, 120 f., 127, 149
Dominanz, soziale 118, 122

Ego-Durchlässigkeit 114, 115 f.
Einsprachigkeit 183 f.
Einstellung 114, 115, 118, 149, 183
Elizitationstechniken 43 f., 48
Empathie 114, 116
Entwicklung, kognitive 19, 22, 82, 109
Entwicklungskontinuum s. Erwerbskontinuum
Entwicklungssequenz s. Erwerbssequenzen
Entwicklungsstadium s. Erwerbssequenzen
Erstsprachenerwerb 17 ff., 31, 35, 45, 77, 79, 110, 125

– vs. Zweitsprachenerwerb 18, 22, 73 f., 123 f.
Erwartungseffekte 193, 200
Erwerben vs. Lernen 21 f., *97 f.*, 135 f.
Erwerbskontinuum 123, 148
Erwerbssequenzen 43, 73, 77, 78, *79 ff.*, 87 ff., 93 f., 107 f., 123, 125 f., 148, 175 f., 177, 189

Feedback 138 f., 145, 155, 190, 194, 195, 196 ff.
Fehler 30 f., *34 ff.*, 52, 76, 77, 84, 130, 163, 167, 198, 206 f., 209, 211
Feldabhängigkeit 112, 116
Fertigkeiten, vier 159 f., 207
foreigner talk 104 f., 121, 124
Fossilisierung 52 f., 121, 166, 198
Fremdsprache vs. Zweitsprache 20 f.
foreign language learning s. Erwerben vs. Lernen und Fremdsprache vs. Zweitsprache
Fremdsprachenunterricht vs. natürlicher Zweitsprachenerwerb *18 ff.*

habit formation 27, 73, 160 f.
Hypothesenbildung, sukzessive 31 f., 76, 124 f., 135, 138 f., 147 f.

Implikationsskalen 61 f.
Individuenvariablen 79, 101, 108 ff., 143, 148 f., 182
Input, sprachlicher 19, 31, 46, 72 f., 73 f., 78, 79, 86, 95, 100, 102, 103 ff., 121, 124, 137, 138, 148, 152 f., 154, 172, 176 ff., 189 f., 194 f., 197, 204
Instabilität von Lernersprache 54 f., 148
intake 107, 124 f., 137, 177
Intelligenz 112, 113
Interferenz 27, 29 f., 77, 94
Interimsprache 51

interlanguage 51, 52 f., 53, 56, 131 f.
interlanguage continuum 61 f., 94, 122, 125

kognitiver Stil 111 f., 116, 148
Kommunikationsstrategien 45, 64, 65, 68, 93, 130, 134 f., 140 ff., 155 f., 199, 208, 209, 211, 213
Kommunikative Didaktik 161 ff., 174
kommunikative Funktion 161 f., 163 f., 174, 177
Kommunikative Kompetenz 24 ff., 96, 159, 161 ff., 165 f., 169
Kontrastive Linguistik 27 ff., 77, 79, 102
Korrektur 155, 196 f., 198 ff., 205
kreativer Prozeß 73 f., 94, 165, 187
kritische Periode 108 ff.
Kulturschock 114, 115 f.

L2 = L1-Hypothese 76 ff., 94, 124, 125
Längsschnittuntersuchungen 47
language acquisition device (LAD) 74, 75 f., 83, 86, 92, 95 ff., 119, 125, 129
Lateralisierung 109 f.
Lehrer 192 f., 196, 119 f., 204 f.
Lehrmaterial s. Lernmaterial
Lehrstrategien, natürliche 108
Lehrverfahren 109, 161, 173, 179 ff., 214
Lernen vs. Erwerben s. Erwerben vs. Lernen
Lernersprache 40, 50 ff., 94, 123 ff., 142 ff., 187 f., 197 f.
Lernersprachenkontinuum s. interlanguage continuum
Lernertypen 111 f., 182, 185 f., 211, 214
Lernfortschritt 60, 93, 143 ff., 199, 211
Lernmaterial 161, 172 ff., 195 f., 204
Lernprozesse 47, 77, 130 ff., 148 f., 181, 213
Lernstile 56, 111 f.
Lernstrategien 45, 59, 62, 77, 91 f., 130 ff., 148 f., 155, 170 f., 181, 194, 211, 213

Lerntheorien, behavioristische 26 f., 73, 160 f., 181, 184
–, kognitive 26, 181
Lernziele 157 ff.
Linguistische Kompetenz 23, 96, 159, 163

memorized chunk 48, 66, 93
Monitor-Modell 36, 80, 97 ff., 187
Morphemstudien 80 ff.
Motivation 113 ff., 120, 121, 149, 152 f., 155, 167 f., 174, 183, 199, 211
Muttersprache 19, 29, 52, 56, 62 f., 64, 83, 85, 91, 94, 102 f., 120, 124, 141, 144, 147 f., 155, 180, 181, 183 f.

Nacherzählung 208, 209 f.
Notionen 161, 163 f., 174, 177

pädagogische Grammatik 185 f.
pattern drill 181, 182, 184
permeability-Modell 62 f.
perzeptuelle Prominenz 104, 106, 136, 148, 197
Pidginisierungs-Hypothese 120 ff.
prefab 48, 66, 93, 104, 165 f., 209, 213
Progression 154, 173, 174 ff.

Querschnittuntersuchungen 46 f.

Regeln, sprachliche 99, 155, 180, 181, 182, *185 ff.*
Restrukturierungskontinuum 123 f.

second language acquisition s. Erwerben vs. Lernen und Fremdsprache vs. Zweitsprache
Sicherheit lernersprachl. Wissens 48, 64, 65 f., 67, 68, 103, 142 f., 185, 209
Simplifizierung 62, 77, 130 ff., 136 f.
soziale Variablen 101, 117 ff., 148
Sprachbeherrschung 18, *22 ff.*, 61, 96, 147, 154, 166
Spracherwerbssituation *18 ff.*, 97 f., 111

253

Spracherwerbstyp 90 f., 99
Sprachlerneignung 112 ff.
Sprachschock 114, 115 f.
Strukturierungshilfen 178, 214

Tagebuchstudien 41 f., 43
Tests 40, 42, 44, 67, *206 ff.*
– achievement 210
– aptitude 210 f.
– cloze 107, 208, 212
– diagnostische 210, 211 ff.
– discrete point 207, 208, 212
– integrative 207, 212
– multiple choice 208, 212
– proficiency 210
–, Objektivität von 207, 208
–, Reliabilität von 207
–, Validität von 207 ff.
Transfer 27, 29 f., 77, 79, 82, 85, 102, 130 ff., 136 f., 146
transitional competence 50 f., 53

Üben 100, 173, 177 f., 180, 181, 184, 192, 195
Übergeneralisierung 30, 62, 77, 130 ff., 136 f.
Unterrichtsinteraktion 189 ff.

Vermeidung 57, 64, 103, 117, 141 f., 148, 194, 199, 209

Weiterlernen 64, 168 ff., 178
Wissen, lernersprachliches 65 f., 67, 68, 97 ff., 134 ff., 142, 147 f., 154, 173, 187, 197, 209, 213

Zielsprache 19, 52, 53 f., 127
Zweitsprache vs. Fremdsprache 20 f.
Zweitsprachenerwerb vs. Erstsprachenerwerb 22
Zweitsprachenerwerb, natürlicher, vs. Fremdsprachenunterricht *18 ff.*